국어학과 국어교육학

# 국어학과
# 국어교육학

성낙수 외 14인

채륜
CHAE RYUN

　국어학과 국어교육학의 실제적인 엄격한 구분은 30여 년 전에 시작되었다. 현대적인 국어학의 발전은 조선 말부터 일제시대를 거쳐 꾸준히 이루어져 왔음은 주지의 사실인데, 국어교육학의 발전은 짧은 시간이었음에도 괄목할 만한 성과를 얻었다고 생각한다. 즉 후자는 이제 단일한 전공으로 우뚝 선 것만이 아니라, 독서·화법·문법·작문 교육으로 세분되어 기라성 같은 학자들이 높은 경지에서 연구하고 있음은 괄목하다 하겠다.

　이런 두 가지 학문을 아우르는 일은 쉽지 않다. 어떤 계기가 주어지지 않는다면, 엄두도 내기 어려운 일이다. 그런 것을 이번에 두 전공의 학자들이 뜻을 모아 단행본으로 엮기로 하였다. 주제는 각기 다르나, 두 학문의 제휴와 분립성은 충분히 제고되었다 할 것이다.

　앞으로도 이런 작업이 부단히 이어지기를 기원하며, 미진한 점이 있더라도 깊은 해량이 있으시기를 독자 제현에게 바란다.

2015. 2.
지은이 일동

# | 차 례 |

# 01
# 국어학

# 02
# 국어교육학

01
—
규정학

# 조선시대 '언간'에 나타난 우리말과 글의 아름다움과 가치

## -정조의 편지를 통하여

김슬옹(한글학회 연구위원)

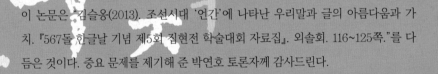

이 논문은 "김슬옹(2013). 조선시대 '언간'에 나타난 우리말과 글의 아름다움과 가치. 『567돌 한글날 기념 제5회 집현전 학술대회 자료집』. 외솔회. 116~125쪽."를 다듬은 것이다. 중요 문제를 제기해 준 박연호 토론자께 감사드린다.

# 1. 머리말

사람은 욕망의 동물이며 표현의 인격체이다. 사람은 표현의 동물이며 욕망의 인격체이기도 하다. 결국 사람은 욕망을 표현할 줄 아는 그래야만 하는 사람인 동물인 것이다. '표현의 인격체'라는 말은 사람은 표현을 통해 진정한 인격체로 거듭난다는 것이다. '욕망의 인격체'라는 말 또한 욕망을 제대로 표출했을 때 인격체로 자리매김될 수 있다.[1]

욕망은 본능에 충실한 가장 기본적인 사람의 정서를 말한다. 사람은 시기와 지역에 관계없이 그러한 욕망 표현을 분출해 왔다.[2] 문자가 없던 시절에도 그랬고 문자가 있던 시절에도 그랬다.[3] 이러한 사람의 속성은 그야말로 사람의 보편 속성이며 다만 표현 양식이 시기와 지역마다 다를 뿐이다.

다만 욕망을 다루는 시대적 흐름은 사뭇 큰 차이가 난다. 이른바 '전근대-근대-탈근대'라는 삼분법으로 보면 특정 계층만의 욕망을 욕망으로 보

---

1  조선 시대 사대부들은 제대로 된 욕망의 인격체는 아니었다. 자신들의 욕망을 제대로 드러내지도 않았을 뿐 아니라 남(여성, 하층민)의 욕망을 제어하기에 바빴다.
2  맹자의 성선설이 옳으니 순자의 성악설이 옳으니 이분법적으로 따질 필요가 없다. 맹자가 강조한 착한 본성이나 순자가 주목한 본능(욕망) 모두 사람의 복합 속성이기 때문이다.
3  태화강에 있는 반구대 암각화는 사람의 표현 욕망이 얼마나 강인한지를 보여 준다.

되 다른 것으로 위장한 시대가 전근대라면, 모든 사람의 욕망을 동일하게 보되 보편적이고 합리적인 이성보다 낮게 본 시대가 근대이고, 보편적인 이성보다 개별적인 욕망을 더 가치 있게 다룬 시대가 탈근대이다. 그런데 문제는 표현하고 싶은 욕망은 이런 시대 변화에 관계없이 동일한 욕망으로 존재한다는 것이다. 그것을 시대 이념으로 억제하기도 하고 표출 방식을 다르게 하기도 하는 차이만이 있을 뿐이다.

필자는 이 글에서 정조가 쓴 세 통의 편지를 통해 한글 편지의 진정한 가치와 아름다움을 '욕망'과 '표현'의 관점에서 접근할 것이다. 더불어 조선시대 지식인들의 한글에 대한 이중 잣대와 이중 의식을 통해 한글 편지와 '한글'의 가치를 드러내려 한다.

필자는 정조의 '뒤죽박죽'이라는 한글이 쓰인 한문 편지를 보았을 때의 충격을 잊지 못한다. 이 한 낱말을 통해 정조의 한문 표현 뒤에 가려진 강한 또 다른 욕망을 느꼈으며 한문의 대문호조차 한문으로 표현하지 못하는 모국어의 강렬한 빛을 보았고 그것이 이 논문의 직접적인 계기가 되었다.

〈사진 1〉 정조가 심환지에게 1797년 4월 11일에 보낸 한문 편지.
일명 '어찰 뒤죽박죽'(안대회 2012: 119)이라 부른다. (개인 소장)

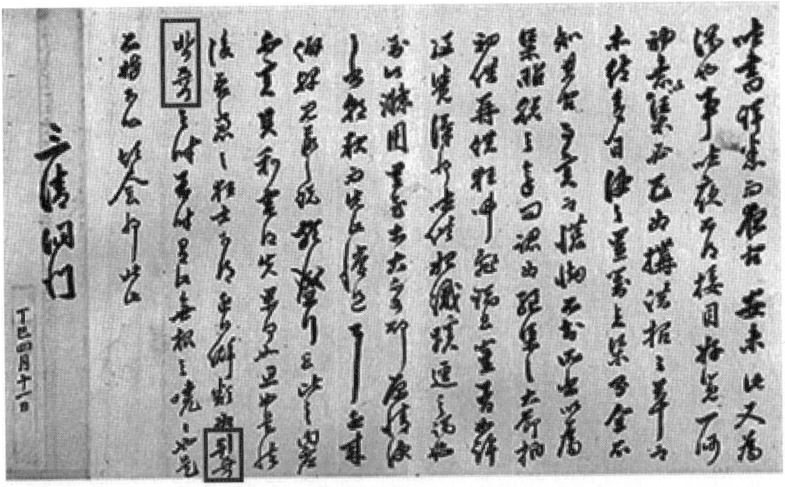

편지라는 양식은 예나 지금이나 문학성과 정보성을 아울러 가지고 있는 매우 실용적인 갈래요 매체다. 사사로운 정과 정보를 나누는 사적 매체이기도 하고 공개된 편지와 같은 공적 매체로서의 특성은 미시사의 핵심 영역이기도 하다.[4] 조선시대 한글 편지는 생활사에서나 한글 역사에서 매우 독특하면서 특별한 의미를 갖는다. 조선시대에 한글은 철저한 비주류 문자였지만 편지와 같은 실용 매체에서는 일정 부분 주류 구실을 하였기 때문이다. 따라서 이 글은 조선시대 한글사용 맥락 속에서 우리 말글의 가치와 아름다움을 조명하고 이에 따라 한글 편지의 진정한 가치와 아름다움을 드러내는 전략을 담을 것이다.[5] 곧 2장에서는 조선시대 지식인들의 다양한 한글 사용과 이중 잣대를 살펴볼 것이다. 3장에서는 한글의 가치와 아름다움을 온전하게 드러내는 언문일치 역사 속에서 한글 편지의 위상을 짚어볼 것이다. 4장에서는 한글과 한문에 능했던 정조의 다양한 언어관을 짚어 보면서 이 논문의 최종 결론을 이끌어 낼 것이다.

## 2. 조선 시대 지식인들의 한글 사용 양상

한글 편지의 위상과 가치를 제대로 평가하기 위해서는 조선 시대 양반 지식인들의 표현 방식이 다채로웠음을 먼저 주목해야 한다. 한문, 이두, 한글, 섞어쓰기 등 다중 문자 생활을 하였기 때문이다. 이들의 문자 생활을 한글 사용 양상 태도로 보면 크게 네 부류가 있다.[6] 첫째는 한글의 가치와 효용성을 알고 인정하면서도 실제 개인 저술에 응용하지 않은 부류다. 속된 말로

---

4  미시사적 접근에 대해서는 위르겐 슐룸봄/백승종 외 옮김(2003) 참조.

5  맥락식 접근 방법론에 대해서는 김슬옹(2009), 김슬옹(2012ㄱ)에서 자세히 다룬 바 있다.

6  조선시대 한글 사용 역사의 주요 흐름에 대해서는 최현배(1942), 허웅(1974), 김완진(1983), 안병희(1985), 김종택(1985), 박종국(2009), 이상혁(2003), 이대로(2008), 김석득(2009), 김슬옹(2012ㄴ) 참조.

한글을 머리로만 받아들이고 몸으로 실천하지 않은 경우다. 훈민정음 해례본(1446) 저술에 참여한 정인지, 최항, 박팽년, 신숙주, 성삼문, 이개, 이선로 등과 같은 사람들과 실학 시대에 한문으로 훈민정음 이론서를 펴낸 신경준, 유희, 최석정 같은 이들이다. 이들은 한글에 대한 연구는 깊게 했으면서도 실제 개인 저술에서는 한글 저술을 남기지 않았다.

훈민정음 해례본 공저자들인 8학사가 훈민정음 해례본에 남긴 한글과 한글을 창제한 세종에 대한 찬사는 표현의 극치를 이루고 있으며 그런 찬사의 진정성은 누구도 부인 못 할 것이다. 편의상 번역으로 보이면 다음과 같다.

> 아아, 정음이 만들어짐에 천지 만물의 이치가 다 갖추어지니, 참
> 신기한 일이구나! 이것은 거의 하늘이 성인(세종)의 마음을 열어 주
> 시고, (하늘의) 솜씨를 성인에게 빌려주신 것이로구나!_ 제자해[7]

> 공손히 생각하옵건대 우리 전하는 하늘이 내린 성인으로서, 제
> 도를 만들고 정치를 베풂이 모든 임금을 뛰어넘으셨다. 정음의 지
> 으심도 앞선 사람이 기술해 놓은 바가 없어 자연의 이치에서 이루
> 어낸 것이니, 어찌 그 지극한 이치가 없는 바가 없겠는가? 사람이
> 사사로이 만든 바가 아니로다. 대저 동방에 나라가 있음이 오래되
> 지 않음이 사로나, 만물을 개발하고 모든 일을 이루는 큰 지혜는
> 대개 오늘을 기다리고 있었던 것이라._ 정인지 서문[8]

이러한 평가와 찬사가 신하로서 으레 하는 헌사가 아님은 해례의 논리적이면서도 진지한 해설이 말해 준다. 이렇게 한글을 최고로 평가하면서도 이

---

7 旴.正音作而天地萬物之理咸備,其神矣哉.是殆天啓聖心而假手焉者乎._ 〈훈민정음〉 해례본 제자해.
8 恭惟我殿下,天縱之聖,制度施爲超越百王.正音之作,無所祖述,而成於自然.豈以其至理之無所不在,而非人爲之私也.夫東方有國,不爲不久,而開物成務之大智,蓋有待於今日也歟._ 〈훈민정음〉 해례본 정인지 서문.

들은 실제 생활 속에서 훈민정음을 실천하지는 않은 듯하다.

둘째 부류는 정철, 이황, 이이와 같은 한문을 주로 쓰면서 한글의 가치를 인정해 실제 자신들의 저술 작업에 한글 사용을 실천한 경우이다. 셋 모두 한글 문학 작품을 남겼고 이황은 성리학 연구에서 한글을 적극적으로 사용(논의석의)한 경우이고 이이는 유교 경전을 언해하는 등 탁월한 한글 업적을 남겼다.

셋째 부류는 한글을 주류 문자로 인정하면서 온 몸으로 실천한 경우이다. 왕실 여성들과 '음식디미방(안동장씨), 규합총서(빙허각이씨)' 등의 실용서를 한글로 쓴 양반가의 여성들과 김만중, 주시경과 같은 사람들이다. 왕실 여성들은 한글로 공문서를 작성하여 유통함으로써 결정적인 구실을 하였다.[9] 안동장씨와 빙허각이씨와 같은 여성 실학자들은 남성 실학자들이 거부한 한글로 누구나 읽기 쉬운 실용서를 만들어냈다. 특히 김만중의 경우는 '구운몽, 사씨남정기' 등 한글 문학 작품을 직접 남겼다는 것이다. 뿐만 아니라 김만중은 서포만필에서 "松江關東別曲 前後思美人歌 乃我東之離騷 而其以不可以文字寫之 故惟樂人輩 口相授受 或傳以**國書**而已"라고 하여, 한자를 뜻하는 '文字'와 대비시켜 한글을 '國書'라고 '나랏글'이란 뜻으로 한글에 대한 평가를 주류 문자 수준으로 끌어 올리고 있다. 주시경은 조선 말기에 태어났지만 한글과 한국어 연구를 근대 수준으로 끌어올렸다.

넷째 부류는 정약용, 박지원, 박제가와 같이 한글 사용 자체를 철저히 거부한 이들이다. 정약용은 500권이 넘는 책을 저술하였으나 100% 한문으로 저술하였으며, 자식과 부인에게 보낸 편지에서조차 한글 사용을 거부하였다.[10] '거부'라는 말을 쓴 것은 한글 사용을 철저히 외면하였기 때문에 감히 그런 표현을 쓴다. 박지원은 정조의 문체 반정의 탄압을 받은 한국식 한문의

---

9 왕실 여성들의 한글 공문서 발행 양상과 역사적 의미는 김슬옹(2005)에서 조명한 바 있다. 여성들의 한글 편지에 대한 조명은 김무식(2009) 참조.

10 조선시대 사대부들의 편지 사용 양상에 대해서는 김일근(1986), 백두현(2011) 참조. 정약용 편지에 대해서는 정약용/박석무 역(1991) 참조.

대가였으나 정작 한국적 정서를 제대로 표현할 수 있는 한글 사용을 오롯이 거부하였다. 박제가는 아예 중국어와 한문을 공용어로 삼자고까지 했다.

임금의 경우는 사대부들과 다른 특수한 측면이 있지만, 정조는 위 네 부류 가운데는 둘째 부류에 가깝다. 백두현(2001)에 의해 자세히 밝혀졌지만 정조는 한글 교서('윤음'이라고 명기되지 않은 것도 포함함)를 가장 많이 발표한 임금이다. 선조대 1건, 영조대 2건, 정조대 24건, 헌종대 1건, 고종대 2건 등으로 볼 때 다른 임금과 비교가 안 될 정도다. 그러나 정조가 기존의 한문 중심의 질서를 벗어나려고 하지는 않았다.[11]

## 3. 언문일치 역사와 한글 편지의 자리매김

조선 시대 한글 편지의 가장 근본적인 의미와 가치는 언문일치의 의미와 가치에서 찾을 수 있다.[12] 언문일치체는 말하듯이 자연스럽게 쓴 쉬운 구어체와 '-다'형으로 대표되는 표준 문어체를 함께 가리킨다. 이러한 언문일치

---

11 조선 임금들의 한글 사용 맥락은 조선왕조실록에 대부분 기록되어 있다. 조선왕조실록에 나타난 한글 관련 기록에 대한 총체적 분석은 필자가 "김슬옹(2005), 『조선시대 언문의 제도적 사용 연구』, 한국문화사."에서 정리한 바 있다.
12 필자는 한글 편지의 통합적 의미와 평가를 다음과 같이 정리한 바 있다.

〈그림〉 한글편지 속성과 가치(김슬옹, 2012ㄴ: 430)

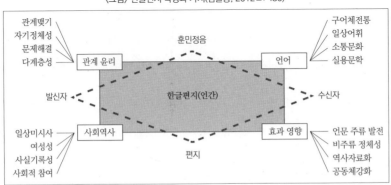

를 통해 누구나가 자유롭게 표현 주체와 소통 주체로 참여하는 근대화의 시대가 열린 것이다. 중국의 백화문 운동과 일본의 언문일치 운동에서 보듯 동양 삼국의 언문일치로의 변화 과정은 근대화의 핵심 구실을 하였다. 김슬옹(2011: 96)에서 "한국의 언문일치는 단지 문체만의 변화가 아니라 하층민의 표현 욕망 수단의 확보였고 합리적이고 객관적인 표현과 소통 장치"라고 규정한 것은 그 때문이었다.

언문일치 운동은 일종의 쉬운 글쓰기 운동이다.[13] 누구나가 평등하게 소통할 수 있는 문어체 운동이다. 쉬운 글쓰기는 쉬운 문자 사용, 단일 문자 체계, 말하듯이 쉽게 쓰기 등이 핵심인데 한글 편지가 전형적인 언문일치 정신을 담은 갈래였다. 물론 우리의 전면적인 언문일치가 이루어지는 것은 개화기 이후이지만 그 바탕은 훈민정음 반포(1446)로 마련 된 것이다.[14] 신분 해방과 인간 주체에 대한 존중의 시대 정신만 아니라면, 문제 그 자체로만 본다면 토만 한글로 쓴 19세기의 유길준의 서유견문보다 17세기 때의 한글 편지가 언문일치에 더 가까운 것이다.

편지는 표현 욕망을 가장 자연스럽게 구성해 주는 매체이므로 언문일치 구현이 가장 먼저 이루어질 수밖에 없다. 한글 소설이 특정 작가만이 주체로 참여할 수 있고 그 대상이 불특정 다수이지만 한글 편지는 다양한 주체가 다양한 대상으로 다양한 주제를 담을 수 있다는 측면에서 역동적인 언문일치체가 구현된 것이다. 그러나 한문 편지는 아무리 능숙한 표현으로 구성되었다 할지라도 번역문인 이상 언문일치 한글 편지와는 비교될 수 없을 정도로 언문일치 정신에서 멀어질 수밖에 없다.

---

13 김슬옹(1985)에서는 '우리식 한글화'라고 명칭을 붙인 바 있다.
14 그래서 필자는 김슬옹(1985)에서 언문일치체를 '우리식 한글화'라 하고 제2의 의식혁명이라 하였다.

# 4. 정조 편지를 통해 본 한글 편지의 미학

조선왕조 22대 정조 임금은 한글과 관련된 흥미로운 세 통의 편지를 남겼다. 앞에서 본 '뒤죽박죽 어찰(사진 1)'과 어렸을 때 한글 편지 두 통이 그것이다. 〈사진 2〉는 원손(영조의 맏손자) 시절에 큰 외숙모인 여흥 민씨(홍낙인의 부인, 홍봉한의 며느리)에게 보낸 편지글이다. 현대말로 옮겨 보면 이렇다.

> 숙모님께
> 가을바람에 몸과 마음이 평안하신지 안부를 여쭙습니다. 뵈온 지가 오래되어 섭섭하고 그리웠는데, 어제 봉서를 받고 든든하고 반가우며 할아버님께서도 평안하시다고 하오니 기쁘옵니다. _원손

〈사진 2〉 정조의 원손 시절의 편지(이헌 서예관 소장)

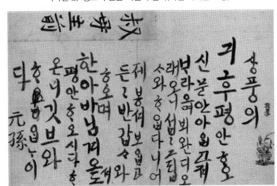

영조 35년(1759년)인 여덟 살 무렵 썼다고 하는 이 편지는 받는 이와 보내는 이만 한자이고 나머지는 정겨운 한글 글씨로 되어 있다. 정조는 바로 여덟 살 때인 이 해 1759년 2월 12일에 세손으로 책봉된다. 그러니까 이 편지는 세손으로 임명되기 직전인 연초에 쓴 편지로 보인다.

어린 나인데다가 여성과의 편지 왕래는 한글로 하는 것이 일반 관습이고 보면 한글 편지가 무척 자연스러워 보인다. 어린 나이에도 편지틀에 맞추어

외숙모를 향한 애틋한 그리움을 잘 드러내고 있다. 외할아버지의 건강에도 마음 쓰는, 효성스러운 손자다운 모습을 보이고 있다.

〈사진 3〉은 세손 시절의 편지글이다. 현대문으로 옮겨 보면 다음과 같다.

> 날씨 몹시 추운데, 기운이 평안하오신지 문안 알기를 바라옵니다.
> 오랫동안 봉서封書도 못 하여 섭섭하게 지냈는데, 돌아재가 들어
> 오니 든든합니다.
> [내(세손)가 돌아재에게] "(사가 사람이 궁에) 들어오기 쉽지 않으
> 니 내일 나가라." 하오니, [돌아재가 대답하기를] "오늘 나오라고
> 하셨습니다." 하면서 단호하게 못 있겠다고 합니다.
> 할아버님께 인마人馬를 내일 보내오시길 바라오며, (인마는) 수대
> 로 (다) 못 들어오니 훗날 부디 (형편이) 낫거든 들여보내시옵소서.
> _세손[15]

〈사진 3〉 정조의 세손 시절의 편지(이헌 서예관 소장)

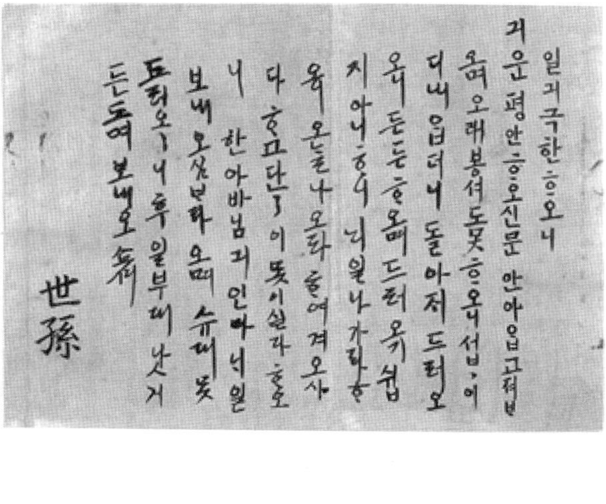

---

15 정조의 원손 시절의 편지와 세손 시절의 편지 소개는 2012년 한글날 큰 잔치 기획 전시 '한글이 오
다'에서 전시되었다. 이 전시는 필자가 책임 연구위원으로 작성한 것이다. 세손 시절 편지의 현대말
옮김은 기획전시 자문위원인 김봉좌 선생님의 도움을 많이 받았다.

이 편지는 정확히 누구에게 보냈는지 편지만으로는 알 수 없다. 다만 "날씨가 몹시 차가운데 기운 평안하게 지내신다는 문안을 알고자 바라며"로 시작하는 글이 세손의 몸으로 편지 격식을 차려 웃어른께 안부 여쭙는 모습이 제법 의젓해 보인다. 궁 밖 친척과의 왕래가 눈앞에 펼쳐지듯 매우 정감스럽게 묘사되어 편지로서의 섬세함을 드러내고 있다.

〈사진 1〉은 '뒤죽박죽'이란 한글 표현이 들어간 정조의 한문 편지다. 이 편지는 1796년부터 1800년까지 4년 동안 노론의 얼굴이었던 심환지에게 남몰래 보낸 편지 중의 하나이다. 그 부분만 옮겨 보면 다음과 같다.

> 요사이 벽패僻牌가 떨어져나간다는 소문이 자못 성행한다고 한다. 내허외실內虛外實에 비한다면 이해와 득실이 과연 어떠한가? 이렇게 한 뒤라야 우리 당黨의 광사狂士(본디 뜻만 크고 행동이 부족한 사람을 말하는데, 여기서는 열성 당원의 의미에 가깝다)를 얻을 수 있을 것이다. 지금처럼 벽패 무리들이 '뒤죽박죽'되었을 때에는 종종 이처럼 근거 없는 소문이 있다 해도 무방하다. 이해할 수 있겠는가?[16]
>
> (안대회 (2012), 정조의 비밀편지. 문학동네 128쪽)

한문 실력이 뛰어 난 정조였지만, '마구 뒤섞여 엉망이 된 상태'를 가리키는 말로 '뒤죽박죽' 말고는 이를 대신할 한자어를 찾을 길 없어 우리 고유어를 그대로 한글로 쓴 듯하다. 한문 편지에 고유어 하나를 한글로 적었다는 사실은 격에 맞지 않고 불균형이라고 볼 수도 있으나, 한국인의 생각과 느낌을 한문에 담는 데에는 엄연한 한계가 도사리고 있음을 말해 주는 대목이라고 할 수 있다.

이에 대해 박연호 토론자는 다음과 같은 이견을 제기하였다.

---

16 近來僻牌見落之說, 頗盛行云. 比之內虛外實, 其利害得失, 果何如? 且如是然後, 吾黨之狂士可得. 近日僻類爲뒤죽박죽之時, 有時有此無根之曉曉, 也是不妨, 可以領會耶?- 안대회(2012), 정조의 비밀편지. 문학동네. 118쪽.

'뒤죽박죽'이라는 한문 표현에는 '혼효混淆'나 '착종錯綜'이라는 단어가 있습니다. 따라서 한문 표현을 찾지 못해서 '뒤죽박죽'이라는 표현을 쓴 것 같지는 않습니다. 그것보다는 부정적인 의미를 더 강하게 나타내기 위해 쓴 표현이 아닐까 한다._토론문

물론 박연호 토론자의 의견대로 한문의 대가인 정조가 한문 표현을 찾지 못해서 한글을 그대로 노출시켰다고 보기는 어렵다. 그것이 부정적 의미를 드러내기 위해서건 아니면 솔직한 감정을 표현해서건 분명한 건 다른 표현을 찾을 필요가 없었다고 보는 것이 옳다. 대안 표현은 얼마든지 찾을 수 있지만 똑같은 의미나 말맛을 담은 대안은 찾을 수 없기 때문이다.

정조의 한글 관련 편지는 이렇게 공개된 편지 외는 거의 없는 것으로 보인다. 수백 통의 편지를 남겼지만 이것 외는 한문 편지다. 정조 23(1799)년에 규장각에서 펴낸 정조의 시문, 윤음, 교지 등을 모아 엮은 100책이나 되는 방대한 〈홍재전서〉도 한문으로 되어 있다.

물론 정조는 다른 임금들보다는 더 많이 한글 윤음을 발표하고 오륜행실도를 한글로 번역하여 펴내기는 했다. "오륜행실도"는 1797년(정조 21년)에 이병모 등이 왕명에 따라 세종 대의 "삼강행실도"와 중종 대의 "이륜행실도"를 합하여 오륜五倫에 뛰어난 충신, 효자, 열녀 등 150여 명의 행적을 그림과 함께 한글로 설명한 책이다. 이 책은 구리로 만든 활자 '정리자整理字'를 사용하여 찍었다. '정리자'라는 이름은 정조가 어머니 혜경궁 홍씨 회갑연을 정리하는 '의궤'를 찍어내기 위해 만들었다고 해서 붙인 이름으로, 큰 활자가 16만 자, 작은 활자가 14만 자에 이른다. 책을 펴낸 1797년은 정조가 병으로 갑자기 죽기 3년 전으로 수원 화성이 완공되고 정조의 치세가 정점에 올랐을 때다. 그러나 한편으로는 정조가 양학의 수입을 부정적으로 보고 백성들의 풍속과 민심이 썩 좋지 않음을 늘 걱정하던 시기였기에 백성들과 직접 소통하는 윤음을 자주 발표하던 때이기도 했다. 정조는 이 "오륜행실도"를 통해 민심을 수습하고 안정된 왕권으로 새 시대 열기를 갈망했다.

그런 갈망이 새로운 시대의 흐름을 포용하기에는 한계가 있었다. 그래서 인지 정조의 한글 사용 영역은 이 정도 수준에서 그치고 있다. 정조의 원손, 세손 시절의 한글 편지가 한글을 사랑했다든가 한글에 대한 무슨 특별한 의식이 있어서 그런 것 같지는 않다. 오히려 정조는 문체반정을 통해 정통 한문 문체 개혁에 신경을 썼지 한글 사용 확대를 통해 쉬운 문자를 통한 지식의 보급과 소통의 세종 정신을 거의 보여주지 않고 있다. 세종을 흠모했다던 정조의 결정적인 한계인 셈이다. 그런데 원손, 세손 시절의 편지가 특별한 한글 사랑이 아니었기에 오히려 그것이 한글과 한글 편지의 참가치를 드러내 준다는 것이다. 자연스런 감정 표현과 역시 자연스런 정보 소통을 물 흐르듯이 담아낼 수 있는 것이 한글 편지였던 것이다. 이런 한글의 소통력과 정보력과 그 가치를 정조는 잘 알았던 듯하다. 그러나 그것을 적극으로 정책을 통해 진정한 주류 한글 문체로 발전시키지는 못했다. 그래서 백성 교화도 지식 나누기도 실패했다.

누구나가 인정하듯 정조의 개혁 정신과 그가 남긴 업적은 위대하다. 그럼에도 그의 그런 빛나는 업적은 그가 죽자 물거품 사라지듯 대부분이 사라지거나 퇴보했다. 그 원인을 흔히 정순왕후로 상징되는 수구 보수 세력의 재집권에 따른 그들의 전횡으로 본다. 그러나 그것은 오히려 2차적 원인이다. 1차적 원인은 정조가 한글에 담긴 세종 정신을 제대로 살리지 못해서 아닐까. 순수 정통 한문을 강조하는 문체 반정이 아니라 세종의 한글 정신을 조금이라도 더 넓게 펴는 문체 개혁을 했더라면 정조 사후에 아무리 퇴행적인 권력자가 잘못된 정책을 폈다 하더라도 그렇게까지 위대한 업적이 하루 아침에 사라지는 역사의 후퇴가 일어나지는 않았을 것이다. 그 어떤 개혁도 지식과 책을 통한 소통이 이루어지지 않는 한 그 개혁의 가치를 널리 퍼뜨리거나 지속시킬 수는 없기 때문이다.

정조가 원손, 세손 시절에 한글 편지를 통해 소통하고자 했던 그 섬세한 마음이 애틋하고 소중해 한글을 좀 더 적극적으로 사용하지 않은 임금으로서의 정조가 안타까운 것이다. 한자나 한문으로 옮길 수 없던 '뒤죽박죽',

군이 한문으로 옮기는 것이 불가능해서가 아니라 '뒤죽박죽'으로 표현하고 싶은, 표현해야 하는 민초들의 소통 욕망과 그런 표현의 가치를 왜 정조 같은 실용 군주가 소홀히 했을까 두고두고 아쉬운 역사이다.

이러한 한문 편지에서 정조의 돌발적인 한글 사용에 대해 안대회(2012: 119)에서는 편지를 쓸 때 우리말로 생각하고, 그 생각을 한문으로 표현했음을 그대로 드러내는 간접 증거로 보았다. 중국 사람들은 당연히 말하는 순서와 한문의 구조가 같지만 우리나라 사람들은 전혀 이질적인 입말과 글말의 차이 때문에 당연히 번역 과정을 통해 표현해야 하는 것이다. 정조와 같이 한문을 잘 부려쓰던 조선시대 지식인들은 매우 능숙한 동시 번역가인 셈이다.

1차적인 우리말 사용이 기본적인 표현 욕망의 구현이라면 번역은 새로운 기호에 의한 2차적 욕망 표현이다. 설령 정조가 '뒤죽박죽'이라는 말의 상대 번역을 찾아 그걸로 매끄럽게 표현했다 하더라도 '뒤죽박죽'이라는 1차적 욕망 표현과는 다른 것이다. 결국 조선시대 사대부들의 한문 표현은 직설적인 생각이나 감정 표현이 아니라 지금의 번역과 다를 바 없는 2차적 번역 욕망이며 표현이었다.

그렇다면 쉬운 문자에 의한 자연스런 표현을 거부하고 번역을 통해 억지로 감정이나 생각을 표현했을까. 이렇게 철저한 언문불일치에 의한 삶이 가능했던 것은 유학적 욕망관이 일종의 확고부동한 이데올로기로 작동했기 때문이다. 유학은 천리를 보존하고 인욕을 제어하라는 것이 대명제이다. 욕망의 대상에 따라 일어나는 인간의 욕심을 경계해야 한다는 것이다. 그래서 어떻게 하면 욕망을 잘 제어하여 천리(순리)에 이를 것인가가 유학적 욕망관이었다.[17] 그래서 박지원 같은 대다수의 사대부들은 그들의 욕망을 자연스럽고 쉬운 한글을 통해 드러내는 것을 거부하였으며 성리학적 세계관이 담긴 한문을 통해 1차적 욕망을 제어하고 걸러서 표현하는 것을 온몸으로 실천해 나갔다. 박지원이 열하일기에서 보여준 한국식 한문 또는 역동적인 한문 문체는 보수적인 왕권 중심의 개혁을 추구한 정조의 문체 반정의 핵심 대상이 될 정도였다. 박지원의 열하일기에 담긴 다양한 소통 욕망과 표현 욕망은 대단한 것이었으며 그래서 열하일기는 불후의 한문학의 명작으로 남았다. 역설적이게도 박지원 문학의 이런 위대함이 조선시대 사대부들이 한글을 적극적으로 사용하는 것을 거부한 철저한 이중성이 담겨 있다.

결국 한글 편지에 나타난 한글의 아름다움이란 특별한 것이 아니다. 사람의 기본적인 정서인 표현하고 싶은 욕망, 진솔한 생각과 느낌이 구체적으로 표현된 것이 한글이고 그것이 바로 한글의 아름다움이다. 아름다움은 화려한 외적 아름다움도 소중하지만 진솔한 생각과 느낌이라는 내적 아름다움

---

17 플라톤은 인간은 결핍된 존재, 고통의 존재, 그리움의 존재로 보아 욕망을 하나의 기원으로 보았다. 남녀가 원래는 한 몸이었으나 떨어져 서로를 욕망한다는 것이다. 에피쿠로스학파는 인간의 욕망은 쾌락 추구이며, 쾌락에 도달하는 것이 행복이라고 보았다. 이때의 쾌락은 정적 쾌락이고 동적 쾌락은 불건전한 쾌락으로 보았다. 벤담은 인간의 욕망은 다수의 행복 쪽으로 가야 한다는 공리주의를 주장했다. 스피노자는 지금 현재의 나와는 다른 어떤 것이 되고 싶어 하는 근원적인 인간의 성향으로 보아 부족한 것을 채우는 것이 아니라 적극적으로 또 다른 것을 추구하는 것으로 보았다. 또한 욕망은 정신과 육체에 동시에 작용(코나투스)하는 것으로 보아 무의식적이며 신체적 특징이 강함으로 욕망의 윤리학 필요하다고 보았다. 헤겔은 대상과의 관계를 욕망하는 것으로 보아 자아가 타인을 지배하고 정복하고 부정하려는 데서 욕망이 발생한다고 보았다. 프로이트는 성적 욕망에 치중하여 모든 욕망을 성욕(리비도)으로 환원하였다. 이드(욕망), 자아(현실) 초자아(도덕적 규범)로 구분하고 초자아가 이드 욕망을 억압하여 늘 불만이 생긴다고 보았다. 마르쿠제는 욕망(에로스) 본능을 해방시켜야 행복과 자유가 공존하는 문명사회가 이룩된다고 보았다. 자본주의의 비인간성은 욕망을 대중문화로 끌어들여 욕망 그 자체를 인식 못하게 만듦으로 자본가에 의해 욕망이 조절당한다고 보았다. 들뢰즈는 자본주의 사회의 미친 욕망을 비판하고 상실된 대상이나 결핍에 의해 작동되는 수동적 에너지가 아니라, 현 체제나 흐름에 능동적으로 대처하는 생산적인 에너지 곧 탈주하는 욕망을 주목하고, 서로의 욕망을 억압하거나 제재하는 사회가 아니라 서로의 욕망이 횡단하는 사회를 주장했다. 불교는 욕망은 끊어야 하는 대상으로 보았고 그러한 욕망은 12연기(인연)에 의해 발생하는 것으로 번뇌의 근원으로 보았다. 모든 인연은 욕망의 과정이자 결과이며 이 모든 욕망을 잊기 위한 무욕망의 욕망이 생긴다고 보았다. 이러한 다양한 욕망관으로 볼 때 유교적 욕망관은 불교 쪽에 가까우면서도 불교가 모든 인간의 욕망으로 철저히 바라본 것에 비해 사대부 중심의 욕망과 그 외 계층의 욕망을 철저히 분리하였다.

이 더 가치가 있다.

이러한 견해에 대해 박연호 토론자는 다음과 같은 반론을 제기해 주셨다.

> 유학적 욕망관과 언문불일치가 어떻게 연관되는지 이해할 수 없
> 으며, 한문이 성리학적 세계관을 담고 있다는 주장도 이해할 수 없
> 다. 만일 그렇게 볼 수 있다면 우리말로 노래를 지었던 이황이나
> 이이, 정철 등은 어떻게 설명할 수 있는가? 이들은 누구보다 강한
> 유학적 욕망관이나 성리학적 세계관을 견지하고 있었기 때문이다.
> 이런 생각이 혹시 발표자가 한자나 한문을 성리학이나 유학, 나아
> 가 중화주의의 산물로 보고 있기 때문에 도출된 것은 아닌지 궁금
> 하다._토론문

성리학적 욕망관은 욕망을 제어하는 것이며 그것을 가능하게 한 것이 성
리학적 이념 또는 중화주의이다. 한자와 한문은 당연히 성리학적 세계관이
나 중화주의 상징이자 실체이다. 이러한 사고방식 때문에 한문을 통한 번역
표현을 불편하다고 생각하지 않은 것이다. 박지원과 정약용과 같은 뛰어난
실학자들이 한글을 거부한 이유를 이것 외에는 찾을 길이 없다. 중요한 것
은 그러한 한문 표현이 중국 사람들과 같은 1차적 표현이 아니라 철저한 번
역 표현이었다는 것이다. 이황, 이이, 정철 등 일부 사대부들이 문학 매체를
통해 한글을 사용한 것은 한문으로는 욕망을 철저히 감출 수 없었기 때문이
다.[18] 정조도 한문으로 번역하는 표현하는 것을 당연히 여겼지만 미묘한 감
정이 담겨 있는 '뒤죽박죽'에 이르러 번역을 통한 욕망 표현에 한계를 느끼
고 우발적으로 한글로 1차적 표현을 시도한 것이다.

---

18 문학과 욕망의 관계에 대해서는 고미숙 외(2002) 참조.

# 5. 마무리

편지는 일기 다음으로 가장 진솔한 감정과 기본 정보를 담을 수 있는 매체이면서 설명문 못지않은 생활 정보를 담을 수 있는 매체이기도 하다. 편지는 일기 못지않은 지극히 사적인 매체이지만 서로 주고받는 관계 속에서 이루어진다는 측면에서 공적 성격을 강하게 드러낸다. 그래서 그런지 정조의 편지는 편지 작성자의 주체적 의지가 아닌 수신인에 의해 역사 한 가운데로 드러났고 그럼으로써 편지에 담긴 진솔한 역사를 우리가 나누고 평가할 수 있었다.

조선시대 한글 사용은 주류 공식 문자인 한문에 가려 철저한 비주류, 이류 공식 문자로 사용되었다. 조선시대 지배층들은 훈민정음의 가치를 인정하고 배척하지는 않았지만 철저히 주류 문자의 보완 문자로 묶어 두었다. 그러나 그런 지배층의 의도와는 달리 문학 등의 실용 매체에서 한글은 주류 문자로 세종의 한글 혁명 정신을 은근히 이어가 오늘에 이르고 있다.

정조의 한글 관련 세 통의 편지는 이러한 편지와 한글의 복합적인 역사와 의미를 온전히 드러내고 있다. 정조가 한문 편지 속에서 돌발적으로 사용한 토박이말 한 단어가 역설적이게도 조선시대 지식인들의 한문 사용의 부자연스런 이중성과 번역을 통한 욕망과 소통의 변형 또는 왜곡의식을 그대로 보여 주었다.

조선시대 한글 언간에 나타난 한글의 의미와 가치는 정조의 어린 시절 두 편지와 '뒤죽박죽'이라는 한글 표현이 불쑥 쓰인 정조의 한문 편지에 고스란히 담겨 있다. 자연스런 욕망 표현과 진솔한 감정과 생각의 표현을 오롯이 담아낼 수 있는 진솔성, 솔직성, 표현의 1차적 생생함 등이 바로 한글의 미학이다.

조선시대 사대부들이 아무리 한문을 잘 했어도 그것은 어디까지나 번역임을 주목해야 한다. 한글을 싫어하거나 모르고 한문을 능숙하게 잘 하는 사람이라면 한문이 자연스런 1차적 표현일 것이다. 그러나 중요한 것은 그런 경우라 하더라도 입말을 기준으로 보면 번역을 거친 그러한 표현은 이질적이거나 불편한 2차적 표현일 뿐이다.[19]

말하듯이 대화하듯이 쉽게 쓴 한글 편지야말로 표현 욕망을 가장 자연스럽게 담은 한글의 표현 미학이다.

---

19 입말투의 실체와 의미에 대해서는 강상호(1989), 김수업(2002) 참조.

# 참고문헌

강동엽(2008), 『조선 지식인의 문학과 현실인식 – 허균·박지원·김시습』, 박이정.

강상호(1989), 『조선어입말체연구』, 평양: 사회과학출판사.

고미숙 외(2002), 『들뢰즈와 문학 – 기계』, 소명출판.

권재선(2004), 『국어해방론』, 대구: 우골탑.

권혁래(2004), "조선조 한문소설 국역본의 존재 양상과 번역문학적 성격에 대한 시론", 『東洋學』
  36집, 檀國大學校 東洋學研究所, 1~25쪽.

김무식(2009), "조선조 여성의 문자생활과 한글편지 – 한글편짓글에 반영된 조선조 여성의식과
  문화(1)", 『인문학논총』 14권 2호, 경성대학교 인문과학연구소, 1~25쪽.

김미정(2004), "조선시대 문자의 이중구조와 국어교육", 경북대 교육대학원 석사학위 논문.

김병국(2001), 『서포 김만중의 생애와 문학』, 서울대학교출판부.

김석득(2009), 『우리말 연구사: 언어관과 사조로 본 발전사』, 태학사.

김수업(2002), 『배달말꽃: 갈래와 속살』, 지식산업사.

김슬옹(1985), "우리식 한글화와 제2의 의식혁명", 『한글새소식』 151호(3월호), 한글학회,
  23~25쪽.

_____(2005), 『조선시대 언문의 제도적 사용 연구』, 한국문화사.

_____(2006), "고종의 국문에 관한 공문식 칙령 반포의 국어사적 의미", 『해방 60년, 한국어문과
  일본』(목원대학교 편), 보고사.

_____(2009), 『담론학과 언어분석 – 맥락·담론·의미』, 한국학술정보(주).

_____(2011), "국어교육을 위한 근대국어 시대구분론", 『사회언어학』 19권 2호, 한국사회언어
  학회, 85~106쪽.

_____(2012ㄱ), 『맥락으로 통합되는 국어교육의 길찾기』, 동국대학교출판부.

_____(2012ㄴ), 『조선시대의 훈민정음 발달사』, 역락.

김완진(1983), "한국어 文體의 발달", 『韓國 語文의 諸問題』(이기문 외 6인 공저), 일지사.

김일근(1986), 『諺簡의 研究: 한글書簡의 研究와 資料集成』, 건국대학교 출판부.

김종택(1985), "한글은 문자 구실을 어떻게 해왔나", 『건국어문학 9·10합집(覓南 金一根 博士
  華甲紀念 語文學論叢)』, 형설출판사, 859~869쪽.

박종국(2009), 『한국어 발달사 증보』, 세종학연구원.

백두현(2001), "조선시대의 한글 보급과 실용에 관한 연구", 『진단학보』 92호, 진단학회, 193~218쪽.

_____(2009), "훈민정음을 활용한 조선시대의 인민 통치", 『진단학보』 108호, 진단학회, 263~297쪽.

_____(2011), 『한글편지로 본 조선시대 선비의 삶』, 역락.

안대회(2012), 『정조의 비밀편지』. 문학동네.

안병희(1985), "訓民正音 使用에 관한 歷史的 硏究: 창제로부터 19세기까지", 『동방학지』 46·47·48, 연세대학교, 793~822쪽.

위르겐 슐룸봄/백승종 외 옮김(2003), 『미시사의 즐거움(17~19세기 유럽의 일상세계)』, 돌베개.

이대로(2008), 『우리 말글 독립운동 발자취』, 지식산업사.

이상혁(2003), "훈민정음 창제 이후의 문자생활사", 『디지털 한글 박물관 역사관; 문자생활사』 (http://www.hangeulmuseum.org).

정약용/박석무 역(1991), 『유배지에서 보낸 편지』, 창작과 비평.

최현배(1942/1982), 『고친 한글갈』, 정음사.

허 웅(1974), 『한글과 민족 문화』, 세종대왕기념사업회.

# 한국어 상징어 전문 사전 편찬에 관한 연구사

김홍범(한남대학교)

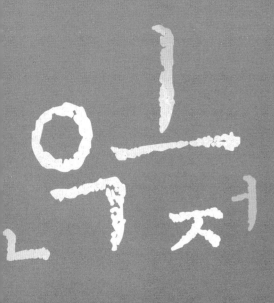

# 1. 의미 기술의 일관성을 위한 의미기술 모형의 개발

이 글은 상징어의 구조적 특성과 의미 기술을 중심으로 상징어에 관한 글쓴이의 연구 성과를 소개하고 상징어의 의미영역 분류를 통해 상징어 전문 사전을 편찬하기 위한 방법론을 재 고찰하는 것을 목적으로 한다.

상징어의 발달은 한국어의 대표적인 어휘적 특성 가운데 하나이다. 한국에서 발간된 큰사전류의 올림말 수는 일반적으로 35~40만에 이르는데, 이 가운데 한자어와 외래어·비표준어를 제외한 순우리말의 수는 약 6만 내외이다. 한국어에는 약 5천여 개의 상징어(의성어·의태어)가 있으며, 파생어까지 고려하면 약 1만 5천 개가 넘는다. 이는 순우리말 5개 가운데 하나는 상징어인 셈이다. 한국어의 상징어는 수적으로 풍부할 뿐만 아니라 모두 고유어이면서 음운, 형태, 의미 면에서 체계적인 모습을 보인다. 한국어 상징어의 가치를 살펴보면 다음과 같다.

1) 한국어는 상징어가 매우 발달하였다. 표준적인 상징어의 수만 해도 5천 개에 이른다. 이는 한국어와 더불어 상징어가 발달했다고 하는 일본어의 의성어·의태어 수가 2천500개 내외라는 점과 비교해 보더라도 월등히 많은 수이다.

2) 상징어는 한자어나 외래어가 범하지 못한 우리의 고유한 어휘 범주이다.

3) 현대국어는 한국어의 특징적인 모음조화 현상이 많이 사라졌으나, 상징어에는 여전히 그 모습이 뚜렷이 남아있습니다.

4) 상징어는 단순형과 반복형의 대립 및 다양한 새말을 만드는데 기초 재료가 된다. 예를 들어 '반들반들-하다, 바글-거리다, 반짝-이다, 부슬-비, 꾀꼬리, 꿀-돼지, 뭉게-구름'과 같이 상징어를 어근으로 하는 말을 포함하면 15,000여 개에 이른다.

5) 상징어는 텍스트의 종류(장르) 따라 다양한 기능을 수행한다.


글쓴이가 한국어 상징어 전문사전 편찬을 위해 지속적으로 진행해온 연구 주제를 간략히 소개하면 다음과 같다.


1) 한국어 상징어의 문법적 특성(음운, 형태, 통사, 의미) 분석.

2) 상징어 의미 기술의 문제점에 대한 해결방안 제시.

3) 표제어 선정을 위해 동형어와 다의어의 구별 기준 확보.

4) 기존 사전의 한계를 보완한 의미영역 분류체계 제시.

5) 유의관계에 있는 상징어의 의미와 용법의 변별.

6) 교육적 차원의 활용을 위해 상징어를 활용한 탐구학습 자료 개발.


한국어 상징어의 일반적인 특성을 정리하면 다음과 같다.

〈표 1〉 한국어 상징어의 일반적 특성

| 일반적 특성 | 보기 |
| --- | --- |
| ① 기본의미의 바꿈이 없이 홀·닿소리 대응으로 말맛의 차이를 갖는다. | 동실동실/둥실둥실, 반짝반짝/빤짝빤짝 |
| ② 반복형이 어찌씨가 된다. | 깡충깡충, 덜덜, 바들바들, 낑낑 |

| 일반적 특성 | 보기 |
|---|---|
| ③ '-하다, -거리다, -대다, -이다'와 결합하여 풀이씨가 된다. | 반들반들하다, 번쩍거리다/대다, 꿈쩍이다 |
| ④ 임자말과 부림말 선택이나, 풀이말 수식에 제약이 높다 | 고개(머리)를 끄덕이다. 깜짝 놀라다/텅비다. |
| ⑤ 어찌씨로 쓰일 경우, 풀이말과의 사이에 '하고, 하니, 하게' 따위의 형식이 같이 쓰일 수 있다. | 툭하고 떨어지다. 땅하고 소리가 나다. 휑하니 달려가다. |
| ⑥ 말뿌리가 그대로 풀이씨가 되거나, 되풀이꼴로도 쓰인다. | 흔들다/흔들흔들, 더듬다/더듬더듬 |
| ⑦ 말뿌리가 뒷가지 '-앟다/엏다'가 붙어 그림씨를 파생하는 경우, 그 말뿌리가 위에 든 것과 같은 다른 조건들을 만족시키는가. | 간지럽다/간질간질, 어지럽다/어질어질, 시끄럽다/시끌시끌 |
| ⑧ 음성 자체가 의미를 지니는 어휘군이다. | 꼬끼오, 졸졸, 한들한들 |
| ⑨ 언어가 표현하는 여러 의미 중 감각을 그 의미 내용으로 하는 어휘군이다. | 따르릉(청각), 반짝(시각), 따끔(촉각), 퀘퀘(후각), 씁쓸(미각), 답답(심각) |

상징어의 의미 기술을 위해 우선 1차적으로 국어사전의 뜻풀이를 비교한다. 이를 위해 사전의 규모나 편찬 방법, 상징어 전문성을 고려하여 『우리말 큰사전』, 『금성판 국어대사전』, 『표준국어대사전』, 『연세한국어사전』, 『우리말의성의태어사전』을 비교 사전으로 선정하기로 한다. 뜻풀이를 비교하기 위해서는 먼저 이들 사전에서 상징어를 가려내어 사전별 상징어 목록을 작성하여 비교한다. 각각 구축한 상징어 목록을 비교하기 위해 파일을 하나로 묶고 정렬을 하되, 다의어나 동형어 처리가 사전마다 다르므로 일일이 확인해야 한다. 〈큰말〉, 〈작은말〉, 〈예사소리〉, 〈된소리〉, 〈거센소리〉의 짝들도 함께 모아 의미를 비교한다.

〈표 2〉 국어사전의 '반짝' 표제어 비교

| 사전 | 비교 |
|---|---|
| 연세한국어사전 | 반짝 🔠 ① (빛 따위가) 갑자기 잠깐 빛나거나 환하게 비추는 모양을 나타냄. ¶어머니의 눈이 반짝 빛나는가 싶더니 이내 눈물이 고이기 직전의 습기 머금은 눈빛이 되었다. ② (어떤 모습이나 현상이) 순간적으로 잠깐 나타나는 모양을 나타냄. ¶예전에 으레 그랬듯이 한 며칠 저렇게 반짝 설쳐대다가 제풀에 꺾여들고 말 것이다. ③ 갑자기 정신이 들거나 어떤 생각이 떠오르거나 마음이 끌리는 모양을 나타냄. ¶늘 허둥지둥하던 나는 그 순간 정신이 반짝 들었다. ④ 감았던 눈을 갑자기 뜨는 모양을 나타냄. ¶그녀는 반짝 눈을 떴다. ⑤ 무엇을 아주 가볍고 빠르게 눈을 들어올리거나 쳐드는 모양을 나타냄. ¶여옥은 소스라치게 놀라며 얼굴을 반짝 들었다. 〈큰〉번쩍. 〈센〉빤짝. 〈여〉반작. 〈파〉반짝거리다·반짝대다·반짝이다·반짝하다. 〈흉〉. ①〈참〉 주로 '빛나다'와 함께 쓰임. |
| 우리말의성의태어사전 | 반짝 🔠 ① (빛이) 갑자기 잠깐동안 빛나는 모양. /경애하는수령김일성원수님의 어린 시절 이야기를 시작하자 학생들의 눈동자가 ~ 빛난다. ② (무엇을) 가볍고 빠르게 쳐들어올리는 모양. //얼굴을 ~ 쳐들다. 「번쩍, 빤짝」 |
| 우리말 큰사전 | 반짝 [어] ①작은 빛이 잠깐 좀 세게 나타나는 꼴. ¶눈동자가 ~ 빛난다. 해가 ~ 얼굴을 내밀었다. 〈큰〉번쩍①. ②무엇을 가볍게 쳐들어 올리는 꼴. ¶얼굴을 ~ 쳐들다. 나뭇단을 ~ 들어 올리다. 〈큰〉번쩍②. ③물건의 끝이 얼른 높이 들리는 꼴. ¶바짓가랑이를 ~ 들어 올리다. 조그마한 날개를 ~ 들고 쫓아간다. 〈큰〉번쩍③. ④눈을 갑자기 크게 뜨는 꼴. ¶작은 눈을 ~ 뜨다. 〈큰〉번쩍④. ⑤정신이 갑자기 맑아지는 꼴. 〈큰〉번쩍⑤. ⑥어떤 생각이 잠깐 머리에 떠 오르는 꼴. 〈큰〉번쩍⑥. ⑦어떠한 일이 빨리 끝나는 꼴. 〈큰〉번쩍⑦. |
| 금성판 국어대사전 | 반짝1. 🔠 ①물건을 아주 가볍게 얼른 드는 모양. ¶아이를 ~ 들어올리다. /고개를 ~ 들다. ②눈을 갑자기 크게 뜨는 모양. ¶~ 눈을 뜨다. 〈큰〉번쩍. |
| | 반짝2. 🔠 '반작'의 센말. ¶형광등이 ~ 켜지다. /햇빛이 ~ 나다. 〈큰〉번쩍. 〈센〉빤짝. *-하다(자타). |
| | 반짝3. 🔠 갑자기 정신이 들거나 감각되거나 마음이 끌리는 모양. ¶정신이 ~ 들다. 〈큰〉번쩍. |

| 사전 | 비교 |
|---|---|
| 표준국어<br>대사전 | 반짝1 ⊞ ①작은 빛이 잠깐 나타났다가 사라지는 모양. ¶ 칼날이 반짝 빛났다./어둠 속에서 불빛이 반짝 빛났다. ②정신이 갑자기 맑아지는 모양. ¶정신이 반짝 들다/잠이 반짝 깨다/술이 반짝 깨다/머리가 아찔하면서도 정신은 반짝 났다.≪염상섭, 삼대≫/별안간 댕댕 소리와 함께 발등에 물을 부리고 물차가 지나가니 그는 비로소 산 듯이 정신기가 반짝 난다.≪김유정, 땡볕≫ ③ 어떤 생각이 갑자기 머리에 떠오르는 모양. ¶해결책이 반짝 떠오르다/고향 생각이 반짝 머리를 스치고 지나갔다. ④물건이나 사람, 일 따위가 빨리 없어지거나 끝나는 모양. ¶날이 반짝 개었다가 이내 다시 비가 흩뿌렸다. ⑤마음이 끌려 귀가 갑자기 뜨이는 모양. ¶귀가 반짝 뜨이다. ⑥무엇이 순간적으로 분명하게 보이는 모양. ⑦잠을 자지 않고 밤을 지내는 모양. ¶삼경에 들어온 해적이 날 샐 때에 비로소 물러가서 성안에서 군사나 백성 할 것 없이 하룻밤을 반짝 새우게 되었다.≪홍명희, 임꺽정≫ (참)반작1; 반짝1; 번쩍1.<br><br>반짝2 ⊞ ①물건을 아주 가볍게 들어 올리는 모양. ¶ 그는 어린애를 반짝 안아서 차에 태웠다./그 노인은 무거운 쌀가마니를 반짝 들어 올렸다. ②물건의 끝이 갑자기 높이 들리는 모양 . ③몸의 한 부분을 갑자기 위로 들어 올리는 모양. ¶손을 반짝 들다/아이들은 고개를 반짝 들고 칠판을 쳐다보았다. ④눈을 갑자기 크게 뜨는 모양. ¶ 그는 처음 듣는 소리라는 듯이 반짝 눈을 뜨며 나를 쳐다보았다. (참)반짝2; 번쩍2. |

여러 종류의 국어사전에 등재된 상징어를 모두 모아 뜻풀이를 비교해 본 결과 표제어에 대한 의미기술의 모형이 필요하다는 사실을 확인하였다. 따라서 글쓴이는 앞선 연구에서 상징어의 의미 기술 모형으로 다음과 같은 틀을 제안하였다.[1] 이 모형 틀에 대한 검증을 걸쳐, 의미 영역을 구분하는 기초 자료로 삼을 것이다.

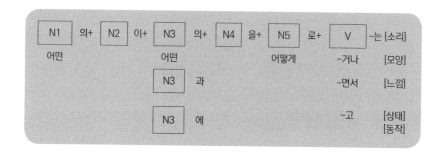

---

1 김홍범(2008) 참조.

위의 모형에서 'N1+의', 'N3+의', 'N5+로'는 표제어에 대한 의미 정보의 기술 내용이며, 'N2+이', 'N4+을', '어떻게 V'는 표제어에 대한 의미 정보이기도 하지만, 상징어의 의미 영역 분류 체계에 관여하는 구성 요소(의미 영역 범주)이다.

『조선말 의성 의태어 분류 사전』의 의성어를 의미 기술 모형에 의해 정리하면 840개의 N2가 있음을 알 수 있다. 이들 중 중복되는 어휘를 빼면 129개의 어휘로 정리할 수 있다. 나머지 상징어들은 주어가 생략되거나 목적어가 주요 의미 정보가 되는 어휘들이다. 다음의 표는 그 예를 보여준다.[2]

<표 3> 의성어의 의미 기술 모형 적용 보기

| 의성어 | N1+의 | N2+이 | N3+의,과,에 | N4+을 | N5+로,어떻게 | 기본형 v | v1 | v2 |
|---|---|---|---|---|---|---|---|---|
| 퍼떡퍼떡 | | 깃발 같은 것이 | 바람에 | | 세게 | 휘날리다 | 휘날릴 때 잇달아나는 | |
| 파닥파닥 | 작은 | 깃발이나 종이 같은 것이 | 바람에 | | 자꾸 | 날리다 | 날려 나는 | |
| 파딱파딱 | 작은 | 깃발이나 종이 같은 것이 | 바람에 | | 자꾸 | 날리다 | 날려 나는 | |
| 까옥 | | 까마귀가 | | | | 울다 | 우는 | |
| 깍 | | 까치가 | | | | 울다 | 우는 | |
| 꾀꼴 | | 꾀꼬리가 | | | 외마디로 | 울다 | 우는 | |
| 우시시 | | 나뭇잎 같은 것이 | 바람에 | | 어수선하게 | 흩어지다 | 떨어져 | 흩어지는 |
| 추덕추덕 | | 낙숫물 같은 것이 | | | 동안이 뜨게 뚝뚝 | 떨어지다 | 떨어지는 | |
| 설겅설겅 | 덜 삶아진 | 낟알이나 열매 같은 것이 | | | | 씹다 | 씹힐 때 나는 | |
| 꼬꼬 | | 닭이 | | | | 울다 | 우는 | |

2  김홍범(2010) 참조.

〈표 3〉에서 보듯이 의성어의 경우 N2의 종류는 구체적인 대상을 지칭하는 경우 보다는 포괄적인 개념 '물체, 물건, – 것' 등이 많음을 알 수 있다. 이와 같이 일정한 기준이나 일관성이 없어 상징어의 의미 기술이 여러 면에서 혼란스러운 모습을 보이고 있다.

그런데, 의태어의 경우에는 이러한 의미 기술의 양상이 더 복잡해진다. 의태어의 의미 기술은 N5 항목과 V항목에 초점을 맞출 필요가 있다. 의성어에 비해 N5항목과 V항목이 다양하고 복잡하여 의미 기술을 할 때 타당한 근거 마련이 필요하다. 특히 의태어는 주로 사용되는 '상황(~때)'을 설명하는 의미 기술이 많아 이에 대한 항목을 따로 마련해 주는 것이 필요하다. V항목의 서술어를 분류할때 대등한 지위로 서술되어 있는 경우(~거나, 혹은)는 비교적 의미 항목 기술에 있어서도 체계적으로 정리가 가능하지만 대부분의 의태어는 서술어를 분류(V1, V2, V3)하는 것이 쉽지 않다. 예를 들어 〈표 4〉에서 보듯이 '비비대며 느리게 움직이는'의 경우 '~며 ~게 ~는'이 동시에 일어나는 상황을 설명하고 있기 때문에 서술어를 분류하여 기술할 때는 적합한 기준 마련이 필요하다. 즉 어떤 서술어를 중심 서술어로 볼 것인가의 문제이다.

〈표 4〉 의성어의 의미 기술 모형의 적용 예시

| | N1+의 | N2+이 | N 3 +의,과,에 | N4+을 | N5+로, 어떻게 | v1 | v2 | v3 | 상황(~때) |
|---|---|---|---|---|---|---|---|---|---|
| 몽그작몽그작 | | | | | 움직움직 | 비비대며 | 앉아서 | 움직이는 | |
| 뭉그적뭉그적 | | | | | 제자리에서 | 비비대며 | 느리게 | 움직이는 | (나아가지 못하고) |
| 뭉기적뭉기적 | | | | | 제자리에서 | 비비대며 | 느리게 | 움직이는 | (나아가지 못하고) |
| 뭉깃뭉깃 | | | | | 제자리에서 | 비비대며 | 좀 느리게 | 움직이는 | (나아가지 못하고) |

상징어의 가장 두드러진 문법적 특성 가운데 하나가 다른 문장 성분과의

어울림에서 제약이 크다는 것이다. 주어, 목적어, 서술어와 어울림이 제약이 크다는 점을 활용하여 〈표 5〉와 같이 목적어를 분석하면 상징어의 의미 영역을 체계적으로 분류하는 데 유용한 정보를 얻을 수 있다. 사람을 나타내는 상징어를 액셀 프로그램으로 분석한 결과의 일부를 예로 보이면 다음과 같다.

〈표 5〉 'N4+을' 항목의 단어들

| 표제어 | N1+의 어떤 | N2+이 | N3+ 의,과, 에 | N4+을 어떤 | N5+로, 어떻게 | V | 동작, 상태 |
|---|---|---|---|---|---|---|---|
| **납죽납죽** | | | | 몸을 | 나부죽하게 냉큼냉큼 | 엎드리는 | 동작 |
| 소곳소곳 | | 여럿이 다 | | 고개를 | 소곳이 | 숙인 | 동작 |
| 끔벅끔벅 | | | 큰 | 눈을 | 순간적으로 자꾸 | 감았다가 뜨는 | 동작 |
| 헉 | | | | 숨을 | | 못쉬는 | 동작 |
| **뿌드득 뿌드득** | | | | 기지개를 | 잇달아 세게 | 켜는 | 동작 |
| 절뚝절뚝 | | | | 다리를 | 자꾸 몹시 | 저는 | 동작 |
| 올칵올칵 | | | 볼의 | 근육을 | 몹시 세게 자꾸 | 움직이는 | 동작 |
| 당실 | | | | 팔다리를 | 가볍게 | 너울거리는 | 동작 |
| 푹푹 | | | | 물건을 | 자꾸 많이 | 퍼내는 | 동작 |
| 꼬깃꼬깃 | | | 작은 | 것을 | 자꾸 | 꾸겨지게 만드는 | 동작 |
| 뜨덤뜨덤 | | | | 말을 | 느리게 | 떠듬거리는 | 동작 |
| 날름날름 | | | | 무엇을 | | 엿보는 | 동작 |
| 발딱발딱 | | | | 액체를 | 자꾸 | 들이키는 | 동작 |
| 족 | | | 작은 | 줄이나 금을 | 곧게 | 내긋는 | 동작 |
| 웽웽 | | | | 글을 | 크고 높은 목소리로 막힌데 없이 | 읽거나 외우는 | 동작 |
| 쫄쫄 | | 사람이 | 남의 | 뒤를 | 잇달아 | 따라다니는 | 동작 |
| 살살 | | | | 남을 | | 달래거나 꾀는 | 동작 |

| 신체 | 신체 일부분 | 몸 전체(4) | 몸(75), 동작(4), 몸체, 팔다리나 몸 |
|---|---|---|---|
| | | 머리(6)<br>(얼굴,고개,목) | 고개(26), 머리(18), 얼굴(8), 머리나 몸(7), 고개나 머리, 고개나 목 |
| | | 눈(3)<br>(눈알, 눈물) | 눈(42), 눈알(10), 눈물(6) |
| | | 코(3) | 숨(8), 코(3), 숨소리 |
| | | 입(6)<br>(혀, 입술) | 입(18), 입술(14), 입김(8), 혀(2), 혀끝(2), 입맛 |
| | | 팔(손)(6) | 기지개(4), 주먹(3), 팔(2), 손(2), 손발, 팔 같은 것 |
| | | 다리(발)(4) | 다리(19), 발걸음(8), 발(7), 걸음(5) |
| | | 신체기관(1)<br>(심장, 맥박, 근육) | 근육(5) |
| | | 기타(5) | 팔다리(17), 몸의 일부분(12), 허리(10), 윗몸(4), 어깨 |
| 신체를 지칭하는 단어가 아닌 경우<br>(41) | | | 물건(54), 것(42), 말(22), 무엇(12), 액체(11), 줄이나 금(8), 글(7), 뒤(7), 남(6), 둘레(6), 음식물(6), 줄(6), 줄이나 획(4), 물체(4), 물(4), 금이나 줄(2), 휘파람(2), 바람(2), 범위(2), 글씨(2), 먹을 것(2), 문(2), 김치나 나물 같은 것, 낱알 같은 것, 냄새, 높은데, 물이나 죽·국수, 바느질, 신발, 액체나 미음, 웃음, 음식, 일, 입안에 있는 것, 책, 힘, 과일같은 것, 글씨나 그림, 말소리, 목소리, 소리 |

*( )의 숫자는 빈도임.

위에서 제시한 의미 기술 모형은 상징어의 의미 기술에 일관성을 유지하기 위한 목적에서 개발하였지만 전체 상징어들의 의미 기술 내용을 액셀 프로그램으로 처리하면 체계적인 의미 영역의 분류 작업에 매우 유용하다는 장점이 있다.


# 2. 상징어 의미 영역의 재분류를 위한 방법론

먼저 의미 영역을 분류해 놓은 유일한 선행 연구인 『조선말 의성 의태어 분류 사전』의 분류 내용을 소개하고, 이 분류에 대한 수정, 보완 작업의 결과를 제시하고자 한다.

〈표 7〉 『조선말 의성 의태어 분류 사전』의 소리 상징어 항목

| | 분류 유형 | | 단어 수 | |
|---|---|---|---|---|
| 의성어 | Ⅰ. 사람과 관련하여 쓰이는 의성어 | 1. 사람의 코, 혀, 후두, 입에서 나는 소리 | 279 | 519 |
| | | 2. 사람이 움직일 때 나는 소리 | 240 | |
| | Ⅱ. 동물과 관련하여 쓰이는 의성어 | 1. 동물의 코, 입에서 나는 소리 | 197 | 326 |
| | | 2. 동물이 움직일 때 나는 소리 | 129 | |
| | Ⅲ. 기구, 기계, 악기 등과 관련하여 쓰이는 의성어 | 1. 기구, 기계와 관련된 소리 | 104 | 154 |
| | | 2. 악기 소리 | 50 | |
| | Ⅳ. 고체와 관련하여 쓰이는 의성어 | 1. 굴러갈 때 나는 소리 | 31 | 930 |
| | | 2. 맞닿거나 부딪칠 때 나는 소리 | 355 | |
| | | 3. 달라붙거나 들어붙는 소리 | 52 | |
| | | 4. 마찰할 때 나는 소리 | 60 | |
| | | 5. 무너지거나 흩어질 때 나는 소리 | 14 | |
| | | 6. 문풍지가 떨 때 나는 소리 | 2 | |
| | | 7. 물체가 공기를 가르고 나갈 때 나는 소리 | 4 | |
| | | 8. 물체가 바람을 일으키는 소리 | 4 | |
| | | 9. 물체가 물에 떨어질 때 나는 소리 | 51 | |
| | | 10. 바닥에 떨어질 때 나는 소리 | 56 | |
| | | 11. 부러지거나 끊어질 때 나는 소리 | 64 | |
| | | 12. 부서지거나 깨질 때 나는 소리 | 52 | |
| | | 13. 베어질 때 나는 소리 | 7 | |
| | | 14. 졸아붙거나 탈 때 나는 소리 | 35 | |
| | | 15. 종이나 깃발, 나뭇잎 같은 것이 바람에 날릴 때 나는 소리 | 13 | |
| | | 16. 종잇장이나 책장을 넘길 때 나는 소리 | 8 | |
| | | 17. 터지거나 튀거나 뚫어질 때 나는 소리 | 44 | |
| | | 18. 흔들리는 소리 | 14 | |
| | | 19. 쪼개지거나 찢어질 때 나는 소리 | 48 | |
| | | 20. 울리어 나는 소리 | 16 | |
| | Ⅴ. 기체와 관련하여 쓰이는 의성어 | 1. 막혔던 가스나 공기가 터져나올 때 나는 소리 | 13 | 37 |
| | | 2. 바람이 불어칠 때 나는 소리 | 14 | |
| | | 3. 바람이 쇠줄, 전깃줄에 부딪칠 때 나는 소리 | 10 | |
| | Ⅵ. 액체와 관련하여 쓰이는 의성어 | 1. 가는 줄기로 뻗치는 소리 | 4 | 150 |
| | | 2. 거품 같은 것이 일어날 때 나는 소리 | 7 | |
| | | 3. 그릇 안의 액체가 흔들릴 때 나는 소리 | 12 | |
| | | 4. 물 같은 것이 단단한 물체에 부딪치는 소리 | 19 | |
| | | 5. 물 같은 것이 흐르는 소리 | 44 | |
| | | 6. 물결을 이루며 흔들릴 때 나는 소리 | 12 | |
| | | 7. 끓을 때 나는 소리 | 28 | |
| | | 8. 떨어질 때 나는 소리 | 24 | |
| | 총 단어 수 | | 2,116 | |

| 분류 유형 | | | 단어수 | |
|---|---|---|---|---|
| Ⅰ. 사람과 관련하여 쓰이는 의태어 | 1.감각, 감정, 생각을 나타내거나 심리, 정신 상태를 나타내는 의태어 | 1) 가슴이 울렁이는 모양<br>2) 감정이 북받치는 모양<br>3) 기나 숨 같은 것이 막히는 모양<br>4) 기억이나 의식이 떠오르거나 떠오르지 않는 모양<br>5) 긴장한 모양<br>6) 놀라는 모양<br>7) 눈에 무엇이 보이는 모양<br>8) 느낌이 생기는 모양<br>9) 두렵거나 징그럽거나 호젓한 모양<br>10) 마음이 움직이는 모양<br>11) 맛이 나는 모양<br>12) 성을 내는 모양<br>13) 생각하는 모양<br>16) 생각이 떠오르거나 잘 떠오르지 않는 모양<br>17) 토할 것 같은 모양<br>18) 흥겨운 모양<br>19) 아픈 모양<br>20) 애타는 모양 | 340 | 2,639 |
| | 2. 움직임을 나타내는 의태어 | 1) 고개, 머리, 목의 움직임을 나타내는 의태어<br>2) 눈, 코의 움직임을 나타내는 의태어<br>3) 혀, 입, 입술의 움직임을 나타내는 의태어<br>4) 몸의 움직임을 나타내는 의태어<br>5) 맥박이나 심장이 뛰는 모양<br>6) 발이나 다리의 움직임을 나타내는 의태어<br>7) 손이나 팔의 움직임을 나타내는 의태어<br>8) 팔다리의 움직임을 나타내는 의태어<br>9) 근육의 움직임을 나타내는 의태어<br>10) 자거나 조는 모양을 나타내는 의태어<br>11) 기타 | 1,650 | |
| | 3. 동작이나 행동의 상태를 나타내는 의태어 | 1) 경솔하게 행동하는 모양<br>2) 게걸스럽게 행동하는 모양<br>3) 느리게 행동하는 모양<br>4) 동작을 멈추는 모양<br>5) 동작이 굼뜬 모양<br>6) 동작(행동)이 매우 갑작스러운 모양<br>7) 동작이 빠른 모양<br>9) 방향없이 헤매는 모양<br>10) 조심스럽게 행동하는 모양<br>11) 힘들이지 않고 가볍게 행동하는 모양 | 107 | |

| 분류 유형 | | | 단어수 | |
|---|---|---|---|---|
| I. 사람과 관련하여 쓰이는 의태어 | 4. 사람의 모습을 나타내는 의태어 | 1) 가슴, 어깨, 팔 다리 같은 것이 벌어져있는 모양<br>2) 길거나 둥그스름한 모양<br>3) 멀쑥하고 시원스레 생긴 모양<br>4) 눈알이 생기있거나 생기없는 모양<br>5) 몸이 가늘고 키 크거나 다리 긴 모양<br>6) 살이 빠지고 여윈 모양<br>7) 살이 찌거나 부어오른 모양<br>8) 머리털이나 수염같은 것이 나 있는 모양<br>9) 얼굴빛이 변하는 모양<br>10) 얼굴이나 살갗에 주름이 간 모양<br>11) 얽은 모양<br>12) 입이 벌쭉한 모양<br>13) 기타 | 124 | 2,639 |
| | 5. 사람의 노력, 성미, 태도, 표정, 품성 같은 것을 나타내는 의태어 | 1) 견디거나 버티거나 참는 모양<br>2) 거만스럽게 뽐내는 모양<br>3) 고스란히 밤을 새우는 모양<br>4) 기를 쓰거나 기운을 쓰는 모양<br>5) 기세좋게 해나가는 모양<br>6) 기한이나 일을 자꾸 미루는 모양<br>7) 기운이 없는 모양<br>8) 게으름을 부리는 모양<br>9) 귀찮게 구는 모양<br>10) 날뛰거나 달려드는 모양<br>11) 능청스러운 모양<br>12) 달라붙거나 들어붙는 모양<br>13) 돈이나 물건 같은 것을 주거나 받거나 쓰는 모양<br>14) 많이 모여있는 모양<br>15) 망설이는 모양<br>16) 몸가짐이나 태도가 태연스럽거나 얌전한 모양<br>17) 못된 장난을 하는 모양<br>18) 못마땅한 태도나 표정을 나타내는 모양<br>19) 물건을 흘리는 모양<br>20) 사귀는 사이가 가깝지 않은 모양<br>21) 서있거나 앉아있는 모양<br>22) 성질이 검질긴 모양<br>23) 성질이 늘어지거나 수더분하거나 시원스러운 모양<br>24) 성질이 변덕스러운 모양<br>25) 성질이 찬찬한 모양<br>26) 실속없이 큰소리만 치는 모양<br>27) 하는 일이 없이 놀기만 하는 모양<br>28) 까부는 모양<br>29) 꾸준히 하거나 시키는 대로 하는 모양<br>30) 땀이 돋아나거나 흐르는 모양<br>31) 뻔뻔스러운 모양<br>32) 약빠른 모양<br>33) 어물거려넘기는 모양<br>34) 우기는 모양<br>35) 일같은 것을 대충대충하는 모양 | 418 | |

| 분류 유형 | | | 단어수 | |
|---|---|---|---|---|
| Ⅰ. 사람과 관련하여 쓰이는 의태어 | 5. 사람의 노력, 성미, 태도, 표정, 품성 같은 것을 나타내는 의태어 | 36) 일같은 것이 잘되어나가거나 손쉽게 처리되는 모양<br>37) 일을 급하게 해나가는 모양<br>38) 일을 재빠르게 처리해나가는 모양<br>39) 일을 제때에 처리하지 못하고 뭉개는 모양<br>40) 애를 쓰는 모양<br>41) 기타 | 418 | 2,639 |

## 가. 기존 사전의 해체 방법론

기존의 『우리말 의성·의태어 분류사전』에 나타나는 문제점을 검토하기 위해서 다음과 같은 기초 작업을 실행하였다. 먼저 필자는 기존의 『우리말 의성·의태어 분류사전』을 표제어마다 6자리의 숫자로 정보를 표시하면서 컴퓨터에 입력한 후 표제어를 자모순으로 재배열하여 다음과 같은 자료를 확보하였다.[3]

〈표 9〉 표제어의 의미 영역 정보

| 표제어 | 의미 정보 | 표제어 | 의미 정보 |
|---|---|---|---|
| 가닥가닥 | 2.4.1.4 | 가붓가붓 | 2.4.2.2 |
| 가닥가닥 | 2.4.3.2 | 가분가분 | 2.4.2.2 |
| 가드락가드락 | 2.1.5.2 | 가뿟가뿟 | 2.4.2.2 |
| 가득 | 2.4.1.10 | 가치작가치작 | 2.4.1.5 |
| 가득 | 2.5.3.1 | 가칠가칠 | 2.4.2.3 |
| 가득가득 | 2.4.1.10 | 가칫가칫 | 2.1.1.8.0 |
| 가득가득 | 2.5.3.1 | 간댕간댕 | 2.4.1.48.4 |
| 가든가든 | 2.1.1.10.4 | 간댕간댕 | 2.10.19 |
| 가들가들 | 2.1.3.1 | 간드랑간드랑 | 2.4.1.48.4 |
| 가뜩 | 2.4.1.10 | 간드랑간드랑 | 2.10.19 |
| 가뜩 | 2.5.3.1 | 간들간들 | 2.4.1.48.4 |
| 가뜩가뜩 | 2.4.1.10 | 간들간들 | 2.10.19 |
| 가뜩가뜩 | 2.5.3.1 | 간질간질 | 2.1.1.8.1 |
| 가뜬가뜬 | 2.1.4.13 | 간질간질 | 2.1.1.10.2 |
| 가뜬가뜬 | 2.4.2.2 | 갈기갈기 | 2.4.1.53 |
| 가뜬가뜬 | 2.1.1.10.4 | 갈래갈래 | 2.4.1.53 |

---

3  표제어 옆에 제시한 숫자의 해석은 다음과 같다. 의성어는 1, 의태어는 2로 분류하여 앞에서부터 첫째 자리에 숫자로 나타내고, 제일 큰 분류인 로마숫자는 둘째자리에, 그 다음 분류인 아라비아 숫자는 셋째 자리에, 그 다음 분류인 반묶음표 숫자는 넷째 자리에, 그 다음 묶음표 숫자는 다섯째 자리에, 마지막으로 동그라미 숫자는 여섯째 자리에 숫자로 의미 영역 정보를 표시하였다.

| 표제어 | 의미 정보 | 표제어 | 의미 정보 |
|---|---|---|---|
| 가랑가랑 | 2.2.1.2.3 | 갈쌍갈쌍 | 2.2.1.2.3 |
| 가랑가랑 | 2.5.3.1 | 갈쌍갈쌍 | 2.1.2.2.5 |
| 가랑가랑 | 1.1.1.9 | 갈팡질팡 | 2.1.3.8 |
| 가랑가랑 | 1.2.1.3 | 갈팡질팡 | 2.1.2.6.4 |
| 가랑가랑 | 1.2.1.3 | 갉작갉작 | 2.2.1.3.9 |
| 가랑가랑 | 1.4.1 | 갉죽갉죽 | 2.2.1.3.9 |
| 가랑가랑 | 2.1.2.2.5 | 감감 | 2.7.1 |
| 가랑가랑 | 2.1.2.3.13.2 | 감감 | 2.10.20 |
| 가랑가랑 | 2.2.1.3.6 | 감감 | 2.1.1.4 |
| 가르랑 | 1.1.1.9 | 감숭감숭 | 2.9.4 |
| 가르랑가르랑 | 2.2.1.3.6 | 감실감실 | 2.4.1.57.4 |
| 가르랑가르랑 | 1.1.1.9 | 감실감실 | 2.9.4 |
| 가르랑가르랑 | 1.2.1.3 | 감실감실 | 2.1.1.7 |
| 가르랑가르랑 | 2.1.2.3.13.2 | 감작감작 | 2.9.3 |
| 가물가물 | 2.4.1.57. | 강동강동 | 2.1.2.6.7.1 |
| 가물가물 | 2.9.2 | 강둥강둥 | 2.1.3.1 |
| 가물가물 | 2.1.1.4 | 강똥강똥 | 2.1.3.1 |
| 가뭇가뭇 | 2.9.4 | 강뚱강뚱 | 2.1.2.6.7.1 |
| 가분가분 | 2.4.2.2 | 강종강종 | 2.1.2.6.7.3 |
| 가불가불 | 2.1.5.28 | 개굴개굴 | 1.2.1.8.3 |
| 가불가불 | 2.9.2 | 개신개신 | 2.1.5.40 |

위의 자료는 '표제어의 의미 영역 정보' 자료 중의 1쪽을 제시한 것인데, 이 자료를 보면 모두 7656개의 표제어가 각각 어떠한 의미 항목을 가지고 있으며 어떠한 의미 영역에 소속되어 있는지를 일목요연하게 파악할 수 있다.[4] 위에서 제시한 〈표 9〉의 자료를 바탕으로 각 표제어의 빈도수(의미 항목의 수)를 분석하면 다음과 같은 자료를 추출할 수 있다.

〈표 10〉 표제어의 빈도

| 표제어 | 빈도(의미 항목 수) | 표제어 | 빈도(의미 항목 수) |
|---|---|---|---|
| 푹 | 17 | 박박 | 10 |
| 짝 | 16 | 훅훅 | 10 |
| 쪽쪽 | 15 | 둥실둥실 | 9 |
| 쑥 | 15 | 똑똑 | 9 |
| 쑥쑥 | 15 | 번쩍 | 9 |

---

4  하나의 상징어가 10개의 의미 항목을 가지고 있을 때 이를 동형어로 처리할 것인지 다의어로 처리할 것인지의 판단은 김홍범(1994)의 판별기준에 따른다.

| 표제어 | 빈도(의미 항목 수) | 표제어 | 빈도(의미 항목 수) |
|---|---|---|---|
| 짝짝 | 14 | 번쩍번쩍 | 9 |
| 쪽 | 14 | 빠작빠작 | 9 |
| 딱딱 | 13 | 사르르 | 9 |
| 발딱발딱 | 13 | 우적우적 | 9 |
| 벌떡벌떡 | 13 | 찍찍 | 9 |
| 툭 | 13 | 탁탁 | 9 |
| 툭툭 | 13 | 탈싹탈싹 | 9 |
| 푹푹 | 13 | 펑펑 | 9 |
| 딱 | 12 | 폭폭 | 9 |
| 빨딱빨딱 | 12 | 핑핑 | 9 |
| 폭 | 12 | 홀딱 | 9 |
| 뚝뚝 | 11 | 홀딱홀딱 | 9 |
| 벌꺽벌꺽 | 11 | 훌떡 | 9 |
| 뻑뻑 | 11 | 훌떡훌떡 | 9 |
| 탁 | 11 | 훌훌 | 9 |
| 톡 | 11 | 휙휙 | 9 |
| 톡톡 | 11 | 바시시 | 8 |
| 가랑가랑 | 10 | 바싹 | 8 |
| 뚝 | 10 | 바싹바싹 | 8 |
| 바작바작 | 10 | 버적버적 | 8 |
| 벅벅 | 8 | 털썩 | 8 |
| 벌컥벌컥 | 8 | 털썩털썩 | 8 |
| 부시시 | 8 | 팡팡 | 8 |
| 삭삭 | 8 | 풍풍 | 8 |
| 와그르르 | 8 | 픽픽 | 8 |
| 조르르 | 8 | 휘휘 | 8 |
| 졸졸 | 8 | 휙 | 8 |
| 주르르 | 8 | 그렁그렁 | 7 |
| 줄줄 | 8 | 꾹꾹 | 7 |
| 쩍 | 8 | 땅땅 | 7 |
| 쩍쩍 | 8 | 떵떵 | 7 |
| 쪼르르 | 8 | 무럭무럭 | 7 |
| 찍 | 8 | 바짝 | 7 |
| 착착 | 8 | 바짝바짝 | 7 |
| 쿵쿵 | 8 | 발깍 | 7 |
| 탈싹 | 8 | 부르르 | 7 |

위의 자료를 보면 7656개의 표제어가 3589개로 줄어드는 것을 알 수 있는데 그 이유는 개별 상징어의 여러 의미 항목과 동형어를 하나의 표제어로 통합했기 때문이다. 가장 많은 의미 항목을 가지고 있는 상징어는 '푹'으로 17의 빈도를 보이며 전체의 47.2%에 해당하는 1,686개는 빈도 1이며,

28.3%에 해당하는 1,017개는 빈도 2로 나타난다. 주목할 만한 점은 '푹'의 모음 바꾸기형태 '폭'(빈도12)과 되풀이형태 '푹푹'(빈도13), '폭폭'(빈도19)의 빈도가 각각 다르게 나타난다는 사실이다. 이러한 결과는 상징어의 문법적 특성에 기인하는 것으로 이 글에서는 다시 언급하지 않기로 한다.[5]

이제 앞에서 제시한 기초 자료를 근거로 거시 구조의 문제를 살펴보기로 하자. 『우리말 의성·의태어 분류사전』에서는 전체 상징어를 800여 개의 의미 영역으로 분류하고 있는데 여러 가지 한계를 보이고 있다.

먼저 여섯 단계의 분류에서 동일한 단계의 의미 영역들이 같은 층위에 있지 않다는 문제점을 지적할 수 있다. 사람, 동물, 식물, 고체, 액체, 기체, 날씨 등은 같은 층위로 분류할 수 없기 때문이다. 즉 층위가 다른 종개념과 횡개념이 서로 섞여 있다는 것이다. 이러한 분류 원칙 때문에 사전을 활용하고자 할 때 필요한 분류 항목을 찾기도 쉽지 않을 뿐더러 찾고자 하는 필요한 정보가 다른 분류 항목에 중복되어 나타나는지의 여부도 확인하기가 어렵다. 이 사전의 분류 체계를 간략히 보이면 다음과 같다.[6]

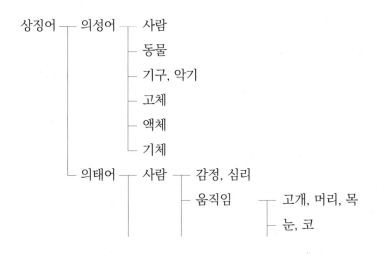

---

5  이러한 사실은 하나의 상징어에 대한 자·모음 바꾸기형태와 되풀이형태의 의미 항목이 단순 대응되는 것이 아니라는 것을 입증하는 것으로 이에 대해서는 김홍범(1994) 참조.
6  800여 개의 의미 영역을 모두 제시하지 않고 분류 방식만을 보이기로 한다.

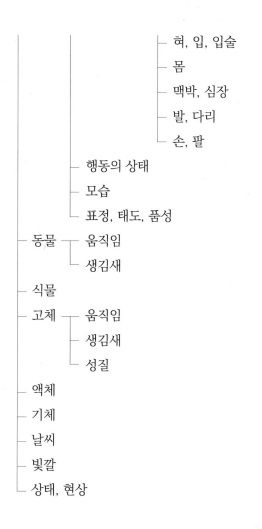

위의 의미 영역 분류를 세밀히 관찰하면 하위분류 단계에서는 한 의미 영역에 대체로 하나의 의미 항목을 제시하고 있으나, 어떤 경우에는 한 의미 영역에 여러 의미를 묶어놓은 것들도 있는 것으로 보아 분류의 일관성이 없어 보인다. 예를 들어 사람의 웃는 모양에 대한 하위분류에서 '경망하게 웃거나 교활하게 웃거나 비웃는 모양'을 나타내는 상징어를 묶은 것은 잘못된 분석이다. 사람의 손이나 팔의 움직임에 대한 하위분류에서도 '그림을 그리거나 글을 쓰거나 금을 긋는 모양'을 동일한 의미 영역에서 처리하고 있는 것은 수정되어야 한다.

〈표 8〉의 목록 중에서 '1. 감각, 감정, 생각을 나타내거나 심리, 정신 상태를 나타내는 의태어'와 '5. 사람의 노력, 성미, 태도, 표정, 품성 같은 것을 나타내는 의태어'는 모양을 본딴 말이 아니므로 엄밀하게 말하면 의태어가 아니다. 본 연구자가 의성어, 의태어라는 용어를 배재하고 상징어라는 용어를 쓰는 가장 큰 이유이기도 하다. 먼저 '1. 감각, 감정, 생각을 나타내거나 심리, 정신 상태를 나타내는 의태어'를 글쓴이가 감각, 감정, 인지로 나누어서 재분류한 결과를 표로 보이면 다음과 같다.

〈표 11〉 '1. 감각, 감정, 생각을 나타내거나 심리, 정신 상태를 나타내는 의태어'

| I .사람과 관련하여 쓰이는 의태어 | | 개수 |
|---|---|---|
| 1. 감각, 감정, 생각을 나타내거나 심리, 정신 상태를 나타내는 의태어 | | |
| 1)가슴이 울렁이는 모양 | | 16 |
| 2)감정이 북받치는 모양 | | 8 |
| 3)기나 숨같은 것이 막히는 모양 | | 12 |
| 4)기억이나 의식이 떠오르거나 떠오르지 않는 모양 | | 17 |
| 5)긴장한 모양 | | 4 |
| 6)놀라는 모양 | | 8 |
| 7)눈에 무엇이 보이는 모양 | | 19 |
| 8)느낌이 생기는 모양 | (1)간지럽거나 근지러운 느낌이 나는 모양 | 6 |
| | (2)거분한 느낌이 있는 모양 | 2 |
| | (3)굶거나 굶어 시장한 모양 | 5 |
| | (4)무엇이 씹히는 것 같은 느낌이 나는 모양 | 5 |
| | (5)사느란(서느런) 느낌을 받는 모양 | 8 |
| | (6)소화되지 않아 속이 불편함을 느끼는 모양 | 3 |
| | (7)깔끄럽거나 깔끄러운 느낌이 있는 모양 | 7 |
| | (8)따끈하거나 뜨끈한 느낌이 있는 모양 | 3 |
| | (9)뼈마디같은 곳이 시큰한 느낌이 나는 모양 | 6 |
| | (10)어떤 느낌이 떠오르는 모양 | 7 |
| | (11)기타 | 6 |

| Ⅰ.사람과 관련하여 쓰이는 의태어 | | 개수 |
|---|---|---|
| 1. 감각, 감정, 생각을 나타내거나 심리, 정신 상태를 나타내는 의태어 | | |
| 9)두렵거나 징그럽거나 호젓한 모양 | | 11 |
| 10)마음이 움직이는 모양 | (1)마음이 격하게(심하게) 움직이는 모양 | 4 |
| | (2)마음이 들떠서 움직이는 모양 | 8 |
| | (3)마음이 몹시 죄여드는 모양 | 7 |
| | (4)마음이 상쾌하거나 후련한 모양 | 10 |
| | (5)기타 | 9 |
| 11)맛이 나는 모양 | | 10 |
| 12)성을 내는 모양 | | 31 |
| 13)생각하는 모양 | | 2 |
| 14)생각이 떠오르거나 잘 떠오르지 않는 모양 | | 27 |
| 15)정신상태가 어떠한 모양 | | 27 |
| 16)차겁거나 추운 모양 | | 13 |
| 17)토할거 같은 모양 | | 3 |
| 18)흥겨운 모양 | | 3 |
| 19)아픈 모양 | (1)자릿한 모양 | 4 |
| | (2)아픈 모양 | 23 |
| 20)애타는 모양 | | 5 |
| 합계 | | 339 |

## 나. 의미영역의 재분류 체계 시안

<표 12> '감각, 감정, 인지'에 의한 하위 항목 분류

| '1. 감각, 감정, 생각을 나타내거나 심리, 정신 상태를 나타내는 의태어' | | | 표제어[7] |
|---|---|---|---|
| 감각 | 7)눈에 무엇이 보이는 모양 | | 감실감실, 사물사물, 피끗, 힐끗, 희뜩, 아른아른, 알씬알씬, 언뜻언뜻, 얼른얼른 |
| | 8)느낌이 생기는 모양 | (1)간지럽거나 근지러운 느낌이 나는 모양 | 간질간질, 그닐그닐, 사물사물, 스멀스멀 |
| | | (2)거분한 느낌이 있는 모양 | 거분거분, 거뿟거뿟 |
| | | (3)굵거나 굵어 시장한 모양 | 촐촐, 출출, 꼴딱, 꼴딱꼴딱, 쫄쫄 |
| | | (4)무엇이 씹히는 것 같은 느낌이 나는 모양 | 살강살강,설겅설겅,설컹설컹,쌀캉쌀캉, 썰컹썰컹 |

---

7  <표 4>의 '표제어'는 사전에서 대표적인 표제어들을 정리하였다.

| '1. 감각, 감정, 생각을 나타내거나 심리, 정신 상태를 나타내는 의태어' | | | 표제어 |
|---|---|---|---|
| 감각 | 8)느낌이 생기는 모양 | (5)사느란(서느런) 느낌을 받는 모양 | 산득, 산득산득, 산뜩, 산뜩산뜩, 선득, 선득선득, 선뜩, 선뜩선뜩 |
| | | (6)소화되지 않아 속이 불편함을 느끼는 모양 | 느긋느긋, 뭉클, 뭉클뭉클 |
| | | (7)깔끄럽거나 깔끄러운 느낌이 있는 모양 | 가칫가칫, 까칠까칠, 까끌까끌, 꺼슬꺼슬 |
| | | (8)따끈하거나 뜨끈한 느낌이 있는 모양 | 따끈따끈, 뜨끈뜨끈, 뜨끔뜨끔 |
| | | (9)뼈마디같은 곳이 시큰한 느낌이 나는 모양 | 시근시근, 시금시금, 시큰시큰, 시큼시큼, 새근새근, 새큰새큰 |
| | | (11)기타 | 무럭무럭, 무뚝무뚝, 문뜩, 문득문득 |
| | 11)맛이 나는 모양 | | 비릿비릿, 시금시금, 시큼시큼, 새큼새큼, 부덕부덕, 아릿아릿, 얼근얼근 |
| | 16)차겁거나 추운 모양 | | 아스스, 아슬아슬, 오삭오삭, 아쓱, 오스스, 오싹, 오슬오슬, 오스스, 으스스 |
| | 17)토할거 같은 모양 | | 메슥메슥, 울렁울렁, 왈랑왈랑 |
| | 19)아픈 모양 | (1)자릿한 모양 | 자르르, 지르르, 짜르르, 찌르르 |
| | | (2)아픈 모양 | 살살, 시름시름, 자글자글, 자끈자끈, 저릿저릿, 지근지근, 펄펄, 껄끔껄끔, 낑낑, 따끔따끔, 욱신욱신 |
| 감정 | 1)가슴이 울렁이는 모양 | | 덜렁, 덜컥, 두근두근, 들먹들먹, 철렁, 울렁울렁 |
| | 2)감정이 북받치는 모양 | | 뭉클, 뭉클뭉클, 울컥, 울컥울컥, 왈칵 |
| | 3)기나 숨같은 것이 막히는 모양 | | 칵, 칵칵, 콱, 콱콱, 탁, 탁탁, 턱, 턱턱, 꽉, 꽉꽉, 딱, 딱딱 |
| | 5)긴장한 모양 | | 바싹, 바싹바싹, 바짝, 바짝바짝 |
| | 6)놀라는 모양 | | 펄쩍, 흠칫, 흠칫흠칫, 깜짝, 깜짝깜짝, 끔쩍 |
| | 9)두렵거나 징그럽거나 호젓한 모양 | | 섬뜩섬뜩, 쭈뼛, 지긋지긋, 아쓱, 오싹, 으쓱 |
| | 10)마음이 움직이는 모양 | (1)마음이 격하게(심하게) 움직이는 모양 | 더럭, 부글부글, 찡, 욱 |
| | | (2)마음이 들떠서 움직이는 모양 | 간질간질, 달싹달싹, 들썩들썩, 들썽들썽, 싱숭생숭, 휘영휘영, 끄덕 |
| | | (3)마음이 몹시 죄여드는 모양 | 바글바글, 바작바작, 보글보글, 자글자글, 빠작빠작 |
| | | (4)마음이 상쾌하거나 후련한 모양 | 가든가든, 가뜬가뜬, 거든거든, 거뜬거뜬, 산뜻산뜻, 탁, 턱, 흐뭇흐뭇, 확 |
| | | (5)기타 | 비틀비틀, 지긋지긋, 허비적허비적, 후비적후비적, 휘영휘영, 깐질깐질, 끄덕, 딱, 떵떵 |
| | 12)성을 내는 모양 | | 발칵, 발칵발칵, 발깍, 발끈, 브르르, 볼똑, 팔딱, 퍼르르, 푸들푸들, 푸르르, 빨끈빨끈, 쨍쨍, 와락 |
| | 18)흥겨운 모양 | | 흥성흥성, 흥청흥청, 아기자기 |
| | 20)애타는 모양 | | 바질바질, 부질부질, 조릿조릿, 빠질빠질, 뿌질뿌질 |

| '1. 감각, 감정, 생각을 나타내거나 심리, 정신 상태를 나타내는 의태어' | | 표제어 |
|---|---|---|
| 인지 | 4)기억이나 의식이 떠오르거나 떠오르지 않는 모양 | 가물가물,감감,거물거물,피끗,획,깜빡,깜빡깜빡,아롱아롱,아리송아리송,얼쑹덜쑹 |
| | 8)느낌이 생기는 모양 (10)어떤 느낌이 떠오르는 모양 | 무럭무럭,무뜩,무뜩무뜩,문득,문득문득 |
| | 13)생각하는 모양 | 곰곰,더듬더듬 |
| | 14)생각이 떠오르거나 잘 떠오르지 않는 모양 | 무럭무럭,무뜩,문득,문득문득,번뜩,번쩍,파뜩,퍼뜩,펀뜩,푸뜩,피끗,알쑹달쑹,옹송망송 |
| | 15)정신상태가 어떠한 모양 | 말똥말똥,멀똥멀똥,민숭민숭,맨숭맨숭,번쩍,펄쩍,핑,핑그르르,핑핑,팽,까물까물,또랑또랑,부덕부덕,아뜩아뜩,아찔아찔,어리마리,어질어질,오락가락 |

다음은 사람의 노력, 성미, 태도, 표정, 품성 같은 것을 나타내는 의태어를 다음과 같은 기준으로 재분류하였다.

먼저, 본성과 감성으로 큰 분류를 하고 본성과 감성을 다시 내면과 외면으로, 내면과 외면을 각각 개인과 상호로 분류한 다음 의미가 비슷한 하위 항목을 묶어서 새로운 항목 분류 방안을 제시하였다. 상징어에서 제외시킨 의미영역은 모두 10개이며, 나머지 31개의 의미영역 중에서 2개는 각각 변별이 어려운 비슷한 영역으로 다시 모아서 총 29개의 의미영역으로 분류하였다.

먼저 상징어와 상징어를 의미영역별로 묶은 의미자질을 통해 본성과 감성으로 분류하였다. 본성이란 그 사람 고유의 성품이나 성향을 나타낸다. 감성이란 어떤 상황이나 일이 생겼을 때 반응하는 사람의 모습을 떠베낀 상징어를 말하는 것으로 문맥이나 상황에 따라 달라질 수 있다. 본성과 감성으로 분류한 다음에 다시 외면과 내면으로 분류하였다. 외면과 내면의 분류 기준은 '시각적으로 떠베낌이 가능한가, 그렇지 않은가'로 하였다. 시각적 떠베낌이 가능하면 외면, 그렇지 않은 경우 내면으로 분류하였다.

본성 중에서 시각적 떠베낌이 가능하면 외면으로, 그렇지 않으면 내면으로, 감성 중에서 시각적 떠베낌이 가능하면 외면으로, 그렇지 않으면 내면으로 분류하였다.

본성과 감성, 그리고 다시 외면과 내면으로 분류한 다음 그것을 다시 각각 개인과 상호로 세분화하였다. 개인이란 상대나 대상이 없어도 나타날 수 있는 단독적 장면에 쓰이는 것이고 상호란 상대나 혹은 대상이 있는 상관적 장면에 나타날 수 있는 것이다.

사람의 성격이나 품성을 나타내는 상징어들 중에서 다음과 같은 하위항목 10가지는 기존 사전의 다른 의미 영역으로 옮기는 것이 적절하다.

       ㉠ 물건을 흘리는 모양

       ㉡ 날뛰거나 달려드는 모양

       ㉢ 달라붙거나 들어붙는 모양

       ㉣ 돈이나 물건 같은 것을 주거나 받거나 (할 때) 쓰는 모양

       ㉤ 고스란히 밤을 새우는 모양

       ㉥ 많이 모여 있는 모양

       ㉦ 서 있거나 앉아 있는 모양

       ㉧ 땀이 돋아나거나 흐르는 모양

       ㉨ 일 같은 것이 잘 되어나가거나 손쉽게 처리되는 모양

       ㉩ 기타

〈표 8〉의 목록 중에서 '5. 사람의 노력, 성미, 태도, 표정, 품성 같은 것을 나타내는 의태어'의 문제점을 분석한 후 이를 하위 유형 별로 재분류한 결과를 보이면 다음과 같다.

<표 13> '5. 사람의 노력, 성미, 태도, 표정, 품성 같은 것을 나타내는 의태어'의 유형[8]

| 본성/감성 | 내면/외면 | 개인/상호 | 예문 | 유형 |
|---|---|---|---|---|
| 본성 | 내면 | 개인 | • 신철이는 차근차근 무엇이든 잘 하니까 주부역을 맡았다. | A |
| | | 상호 | • 그 아이는 고분고분 말을 잘 듣는 편이다. | B |
| | 외면 | 개인 | • 무얼 꾸물꾸물하느라고 안 나오니? | C |
| | | 상호 | • 아이고, 저 능글능글하고 끈덕진 사람, 나 아주 넌덜머리가 났소. | D |
| 감성 | 내면 | 개인 | • 과제 내 준 지가 언젠데 아직도 미적미적하고 있니? | E |
| | | 상호 | • 친했던 친구도 자주 안만나면 서먹서먹해진다. | F |
| | 외면 | 개인 | • 가족이 있어서 힘이 불끈불끈 솟아요. | G |
| | | 상호 | • 꼬마는 엄마에게 치근치근 귀찮게 매달렸다. | H |

<표 14> '5. 사람의 노력, 성미, 태도, 표정, 품성 같은 것을 나타내는 의태어'의 재분류

| 유형 | 기존사전의 분류 | 재분류 |
|---|---|---|
| A | 1. 견디거나 버티거나 참는 모양 | 1. 감정, 아픔 따위를 억누르고 참는 모양 |
| | 23. 성질이 늘어지거나 수더분하거나 시원스러운 모양 | 23. 성질이 여유 있는 모양 |
| | 25. 성질이 찬찬한 모양 | 25. 성질이 꼼꼼하고 자상한 모양 |
| | 35. 일 같은 것을 대충대충 하는 모양 | 35. 일 같은 것을 적당히 하는 모양 |
| B | 22. 성질이 검질긴 모양 | 22. 성질이 끈덕지고 질긴 모양 |
| | 29. 꾸준히 하거나 시키는 대로 하는 모양 | 29. 순순히 따르는 모양 |
| C | 7. 기운이 없는 모양 | 7. 기운이 없는 모양 |
| | 16. 몸가짐이나 태도가 태연스럽거나 얌전한 모양 | 16. 몸가짐이나 태도가 태연스럽거나 얌전한 모양 |
| | 8. 게으름을 부리는 모양 | 8. 일부러 열심히 일하지 않는 모양 |
| | 27. 하는 일이 없이 놀기만 하는 모양 | 27. 하는 일이 없이 놀기만 하는 모양 |
| D | 2. 거만스럽게 뽐내는 모양 | 2. 남을 업신여기며 뽐내는 모양 |
| | 11. 능청스러운 모양 | 11. 엉큼한 마음을 숨기고 천연덕스러운 모양 |
| | 26. 실속없이 큰소리만 치는 모양 | 26. 실속 없이 큰소리만 치는 모양 |
| | 31. 뻔뻔스러운 모양 | 31. 염치없이 태연한 모양 |
| | 32. 약빠른 모양 | 32. 약빠른 모양 |
| E | 5. 기세 좋게 해 나가는 모양<br>37.일을 급하게 해나가는 모양 | 5. 기세 좋게 빨리 해 나가는 모양<br>(⇐ 37.일을 급하게 해나가는 모양) |
| | 24. 성질이 변덕스러운 모양 | 24. 성질이 욱하는 모양 |
| | 38. 일을 재빠르게 처리해 나가는 모양 | 38. 일을 재빠르게 처리해 나가는 모양 |
| | 40. 애를 쓰는 모양 | 40. 마음을 다하여 무엇을 이루려고 힘쓰는 모양 |

---

8  임지선(2012) 참조.

| 유형 | 기존사전의 분류 | 재분류 |
|---|---|---|
| F | 6. 기한이나 일을 자꾸 미루는 모양 | 6. 기한이나 일을 자꾸 미루고 뭉개는 모양 |
| | 39. 일을 제때에 처리하지 못하고 뭉개는 모양 | (⇐ 39. 일을 제때에 처리하지 못하고 뭉개는 모양) |
| | 15. 망설이는 모양 | 15. 선뜻 결정하지 못하고 주저하는 모양 |
| | 33. 어물거려 넘기는 모양 | 33. 어물거려 넘기는 모양 |
| | 20. 사귀는 사이가 가깝지 않는 모양 | 20. 사귀는 사이가 가깝지 않는 모양 |
| | 34. 우기는 모양 | 34. 억지스럽게 고집을 부리는 모양 |
| G | 4-(1) 기를 쓰거나 기운을 쓰는 모양 | 4. 기를 쓰거나 기운을 쓰는 모양 |
| | 4-(2) 기운을 쓰거나 힘을 주는 모양 | |
| H | 9. 귀찮게 구는 모양 | 9. 귀찮게 구는 모양 |
| | 17. 못된 장난을 하는 모양 | 17. 못된 장난을 하는 모양 |
| | 18. 못마땅한 태도나 표정을 나타내는 모양 | 18. 마음에 들지 않아 좋지 않은 태도나 표정을 나타내는 모양 |
| | 28. 까부는 모양 | 28. 까부는 모양 |

〈표 8〉의 목록 중에서 '2. 움직임을 나타내는 의태어'의 분류를 다음과 같이 보완하고자 한다.

〈표 15〉 움직임을 나타내는 의태어 재분류

| | 기존 사전의 분류 체계 | 재분류 |
|---|---|---|
| 2. 움직임을 나 타 내 는 의태어 | 1) 고개, 머리, 목의 움직임을 나타내는 의태어 | 1) 머리(얼굴, 고개, 목) |
| | 2) 눈, 코의 움직임을 나타내는 의태어 | 2) 눈(눈알, 눈물) |
| | | 3) 코 |
| | 3) 혀, 입, 입술의 움직임을 나타내는 의태어 | 4) 입(혀, 입술) |
| | 4) 몸의 움직임을 나타내는 의태어 | 8) 몸의 움직임 |
| | 5) 맥박이나 심장이 뛰는 모양 | 7) 신체 기관(심장, 맥박, 근육) |
| | 6) 발이나 다리의 움직임을 나타내는 의태어 | 6) 다리(발)의 움직임 |
| | 7) 손이나 팔의 움직임을 나타내는 의태어 | 5) 팔(손)의 움직임 |
| | 8) 팔다리의 움직임을 나타내는 의태어 | 8) 몸의 움직임 |
| | 9) 근육의 움직임을 나타내는 의태어 | 7) 신체 기관(심장, 맥박, 근육) |
| | 10) 자거나 조는 모양을 나타내는 의태어 | '성질이나 상태'를 나타내는 단어들로 따로 분류함. |
| | 11) 기타 | |
| | 몸 전체 : 4), 8) 항목<br>일부분 : 1), 2), 3), 5), 6), 7), 9) 항목 | 몸 전체 : 8) 항목<br>일부분 : 1)~7) 항목 |

# 3. 유의관계 상징어의 의미와 용법의 변별

## 가. 구조적 유의관계에 있는 상징어의 변별

상징어의 의미를 기술하는데 특별히 고려하여야 할 핵심적인 문제는 다음의 두 가지로 요약된다. 첫째, 자·모음 바꾸기 형태이면서 유사한 의미를 갖는 상징어들에 대한 '일관성' 있는 의미 기술을 위해서 어떤 기준을 세워야 하느냐 하는 점이다. 둘째, 자·모음 바꾸기 형태가 아니면서 유사한 의미를 갖는 상징어들에 대한 '변별력' 있는 의미 기술을 위해서는 어떤 방법론을 마련해야 하느냐 하는 점이다.

예를 들어, 한국어 상징어 중에서 자·모음 바꾸기 형태에 의해 형성된 유사한 의미의 상징어 수가 가장 많은 것으로 '달각'류를 들 수 있다. 다음 〈표 16〉에서 볼 수 있듯이 '달각'과 관련된 어휘는 그 수가 70여 개에 이르고 1음절과 2음절 소리 바탕뿐만 아니라 확장 형태도 대응 체계를 이루고 있기 때문에 상징어에 나타날 수 있는 자·모음 바꾸기 형태의 거의 모든 유형이 '달각'류에 포함된다. 따라서 '달각'류의 의미 정보 기술 문제를 해결한다는 것은 이러한 유형에 해당하는 전체 상징어의 의미 기술에서 일관성을 가질 수 있다는 것을 뜻한다.

〈표 16〉 '달각'류 상징어의 자·모음 교체 형태

| 첫째 음절 소리바탕 ＼ 둘째 음절 소리바탕 | 양성모음 계열 | | | 음성모음 계열 | | |
|---|---|---|---|---|---|---|
| | 예사소리 | 된소리 | 거센소리 | 예사소리 | 된소리 | 거센소리 |
| 예사소리 | 달각 | 달깍 | 달칵 | 덜걱 | 덜꺽 | 덜컥 |
| 된소리 | 딸각 | 딸깍 | 딸칵 | 떨걱 | 떨꺽 | 떨컥 |
| 거센소리 | 탈각 | 탈깍 | 탈칵 | 털걱 | 털꺽 | 털컥 |
| 예사소리 | 달강 | 달깡 | 달캉 | 덜겅 | 덜껑 | 덜컹 |
| 된소리 | 딸강 | 딸깡 | 딸캉 | 떨겅 | 떨껑 | 떨컹 |
| 거센소리 | 탈강 | 탈깡 | 탈캉 | 털겅 | 털껑 | 털컹 |

| 첫째 음절 소리바탕 \ 둘째 음절 소리바탕 | 양성모음 계열 | | | 음성모음 계열 | | |
|---|---|---|---|---|---|---|
| | 예사소리 | 된소리 | 거센소리 | 예사소리 | 된소리 | 거센소리 |
| 예사소리 | 달가닥 | 달까닥 | 달카닥 | 덜거덕 | 덜꺼덕 | 덜커덕 |
| 된소리 | 딸가닥 | 딸까닥 | 딸카닥 | 떨거덕 | 떨꺼덕 | 떨커덕 |
| 거센소리 | 탈가닥 | 탈까닥 | 탈카닥 | 털거덕 | 털꺼덕 | 털커덕 |
| 예사소리 | 달가당 | 달까당 | 달카당 | 덜거덩 | 덜꺼덩 | 덜커덩 |
| 된소리 | 딸가당 | 딸까당 | 딸카당 | 떨거덩 | 떨꺼덩 | 떨커덩 |
| 거센소리 | 탈가당 | 탈까당 | 탈카당 | 털거덩 | 털꺼덩 | 털커덩 |

이에 대한 『표준국어대사전』의 뜻풀이를 살펴보면 다음과 같다.

(1) ㄱ. 달각: '달가닥'의 준말.
　　ㄴ. 달가닥: 작고 단단한 물건이 맞부딪치는 소리.

『표준』에서는 '달가닥'에 대해 '달각'을 준말로 처리하고 따로 의미를 기술하고 있지 않은데(동의어 처리), 상징어의 일반적인 특성으로 볼 때, 오히려 '달가닥'이 확장된 형태로 보는 것이 합리적이며, 무엇보다 이들의 의미를 같은 것으로 처리한 것은 상징어의 성격상 적절하지 않다.

(2) ㄱ. 달가닥: 작고 단단한 물건이 맞부딪치는 소리.
　　ㄴ. 딸가닥: 작고 단단한 물건이 맞부딪치는 소리.
　　　 '달가닥'보다 센 느낌을 준다.
　　ㄷ. 탈가닥: 작고 단단한 물건이 맞부딪치는 소리.
　　　 '달가닥'보다 아주 거센 느낌을 준다.
　　ㄹ. 달까닥: 작고 단단한 물건이 맞부딪치는 소리.
　　　 '달가닥'보다 조금 센 느낌을 준다.

ㅁ. 딸까닥: 작고 단단한 물건이 맞부딪치는 소리.
'달가닥'보다 아주 센 느낌을 준다.

『표준』에서는 자음 교체형의 뜻풀이에 차이가 없다. 다만 어감의 차이를 부연함으로써 동의어로서의 처리를 피하고 있다. 그런데, 정순기·리기원 (1984 : 245)에서 지적했듯이 '거센말', '센말' 등은 관련 낱말의 정보로 제시해 주는 것이지 그 자체가 뜻풀이가 되지는 않는다.

앞에서도 언급했듯이 우리는 형태가 다르면 의미가 다르다는 도상성 원리에 따라 모든 상징어는 서로 다르게 뜻풀이되어야 한다고 본다. 이에 대해 다음과 같은 상징어의 의미 기술 원리를 제안하였다.

1. 달각: 작고 단단한 물체가 [       힘없이       ] 부딪칠 때
   나는 소리
2. 달깍: 작고 단단한 물체가 [   힘없이 순간적으로 ] 부딪칠 때
   나는 소리
3. 달칵: 작고 단단한 물체가 [     좀 거세게     ] 부딪칠 때
   나는 소리
4. 딸각: 작고 단단한 물체가 [      좀 세게      ] 부딪칠 때
   나는 소리
5. 딸깍: 작고 단단한 물체가 [ 순간적으로  좀 세게 ] 부딪칠 때
   나는 소리
6. 딸칵: 작고 단단한 물체가 [     아주 세게     ] 부딪칠 때
   나는 소리
7. 탈각: 작고 단단한 물체가 [      거세게      ] 부딪칠 때
   나는 소리
8. 탈깍: 작고 단단한 물체가 [  거세게 순간적으로  ] 부딪칠 때
   나는 소리

9. 탈칵: 작고 단단한 물체가 [        아주 거세게        ] 부딪칠 때
나는 소리

## 나. 유사한 형태로 유의관계에 있는 상징어의 변별

한국어의 상징어에는 의미적으로 매우 밀접한 유의적 관계에 있는 어휘
군들이 있다. 다음 〈표 17〉의 상징어들은 모두 [떠는 모양]을 흉내낸 상징어
들이다. 기존의 국어사전에서는 이들에 대한 의미 변별이 제대로 이루어지
지 못했다. 떠는 모양의 의미를 변별하기 위해, '적용범위, 함축, 동작의 크
기/지속성' 등의 변별 기준을 제안하여 〈표 17〉과 같이 의미 변별을 시도하
였다. 상징어의 의미는 구조적으로 관련성이 있는 상징어들에 대한 체계적
인 의미 기술 외에, 다음과 같이 의미적으로 관련성이 있는 상징어들을 변
별하기 위해 상대적 가치에 대한 변별 자질 설정을 고민할 필요가 있다.

〈표 17〉 '떠는 모양'을 나타내는 상징어의 의미와 용법

| 자질<br>단어 | 적용범위/용법 | 함축 | 동작의 크기<br>/지속성 | 관계말<br>(관용어/파생어) |
|---|---|---|---|---|
| 덜덜 | 신체의 부분(턱, 이, 다리) | 물리적 원인(추위) | 큼/지속적 | |
| 달달 | 신체의 부분(턱, 이, 다리) | 물리적 원인(추위) | 작음/속적 | |
| 벌벌 | 신체의 전체 | 심리적 원인(무서움) | 큼/지속적 | 벌벌떨다,<br>벌벌기다 |
| 발발 | 신체의 전체 | 심리적 원인(무서움) | 작음/지속적 | 발발떨다,<br>발발기다 |
| 부들부들 | 신체의 부분, 전체 | 심리적 원인(분함/무서움) | 큼/지속적 | |
| 바들바들 | 신체의 부분, 전체 | 심리적 원인(무서움)<br>물리적 원인(추위) | 작음/지속적 | |
| 부르르 | 신체의 부분, 전체 | 심리적 원인 (분함) | 큼/순간적 | |
| 바르르 | 신체의 부분, 전체 | 심리적 원인(무서움)<br>물리적 원인(추위) | 작음/순간적 | |
| 파르르 | 신체의 부분 / -인성명사<br>(얇고, 가벼운 부분)<br>(목소리, 나뭇잎) | 심리적 원인(무서움)<br>물리적 원인(추위) | 작음/순간적 | 주로 '떨리다'와<br>함께 쓰임 |

| 자질 \ 단어 | 적용범위/용법 | 함축 | 동작의 크기/지속성 | 관계말(관용어/파생어) |
|---|---|---|---|---|
| 후들후들 | 신체의 부분 (다리) | 심리적 원인(무서움) 물리적 원인(피로) | 큼/지속적 | 후들후들거리다 |
| 화들화들 | 신체의 부분, 전체 | 심리적 원인(무서움) 물리적 원인(피로) | 아주큼/지속적 | 화들화들거리다 |
| 우들우들 | 신체의 부분, 전체 | 심리적 원인(무서움) 물리적 원인(추위) | 큼/지속적 | |
| 오들오들 | 신체의 부분, 전체 | 심리적 원인(무서움) 물리적 원인(추위) | 작음/지속적 | |
| 와들와들 | 신체의 부분, 전체 | 심리적 원인(무서움) 물리적 원인(추위) | 아주큼/지속적 | |

## 다. 동일한 의미영역에 있는 상징어의 변별

〈표 18〉욱신욱신/저릿저릿/짜르르/지끈지끈 (감각-19)아픈 모양 (1)자릿한 모양)

| 표제어 | 조선말의성의태어사전 | 표준국어대사전 | 고려대한국어사전 | 연세한국어사전 |
|---|---|---|---|---|
| 욱신욱신 | 몸의 탈난 데가 조금씩 자꾸 쑤시는 듯이 아픈 모양 | 2.머리나 상처 따위가 자꾸 쑤시는 듯이 아픈 느낌. | 2.머리나 상처 따위가 자꾸 쑤시는 듯 아픈 모양 | 몸에 탈이 난 데나 상처가 자꾸 쑤시듯이 아픈 모양을 나타냄. |
| 저릿저릿 | 살이나 뼈마디가 쑥쑥 쑤시는 듯이 자꾸 아픈 모양 | 1 . 매우 또는 자꾸 저린 듯한 느낌. 2 . 심리적 자극을 받아 마음이 순간적으로 매우 흥분되고 떨리는 듯한 느낌. | 1.피가 잘 돌지 못하여 몹시 감각이 무디고 자꾸 세게 아린 느낌 2.심리적으로 자극을 받아 마음이 몹시 흥분되고 떨리는 느낌 | |
| 짜르르 | 뼈마디나 몸의 일부가 조금 짜릿한 모양 | 1.뼈마디나 몸의 일부가 조금 자린 느낌. '자르르2'보다 센 느낌을 준다. 2.움직임이나 열, 전기 따위가 한 지점에서 주위로 조금 빠르게 퍼져 나가는 모양. | 뼈마디나 몸의 일부에 짜릿한 느낌이 일어나는 모양 | |
| 지끈지끈 | 머리가 몹시 지긋지긋 아픈 모양 | 머리가 자꾸 쑤시듯 아픈 모양. '지끈지근2'보다 센 느낌을 준다. | 몸이나 머리가 자꾸 몹시 쑤시듯 크게 아픈 모양 | 머리나 몸의 일부가 계속하여 쑤시듯이 아픈 모양을 나타냄. |

ㄱ. 몸이 [욱신욱신/*저릿저릿/*짜르르/*지끈지끈] 쑤시다.

ㄱ´.온몸의 뼈마디가 [욱신거리다/*저릿거리다/짜르르거리
다/*지끈거리다]

ㄴ. 손발은 [*욱신욱신/저릿저릿/*짜르르/*지끈지끈] 벌써 힘
이 없는 듯하다.

ㄷ. 술이 목을 타고 [*욱신욱신/*저릿저릿/짜르르/*지끈지끈]
흘러내리는 것이 느껴진다.

ㄹ. 그는 화영이의 부드러운 목소리를 듣자 갑자기 가슴이 [*욱
식욱신/?저릿저릿/짜르르/*지끈지끈] 울렸다.

ㅁ. 골치가 지끈지끈 쑤시다.

1) ㄱ~ㅁ의 '욱신욱신', '저릿저릿', '지끈지끈'은 '쑤시다', '저리다'와 같
은 서술어와 어울림.

2) ㄱ´에서 '욱신거리다', '지끈거리다'의 활용 가능성, '지끈지끈', '지끈
거리다'는 주로 ㅁ과 같이 '머리'의 통증을 나타내는 말로 쓰임.

3) ㄱ과 ㄷ의 '짜르르'는 저리고 쑤시는 느낌을 의미함. 사전의 의미처럼
피가 잘 돌지 않아 감각이 무디고 아린 느낌.

4) ㄹ처럼 심리적인 상황을 빗대어 표현하기도 함.


## 4. 상징어 연구의 활용도

한국어의 어휘적 특성 가운데 가장 두드러진 점은 다른 어떤 언어보다도
상징어가 발달되어 있다는 점이다. 한국어의 이런 특성은 우리말 표현을 다
채롭고 생동감 있게 하는 표현 효과를 나타내며 국어의 조어 기능에도 크게
기여하고 있다. 이제까지 상징어 연구는 음운, 형태, 통사, 의미론적 관점에
서 다양하게 진행되어 왔으나, 상징어가 한국어에서 차지하는 기능부담량

에 비해서는 중요도가 제대로 평가받지 못한 면이 있다. 앞으로 한국어 상징어에 대한 총체적인 연구가 마무리된다면 국어 어휘범주로서 상징어에 대한 체계적인 기술에 도움을 줄 것이다. 또한 국어 조어론 분야와 품사론 분야의 정밀한 문법 기술에도 기여할 것이다. 상징어의 개별 의미 분석을 전제로 한 의미 영역의 분류는 다른 언어에도 만족할 만한 성과물이 없다. 이런 점에서 이 글의 궁극적 목표인 한국어 상징어의 의미영역 분류가 성공적으로 이루어진다면 개별언어학로서 한국어학의 발전에도 기여도가 있다고 본다. 한국어의 큰 특징 가운데 하나인 상징어를 대상으로 한 상징어 전문 사전이 북한, 연변, 일본에서는 이미 출판되었지만 정작 한국에는 아직 전문사전이 없는 안타까운 실정이다. 이번 연구가 마무리 되면 비로소 한국어 상징어 전문사전의 출판이 가능할 것이다.

　개별 상징어의 의미 분석과 의미 갈래 연구는 상징어의 의미 영역 분류 사전 편찬 작업의 토대가 될 것이며, 우리말의 아름다움과 문학적 표현 효과를 높이는 데에도 기여할 수 있다. 또한 외국어로서의 한국어 교육 분야에도 유용한 자료가 될 것이다. 실제로 외국인들은 상징어의 쓰임과 용법을 이해하기가 매우 어려운 과제이다. 제법 한국어를 능숙하게 구사하는 한국어 학습자도 상징어에 대한 활용은 피하는 경우가 많다. 이런 이유는 상징어에 대한 뜻풀이 정보만 갖고는 상징어를 제대로 사용하기가 어렵기 때문이다. 따라서 개별 상징어의 쓰임의 제약 정보 제공과 낱말망을 통한 어휘 교육은 효율적인 학습 전략이다. 또 기존의 국어사전의 표제어 중 상징어에 대한 세밀한 정보를 보완함으로써 국어사전의 완성도를 높이는 데에도 기여하게 된다.

　한국어 상징어의 다양한 문법적, 의미론적 특성을 파악한 결과는 문법교육에 활용할 수 있다. 한국어 상징어의 어휘 내적·외적 관계는 다른 어휘에 비해 체계적이고 규칙적으로 발달해 있어, 한국어의 어휘 구조에 대한 체계적인 특성을 이해하는 데에 좋은 자료가 된다. 그러므로 학교 교육에서 탐구학습의 대상을 문법범주에 국한시키지 않고, 일상생활에서 흔히 접할 수 있는 상징어 자료를 탐구학습에 활용함으로써 탐구학습의 자료 개발에도 도움이 될 것이다. 상징어에 대한 학문적 연구 결과가 교육현장에 기여할 수 있는 방안을 구체적으로 모색하여야 하며, 학문과 교육현장의 연계성에 대한 이와 같은 관심은 문법 교육의 유용성을 확보하려는 노력의 일환이다. 한국어 상징어의 유의관계에 대한 분석적 연구방법은 국어 어휘의 유의어 변별에도 도움을 줄 것이며, 중등학교의 어휘교육과 국어사전을 활용한 수업에도 활용될 수 있다.

# 참고문헌

강우순(1999), "만화에 나타난 의태어 분석", 국제한국어교육학회 1999 여름학술대회 발표요지.

_____(1999), "시사만화에 나타난 의태어의 기능 연구", 1999 한국어교육 9차 학회 발표 모음, 국제한국어교육학회.

강헌규(1968), "음성상징과 sense 및 meaning 분화에 의한 어휘 확장 연구", 『국어교육』 11, 한국국어교육연구회, 124~150쪽.

_____(1992), "Sonagraph의 formant 비교에 의한 한국어 자음·모음의 음성상징 고찰", 『어학연구』 창간호, 공주대학교 어학연구소.

권기양(1977), "Some notes on Reduplication in Korean.", 『언어학』 21, 한국언어학회, 15~20쪽.

권희상(2001), "음성상징과 언어 기원", 『언어연구』 17-2, 한국현대언어학회, 5~38쪽.

_____(2005), "언어의 도상성", 『언어연구』 21-1, 한국현대언어학회, 1~33쪽.

김강출(1998), "-거리다, -대다에 대한 일고찰", 『국민어문연구』 6 , 국민대 국어국문학연구회, 1~16쪽.

_____(1999), "상징어의 통사론적 특성에 대하여", 『국민어문연구』 7 , 국민대 국어국문학연구회, 1~20쪽.

_____(2001), "의태어의 어원적 분석에 대한 시론", 『국어 연구의 이론과 실제』, 이광호 교수 회갑기념 논총 간행위원회 편, 태학사.

김규철(1999ㄱ), "한국어 작은말 큰말에 나타난 음성상징자질에 대하여", 『육사논문집』 55, 육군사관학교, 217~242쪽.

_____(1999ㄴ), "'빙글:뱅글'에 나타난 도상성에 대하여", 『오늘의 문법, 우리를 어디로』, 한신문화사, 129~144쪽.

김계곤(1970), "현대 국어 꾸밈씨의 합성법", 『한글』 146호, 한글학회, 333~364쪽.

_____(1993), "현대 국어의 조어법 연구 - '하다' 따위 풀이씨의 됨됨이", 『한글』 221, 한글학회, 73~94쪽.

김광해(1982), "자음교차에 의한 어휘분화 현상에 대하여", 『국어교육』 42-43, 한국국어교육 연구회, 137~161쪽.

김동소(1986), "디르크 휜들링그著 [한국어 의성.의태어 연구]", 『국어국문학』 95, 국어국문학회, 465~468쪽.

김명희(1969), "한국시에 나타난 의성어의 음성상징체계", 『한국어문학연구』 9, 이화여자대학교, 91~127쪽.

김문기(1996), "시늉말 만들기에 대하여", 『국어국문학』 33, 부산대학교 국어국문학과, 145~151쪽.

김미옥(2004), "초등학교 국어과 흉내말 지도 방안", 『어문학교육』 28, 한국어문교육학회, 39~75쪽.

김민정(2001), "蔓橫淸類 의태, 의성어의 변모와 수용 양상", 『성균어문연구』 36, 성균관대학교 어문학회, 39~91쪽.

김병순·조진관(2000), "광고 언어의 음성상징에 대한 연구", 『논문집』 24, 인덕대학교, 115~125쪽.

김봉모(2006), "김정한 소설의 묘사적 어휘 연구", 『한국문학논총』 43, 한국문학회, 291~319쪽.

김석득(1995), "우리말의 상징성 연구 - 음소 상징어와 음소 상징을 가진 말/말맛/파생, 합성 문제", 『한글』 229, 한글학회, 81~132쪽.

김영희(1975), "한국어의 거듭상", 『한글』 156, 한글학회, 253~272쪽.

김종택(1968), "상징어의 연구", 『논문집』 3, 대구교육대학, 77~87쪽.

김중섭(1996), "한국어 의태어의 어원 연구 방법론", 『고황논집』 17, 경희대학교, 9~31쪽.

_____(1997), "한국어 신체 관련 의태어 형성 연구", 『경희어문학』 17, 경희대학교, 107~127쪽.

_____(1997), "유음중복 의태어의 의미 구조 연구", 『논문집』 26, 경희대학교, 259~273쪽.

_____(1998), "유음중복 의태어의 의미 구조 연구", 『어원연구』 1, 한국어원학회, 127~145쪽.

_____(2001), "한국어 학습자를 위한 의성어·의태어 교육 방법 연구", 『한국문화연구』 4, 경희대학교 민속학연구소, 177~194쪽.

김지홍(1986), "몇 어형성 접미사에 대하여 - 특히 '-이다-, -대다, -거리다, -하다, -ø'의 관련을 중심으로", 『백록어문』 창간호, 제주대학교 국어교육과 국어교육연구회, 51~81쪽.

김진해(2001), "상징부사의 의미 기술 연구 -'딱'을 중심으로", 『한말연구』 9, 한말연구학회, 77~101쪽.

_____(2003), "상징부사의 비서술성에 대한 연구", 『한국어학』 19, 한국어학회, 91~112쪽.

_____(2005), "한국어 의성, 의태어의 범주화와 능격성 연구", 『어문연구』 33, 한국어문교육연구회, 83~102쪽.

_____(2006), "사건 의미론적 관점에서 본 상징부사의 서술성 해석", 『담화와 인지』 33, 담화인지언어학회, 1~23쪽.

김창식(1985), "첩용어의 구조적 양상", 『문학과 언어』 6, 학회명, 3~18쪽.

김태자(1963), "춘향전에 나타난 의성어 의태어에 대한 소고", 『청성문학』 3, 숙명여자대학교 국어국문학과.

김현자(1984), "청록파 시에 나타난 의성·의태어 연구", 『이화어문논집』 7, 이화여자대학교 한국어문연구소, 29~55쪽.

김홍범(1994), "한국어 상징어의 문법적 특성", 『우리말 연구』 1, 우리말학회, 139~173쪽.

_____(1995ㄱ), "한국어 상징어의 통사·의미론적 연구", 『애산학보』 17, 애산학회, 33~70쪽.

_____(1995ㄴ), "한국어의 상징어 연구 - 형태론적 특성을 중심으로", 『한글』 228, 한글학회, 219~257쪽.

_____(1996), "한국어 상징어의 음운론적 특성", 『한국말 교육』 7, 국제한국어교육학회, 31~53쪽.

_____(1998ㄱ), "한국어의 상징어 연구", 『새국어교육』, 한국 국어교육 연구회, 103~127쪽.

_____(1998ㄴ), "한국어 상징어 사전의 편찬 방안", 『한글』 239, 한글학회, 137~159쪽.

_____(2002), "상징어의 의미 영역 분류 사전 편찬 방안", 『한말연구』 11, 한말연구학회, 133~154쪽.

_____(2007), "상징어 사전에서 관용어 처리 문제", 『한말연구』 21, 한말연구학회, 29~45쪽.

_____(2008), "상징어의 의미 기술 모형 연구", 『청람어문교육』 38, 청람어문교육학회, 341~366쪽.

_____(2009), "상징어를 활용한 탐구학습", 『국어교육연구』 44, 국어교육학회, 281~300쪽.

김홍범·박동근(2001ㄱ) "신문 기사 제목에 쓰인 상징어의 분석", 『배달말』 29, 배달말학회, 53~70쪽.

_____(2001ㄴ) "한국어 상징어 사전편찬의 실제", 『사전편찬학 연구』 11-2, 연세대학교 언어정보개발연구원, 203~220쪽.

김홍범·이영주(2009), "상징어의 의미 영역 분류 연구(1) - 소리 상징어를 중심으로", 『한말연구』 24, 한말연구학회, 81~114쪽.

_____(2011), "상징어의 의미 영역 분류 연구(2) – 사람과 관련하여 쓰이는 의태어를 중심으로", 『한국사전학회』 18, 한국사전학회, 39~72쪽.

_____(2012), "상징어의 의미 영역 분류 연구(3) – 감각, 감정, 생각을 나타내는 의태어를 중심으로", 『한말연구』 31, 한말연구학회, 145~171쪽.

남풍현(1993), "중세국어의 의성의태어", 『새국어생활』 3-2, 국립국어연구원, 93~115쪽.

리의도(1981), "한국 의성어의 음운 통계 시론 (I)", 『국제어문』 2, 국제어문연구회, 147~173쪽.

목정수·연재훈(2000), "상징부사(의성·의태어)의 서술성과 기능동사", 『한국어학』 12, 한국어학회, 89~118쪽.

박동규(1983), "유음첩어의 형태구조 연구", 『논문집』 1, 전주대학교 교육학부, 67~79쪽.

박동근(1992), "'상징소'에 대하여", 『한국어의 토씨와 씨끝』, 서광학술자료사.

_____(1995), "흉내말 체계의 '빈칸' 연구", 『한말연구』 1, 한말연구모임, 103~138쪽.

_____(1996), "흉내말의 풀이씨 만들기", 『우리말 형태 연구』, 〈우리말 연구 2〉, 한말연구모임, 77~113쪽.

_____(1997), "흉내말의 낱말 만들기", 『한글』 236, 한글학회, 137~160쪽.

_____(1999), "한국어 흉내말의 의미 구조 연구", 『건국어문학』 23~24, 건국대학교 국어국문학연구회, 363~388쪽.

_____(2000), "웃음표현 흉내말의 의미 기술", 『한글』 247, 한글학회, 159~189쪽.

_____(2004), "구어 흉내말의 계량적 연구", 『한말연구』 15, 한말연구학회, 167~186쪽.

_____(2005ㄱ), "울음표현 흉내말의 연구", 『한글』 267, 한글학회, 141~175쪽.

_____(2005ㄴ), "새 울음 흉내말의 형태와 음성상징", 『언어학』 41, 한국언어학회, 101~126쪽.

_____(2007ㄱ), "동화 텍스트의 흉내말 사용 양상", 『동화와번역』 14, 동화와번역연구소, 97~125쪽.

_____(2007ㄴ), "한국어 화자의 음성상징에 대한 인지 실험 – 음높이 상징과 음색 상징을 중심으로", 『한말연구』 21, 한말연구학회, 67~86쪽.

_____(2008), "만화 텍스트의 흉내말 사용 양상", 『겨레어문학』 41, 겨레어문학회, 33~58쪽.

_____(2010), "관용표현의 의미 구조와 흉내말 변형 제약", 『겨레어문학』 44, 겨레어문학회, 179~199쪽.

_____(2011), "동시 텍스트의 흉내말 사용 양상 연구", 『한말연구』 29, 한말연구학회, 97~117쪽.

_____(2012), "한국어 교육에서 흉내말 교육에 대한 연구사적 분석", 『문법연구』 17, 한국문법교육학회, 67~96쪽.

_____(2013), "한국어 흉내말의 관련어망 설계를 위한 기초 연구", 『반교어문』 35, 반교어문학회, 165~193쪽.

_____(2014ㄱ), "흉내말의 어말 자음 교체에 대한 기능적 연구", 『한민족문화연구』 47, 한민족문화학회, 159~193쪽.

_____(2014ㄴ), "국어사전에서 흉내말의 다의어·동형어 판별 기준", 『겨레어문학』 53, 겨레어문학회, 237~261쪽.

박은애(2008.), "의성어와 그 번역에 대하여", 『중국조선어문』 2008년 제6호, 길림성민족사무위원회, 29~33쪽.

박은용(1959), "Altai 어족에 나타난 모음상징에 대하여", 『어문학』 4, 어문학회, 38~59쪽.

박창원(1993), "현대 국어 의성 의태어의 형태와 음운", 『새국어생활』 3-2, 국립국어연구원, 16~53쪽.

박철주(2007), "신조 의태어의 실태와 문제", 『한국어학』 35, 어문학회, 305~333쪽.

배현숙(2006), "외국인을 위한 한국어의 의성어·의태어 교수법", 『이중학언어학』 31, 이중언어학회, 97~121쪽.

서상규(1993), "현대 한국어의 시늉말의 문법적 기능에 대한 연구 – 풀이말과의 결합관계를 중심으로", 『朝鮮學報』 149, 朝鮮學會, 391~410쪽.

_____(1995), "움직씨의 시늉말 취하기", 『대동문화연구』 30, 성균관대학교, 391~410쪽.

서정욱(1994), "국어 시늉말(의성·의태어) 사전 편찬의 한 방안", 『계명어문학』 8, 계명어문학회, 23~36쪽.

성기옥(1993), "의성어·의태어의 시적 위상과 기능", 『새국어생활』 3-2, 국립국어연구원, 116~133쪽.

손남익(1998), "국어 상징부사어의 공기어 제약", 『한국어 의미학』 3, 학회명, 119~134쪽.

송문준(1988), "소리흉내말의 씨가름에 대하여", 『한글』 200, 한글학회, 139~163쪽.

손용주(1996), "우리말 색상어의 의미 상징성에 대하여", 『어문학』 54, 한국어문학회, 127~146쪽.

_____(1997), "현대국어 음소교체 색상어의 형태론적 유형", 『대구어문론총』 15, 대구어문학회, 83~104쪽.

신중진(1999), "의성어의 조어원리와 단어형성 참여 양상", 『형태론』 1-1, 도서출판 박이정, 61~73쪽.

_____(2001), "의성의태어 사전 처리와 그 방향 – 국립국어연구원의 〈표준국어대사전〉을 중심으로", 『관악어문연구』 26, 서울대학교 국어국문학과, 265~291쪽.

신현숙(1986), 『의미분석의 방법과 실제』, 한신문화사.

안인숙(2006), "상징어의 통시적 연구 – 변화 양상을 중심으로", 『어문논집』 34, 중앙어문학회, 105~123쪽.

_____(2007), "상징어의 형태·의미 연구", 『어문논집』 36, 중앙어문학회, 5~43쪽.

_____(2008), "의성 의태어의 공기 관계", 『어문논집』 38, 중앙어문학회, 57~93쪽.

양은순(2002), "출판만화에 나타난 의성/의태어가 청각장애의 어휘력에 미치는 영향에 관한 연구", 『재활복지』 6-1, 한국장애인재활협회 부설재활연구소, 68~94쪽.

양태영(2000), "시사만화 텍스트의 언어학적 분석", 『한국어 의미학』 6, 139~169쪽.

양현숙(1995), "흉내말의 형태 구조 분석을 통한 효율적인 어휘 지도 방안 : 1,2학년 국어과 교과서(제6차)를 중심으로", 『국어교육연구』 10, 춘천교육대학교 국어교육학회, 191~216쪽.

엄용남(2004), "한국어의 음성상징성과 리듬", 계명대학교 개교 50주년 국제한국학 학술대회.

_____(2006), "음성상징어의 어휘적 구조와 특징", 『인문과학연구』 11, 가톨릭대학교 인문과학연구소, 103~122쪽.

연규동(2003), "조음 위치에 따른 우리말 배열사전 편찬을 위한 기초적 연구–의성어 의태어를 중심으로", 『언어연구』 23, 서울대학교, 1~30쪽.

연규석(2007), "터키어에서의 오노마토피어 개념과 정의", 『중동연구』 25-2, 한국외국어대학교 중동연구소, 431~459쪽.

왕진봉(2007), "한국어 의태어의 특성", 『동방학술논단』, 總第3期 2007年 第1期 (2006年 3月), 124~130쪽.

우인혜(1990), "시늉 부사의 구문론적 제약", 『한국학 논집』 17, 한양대학교 한국학연구소, 285~350쪽.

윤병달(2000), "의미의 조밀성과 음의 도상성", 『언어연구』 16, 한국현대언어학회, 61~80쪽.

윤석민(2002), "의미 현상과 비의미론적 정보 : 웃음 상징어의 의미 기술을 중심으로", 『텍스트언어학』12 , 한국텍스트언어학회, 21~68쪽.

윤효식(1986), "번역에서의 의성의태어 처리", 『중국조선어문』1986년 2월호, 길림성민족사무위원회, 46~48쪽.

윤희원(1993), "의성어·의태어의 개념과 정의", 『새국어생활』3-2, 국립국어연구원, 3~15쪽.

이경호(2007), "양상부사 '슬슬'의 의미 분석", 『한국어 의미학』23, 한국어 의미학회, 99~131쪽.

이극로(1938), "사전주해난", 『한글』6-7, 한글학회, 332~345쪽.

이근수(1971), "모음의 의미교체 범주-중기국어를 중심으로", 『국어국문학』54, 국어국문학회, 93~132쪽.

이문규(1996ㄱ), "음운교체와 상징어의 어감분화", 『어문학』57, 한국어문학회, 173~198쪽.

_____(1996ㄴ), "상징어의 형태 확장", 『한글』234, 한글학회, 43~68쪽.

이민우(2005), "상징부사의 의미적 특성에 대한 연구 -거리.대다/이다/하다와의 결합관계를 중심으로", 『어문연구』33, 한국어문교육연구회, 59~82쪽.

이숭녕(1954), "음성상징론", 『서울대 문리대학보』, 2-2, 서울대학교 문리과대학학생회, 12~20쪽.

_____(1958), "음성상징재론", 『서울대 문리대학보』, 7-1, 서울대학교 문리과대학학생회, 9~15쪽.

_____(1978), "국어 음성상징론에 대하여-특히 중세어 모음의 음색 순위의 재구와 대립의 체계를 주로하여", 『언어』3-3, 한국언어학회, 1~18쪽.

이영길(2001), "음성상징어 연구", 『인문논총』8, 창원대학교 인문과학연구소, 55~67쪽.

_____(2002), "음소상징 연구", 『현대영미어문』20-1, 현대영미어문학회, 249~266쪽.

_____(2002), "한국어 단음절 상징어의 음소상징 연구", 『현대영미어문』20-3, 현대영미어문학회, 11~27쪽.

이영석(1994), "한국어 상징음의 모음조화: 비단선적 음운론적 분석", 『언어학』16. 한국언어학회, 121~138쪽.

이은지(2008), "최근세국어의 상징어 연구-신소설 자료를 중심으로", 『한국어학』38, 247~268쪽.

_____(2008), "신소설의 상징어 연구(2)", 『언어정보와 사전편찬』22, 연세대학교 언어정보연구원, 109~135쪽.

이훈종(1987), "의성 의태어의 표현의 묘미", 『국어생활』10, 국어연구소, 107~113쪽.

임규홍(2006), "한국어 첫소리 [ㅁ]과 [ㅂ] 낱말의 의미 특성", 『우리말글』37, 우리말글학회, 197~227쪽.

장성균(1938), "조선말의 풍부성", 『한글』6-9, 한글학회, 26~28쪽.

전명실(2008), "조선어 의성어의 어음-형태론적 특성에 대한 고찰", 『중국조선어문』2008년 제1호, 길림성민족사무위원회, 20~26쪽.

전범중(1991), "의태어에 관한 일고찰", 『대신대학 논문집』, 11, 대신대학교, 3~18쪽.

전정례(1973), "한국현대시의 감각어연구-상징어,색채어를 중심으로", 『선청어문』4, 서울사대 국어교육과, 105~115쪽.

정두환(1999), "Sound Symbolism and Morpheme(음성상징과 형태소의 관계)", 『논문집』9, 경주대학교, 503~527쪽.

정승혜(1997), "국어의 중첩에 대한 이론적 설명", 『한국어학의 이해와 전망』, 박이정, 319~342쪽.

정영염(1962), "흥부전에 나타난 의성, 의태어에 대하여", 『국어국문학 연구』4, 이화여자대학교, 201~215쪽.

정인승(1938), "어감 표현상 조선어의 특징인 모음 상태 법칙과 자음 가세법칙", 『한글』6-9, 한글학회, 10~25쪽.

정철(1970), "음성의 감정 표출의 기능의 근거", 『어문논총』4·5, 경북대학교, 71~78쪽.

정철주(1986), "국어의 첩어의 분석-의성·의태어를 중심으로", 계명어문학 2, 계명어문학회, 65~87쪽.

조규설(1958), "첩용부사의 고찰", 『어문학』3. 어문학회, 71~95쪽.

_____(1958), "첩용부사의 음상징", 『국어국문학 연구』2, 청주대학교, 71~95쪽.

조남호(1993), "국어 사전에서의 의성 의태어 처리", 『새국어생활』3-2, 국립국어연구원, 73~92쪽.

조재수(2000), "국어연구원의 〈표준국어대사전〉과 맞춤법 : 시늉말 뿌리에'-이'가 붙어서 된 명사 적기", 『한말글연구』6, 한말글연구회, 18~21쪽.

조창규(2003), "상징어의 어울림 정보와 활용-초등학생용 읽을거리의 계량 연구", 『국어교육』110, 한국어교육학회, 149~179쪽.

_____(2005), "의성어 의태어, 무엇을 어떻게 교육할 것인가", 『언어학』13-3, 대한언어학회, 61~85쪽.

주경희(2007.12), "교과학적 변환의 필요성과 방법-의성어 의태어를 중심으로", 『배달말』41, 배달말학회, 255~278쪽.

_____(2007.12), "교사용 지도서 내용 구성 방법-의성어 의태어를 중심으로", 『국어교육학연

구』30, 539~564쪽.

채　완(1987), "국어 음성상징론의 몇 문제",『국어학』16, 국어학회, 277~300쪽.

_____(1993), "의성어·의태어의 통사와 의미",『새국어생활』3-2, 국립국어연구원, 54~72쪽.

_____(2000ㄱ), "국어 의성어 의태어 연구의 몇 문제",『진단학보』89, 진단학회, 207~221쪽.

_____(2000ㄴ), "시조와 판소리 사설의 의성어 연구",『한민족문화연구』7, 한민족문화학회, 17~34쪽.

_____(2001), "19세기 국어의 의태어에 대한 고찰",『인문과학연구연구』9, 동덕여자대학교, 5~25쪽.

_____(2002), "의성어 의태어의 텍스트별 특성",『국어국문학』132, 국어국문학회, 121~151쪽.

_____(2006), "의성어와 의태어의 차이",『새국어생활』16-4, 국립국어원, 125~131쪽.

채진수(1974), "형용사의 음상에 대하여",『어문논총』창간호, 청주대학교 국어국문학회, 73~89쪽.

최기호(1999), "한국어와 몽골어, 만주어의 계통 연구-의성어 의태어",『몽골학』8, 한국몽골학회, 97~124쪽.

최동진(1997), "시늉풀이씨의 구조와 특성",『국어국문학』34, 부산대학교, 319~338쪽.

최웅환(1997), "상징어의 통사적 정보에 대한 해석",『배달말』22. 배달말학회, 101~120쪽.

홍승우(1982), "언어는 단순히 자의적 체계인가?",『논문집』15. 한국외국어대학교, 359~377쪽.

황규삼(2005), "문헌에 나타난 동물의 울음소리에 대한 일고찰-중음적 용법의 의성어를 중심으로",『동아시아고대학』12, 동아시아고대학회, 141~167쪽.

靑山秀夫(1972), "現代朝鮮語の擬聲語",『朝鮮學報』65, 朝鮮學會, 167~256쪽.

_____(1974), "朝鮮語の派生擬態語試考",『朝鮮學報』72, 朝鮮學會, 187~268쪽.

_____(1992), 象徵語の 一部の 派生接尾辭について,『朝鮮學報』145, 朝鮮學會, 25~32쪽.

櫻井惠子(2003), "擬音語·擬態語の習得に關する硏究 :OPIのレベル判定との對應を中心に",『일본학보』54, 한국일본학회, 139~150쪽.

澤田信惠(1998), "日本語·韓國語における 擬音語(擬聲語·擬態語)の音韻的比較",『동일어문연구』13, 동덕일어일문학회, 21~37쪽.

_____(2004), "日本語と韓國語の感覺オノマトペ語彙の意味分析 -觸覺を表すオノマトペを中心に",『일본학보』61, 한국일본학회, 137~139쪽.

_____(2005ㄱ), "日本語,韓國語の「かたさ」を表すオノマトペの意味分析 – シンタグマティックな側面から", 『일본학보』 64, 한국일본학회, 59~73쪽.

_____(2005ㄴ), "「やわらかさ」を表す日韓擬態語の意味分析 –語が持つ意味を中心に", 『일본학보』 65, 한국일본학회, 119~131쪽.

_____(2008), "日本語,韓國語の「觸覺」を表す擬態語の意味領域の考察", 『일본학보』 76, 한국일본학회, 45~55쪽.

_____(2007), "日本語,韓國語「濕り氣,水分」を表す擬態語のプロトタイプ的考察", 『일본학보』 70, 한국일본학회, 69~81쪽.

上田崇仁(1998), "引用構文と擬聲語擬態語の位置づけに關する一考察", 『일본어문학』 5, 일본어문학회, 75~91쪽.

矢野謙一(1997), "單音節擬聲擬態語の主要部と共感覺", 『文學·言語學論集』 4-2, 態本學園大學, 67~86쪽.

篠田隆治(1937), "小學校普通學校 國語讀本中の擬聲語·擬態語に就いて [一]", 『朝鮮の敎育研究』 919, 朝鮮初等敎育研究會, 22~27쪽.

馬仲可(2005), "韓漢'模倣語(흉내말)'比較研究", 『중국학논총』 19, 한국중국문화학회, 57~77쪽.

伊東真美(2009), "韓国語のオノマトペと接尾辞の関係", 『일본학 연구』 26, 단국대학교 일본연구소, 471~490쪽.


## 사전류, 어휘 모음집

박용수(1989), 『우리말 갈래 사전』, 한길사.

손낙범(1978), 『한일·관용어 사전』, 국제대학 인문과학 연구소.

연변언어연구소(1982), 『조선말 의성 의태어 분류 사전』, 연변인민출판사.

이기원(2007), 『한국어의 의성어와 의태어』, 한국문화사.

조선어연구회(1971), 『조선말 의성어 의태어 사전』, 學友書房, 東京.

靑山秀夫(1990), 『朝鮮語象徵語辭典』, 大學書林, 東京.

# 한국어 속의 외래어 소고

성낙수(한국교원대학교)

# 1. 들어가는 말

우리나라의 국어는 한국어다. 오랜 역사 속에서 많은 일을 겪었지만, 언어만은 저버리지 않았다. 다만, 여러 민족들과 만나고, 다양한 문화들과의 교류를 가지는 동안에 많은 외래어들이 우리말에 섞이게 되었다. 그래서 어떤 것은 아예 우리말이 되어, 전혀 보통 사람은 눈치를 챌 수 없는 말도 있고, 어떤 것은 아직도 낯이 설고 흔히 쓰이지 않는 것도 있다.

이렇게 외래어가 섞이게 되는 원인은 여러 가지가 있겠으나, 문화적으로는 다른 민족의 문물을 받아들이는 과정에서 온 것일 수도 있고, 역사적으로는 다른 나라의 지배를 받는 기간에 지배국의 언어를 받아들인 결과일 수도 있고, 심리적으로는 다른 나라의 언어를 선호하는 심리에서 온 것일 수도 있다. 이런 언어의 혼용은 어느 언어에나 있는 것으로, 오히려 그렇지 않은 언어는 고립된 언중에게서나 찾을 수 있는 예이니, 결코 바람직한 현상이라고 볼 수 없다.

최근 한 방송보도(KBS뉴스라인 2014.09.11.)에 의하면, "가덕도에서 발굴된 7천 년 전 신석기시대 인골 중 일부 개체에서 유럽인만의 독특한 모계 유전자(미토콘드리아 DNA)가 검출되었다."고 한다. 이는 "모계 유전자는 H형 미토콘드리아 DNA로서 현대 유럽인의 47%가 이 유형의 모계 DNA를 갖고 있다."고 하며, "이 H형의 모계 유전자는 현재까지 한국, 중국, 일본 및 동남아시아 지역의 주민에게서 검출된 사례가 보고되지 않은 매우 전형적인 유럽인만의 모계 유전자"라는 것이다. 이 말이 사실이라면, 우리나라의 적지 않은 사람들이 유럽인과 같은 모계 유전자를 지니고 있다는 말이 된다.

사실 우리 겨레를 '단일 민족'이라고 하는 데는 여러 가지 잘못이 있음은 잘 알려져 있다. 인근 국가들의 인종은 물론 멀리 아라비아나 유럽 사람들의 피가 섞여 있다는 것은 역사가 증명하고 있는 바인데, 시간의 흐름에 따라 비슷비슷하게 생기다 보니, 그런 믿음이 생겼을 것이다.

그런데 최근 월 스트리트 저널은, "미국 보스턴 노스이스턴대 카렌 푸슨 교수와 텍사스 A&M대 예핑 리 교수의 연구 결과를 인용해 중국어, 일본어, 한국어, 터키어 등이 숫자를 셀 때 영어보다 더 간단한 말을 사용하기 때문에 어린이들이 쉽게 이해할 수 있다고 9일(현지시간) 보도했다."고 한다. 이 연구에 따르면 "중국어는 수를 셀 때 9개 단어만 사용하는 반면 영어는 24개 이상의 단어를 사용한다. 사용하는 단어가 많은 만큼 수를 세거나 연산할 때 복잡해진다.한국어와 일본어는 10가지 단어만 사용하는 데다 숫자 만드는 방식에서 장점이 있다. 십일, 십이 등과 같이 먼저 십을 발음하고 뒤에 나머지 숫자를 붙이는 방식으로, 각 숫자가 놓인 위치에 따라 가치가 달라지는 구조여서 이해가 쉽다. 그러나 영어의 경우 10을 넘어가면, 위치에 따른 가치가 명확하지 않다. 예를 들어 17은 세븐틴seventeen, 71은 세븐티-원seventy-one으로 두 경우 모두 세븐이 먼저 발음된다."는 것이다.[1]

이 결과가 맞는다면, 왜 동양인들이 수학을 잘 하는지가 밝혀진 셈이다. 그런데 우리말은 이 점 말고도 다른 언어와는 상당히 다른 특징을 가지고 있다는 것을 그들은 간과하고 있다. 예컨대 높임법은 이른바 '상대 높임, 객체 높임, 주체 높임'으로 구성되어, 아주 복잡한 인간관계의 높임과 예절을

---

1  blog.naver.com/yumijjjang/220120555072(2014.9.13.)

나타낼 수 있다. 또한 시간성에 관한 표현은 서양어의 '12시제'와는 다른 특이한 측면을 나타내고 있다. 즉, '현재(-0-), 완료(-았-), 추정(-겠-), 대완료(-았었-), 완료추정(-았겠-)'을 나타내는 문장성분과 '회상(-더-), 예기(-리-), 지속(-니-), 확신(-지-)' 등을 나타내는 성분들이 결합되어 아주 다양하고 복잡한 시간과 시상과 더불어 말할 이의 심상을 표현한다. 이런 점들이 면밀히 연구되어 그 특성을 알 수 있다면, 우리겨레의 사고에 대한 유형이 규명되고, 도덕관이라든가, 시간관, 종교관 등만 아니라, 전 인류의 그것도 밝혀지리라고 본다.

촘스키는 인간은 선천적인 언어능력을 가지고 태어난다고 했는데, 이는 유전이나 아이큐나 학력이나 교육과는 관련이 없다고 하였다.[2] 위에서 언급한 내용과 결부시켜 본다면, 우리 겨레의 우수성은 유전인자 때문이 아니라, 말 때문임을 알 수 있다. 그런데 유전인자가 위에서 말한 바대로 단일민족의 그것이 아닌 것처럼 말도 고유의 우리말만 사용되는 것은 아니다. 오랜 역사의 흐름에서 다른 나라와의 교류가 이루어졌을 것이고, 다양한 문화와 학문을 주고받는 사이에 많은 외래어가 우리말에 들어와 있다. 이는 아주 자연스럽고 당연한 결과로 보아야 한다. 이런 외래어 중에는 쉽게 외국어에서 온 것임을 인지할 수 있는 것도 있지만, 어떤 말은 아주 우리말에 무르녹아서 쉽게 인식할 수 없는 것들도 있다.

본고[3]에서는 이미 알려져 있는 자료를 중심으로 하여, 몇 개의 부류로 나누어 외래어를 살펴보기로 한다.

---

2  http://ko.wikipedia.org/wiki/%EC%96%B8%EC%96%B4_%EB%8A%A5%EB%A0%A5참조
3  이 글은 원래 〈한국교원대신문〉 제317호-제322호(한국교원대학교신문사 2010)에 실린 것을 깁고 고친 것이다.

## 2. 한국어 속의 외래어 양상

우리말에 스며든 외래어에는 세계 여러 언어들이 있겠지만, 지리적·역사적·문화적 요인으로 그 중에서도 많은 자리를 차지하고 있는 언어들이 있다. 그것을 범어, 러시아어, 몽골·만주·여진어, 일본어, 중국어, 프랑스·독일어, 영어로 나누어 살펴보기로 한다.

### 가. 범어

'범어'는 인도에서 고대에 쓰던 아어, 즉 산스크리트Saskta로서, 이는 완성이라 뜻을 가진 말이라고 한다. B.C. 4~5세기 무렵에 시작되어 많은 문학을 갖고, 인도의 고상한 말로서 현재도 사용한다. 또 범어라 함은 인도의 조물신인 범천이 지었다는 데서 생긴 것이라 하며, 혹은 범천을 숭배하는 나라인 인도 곧 범토의 말이므로 범어라 한다고 한다. 불교의 성전도 대부분 범어로 썼으니, 서장·중국·한국·일본 등에 전하는 소위 북방 불교 경전의 원본은 거의 다 범어로 되었다고 한다.[4]

이 범어는 불교의 전래와 함께 우리나라에 들어오기 시작했다. 불교는 원래 고대 인도에서 발생하여, 중국을 통해서 고구려 소수림왕 2년에 들어왔다. 이 불교를 백제는 12년 늦은 384년에, 신라는 법흥왕 14년 527년에 받아들였다. 그리하여 불교는 삼국시대에 엄청나게 발전하였으며, 고려 시대에는 국교가 될 정도로 세력이 강성하였다.[5]

불교어들은 중국을 통해서 들어오면서 한자어로 변형되어 우리말에 침투하였다. 『삼국유사』, 『균여전』에 들어있는 향가를 비롯하여, 지금도 불경 등에 남아 있다. 그 예들을 살려보면 다음과 같다.(로마자는 원어)

---

4  http://100.daum.net/encyclopedia/view.do?docid=b11s1292a참조

5  http://blog.naver.com/PostView.nhn?blogId=dlpul1010&logNo=220083353491 참조.

⑴ 천수관음千手觀音, 자비慈悲, 미륵보살彌勒菩薩, 건달바乾達婆:Gand harva, 사십구일재四十九大日齋, 아미타불阿彌陀佛:Amitayus, 무량수불無量壽佛: Amitayus-buddha, 서방西方, 법계法階, 불전등佛前燈, 법공法供, 보리菩提:Bodhi, 삼업三業, 정계淨戒, 참회懺悔, 시방十方, 중생衆生, 연기緣起, 법우法雨, 번뇌열煩惱熱, 각월覺月, 난행고행難行苦行, 대비大悲, 변재辯才, 수미산須彌山:Sumeru, 돈부頓部, 불도佛道, 각수覺樹, 법성法性, 원해願海, 보현普賢, 겁劫, 계戒, 공양供養, 대비大悲, 나무南無:Namas, 바라문婆羅門:Brāhmana, 바라밀다婆羅蜜多:Paramita, 사리舍利:śarira, 관행觀行, 열반涅槃:nivana, 반야般若:Prajñā, 여래如來, 적멸寂滅, 중생衆生, 대오大悟, 비로자나毘盧遮那:vairocana, 사바娑婆:hahā, 승보僧寶, merū, 시가始覺, 십팔계十八界, 아귀餓鬼, 중도中道, 천상천하天上天下, 유아독존唯我獨尊, 해탈解脫, 고해苦海, 나찰羅利:Rāksasa, 찰나利那:ksana, 법계法界, 법화경法華經, 불과佛果, 삼매三昧:Samadhi, 세존世尊, 대승大乘, 소승小乘, 선禪:dhyâna, 가사도량道場:bodhimadau, 말세末世, 묘법연화경妙法蓮花經:Saddhamapundok-ia-sūtra, 오계五戒, 염념念念, 오성五性, 원각圓覺, 육도六道, 이승二乘, 가사袈裟:kasaya, 극락極樂, 관세음보살觀世音菩薩:Avalokitésvara, 난타難陀, 다라니多羅尼:dhārani, 비구니比丘尼:bhikkuni, 대중大衆, 대장경大藏經, 나후라羅睺羅:Rāhula, 문수文殊:Mañju'sri, 불자佛者, 석가모니釋迦牟尼:Sakyamuni, 설법說法, 성불成佛, 아라한阿羅漢:arhat, 아미타불阿彌陀佛:Amitayus, 아수라阿修羅:asura, 염라대왕閻羅大王:Yama raja, 염불念佛, 가사袈裟:Kasaya, 탁발托鉢:pIndapātika

그 외에 우리말에 유입되어 있는 범어는 다음과 같다.

(2) 수고受苦, 보시布施:dāna, 이판사판理判事判, 수유須臾, 分
(푼), 厘(리), 모호模糊, 불가사의不可思議, 땡추黨聚, 단말마斷末
魔:marman, 부처佛陀:Buddha, 나한羅漢:arhat, 탑塔:stupa, 보리수
菩提樹:Bodhi-druma, 시방세계十方世界, 염주念珠:Japmala, 극락정
토極樂淨土, 번뇌煩惱, 업보業報, 괘불掛佛, 보살菩薩:Bodhi Sattva,
사리saree

이런 범어들은 불교 경전이 중국을 통하여 들어온 것이 많았음은, 한자로
먼저 기록된 것을 보아도 알 수 있다.

## 나. 러시아어

러시아어는 러시아의 국어 및 문화어로서 인도유럽어족에 속하는 동슬
라브어, 소련의 비러시아계 지역에서 제2 러시아어로도 쓰였다. 러시아 방
언은 북부계열(상트페테르부르크에서 시베리아 전역에 걸친 지역), 남부계열(대
부분의 중부와 남부 러시아), 중부계열(북부계열과 남부계열의 중간 지역)로 구분
된다. 현대 러시아 문어는 모스크바 방언에 기초한다.

모스크바는 원래 북부 방언지역에 속했으나, 북부와 남부 양쪽의 영향을
받아 새로운 형태의 중부방언이 나타나자 여기에 속하게 되었으며, 모스크
바 방언은 주로 북부방언의 자음체계와 남부방언의 모음체계로 이루어져
있다.[6]

러시아는 1860년의 베이징 조약[北京條約] 이후 조선과 본격적으로 관
계를 맺기 시작했으며, 1884년 한·러 수호조약이 체결되고, 갑신정변 이후
한·러 밀약이 인준되는 등 가까운 나라였다. 그러나 2차 세계대전 후 공산
주의의 나라가 된 러시아와 민주주의 나라가 된 한국은 먼 나라였으며, 북
한을 사주하여 6.25전쟁을 일으키는 등 적대적인 관계였다.

---

6  http://100.daum.net/encyclopedia/view.do?docid=b06r0202a 참조.

1991년 8월의 보수파 쿠데타를 계기로 소련 연방의 급속한 해체가 진행되면서, 러시아는 우리나라와도 가까운 관계가 되어, 1992년 11월 18일 보리스 옐친 러시아 대통령의 공식방한이 이루어져 한·러 기본관계조약에 서명하였다. 그 이후 양국은 많은 교류가 이루어지고, 양국 국민들의 왕래도 빈번해졌다.[7]

러시아어는 문학 작품과 공산주의 사상의 유입 등으로 한 때는 많이 차용되었지만, 오랜 기간의 소원한 관계로 많이 사라졌다. 다만 1970~80년대에 활발하였던 학생운동에서 일종의 은어로 러시아어의 약자, 약어 등이 쓰인 적이 있다. 여기서는 그것도 소개하기로 한다.

> (3) 아지트: 선동 본부, 인텔리겐치야: 지식인, 보드카: 술이름, 오호츠크 해: 바다 이름, 코민테른: 집단농장, 사할린: 땅이름, 차르: 황제, 툰드라: 추운 습지대, 토치카: 점, 지점, 트로이카: 3번, 3조, 브나로드: 민중속으로, 페치카: 난로, 볼셰비키: 다수파, 멘셰비키: 소수파, 페레스트로이카: 재건, 개혁, 샤만: 박수, 무당, 샤마니즘: 미개종교의 하나, 쇼비니즘: 광신적이고 배타적인 애국주의. 쇼비니스트: 쇼비니즘을 가진 사람, 뜨락또르: 트랙터, 프락치: 러시아어 'fraktsiya'에서 온 말, 공산주의 운동에서 활용되는 세력 확장의 전술, 꼬민쩨른: 제3국제당, 코민포름: 9개국 공산당 및 노동당들의 보도국, 꼬스모뽈리찌즘: 세계주의, 꼬스모뽈리트: 세계주의자, 또치까: 끝점, 영구화점, 뜨락또르: 농기게의 이름, 뜨로이카: 삼두마차, 러시아 고유의 썰매, 뻬치카: 벽난로의 하나, 루불: 러시아 화폐 단위, 미그: 비행기 이름

7 http://100.daum.net/encyclopedia/view.do?docid=b06r0203b025 참조.

그 외에 우리에게 잘 알려진 사람이름이나 땅이름 등의 명사를 들어보면 다음과 같다.

（4）바이칼: 호수 이름, 시베리아: 땅이름, 보드카: 술이름, 크렘
린: 러시아 요새, 보라디보스톡: 땅이름, 모쓰크바: 러시아의
수도, 이르크츠크: 땅이름, 사할린: 땅이름, 쓰딸린: 사람 이
름, 쓸라브: 종족의 이름, 야크: 비행기 이름, 듀마: 제정러시
아 때 의회

한편 다른 나라말이 러시아어 발음식으로 바뀐 것이 있다.(( ) 안은 원어)

（5）그루빠←group（영）: 무리, 집단, 나찌쓰트←Nazist（독）:독
일국가사회당원,바리똔←Barytone（그）: 테너와 바쓰의 남
자음, 부르쥬아지아←bourgeoisie9（프）:중산계급, 파쉬즘
←fascism（영）: 정치적으로 급진적이며 권위적, 민족주의적인
정치 이념, 깜플라쥬← camouflage（프）: 군사 시설 등을 알아
차리지 못하게 위장하는 일.깜빠니야←Campania（이）: 전쟁,
운동, 꼼빠쓰←compass（영）: 나침판, 땅크←tank（영）:전차,
싸보타쥬←sabotage（불）: 태업

대학생들이 학생운동에서 쓰던 말 중에서 러시아어의 일부를 차용하거
나 줄임말을 사용한 예들을 들어보면 다음과 같다.

（6）니크주의: 인민주의(컴뮤니크에서 온 말), 러비지: 러시아 부르
조아, 러알·러혁:러시아 혁명, 레주의:레닌주의, 레짐: 봉건제
하의 각종 사회제도, 소: 소비에트, 쏘사회: 사회주의 사회, 쏘
알: 소비에트 혁명, 쏘꼼: 소비에트 공산주의, 아지: 선동, 이

스크라: 불꽃이라는 뜻, 레닌이 만든 신문, 프락션: 분과 또는
침투세력, 프로아지: 선전, 선동, 뿌:프락치, 찌라시: 선전물

앞으로 양국 국민들의 왕래가 빈번해지고, 문화의 교류가 활발해지면, 더
욱 많은 러시아어가 들어올 것이다.

### 다. 몽골·만주·여진어

몽골어는 알타이어족에 속하는 하위 언어군言語群의 하나이며, 몽골 어군
에 속하는 여러 언어 중에서 몽골 고원을 중심으로 중국의 변경 지구, 아프
가니스탄, 볼가 강 유역 등지에서 몽골 민족이 쓰는 언어 전반을 이른다. 좁
은 의미로는 몽골의 공용어인 하루하 방언이며, 넓은 의미로는 부랴트어와
오이라트어 등을 포함되는데, 9개의 방언으로 구성되어 있다. 그 가운데 할
하어는 문어文語의 기초가 될 뿐 아니라 몽골의 공식어로 쓰이고 있다. 20
세기말 몽골어의 사용인구는 550만 명에 달했다.[8]

만주어는 이전에 만주에서 만주족들이 사용하던 말로 지금은 거의 사라
진 것으로 보인다. 그러나 신장 웨이우얼 자치구 이리 지역에 사는 시보족
에는 이 말을 쓰는 사람이 몇 천 명 가량 남아 있다.[9]

여진어는 현재는 한족에 동화된 여진족들이 사용하던 언어로, 퉁구스어
족 계열의 언어이다. 1119년에는 여진 문자가 생겨났다. 역사적인 원인에
의하여 여진어는 몽골어족, 투르크어족, 중국어, 한국어로부터 다량의 차용
어를 받아들였으며 아울러 여타 다른 언어들로부터 차용했다.[10]

아시아의 동쪽에 자리를 잡은 우리나라는, 한 때 만주에서 시베리아까지
점령한 큰 나라였던 적도 있지만, 때로는 다른 나라의 지배를 받거나, 예속
당하여 조공을 바쳐야 하는 시기도 있었다. 그러다 보니 자연스럽게 그 나

---

8  http://100.daum.net/encyclopedia/view.do?docid=b07m4327a 참조.

9  http://100.daum.net/encyclopedia/view.do?docid=b07m1424a 참조.

10 http://ko.wikipedia.org/wiki/%EC%97%AC%EC%A7%84%EC%96%B4 참조.

라들의 언어가 스며들 수밖에 없었다. 예컨대 고려는 13세기에서 14세기까지 몽골족의 지배하에 있었고, 조선은 17세기부터 19세기까지 만주족의 지배를 받았는데, 그 동안에 그 나라들과의 문화교류가 활발히 이루어졌음은 미루어 짐작할 수 있다. 이번에는 그런 나라들인 몽골과 만주 등의 외래어를 살펴보기로 하자.(보기-(몽)몽골어, (만):만주어, (여):여진어)

(7) 아질게몰(몽):옛말에서 망아지를 뜻함. 졀다몰(몽):옛말에서 붉은 빛의 말, 제주도 방언에서는 '적대몰, 적다몰'. 악대말(몽):거세한 말. 간자말(몽):이마와 뺨이 흰 말. 가라말(몽):털빛이 검은 말. 굴헝몰(몽):옛말에서 밤빛의 말, 제주도 방언에서는 '구렁몰'. 공골몰(몽):털빛이 누런 말. 얼룩말(몽):얼룩말. 부루말(몽):온 몸의 털빛이 흰 말. 대갈(몽):말굽에 편자를 신기는 데 박는 징. 오랑(몽):옛말에서 말의 배때끈, 제주도 방언에서 '오랑, 오량'. 재갈(몽):재갈. 갈지개(몽):한 살 된 매. 송골매(몽):(푸른) 매. 익더귀(몽):새매의 암컷. 궉진(몽):옛말에서 새매의 한 종류. 보라매(몽):그 해에 난 새끼를 길들여서 사냥에 쓰는 매. 고두리살(몽):작은 새를 쏘아서 잡는 화살. 오늬(몽):화살의 머리를 시위에 끼도록 에여낸 부분. 바오달(몽):옛말에서 군영軍營. 사오리(몽):옛말에서 발판. 철릭(몽):옛날 무관이 입던 옷의 한 가지. 더그레(몽):옛날 부장들이 입던 세 갈래 옷. 타락(여):우유. 나단(산)(여);여진어의 'nadan'에서 온 말, 미르(여):옛말에서 용. 각시(만):젊은 여자, 혹은 부인. 만주어 'gaksi'에서 온 말. 바(만주어 'ba(地方)'와 같은 말, 우리말에서 의존명사로 쓰임. 감투(만):머리에 쓰는 모자의 한 가지, 혹은 벼슬. 만주어 'kamtu'에서 온 말, 마루(만):지붕이나 산에 길게 등성이가 진 곳. 만주어 'malu'와 같은 말. 모루(만):대장간에서 쇠를 불릴 때 받침으로 쓰는 쇳덩이. 만주어 'mala(木

郎頭)'에서 온 말. 나물(만):만주어 'namu'와 같은 말, 사돈
(만):만주어 'sadun'과 같은 말. 투구(만):만주어 'tuku(衣面)'
와 같은 말. 두만강(만):만주어 'tumen(일만)'에서 온 말.

오랜 역사 속에서 같은 계통에 속하는 몽골어, 만주어, 여진어는 원래부
터 우리말과 어원을 같이 했을 가능성이 많다. 예를 들어 신라어인 '마루한
[麻立干]'에서 '마루'는 '등성이를 이룬 지붕이나 산 따위의 꼭대기'를 뜻하
고, '한'은 '큰[大]'을 의미하기도 하지만, '우두머리'를 뜻하기도 한다. 그
러므로 '마루한'은 '가장 높은 우두머리'라는 뜻이 되고, 이는 몽골의 '칭기
스 한, 쿠빌라이 한'에서의 '한'과 같은 것이다.

만주어 '사얀'은 우리말의 '하얀', 만주어 '사르사르'는 우리말의 '사락사
락(낙엽지는 소리, 쌀 씻는 소리 등'과 같다. 더구나 위에서 말한 바와 같이
오랜 기간 동안 문화적 교류를 가졌으므로, 이보다 훨씬 많은 차용어 혹은
외래어가 있었을 것으로 사료되지만, 모두 다 예를 들지 못함이 아쉽다.

### 라. 일본어

일본어는 주로 일본에서 사용되는 언어를 말한다. 줄인 말로 일어日語라
고도 하며, 글자로 표기할 때는 가나와 한자를 사용한다. 일본 내 법규에서
공용어로는 규정되어 있지 않지만, 일부 법령에서는 일본어를 사용하도록
규정되어 있는 등 사실상의 공용어로 쓰이고 있고, 일본의 학교 교육 내 국
어 과목에서도 교육되고 있다.[11]

세계의 다른 지역에 살고 있는 약 100만 명의 일본계 사람들도 제법 능숙
하게 일본어를 사용한다. 일본어는 수많은 방언으로 이루어져 있으며, 그중
일부는 서로 의사를 소통하기가 어렵다. 본토의 방언은 밀접한 관계를 가진
3~4개의 방언군으로 나눌 수 있지만, 가장 큰 차이는 본토 방언과 류큐 제

---

11 http://100.daum.net/encyclopedia/view.do?docid=b18a1551a 참조

도의 방언 사이에서 찾아볼 수 있다.

가깝고도 먼 나라 일본은 우리나라와 오랜 문화적 교류를 가져왔다. 삼국시대 이전부터 조선시대까지 문화적으로 우리보다 뒤쳐져 있던 일본이 언어나 학문, 기술을 배워가기에 연연했으나, 한일합방 이후 36년 간에 걸친 일제의 통치 기간에 우리 언어에 끼친 일본어의 위력은 대단했으며, 그런 잔재가 아직도 숱하게 우리말에 남아 있다.

첫째, 영어 등이 일본어식으로 바뀐 것이 우리말에 들어온 것은 다음과 같다.(( ) 안은 원어, 오른쪽은 우리말)

(8) 난닝구(running shirt):뛰기속옷, 도란스(transformer):변압기, 빵꾸(puncture):구멍, 스뎅(stainless):강철, 에로(erotic):성정(적), 오바(overcoat):외투, 미숀(transmission):변속기, 뻬빠(sandpaper):사포, 홈(platform):승강구, 레미콘(ready-mixed concrete):양회반죽차, 리모콘(remote control):원격조정기, 퍼스컴(personal computer):개인용전산기, 리야카(rear car):손수레, 올드미스(old miss):노처녀, 고뿌(cup):잔, 공구리(concrete):양회반죽, 다스(dozen:12개), 다시(dash)줄표, 도라쿠(truck):화물차, 마후라(muffler):소음기, 바케쓰(bucket):들통, 반도(band):띠, 밤바(bumper):완충기, 빠꾸(back):후진, 빠찌(badge):휘장, 샷시(sash):창틀, 셔터(shutter):덧닫이, 쓰레빠(slipper):실내화, 조끼(jug):큰잔, 카타로구(catalogue):일람표, 화이바(fiber):안전모, 후루쿠(fluke):엉터리, 사라다(salad):날야채

둘째, 순수한 일본말이 들어와서 우리말과 합해져 쓰이는 것과 일본어 그대로 쓰이는 것이 있다. 순수한 일본말과 우리말이 합해져 쓰이는 예들을 들어보면 다음과 같다.(( ) 안은 일본어)

(9) '닭도리(とり)탕:닭볶음탕, 모치(もち)떡:찹쌀떡, 비까(ぴか)번
쩍하다:번쩍번쩍하다, 뽀록(ぽろ)나다:드러나다, 왔다리(たり)
갔다리(たり):왔다갔다, 가케표(かけ)표:가위표, 곤(こん)색:감
색, 야키(やき)만두:군만두, 전기다마(だま):전기구

순일본어가 들어와 쓰이는 것은 다음과 같다.

(10) 가라(から):가짜, 가오(かお):체면, 구사리(くさり):핀잔, 기스
(きず):흠, 나가리(ながれ):유찰, 나라시(ならし):고루펴기, 나라
비(ならび):줄서기, 노가다(どかた):노동자, 모치(もち):찹쌀떡,
삐끼(ひき):손님끌기, 사라(さら):접시, 시다바리(したばり):보
조원, 아타라시(あたらし):새것, 야미(やみ):뒷거래, 에리(えり):
깃, 엔꼬(えんこ):바닥(남), 와쿠(わく):틀, 우와기(うわぎ):윗도
리, 유도리(ゆとり):융통, 이지메(いじめ):집단괴롭힘, 지라시
(ちらし):선전지, 헤라(へら):구둣주걱, 호로(ほろ):덮개, 후카시
(ふかし):폼재기

또한 한자어를 일본어식으로 읽는 것이 우리말에 들어온 것도 있다.

(11) 겐세이(牽制-けんせい):견제, 다이(臺-だい):대, 뎃빵(鐵板-てっ
ぱん):철판, 만가(漫畵-まんが):만화, 쇼부(勝負-しょうぶ):승부,
신삥(新品-しんぴん):신품

그 외에도 다음과 같이 일본어식 한자어가 우리말에 들어온 예는 수도 없
이 많다. (오른쪽이 우리말)

(12) 가격(價格):금, 가두(街頭):길거리, 가면극(假面劇):탈놀음, 가

봉(假縫):시침바느질, 가옥(家屋):집, 가일층(加一層):한층더, 간식(間食):샛밥, 감각(感覺):느낌, 고수부지(高水敷地):둔치, 공동(共同):함께, 노동자(勞動者):일꾼, 독신(獨身):홀몸, 동면(冬眠):겨울잠, 매일(每日):날마다, 명찰(名札):이름표, 목차(目次):벼리, 묘목(苗木):모나무, 발휘(發揮):떨침, 배상(賠償):갚음, 부인(婦人):아낙네, 분뇨(糞尿):똥오줌, 살포(撒布):뿌림, 상의(上衣):저고리, 색인(索引):찾아보기, 소변(小便):오줌, 수면(睡眠):잠, 식료품(食料品):먹거리, 안내자(案內者):길라잡이, 유부남(有婦男):핫아비, 작문(作文):글짓기, 재단(裁斷):마름질, 재봉(裁縫):바느질, 청취자(聽取者):들을이, 혈액(血液):피

이런 일본어의 잔재는 하루 아침에 사라지지는 않을 것이다. 그것을 끊임없이 찾고, 버리고, 아름다운 우리말로 바꾸어야 할 것이다.

## 마. 중국어

중국어는 한어漢語라고도 한다. 시노티베트어족에 속하며 동아시아의 주요한 어군語群으로 세계의 어떤 언어보다도 많은 사람들이 사용하고 있다. 세계에서 2번째로 많이 사용되는 영어가 여러 나라의 국제어이기도 한 것에 비해 중국어는 본질적으로 한 나라의 국어이다. 또한 현대 표준중국어는 국제연합UN에서 공식적으로 인정한 5개 언어 가운데 하나이다.[12]

중국과 우리나라는 지리적으로 붙어 있을 뿐만 아니라, 문화와 정치, 경제적인 모든 면에서 불가분의 관계였다. 그러다 보니, 문물의 교류와 더불어 언어의 교류도 당연히 활발히 이루어질 수밖에 없었지만, 중국어와 한국어의 차이는 극복하기 어려웠다. 우리나라에 한자가 들어온 시기는 정확히 알 수 없지만, 서기 전 2세기 위만조선으로 짐작하는 설도 있고,본격적으

---

12 http://100.daum.net/encyclopedia/view.do?docid=b20j0033b 참조

로 유입·전파된 것은 4~5세기쯤으로 보기도 한다. 삼국시대에도 인명·관직명·지명 등을 한자의 음과 훈을 빌어 적었으며, 서기석 표기와 같이 문장 성분을 우리말식으로 바꾸어 쓴다든지, 이두와 향찰식으로 표기하기도 하였다. 그러다 보니 많은 고유의 단어들이 한자어로 바뀌거나 중국어 자체가 그대로 들어오기도 했다.

본고에서는 고유어가 한자어로 바뀐 것과 중국어가 그대로 차입된 것으로 나누어 살펴보기로 한다. 먼저 고유의 우리말이 한자어로 바뀐 예는 다음과 같다.(오른쪽이 고유어)

> (13) 토土:겻, 관리官吏:그위, 배우俳優:노랏바치, 세상世上:누리, 작
>    년昨年:니전해, 계모繼母:다삼어미, 고용雇傭:다마살이, 흉년凶
>    年:가난한해, 오동梧桐:머귀, 산山:뫼, 육지陸地:뭍, 항상恒常:상
>    녜, 지혜知慧:슬기, 부모父母:어버이, 남편男便:지아비, 처妻:지
>    어미, 첩妾:고마, 백百:온, 천千:즈믄, 성城:잣, 시장市場:저자,
>    생사生死:죽살이, 장醬:지렁, 수목樹木:즘게, 실과實果:여름, 계
>    급階級:서흐레, 문門:오래, 강江:가람, 궁장弓匠:활아치, 인형人
>    形:곡도, 대단大端히:거르기, 비밀秘密히:그으기, 가可히:어루,
>    피避하여:어여, 잠깐暫間:저근덧, 만일萬一:에:하다가, 공교工巧
>    롭게:바지로이, 수고受苦로이:잇비, 변경變更하다:가사다, 허
>    황虛荒하다:거르다, 한가閑暇하다:겨르롭다, 농사農事하다:녀
>    름짓다, 급急하다:가득하다, 공경恭敬하다:고마하다, 구救하
>    다:거리치다, 처량凄凉하다:서의하다, 통通하다:사맞다, 혼인
>    婚姻하다:얼이다

어떤 사물이 중국에서 직접 오거나 다른 지역의 물건이 중국을 통해서 들어오면서, 단어도 같이 들어온 예들은 다음과 같다.

(14) 비단匹段, 탕건唐巾, 무명木綿, 다홍大紅, 토슈套袖, 먹墨, 붓筆, 짜장면炸醬麵, 기스면鷄絲麵, 탕수육糖醋肉 라조기辣椒鷄, 깐소샤乾燒蝦, 류산슬溜三絲, 팔보채八寶菜, 오향장육五香醬肉, 딤섬點心, 차茶, 고추苦椒, 후추胡椒, 앵두櫻桃, 자두紫桃, 호두胡桃, 대추大棗, 작두斫刀, 장구杖鼓, 퉁소洞簫, 주춧돌柱礎, 푸주간庖廚間, 명주綿紬, 만두饅頭, 냉채冷菜, 양장피兩張皮, 빼갈白乾兒, 제육豬肉, 수육熟肉 배추白草

또한 한자어와 우리말이 결합되어 쓰이는 것도 있다.

(15) 강낭江南콩, 음陰달, 기機틀, 족足발, 널판板, 옻칠漆, 애간장肝腸, 가락지指, 몸체體, 역전驛前앞, 튼실實하다, 묵중重하다, 익숙熟하다, 맑쑥淑하다

원래는 한자어였지만, 아주 우리말로 변하여, 원래의 모습을 찾기 어려운 낱말도 있다.(( )은 원래 한자어)

(16) 성냥(石硫黃), 숭늉(熟冷), 술래(巡邏), 벼락(霹靂), 서랍(舌盒), 썰매(雪馬), 고녁(貫革), 대추(大棗), 봉숭아(鳳仙花), 사글세(朔月貰), 우엉(牛蒡), 방죽(防築), 도둑(盜賊), 광(庫房) 고약(怪惡)하다, 마냥(每常), 사냥(山行), 얌체(廉恥), 짐승(衆生), 챙(遮陽), 가게(假家), 가난(艱難), 귀양(歸鄕)

우리말 중에서 국어사전에 들어있는 낱말의 70%가 한자어라는 말도 있는 것처럼 대개의 한자어들은 중국에서 온 말들이며, 어떤 것은 일본을 통해서 들어 온 것, 우리나라에서 만든 것도 있다. '식구食口, 권솔眷率, 어중간於中間, 양반兩班, 전답田畓, 대지垈地' 같은 말들이 그런 예다.

## 바. 프랑스·독일어

프랑스어는 로망스어 중 국제적으로 중요한 위치를 차지하는 언어로서, 25개국 이상의 공용어로 알제리, 벨기에, 캐나다, 룩셈부르크, 스위스, 저지 섬 등 많은 나라와 지역에서 사용되고 있다. 프랑스와 코르시카에서는 약 4,400만 명, 캐나다에서는 625만 명, 벨기에에서는 320만 명, 스위스에서는 100만 명 이상, 모나코에서는 1만 3,000명, 이탈리아의 발레다오스타에서는 10만 명, 미국(특히 메인 주와 루이지애나 주)에서는 약 240만 명이 프랑스어를 제1언어로 사용하고 있다. 약 500만 명의 아프리카 사람과 400만 명의 인도차이나 사람에게 프랑스어는 중요한 국제통용어가 되어 있으며, 많은 크리올 프랑스어 사용자들도 공식석상에서는 표준 프랑스어를 사용한다. 표준 프랑스어는 대략 12세기 후반에 우세한 지위를 차지하게 된 파리 방언(일 드 프랑스 방언)에서 비롯된다. 파리 방언은 원래 몇몇 북방적 특징을 지닌 북부 중앙지방의 방언이었다. 그 전에는 다른 방언들, 즉 노르만 방언(브리튼에서는 앵글로노르만 방언으로 발전하여 대략 14세기까지 사용되었음)과 피카르디 방언과 같은 북부지방의 방언들이 우세했으며, 특히 문학 분야에서 그러했다. 그러나 비예코트레 칙령(1539) 이후 프랑시앵 방언이 유일한 공식언어로 정립되었다.[13]

독일어獨逸語, deutsche Sprache, Deutsch는 게르만어파 서게르만어군에 속하는 국제적으로 매우 중요한 언어로 세계의 주요언어 중 하나로 여겨진다. 또한 독일어는 학술어로서 그 중요성이 크며 세계 출판업계에서 영어 다음으로 가장 많이 사용되는 언어이다. 모국어로서의 사용자수는 약 1억 2천만여 명으로 세계 10위 수준이며, 유럽 연합에서 가장 많은 사람들이 모국어로 사용하는 언어이다. 전 세계에서 제2언어로 배우는 사용자의 수가 영어, 스페인어, 그리고 프랑스어 다음으로 많다.[14]

---

13 http://100.daum.net/encyclopedia/view.do?docid=b23p4392a 참조.
14 http://100.daum.net/encyclopedia/view.do?docid=b05d0904b 참조.

유럽연합의 공용어이자 공식 실무언어인 독일어는 독일, 오스트리아, 스위스, 루마니아, 리히텐슈타인, 룩셈부르크, 벨기에의 공식공용어이자 아프리카 나미비아의 공인지역어 중의 하나이며 또한 이탈리아 북부 쥐트티롤(남티롤)지방에서의 공인 지역복수공용어이다. 이외에 프랑스 알자스 로렌 지방, 헝가리, 체코 등 서부와 중부 및 동부유럽과 유럽 외 지역의 소수민족 사용어이기도 하다.

위와 같은 프랑스어와 독일어가 우리의 외래어가 된 예를 살펴보기로 하자.([불]: 불어, [독]: 독어)

(17) 뷔페buffet[불]: 원래는 찬장, 정거장 구내의 식당, 우리말은 뷔페 식당, 판타롱pantalon[불]: 원래는 여자용바지, 우리말은 바지의 한 종류, 아뜰리에atelier[불]: 원래는 작업장, 공장, 화실, 우리말은 미술 등의 작업실, 샹송chanson[불]: 원래는 노래, 가요, 우리말은 프랑스 가요, 시네마cinema[불]: 원래는 'cinématographe'의 약어, 영사기, 영화관, 우리말은 영화, 데카당decadent[불]: 원래는 쇠퇴한, 퇴폐적인 예술가, 우리말은 퇴폐적인 문인, 예술가, 데쌍dessin[불]: 원래는 그림, 제도, 도면, 도안, 우리말은 소묘, 앙꼬르encore[불]: 원래는 아직, 또다시, 더욱, 우리말은 재청, 뉘앙스nuance[불]: 원래는 색조, 빛깔, 근소한 차이, 우리말은 미묘한 차이, 부르조아bourgeois[불]: 원래는 시민, 중산계급인, 주인, 우리말은 유산자계급, 쿠데타coup d'Etat[불]: 원래는 국가의 일격, 정변, 우리말은 군사혁명, 앙께트enquête[불]: 원래는 조사, 심사, 우리말은 설문조사, 프롤레타리아prolétariat[불]: 원래는 노동자, 무산자, 우리말은 가난한 사람, 바통batôn[불]: 원래는 지팡이, 막대기, 우리말은 이어 달리기에서 주고받는 막대기, 부케bouquet[불]: 원래는 꽃다발, 다발, 작은 숲, 우리말은 신

부의 작은 꽃다발, 카바레cabaret[불]; 원래는 술집, 우리말은 무도장 겸 술집, 카페café[불]: 원래는 커피, 찻집, 우리말은 고급 술집, 크레용crayon[불]: 원래는 연필, 우리말은 색연필, 데뷔début[불]: 원래는 선수, 제일보, 처음, 우리말은 첫 무대, 첫 출연, 고무gomme[불]: 원래는 고무, 우리말은 고무지우개, 마담madame[불]: 원래는 결혼한 여자, 우리말은 다방이나 술집의 우두머리 여자, 루즈rouge[불]: 원래는 빨간색, 연지, 우리말은 입술 붉은 연지, 콩쿠르concours[불]: 원래는 부합, 경쟁, 협력, 우리말은 음악이나 미술의 경연대회, 몽타주 montage[불]: 원래는 올리기, 맞추기, 우리말은 얼굴을 맞추어 그린 그림

알레르기Allergie[독]: 원래는 신체의 이상 반응 현상, 우리말도 같음, 모르핀Morphine[독]: 원래는 아편의 즙, 우리말은 강력한 진통제 중 하나, 히스테리Hysterie[독]: 원래는 변질성 정신병의 하나, 우리말은 신경질 등 다양하게 쓰임, 노이로제 Neurose:[독]: 원래는 신경 기능의 질환, 우리말은 모든 신경증을 뜻함, 헤게모니Hegemonie[독]: 원래는 사회 운동 등의 주도권, 우리말은 여러 가지 지배권, 아르바이트Arbeit[독]: 원래는 일, 직업, 논문, 연구, 우리말은 비정규직 노동일, 호프Hof[독]: 원래는 뜰, 안마당, 농장, 궁전, 우리말은 생맥주, 혹은 그것을 파는 가게, 아이젠Eisen[독]: 원래는 철, 우리말은 등산화 바닥에 붙이는 도구 이름, 자일Seil[독]: 원래는 밧줄, 우리말은 산악용 밧줄, 룩작Rucksack[독]: 등산용 배낭

우리나라와는 지구의 반대쪽에 있는 먼 나라들의 언어가 이렇게 우리말 깊숙이 들어와 있는 것을 보면, 인류의 문화 교류가 얼마나 중요한가를 알 수 있다.

## 사. 이탈리아어·스페인어·포르투갈어

이탈리아는 이탈리아(시칠리아 섬과 사르데냐 섬을 포함)와 프랑스(코르시카 섬 포함) 및 스위스를 비롯한 몇몇 나라에서 약 6,600만 명이 사용하는 로망스어에 속한다. 아메리카 대륙, 특히 미국·아르헨티나·캐나다의 많은 이탈리아계 이민과 그 후손들도 쓰고 있다. 가장 오래된 이탈리아어 문헌은 10세기 것(이탈리아 통속어로 증인의 증언을 기록한 법정기록)이고, 어느 정도 분량이 있는 문학작품은 12세기 말에 씌어진 〈라우렌치아의 노래Ritmo Laurenziano〉이다.[15]

스페인어는 스페인과 아메리카 대륙, 아프리카에서 2억 5,000만 명이 넘는 사람들이 쓰는 로망스어이다 스페인어로 된 최초의 문헌은 10세기에 라틴어 원문에 대한 주해형식으로 씌어졌으며 문학 작품은 1150년경에 처음으로 나왔다. 스페인어는 특히 라틴아메리카에서 카스티야 방언으로 알려져 있는데, 이 방언에서 현대 표준 스페인어가 발전해 나왔다.

스페인어는 이베리아 반도 이외에 브라질(스페인어와 가깝게 관련된 포르투갈어를 씀)을 제외한 중앙아메리카와 남아메리카의 모든 지역에서 쓰일 뿐 아니라, 모로코의 일부 지역, 카나리아 제도, 필리핀에서도 사용한다. 라틴아메리카에서 쓰는 스페인어에는 여러 지역 방언이 있는데, 이들 모두 카스티야 방언에서 나왔지만 음운체계로 볼 때 여러 점에서 유럽에서 쓰는 스페인어와 다르다.[16]

포르투갈어는 포르투갈과 브라질, 포르투갈의 식민지와 이전 식민지에서 사용하는 로망스어다. 스페인 북서부에서 사용하는 갈리시아어는 포르투갈어의 한 방언이다. 포르투갈어로 써진 자료는 12세기 말의 소유권 계약과 13, 14세기에 써진 문학작품에서 비롯된 것이다. 표준 포르투갈어는 리스본 방언을 기초로 한다. 국내에서 방언의 차이는 그리 크지 않지만 브

---

15 http://100.daum.net/encyclopedia/view.do?docid=b18a0634a 참조.
16 http://100.daum.net/encyclopedia/view.do?docid=b13s1218a 참조.

라질에서 사용하는 포르투갈어는 여러 면에서 유럽의 포르투갈어와 다른데, 여러 음성변화와 동사활용 및 구문에서 나타나는 차이 등이다.[17]

다음 예들에서 '(이)'는 이탈리아어. '(스)'는 스페인어, '(포)'는 포르트갈어에서 온 외래어를 나타낸다.

> (18) 간테라·간데라(포):호롱등, 덴푸라·뎀뿌라(포):튀김, 라사(포):
> 모직물의 일종, 빵(포):빵, 담배(포):담배, 템포(이):빠르기·속
> 도·박자, 피날레(이):마지막·마무리, 스파게티:이탈리아 국
> 수, 빌라:집의 한 종류, 동키호테(스):소설의 주인공이지만,
> 별난 사람, 게릴라(스):소규모 전투,마타도어(스):스페인 투
> 우 경기의 주연 투우사·상대에게 상처를 주고자 출처를 위
> 장하거나 밝히지 않은 흑색선전(정적을 겨냥), 마피아(이):이
> 탈리아 시칠리아 섬을 근거로 하고 미국에 본거지를 둔 국
> 제적 범죄 조직· 비밀스런 위계질서를 가진 폭력 조직. 정치
> 적 영향력을 발휘하는 권력 집단, 매너리즘(이):이탈리아어
> 'maniera(16~17세기에 이탈리아에서 유행한 미술양식으로 일정
> 한 규범과 양식을 따름)'·항상 틀에 박힌 일정한 방식이나 태도
> 가 되풀이되어 신선미와 독창성을 잃는 일

특이하게 일본을 통하여 들어온 포르투갈어에는 다음과 같은 예들이 있다고 한다.[18]

> (19) 고뿌copo, 카스테라castella, 사라다salada, 플라스코frasco, 삔
> 또pinta, 사분sabão, 조로jorro·물뿌리개, 보당batão:단추, 비

---

17 http://100.daum.net/encyclopedia/view.do?docid=b23p2981a 참조.

18 http://blog.naver.com/PostView.nhn?blogId=ilovemofat&logNo=140058579605 참조.

로도veludo, 메리야쓰melas, 라사lasa, 쓰봉gibão:바지, 우루사
ursa:곰, 따봉tá bom

특히 음악용어는 대개는 이탈리아어인데,[19] 그 예를 몇 개 들어보면 다음
과 같다.

(20) abandonne:자유롭게·제한없이, a battuta:박자대로·
제 박에, adagi:천천히, affrettando: 급하게·점차 빠르
게, allegro:쾌활하게·활발하게, bravur:대담하게·대가답
게, brillante:화려하게·재치있게·아주 능숙하게, calando:
차분하게·템포와 강도를 점점 약하게 (점점 느리고 여리게),
debile:약하게, distinto:명백하게, dolce:달콤하게·부드
럽게, eclatant:화려하게·빛나게, effettuoso:효과적으로,
fastoso:화려하게, forte:세게·강하게, gaiment:즐겁게·쾌
활하게, grazios:우아하게·우미하게, innocente:천진스럽
게·소박하게·자연스럽게, inquieto :불안하게·안정감 없이,
lacrimos:비통하게·애처롭게, lamentabile·lamentoso:탄
식하듯, largo:폭넓게·매우 느린 속도로, marziale:씩씩하
게·전투적으로, molto:매우·대단히, morbido:연하게·부드
럽게, non tanto:너무 지나치지 않게, pastoso·부드럽게·
달콤하게, piacevole:마음에 들게, placido:조용하게·침착
하게, presto:빠르게, rattenando·rattenuto 속도를 줄여
서·조금 느리게, ritenente:템포를 늦추어, secco:건조하게,
tanto:많이·매우, tranquillo:조용하게·온화하게, velato:소

---

19 인터넷에는 음악용어 1,000 개 등이 소개되어 있다.
http://cafe.daum.net/daejamchoir/5j7r/1?q=%C0%BD%BE%C7%BF%EB%BE%EE1000·%B0
%B3&re=1dptj 에서 인용.

리를 줄여서. veloce:빠르게·날아가듯이, vivace:빠르게·생기 있게

이와 같은 전문용어들은 일반인들이 다 쓰지는 않지만, 특별한 전공이나 직업을 가진 사람들은 꼭 알아야 할 단어들이다.

## 아. 영어

영어英語, English language는 영국의 잉글랜드에서 기원한 서게르만어군 언어이다. 오늘날에는 전 세계 수많은 국가에서 주요 언어로 사용되고 있으며 공식 언어로서뿐만 아니라 제2언어로서도 광범위하게 사용되고 있다. 또한 영어는 18세기, 19세기 그리고 20세기 초의 대영 제국의 군사적, 경제적, 과학적, 정치적 그리고 문화적 영향과 20세기 중반 이래의 미국의 영향으로, 전 세계에서 가장 폭넓게 가르쳐지고 이해되는 언어이다.[20]

영어는 우리 생활 속에 다양하게 침투해 있다. 이를 몇 개의 영역으로 나누어 살펴보자.

> (21) 입는 것: 부라우스, 스커트, 셔츠, 넥타이, 팬티, 오바, 코트
> 먹는 것, 마시는 것: 커피, 비프, 코카콜라, 사이다타는 것: 버
> 스, 택시, 헬리콥터사는 곳: 아파트, 호텔, 모텔, 가든, 맨션
> 가전제품: 텔레비전, 라디오컴퓨터 용어: 부팅, 쿠키, 인터
> 넷, 브라우저, 웹, 웜부팅, 쿨부팅, 컨드롤, 알트, 델, 리셋버
> 튼, 백업backup, 하드디스크, 플로피, 파일, 플로피디크, 씨
> 디, 베타 테스트, 알파 테스트, 패치파일, 버그, 데모버전, 번
> 들 프로그램. 소프트웨어, 업그레이드, 업데이트, 쉐어웨어,
> 트라이얼버전, 포털사, 홈페이지, 유틸리티, 레지스트리, 드

---

20 http://100.daum.net/encyclopedia/view.do?docid=b15a3968a 참조.

라이버, 스캐너, 씨디롬, 씨디라이터, 화상카메라, 스팸메일, 정크junk, 벌크bulk메일, 해킹, 와레즈, 캐시, 웹 호스팅web hosting, 도메인, 서버, 메모리, 롬ROM, 스왑SWAP

한편 '국어순화추진회'(2014)에서 우리말로 바꾸어 쓸 수 있다고 본, 영어로 된 외래어를 살려보면 다음과 같다.(가, 나, 다순)[21]

(22) 가든파티(마당진치), 가솔린(휘발류), 가운(덧옷), 가이드(안내(원)), 가이드북(안내책), 가다로구(본보기책), 간데라(호롱불), 개그(재담·익살) 개그맨(익살꾼, 재담꾼), 개런티(출연료), 갤러리(그림발·화랑, 골프 구경꾼), 게라(활자판 상자, 교정쇄), 게스트((초대)손님), 게임(겨루기), 게임 메이커(주도 선수), 고딕(돋음체), 공구리(양회반죽), 구립뿌(종이집게), 그라운드(운동장·경기장), 그래프(도표, 그림표), 그로테스크하다(이상야릇하다), 그린벨트(녹지대), 그릴(양식집), 글라스(유리잔), 글로벌리즘(세계지향주의), 기아(톱니바퀴·변속장치), 나이타(야간 경기·밤 경기), 난센스(당찮은 일·당찮은 말), 남바(번호·호·수·훗수), 낫토(암나사), 내래이션(해설·풀이), 내추럴하다(자연스럽다), 네거티브하다(부정적이다), 네온사인(네온등), 네임밸류(명성·지명도), 네크라인(목둘레선), 네트(그물, 망), 네트워크(방송망, 통신망, 연력망), 넥타(으깸 과일즙), 노코멘트(말 않기·논평보류), 노크하다(두드리다), 노하우(비결·비법), 녹아웃시키다(뻗게 하다·뻗뜨리다), 논스톱(안 멈춤), 논픽션(실제 이야기·실화), 누드(알몸·나체·맨몸), 뉴미디어(새매체·신매체), 니트(뜨개(옷)), 닉네

---

21 이와 같이 많은 외래어를 인용하는 것은 국어순화가 필요하다는 인식에서 비롯되었다. 단 (  ) 안에서 '·'는 비슷한 말, ','는 다른 뜻을 가진 말을 나타낸다.

임(딴 이름·애칭), 다스·타스(12개·타), 다시(줄표) 다운타운(도심·도심지), 다이내믹하다(역동적이다·생동적이다), 다이얼·다이알(글자판·번호판·시간표), 다크호스((뜻밖의)변수·복병), 댄서(춤꾼·무용수), 댄스(춤), 더빙(음성 입히기·재녹음), 덤핑(헐값 팔기·막팔기), 데드라인(한계선·한계), 데모(시위), 데이터(자료), 데이트(사귐, 만남), 데코레이션(꾸밈·장식·장식품), 델리킷하다(미묘하다·섬세하다·까다롭다), 도라무(통), 도라이버(나사돌리개), 도란스(변압기), 도랏쿠·도라꾸(짐차·화물차), 도미노(연쇄 파급·잇달이), 도어(문), 도어맨(정문안내원), 도킹하다(만나다·만나붙다), 드라마(극·연극), 드라마틱하다(극적이다), 드리이브 정책(중점정책·주도정책, 드라이브코스(차산책길), 드리이어(말리개·건조기, (인쇄)말리는 약), 드라이플라워(말린 꽃), 드레시하다(입성좋다·옷맵지 나다·옷맵시있다), 드링크(음료·마실 것), 디스카운트(에누리·깎기), 디스크자키(음반지기·음반사), 디스플레이(진열·전시), 디시(에누리), 디저트(후식·입가심), 디제이(음반지기·음반사), 디지털(숫자(식)·수치(형)), 디테일하다(세밀하다·세세하다·자세하다), 딜러(분배상·판매원), 딜럭스하다(호화스럽다·호사스럽다), 딜레마(궁지·막다름), 따불(곱·갑절), 라벨(상표·꼬리표), 라운지(휴게실), 라이방(보안경·색안경), 라이벌(맞수·경쟁자), 라이선스(면허(장·허가(장)·인허가), 라이스밀크(쌀우유), 라이스박스(쌀통·뒤주), 라이트(비춤·조명(등)), 라이푸 사이클(삶의 구비, 생애 주기), 라이프 스타일(삶의 방식, 생활양식), 라인(줄, 금, 선), 라지에타(방열기), 라커룸((선수)대기실·갱의실), 래디컬하다(극단적이다·급진적이다·과격하다), 랜덤하게(마구잡이로·무작위로), 램프((표시)등), 랭크(차례 매김), 랭크되다((순위가)매겨지다·차례 매김되다), 랭킹(순위·서열), 러닝메이트(짝·동반·후보자), 러닝타임(돌림 시간·상영 시간), 러

시(붐빕·몰림), 러시아워(몰릴 때·붐빌 때·혼잡시간), 러프하다
(거칠다), 런치파티(점심모임), 레귤러멤버(정식 회원·정규00·정
화원), 레루·레일(철길), 레미콘(양회반죽(차)), 레벨(수준(기), 수
평(기)·수준의), 레슨(개인지도), 레이스(달림 겨루기·경주), 레인
지(화덕·조리기), 레임덕 현상(누수 현상·말기 현상), 레자(인조
가죽), 레저(여가(활동)), 레저타운(휴양지, 쉼마을), 레지((다방)
종업원·아가씨), 레크레이션(마음 쉬기·바람쐬기·오락·놀이), 레
퍼토리(곡목·목록), 렌터카(차임대·차대여, 임대차·빌림차), 로고
(보람·상징), 로라(땅다지개·굴밀이), 로비(휴게실·대기실·복도,
막후교섭), 로비스트(섭외인·대리인, 막후교섭자), 로열박스(귀
빈석), 로열티((상표)사용료·인세), 로케(현지 촬영·출장 촬영), 로
타리(둥근거리·돌거리), 로테이션(돌림·번돌림, 순환·자리돌기),
롱 헤어(긴 머리), 롱런하다(오래 떨치다), 루머(뜬소문), 룰(규
칙), 룸메이트(방짝·방친구), 리더(지도자·이끌이, (인쇄)점줄), 리
더쉽(지도력·이끌힘), 리드미컬하다(율동적이다·운율적이다), 리
드하다(이끌다·앞서다·인도하다), 리듬(흐름·흐름새·율동), 리딩
브랜드(으뜸 상표·주도 상표), 리모콘(원격 조종가), 리믹스하다
(되섞다·되합치다·재합성하다), 리바이벌(재생·부흥·되살림), 리
뷰(따져보기·비평), 리빙룸(마루·거실), 리사이클링(되쓰기·재활
용), 리사이틀(독창회·독주회·연주회·발표회), 리셉션(초대 연회,
손맞이), 리스트(목록·명단), 리야카(손수레), 리얼리티(참됨·현
실·진실·실제), 리얼하다(사실적이다·현실감있다), 리조트(휴양
지), 리치하다(가멸지다·넉넉하다·풍부하다), 리코딩(녹음·녹화·
기록), 리포터(보고자·보도자), 리포트(보고서·보도), 리허설(에
행연습·무대연습·총연습), 린스(헹굼바누), 린치(폭력·때림), 링
(반지·고리, (권투, 레슬링)경기장, (농구)바구니테), 마네킹(꼭두
사람·몸틀), 마마보이(치마폭 아이·응석받이), 미스코트(행운의

신·행운의 물건), 마스터(통달·숙달), 마스터플랜(기본설계·종합 계획), 마스터피스(걸작), 마이너스(손해·부족, 빼기·뺄셈표), 마이카(자가용차·자기차), 마인드(심리·마음가짐), 마일드하다(부드럽다·순하다), 마진(값 차이·중간 이윤), 마케팅(시장 거래·시장 관리·장사), 마후라(목도리·목수건, 소음기), 맘모스(큰·대형), 매너(버릇·태도·몸가짐), 매너리즘(타성·버릇됨), 매뉴얼(설명서·편람·안내서), 매니저(지배인·관리인·감독), 매머드(큰·대규모의·대형), 매스컴(대중매체·대중전달), 맨투맨(일대일), 머니 론더링(돈세탁), 머니게임(돈놀이), 멀티미디어(복합매체·다중매체), 메가폰(손확성기·나발), 메뉴(차림표·식단), 메달(패·상패), 메달리스트(메달 받을 이·상패 받을 이·상패 딴 이), 메들리(접속곡·잇달이), 메리트 시스템(성과급 제도), 메모(적어 두기, 적발·쪽지기록), 메모리(기억·추억, 기억장치), 메시지(전갈·서신·성명서), 메신저(심부름꾼·전달자), 메이커(제작자·제조업체·만들 이), 메이크업(화장·분장·단장·마무리), 메인프레임(핵심·기본틀), 메커니즘(체제), 메타기(계량기), 메타포(은유), 메탈릭(금속성), 멜로극(통속극), 멜로디(가락·선율), 멤버(회원·선수·구성원), 모노톤(흑빛깔·단색조), 모니터(영상표시장치·화면(기), 협찬위원·정보제공자), 모닝스페셜(아침 별식), 모던하다(현대적이다), 모델(모형·본보기·본, 멋냄이·맵시인), 모델하우스(본보기집·집본), 모드(양식), 모럴(도덕·도의), 모멘트·모먼트(계기·동기), 모빌유(윤활유), 모빌(흔들개비), 모자이크(하다)(짜맞추기·짜맞추기하다, (미술)조각무늬그림), 모자이크하다(짜맞추다), 모타·모다(전동·기발동기), 모티브(동기), 무비스타(영화배우), 무크(부정기 간행물), 미네랄워터(광천수), 미니스커트(깡동치마·짧은 치마), 미디어((대중)매체), 미스1(잘못), 미스2(아가씨·아씨·OOO아씨), 미세스(부인·여사), 미스터(님·씨·도령·군), 미스터리(추리, 이상야

룻), 미싱(재봉틀), 미팅(모임·모꼬지), 믹스하다(섞다), 밀크(우유·소젖), 밀크식빵(우유식빵), 바겐세일(싸게 팔기·할인 판매), 바란스·밸런스(균형·조화), 바로미터(잣대,·척도·지표), 바리케이트(방어책·길막이), 비비큐(통구이·뜰구이), 바이어(사는 이·구매자·구매상), 바이탤리티(생기·활력), 바케스(들통), 바코드(막대표시·줄표시), 박스(상자·갑·곽), 반네루(널빤지·판자), 반도(띠), 발코니(난간·난 마루), 밤바(완충기·완충대·붙임이), 밧데리(축전지), 방가로(오두막집), 백그라운드(배경·뒷배), 백미러(뒷거울), 밴드(띠·대역, 악대, 동아리), 밸런스(균형·조화), 버라이어티쇼(가진 놀이판·다채로운 쇼), 버전(판), 버튼(단추·누름쇠), 벙커(진지), 베니야·베니다(합판), 베드룸(침실), 베란다(툇마루·쪽마루), 베스트(최상·일류), 베스트 드레서(옷 멋쟁이·으뜸차림이), 베스트셀러(인기 상품·잘 팔리는 책), 베아링·베어링(축받이·굴대받이), 베일(가림막), 보너스·보나스(상여금·덤돈·덤), 보단·보담(단추·누름쇠), 보데(몸선·몸체·차체), 보디가드(경호원), 보디라인(몸선·체형·몸꼴), 보루바코·보루바꼬·보루박스(골판지 상자·종이상자), 보이콧·보이코트(물러침·거부·배척), 보컬그룹(중창단), 보틀넥(병목현상), 볼륨(권, 부피·술, 음량·소리크기), 부라시·브라쉬(솔·털붓), 부라자(가슴띠), 부라찌·부라치(부가접속·덧붙임), 브레키·브레이크(제동기·제동장치), 부로카·부로커·뿌로카(중개인·거간), 부로쿠(벽돌), 부킹(예약), 북 디자인(책꾸밈·책도안), 붐(대유행·대성황), 브랜드(상표), 브러싱(빗질), 브레인풀(인재은행), 브로커(중개장이·중개인·거간), 브리핑(간추린 보고·간출인 설명), 브이아이피(귀빈·요인), 블라인드(가리개), 블랙리스트(비밀명단), 블록(집단·구역), 비닐하우스(비닐 온실), 비디오(녹화(기)), 비디오케(영상 반주), 비루·비어(맥주), 비전(이상·전망·앞길), 비주얼 마케팅(실업가·

사업가·기업인, 영업사원·회사원), 비토(거부(권)), 빠꾸(뒤로·후진·퇴짜), 빠꾸오라이(뒤로·후진), 빠데(땜풀), 빠루(노루발 못뽑이), 빠찌·빼찌(휘장·표장·보람), 빠타, 바터(맞바꾸기), 빤스(속잠방이), 빵꾸(구멍(나기·내기)), 빵카(진지), 삐빠(속새·사포), 뻰찌(자름 집게·쇠집게), 뻥끼(칠·양칠, 유화칠감·칠감), 뽐뿌(무자위), 삥뽕·핑퐁(탁구), 사라다·샐러드(나물버무리), 사라리맨·샐러리맨(봉급생활자·봉급쟁이), 사우나탕(증기탕·찜탕), 사이드 비즈니스(부업), 사이즈(크기·치수), 사이클(자전거, 주파수·주기), 사이키(깜빡이(조명), 요란(조명)), 사인(수결·서명, 신호·암호), 샐러드맨(봉급생활자, 봉급쟁이), 샘플(본, 본보기, 표본), 샘플링(본뽑기), 샷시((알루미늄)문틀·창틀), 샷타·샷따·셔터(덧닫이, 여닫개), 서머스쿨(여름학교), 서비스(봉사·대접, 공짜·덤), 서빙하다(접대하다), 서스펜스(긴장감·박진감·아찔맛), 서클(동아리·모임·두레), 선글라스(색안경·햇살경), 세루모타·세루모다(시동기), 세무가죽)(고운가죽), 세미나(연구회·발표회·토론회), 세일즈맨(외판원·판매원), 세트(장치, 연모, (한) 판, (한) 벌), 세팅(설치·터잡이·차림), 섹시하다(관능적이다·매혹스럽다·멋지다), 센서(감지기), 센서스(통계조사, 국세조사), 센서티브하다(예민하다), 센세이셔널하다(놀랍다·자극적이다), 센스(눈치·재치·분별(력)·감각), 센치하다(감상적이다), 센티멘탈리즘(감상주의), 셀프서비스(손수하기·제시중), 샤틀버스(순환버스·돌이버스), 소프트하다(부드럽다), 쇼맨십(허세·제자랑·흥행술), 쇼윈도(진열장), 쇼크(충격), 쇼킹하다(기막히다·충격적이다), 쇼트헤어(짧은 머리), 쇼핑(물건사기·(시)장보기), 쇼핑백(장바구니·장가방), 쇼핑센터(모임전·종합시장), 쇼핑타운(종합상가·시장·상점가), 슈거(설탕), 스낵(간이식·간편식), 스낵코너(간이음식점·간이식당), 스냅사진(짜깍사진·막사진), 스덴·스뎅(안녹쇠·늘흰쇠·

녹막이강철), 스라브(바닥판·평판·너럭판), 스릴(전율·긴장감·짜릿맛·아슬감), 스매싱(강타·내리침), 스카우트(골라오기·빼내기), 스캔들(추문), 스커트(치마), 스케일(규모·통, 자·축척), 스케줄(예정(표)·일정(표)·계획(표)), 스크랩(자료모음·오려모으기), 스크린(영사막, 가리개), 스킨십(어루만지기·피부접촉), 스킨케어(살갗가꾸기·피부관리·피부치료), 스타덤(인기대열·유명반열), 스타디움(주경기장), 스타일(맵시·형·폼), 스타트(출발·시작), 스타팅멤버(첫 선수), 스타플레이어(인기선수·유명선수), 스탄푸·스탐뿌(잉크판), 스태미나(정력·힘·원기·끈기), 스태프(제작진·참모진·간부·직원·(참모)장교), 스탠드(세움대, 관중석·관람석, 책상등, (잉크)대), 스탠드바(선술집), 스터디그룹(연구 모임·연구 동아리), 스테이지(무대), 스테인리스·스테인레스(안녹쇠·늘흰·쇠·녹막이강철), 스토리(이야기·줄거리), 스톱모션(정지동작·멈춤동작), 스튜디오(녹음실·방송실·촬영실·연주실·그림방·제작실), 스트라이크(파업), 스트레스(긴장·불안·짜증), 스트레이크(뻗어치기·곧바로·곧바른), 스티커(붙임딱지), 스팀(김·(수)증기), 스팀타월(찜질수건·김수건), 스퍼트(막판 힘내기·끝판 힘내기), 스페셜리스트(전문가), 스펙터클하다(웅장하다·거창하다·거대하다), 스포츠(운동), 스포트라이트(집중조명), 스포티하다(날렵하다·경쾌하다), 스폰서(후원자·광고주), 스푼(숟가락), 스프레이(분무기), 스피디하다(빠르다), 스피카·스피커(확성기), 슬럼프(침체·부진·저조), 슬로건(내건 말·표어·강령·구호), 시니컬하다(냉소적이다), 시드(우선권), 시럽(즙·착색음료), 시리즈(연속물, 문고·총서), 시즌(계절·철·제철), 시트(깔개·덮개·자리), 신(장면), 신드롬(증후군·앓이), 실루엣(음영), 심벌마크(상징표(시)), 심포지엄(학술회의·토론회의), 심플하다(단순하다), 싱글(독신·미혼), 싱크대(설거지대·개숫대), 싱크탱크(두뇌집단), 센타(본부·중앙·

중심(지)), 아마추어(비전문가·비직업인), 아웃사이더(국외자·외톨이·바깥내기), 아이덴티티(정체성), 아이디어(생각·착안·착상), 아이러니(이율배반·역설·모순·반어), 아이로니컬하다(역설적이다·모순적이다), 아이롱((전기)다리미·머리인두), 아이쇼핑(눈요기), 아이스링크(빙상경기장·얼음경기장), 아이큐(지능지수), 아이테(항목·종목), 아카데믹하다(학문적이다·학술적이다), 아트(미술·예술), 아티스트(미술가·예술가), 악세사리(장식물·노리개·치렛감), 앨범(사진첩), 앙코르송(재청곡), 애드리브(즉흥성), 애드벌룬(대형풍선·기구), 애프터서비스(뒷시중·뒷관리·뒷봉사), 액세서리(장식품·장식물·노리개·치렛감), 액션(동작·행위), 액션드라마(활극), 앰블런스(구급차·응급차), 앵커(뉴스진행자·진행자), 어드바이스(도움말·충고), 어드벤처(모험), 어시스트(뒷받침·도움), 어필하다(호소하다·맘끌기하다·맘끌다, (체육))항의하다·이의제기하다), 언더그라운드(장외·지하), 언더테이블머니(뒷돈), 언밸런스(불균형·부조화), 업그레이드(수준높임·높임·급수높임), 에그샌드위치(달걀샌드위치), 에러(잘못·실책·실수), 에로틱하다(선정적이다·성적이다), 에세이(수필·논문), 에스컬레이터(전동계단), 에이스(최고의, (야구)기둥투수·주전투수), 에이에스(뒷시중), 에이프런(앞치마 에코(메아리), 에이프런(앞치마), 에피소드(일화·숨은 이야기), 엑스터시(황홀감), 엑스트라(조역·임시배우·곁다리) 엘리베이터(승강기·전동승강기), 엘리트(우수인재·정예), 오너(소유주·소유자·임자), 오너드라이버(손수운전자), 오다(지시·청구·주문), 오디션(실기검사·(실연)검사), 오리엔테이션(새내기 맞이), 오리지널(본·원본·원판·원형, 창작), 오리지널하다(독창적이다), 오바(외투), 오파(신청·제공), 오프너(병따개), 오픈하다(개업하다··열다·개시하다·공개하다), 오피스(사무소), 오피스레이디(사무직 여성), 오피스빌딩

(사무용 건물), 오피스텔((주거)겸용 사무소), 온라인((공동)전산망), 옴니버스(엮음·복합), 옵서버(참관인), 와이프(아내·집사람), 와인(포도주), 와일드하다(거칠다), 워밍업(몸풀기·준비운동·예비운동), 워카(군화), 워크숍(공동연수·수련), 웨딩그레스(혼례복·신부예복), 웨이브(굽슴결·흐름결), 위트(재치·기지), 유니섹스(남녀 공용), 유머(익살·해학·우스개), 유머센스(익살끼), 이니셔티브(주도권·앞수 쓰기), 이니셜(머릿자), 이미지(인상·심상), 이미테이션(흉내·모조(품)), 이벤트(행사), 이슈(논쟁거리·쟁점·논점), 인덱스(찾아보기), 인센티브(끌림 수·유인책), 인스턴트(식품)(즉석(식품), 인터내셔널(국제(적)), 인터뷰(회견·면접), 인터체인지(입체나들목), 인턴사원(실습사원), 인테리어(실내꾸밈), 인텔리젠트하다(지성적이다), 인프레·인플레이션(물가오름세·통화팽창), 지꾸(지네단추), 재킷(웃옷), 저널(언론), 저널리스트(신문인·신문집지기사·언론인), 저널리즘(언론·신문잡지풍), 점프하다(뛰다·도약하다·뛰어오르다), 제로베이스(원점·원점기준), 제스처(몸짓·손짓), 조깅(건강달리기), 조끼(잔), 조인트(합동·이음매), 조크(우스개·농담·농), 주니어(청소년·중급자), 징크스(액·불길한·재수없는 일), 차트((순위)도표·그림표·걸그림), 찬스(기회), 참치라이스(참치밥), 챔피언(으뜸이·선수권자·우승자), 체인(연쇄, 사슬·쇠사슬), 체인점(연쇄점), 체크(점검·대조, 꺾자표), 추리닝(연습복·운동복), 치킨(닭튀김), 카드(표·방안), 카리스마(권위), 카부(굽이·굽이길), 카운터(계산대, 계산기·셈틀), 카운트다운(초읽기), 카탈로그·캐털로그(목록·일람표·상품안내서), 카테고리(범주·부류·테두리), 카트라인(끊은 금·최저선·합격선), 카펫(양탄자), 카폰(차전화), 카풀(함께타기), 카피라이터(광고작가), 각테일(섞음술), 칼라(깃·옷깃), 칼럼(시사평론·시평·기고란), 칼럼니스트(시사평론가·특별기고가), 칼로리(열량

(음식)), 캐리어우먼(전문직 여성), 캐릭터(개성·성격, 개성인물), 캐비아(철갑상어알), 캐비지(양배추), 캐스터(진행자), 캐스트(배역), 캐스팅보트(결정권), 캐주얼(편한 차림), 캐치프레이즈(구호), 캔(깡통), 캔디(사탕), 캘린더(달력·일력), 캠퍼스(학교울안·교정), 캠페인((계몽)운동, 홍보), 캠프(야영(지·막사)·기지), 캡(모자·뚜껑·마개), 캬브레터·캬브레타(기화기), 커닝(부정행위·훔쳐보기), 커뮤니케이션(의사소통·소통), 커미션(구문·소개비), 커버(씌우개·덮개·가리개·막기(배구)뒷받침·받쳐줌), 커버스토리(표지이야기), 커버하다(감싸다·망라하다·가리다·막다·받쳐주다), 커트하다(끊다·자르다·중지하다), 커플(쌍·짝), 컨디션(상태·조건·형편), 컨트롤하다(통제하다·조절하다), 컨트리풍(시골풍·전원풍), 컬러(빛깔·색채·천연색), 컬러센스(색채느낌), 컬러 액센트(색채효과), 컬러매치(색맞춤·색맞추기), 컬러패스트(바래지 않는), 컬러풀하다(다채롭다), 컬렉션(모음·모으기·수집·수집품), 컴백하다(되돌아오다), 컷(장면〈영화〉, 삽화〈인쇄〉), 케이스(경우·사례, 갑·상자·집), 코너(모퉁이·구석·귀퉁이), 코디네이션(조합), 코디네이터(한 말씀·논평·비평·설명·왈가왈부), 코미디(희극), 코미디언(희극인·희극배우), 코믹터치(잇살풍·희극적 기법), 코스(과정·길), 코스트(든 값·원 값), 코즈메틱(화장품), 코즈모폴리턴·코스모폴리탄(세계주의자), 코트(외투), 코트(운동장·경기장), 코튼(솜·면), 코팅(투명씌움), 콘서트(음악회·연주회), 콘테스트(겨룸·겨루기·경연·대회), 콤비(짝·단짝, 배합·조합), 컴팩트(압축·간편, 분첩·거울첩), 콤플렉스(열등감·욕구불만·강박관념, 합성물·복합체), 쿠숑·쿠션(허리받이·푹신개·등베개, 완충작용), 쿠키(과자), 쿠킹센스(요리감각), 쿠폰(교환권·물표), 쿼터((수출입)한도량·배당량), 크레디트카드(신용카드), 크리스털컵(수정잔), 클래식(고전적인·고풍의), 클레임(배상청구), 클로즈업

(부각·확대·돋보이기), 클리닉(진료실·진료소), 클리닝(빨래·세탁), 타킷(중심·목표·표적), 타부(금기), 타운(구역·마을·동네), 타운웨어(나들이옷), 타월(수건), 타이머(시간기록기·시간조절기·때맞추개), 타이밍(때·때맞추기), 타이트하다(빠듯하다·팽팽하다·꼭끼다), 타이틀(제목·표제, 자막), 타이틀곡(주제곡), 타임머신(초시간 여행선), 타입(유령·모양·생김새), 타치·터치(닿기·손댐·건드림), 터널(굴), 터미널(종점·정류장), 터치감(감촉·촉감), 테러(폭력·폭행), 테스트(검사·시험), 테이블(상·걸상, 밥상·식탁), 테이블 세팅(상차림), 테이블 클로스(식탁보·상보), 테이프(띠·띠줄), 테크너크랫(기술관료), 테크닉(솜씨·기교·기법·수법·기술), 텍스트(원전·글), 텐트(천막), 텔레마케팅(통신판매·원거리판매), 텔레파시(정신감응·영감), 토너먼트(승자진출전), 토들러(아장이·어린아이), 토스트(구운빵), 토큰·토컨(버스표·승차표·차표), 토털솔루션(종합해결책), 토털패션(모듬맵시), 톨게이트(요금소·표사는 곳·통관문), 톱스타(인기 연예인·일류배우·인기인), 톱클래스(정상급), 투어(관광여행), 투어 콘서트(순회공연), 투웨이(쌍방적·상호적), 튜닝(조율·조절), 트러디셔널하다(전통적이다), 트러블(말썽·옥신각신·불화), 트렁크(짐·가방·큰가방·여행용가방, 짐칸·화물칸), 트레이너(훈련사·조련사·조교사), 트레이닝(훈련·연습·교련·수양·단련), 트레이닝복(연습복·훈련복·운동복), 트레킹(걷기여행), 트릭(속임수), 티 테이블(찻상), 티슈(화장지), 티켓(표·권), 티타임(휴식시간), 팀(패·조), 팀워크·팀웍(협동·어우림·(편)짜임새), 팁(봉사료·수고삯), 파스텔컬러(은은한 색조), 파워(힘·권력), 파워 게임(힘겨루기·힘다투기), 파워플하다(힘차다·세차다), 파이팅·화이팅(힘내자·힘내라), 파이프(대·대롱·관, 물부리, 피리·관악기, 울대·통 담뱃대), 파트너(협조자·짝·동료), 파트타임(시간제·시간품), 파티(잔치·연회·모임),

파티 웨어(잔치옷·연회복), 파티장(연회장·잔치자리), 패러다임(틀), 패셔너블하다(멋지다·맵시있다), 패션(최신유행·옷맵시), 패션스타일((유행)맵시·옷차림), 패스트푸드(즉석식·즉석먹거리), 패스하다(건네다, 자나다·통과하다·합격하다), 패키지(짐·포장·묶음), 패키지 여행(한 묶음(여행)), 패턴(본새·틀·모형·유형·본), 팬(애호가·따름이), 팬레터(애호가 편지), 팬시점(선물가게), 팸플릿·팜플렛·팜플레트(소책자·작은책자), 퍼니처(가구), 퍼레이드(행진), 퍼스낼리티(사람됨·성격), 퍼즐(짜맞추기·알아맞히기·수수께끼), 퍼포먼스 예술(행위예술), 펀드(밑돈·밑천·기금), 펑크나다(어기다·무산되다·구멍나다·구멍터지다), 페스티벌(축전·큰잔치), 페어하다(공정하다·정당하다·깨끗하다), 페이지(쪽·면), 포럼(공개토론회), 포르노(외설(소설)), 포맷·포매트(양식·체제·구성·틀잡이), 포스터(광고용 도화·광고지·알림그림), 포스트(우편, 자리·위치·부서, 푯말·장대), 포인트(점·요점·점수, 노른자위·최적지점, 강조점), 포즈(몸거짐·자세·태도), 포지션(자리·지위), 포커스(초점), 포켓(주머니·호주머니), 포터블(휴대용), 퍼테이토·포테아토(튀긴감자·감자튀김·감자), 포테이토샐러드(감자무침), 포토저널리스트(사진기자), 폼(형식·양식·모양·몸매·자세·자태), 풀서비스(갖춘 봉사), 풀스토리((온)내력·전체이야기), 프라이·후라이(튀김), 프라이드(긍지·자부심·자랑), 프라이드에그(계란부침·달걀전), 프라이드 포테이토(튀긴감자·감자튀김), 프라이버시(사삿일·사생활·자기생활), 프라이팬·후라이팬(튀김판·지짐판), 프라임시간대(황금시간대), 프랜차이즈(지역갈라맡기), 프레시하다(싱싱하다), 프로(전문인·전문가, 직업적), 프로그램(계획표·차례표·예정표·식순), 프로덕션(제작소), 프로모션(흥행사), 프로젝트(일감·연구과제), 프로포즈(제안·청혼), 프리랜서(비전속(인)·자유계약자·자유활동가·자유기고가),

프리미엄(웃돈·덤·기득권), 프리뷰(미리보기·시사회), 플래시·플래쉬(번쩌기·섬광·손전등), 플래카드(알림막), 플랜(계획), 피켓(손팻말), 피크(한창·절정), 피크닉(들놀이·산놀이·소풍), 픽션(허구), 핀트(초점·요점), 필터(진막이·거르개·여과지), 하리핀(바늘못), 하이라이트(강조·중요부분·명장면), 하이레벌(높은 수준), 하이테크(고급기술·첨단(기술)), 하이틴(청소년·십대), 하이패션(고급차림), 한가치·항카치(손구건), 함마·해머(큰망치·쇠망치), 핫이슈(뜨거운 쟁점), 해프닝(웃음거리·우발사건), 핸디캡(불리한 조건·단점·약점·흠·결점), 핸섬하다(말쑥하다·멋있다), 허니문(신혼), 허스키(탁한 목소리·쉰 목소리), 헤드라인(표제·머릿기사), 헤어드라이어(머리말리개), 헤어밴드(모리띠), 헤어스타일(머리 맵시·머리 모양), 헬스클럽(건강방·체력단련방·몸가꿈방), 호스(대롱 줄·대롱 관), 홈·플랫폼(타는 곳), 홈뱅킹(집은행 거래), 홈커밍데이(재상봉일), 홈패션(집치레·집가꾸기·집치장, 집안·옷차림), 화이바(안전모), 후드(덮개·걸치개), 후라이(튀김·부침, 거짓말), 후안·후앙(환풍기, 송풍기), 훅((갈)고리, (권투)휘어치기), 휴머니즘(인도주의·인간주의·인본주의, 인간학·인문학), 휴머니티(인간성·인간미·인간애·인류애), 히든카드(순김 패·비책), 히트((야구)안타), 히트하다(적중하다·들어맞다), 힌트(귀띔·뚱김·실마리·도움말)

이처럼 영어가 많이 쓰이고 있다는 것은 그 말을 국어로 사용하고 있는 나라의 문화와 문명의 영향을 많이 받았고, 현재도 받고 있다는 증거다. 그러나 우리도 주체성을 가진 나라라면, 이와 같은 무분별한 외래어의 남용을 막을 방안을 모색해야 한다. 즉 국가 기관에서 이런 말들을 순수한 우리말로 바꾸어, 국민들이 사용하게 해 주어야 할 것이다.

## 3. 맺는 말

지금까지 여러 언어들의 차용 양상을 살펴보았다. 이외에도 많은 언어들이 유입되어 있지만, 이 정도로 끝을 맺는다. 그리고 보면, 우리말은 고유의 말만 아니라, 세계의 많은 언어들이 혼용되어 쓰이고 있음을 알 수 있다. 이것은 우리말이 오염되었거나 순수성이 망가져서 그런 것이 아니라, 오히려 세계의 여러 문화들과 교류를 한 덕분이라고 생각한다. 우리 민족이 고립되어 있었다면, 그런 일이 없었을 것이지만, 결코 바람직한 현상은 아니다. 앞으로도 많은 언어, 민족, 나라들과의 접촉에 의하여 차용어는 더욱 늘어날 것이라고 생각한다.

다만 특정 언어의 무분별한 사용은 국어의 가치를 훼손시키고, 주체성을 손상하는 일이므로, 이에 대한 방안도 마련해야 할 것이라도 본다.

# 참고문헌

국립국어연구원(1994), 『신어의 조사 연구』, 서울: 국립국어연구원.

_____(2001), 『2001년 신어』, 서울: 국립국어연구원.

_____(2003), 『국어 순화 자료집 합본』, 서울: 국립국어연구원.

국어순화추진회(2014), 『국어순화정책1』, 서울: 세종학연구원.

성낙수(2010), 『국어와 국어학1, 2』, 서울: 채륜.

한국교원대학교 신문사(2010), 〈한국교원대신문〉 제317호, 청원: 한국교원대학교 신문사.

한국교원대학교 신문사(2010), 〈한국교원대신문〉 제318호, 청원: 한국교원대학교 신문사.

한국교원대학교 신문사(2010), 〈한국교원대신문〉 제319호, 청원: 한국교원대학교 신문사.

한국교원대학교 신문사(2010), 〈한국교원대신문〉 제320호, 청원: 한국교원대학교 신문사.

한국교원대학교 신문사(2010), 〈한국교원대신문〉 제321호, 청원: 한국교원대학교 신문사.

한국교원대학교 신문사(2010), 〈한국교원대신문〉 제322호, 청원: 한국교원대학교 신문사.

http://ko.wikipedia.org/wiki/%EC%96%B8%EC%96%B4_%EB%8A%A5%EB%A0%A5.

http://100.daum.net/encyclopedia/view.do?docid=b11s1292a.

http://blog.naver.com/PostView.nhn?blogId=dlpul1010&logNo=220083353491.

http://100.daum.net/encyclopedia/view.do?docid=b06r0202a.

http://100.daum.net/encyclopedia/view.do?docid=b06r0203b025.

http://100.daum.net/encyclopedia/view.do?docid=b07m4327a.

http://100.daum.net/encyclopedia/view.do?docid=b07m1424a.

http://ko.wikipedia.org/wiki/%EC%97%AC%EC%A7%84%EC%96%B4.

http://100.daum.net/encyclopedia/view.do?docid=b18a1551a.

http://100.daum.net/encyclopedia/view.do?docid=b20j0033b.

http://100.daum.net/encyclopedia/view.do?docid=b23p4392a.

http://100.daum.net/encyclopedia/view.do?docid=b05d0904b.

http://100.daum.net/encyclopedia/view.do?docid=b18a0634a.

http://100.daum.net/encyclopedia/view.do?docid=b13s1218a.

http://100.daum.net/encyclopedia/view.do?docid=b23p2981a.

http://blog.naver.com/PostView.nhn?blogId=ilovemofat&logNo=140058579605.

http://cafe.daum.net/daejamchoir/5j7r/1?q=%C0%BD%BE%C7%BF%EB%BE%EE10
          00·%B0%B3&re=1dptj.

http://100.daum.net/encyclopedia/view.do?docid=b15a3968a.

# 한국어 {자기/자신}의 의미적 특징 및 학습자 오류 분석

안주호(남서울대학교)

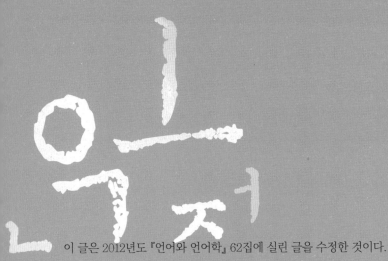

이 글은 2012년도 『언어와 언어학』 62집에 실린 글을 수정한 것이다.

# 1. 머리말

언어에 따라 재귀문을 많이 사용하는 언어가 있고, 그렇지 않은 언어가 있는데 한국어는 재귀문을 많이 사용하지 않는 비재귀적 언어 중의 하나라고 한다.[1] 한국어의 재귀사는 연구자마다 조금씩 차이를 보이는데, {저(제), 당신, 자기, 자신, 자기자신, 스스로, 서로}와 같은 것을 포함시키기도 하고, {저(제), 당신, 자기, 자신}만을 포함하기도 한다. 그런데 한국어 재귀대명사 중 대표적인 것이라 할 수 있는 {자기}는 {자신}과 비교하여 문법적, 의미적 특징이 명확하지 않다.

> (1) 가. 나는 {*자기가/자신이} 쓴 일기를 태웠다.
>
> 　　가′. 나는 {자기가/자신이} 쓴 일기를 태울 정도로 화가 났었다.
>
> 　　나. 너는 {*자기가/자신이} 합격했다는 사실을 몰랐다.
>
> 　　나′. 너는 {자기가/자신이} 합격한 줄도 모르고 어딜 돌아다니니.
>
> 　　다. 김사장은 {*자기가/?자신이} 죽었을 때는 한 푼의 돈도 없

---

1　정규영(2005)에 따르면 인구어 중 독일어, 프랑스어, 슬라브어 등은 재귀적 언어이지만, 영어는 비재귀적 언어 중의 하나라고 한다.

었다.

다′. 김사장은 {자기가/자신이} 죽을 때를 예감하고 유서를 썼다.

 

(1)의 문장은 김미형(1986)에서 가져온 것으로 각각 1인칭, 2인칭, 3인칭 내포문에서 {자기/자신}이 주어기능을 하고 있다. 이 중 (가′-다′)에서는 {자기/자신}이 모두 가능하지만, (가-나)에서는 {자신}은 가능하나 {자기}는 불가능하고, (다)에서는 {자신}도 자연스럽지 않다고 보았다.[2] 한국어학 연구에서는 이와 같은 {자기}와 {자신} 등 재귀대명사의 문법적 차이를 규명하기 위해 노력해 왔지만, {자기}와 {자신}의 문법적, 의미적 차이를 선명하게 밝히지 못하고 있다. 심지어 연구자에 따라서는 이 둘을 문법적 차이이기보다는 적절성의 차이라고 설명하기도 한다.[3]

그런데 한국어의 {자기/자신}은 한자가 존재하고, 한국어 재귀대명사의 대표형인 {자기}는 일부 학습자의 모국어 중 대응되는 형태가 있어, 학습자들이 쉽게 {자기}를 학습하여 사용한다. 대조분석 가설에서는 모국어 지식은 외국어 학습과 습득에 긍정적 영향인 전이 현상이나, 부정적 영향인 간섭현상을 줄 수 있다고 본다. 재귀대명사 {자기/자신}은 한자어이므로 한국어 학습자 중 한자를 사용하는 중국, 일본어 모국어 학습자에게는 긍정적 전이가 일어나 다른 학습자보다 습득이 용이한 것으로 보인다.[4] 또한 목표어인 한국어를 학습할 때 재귀대명사로 {자기}를 과잉 일반화시키는 경향이 있어 {자기/자신}의 사용에서 많은 오류를 만든다.

이 글에서는 차이가 선명하지 않은 {자기/자신}의 문법적, 의미적 특징을

---

2  이 글에서 쓰인 예문은 주로 선행 연구자들이 사용한 것을 재인용하였는데, 연구자에 따라 {자기/자신}의 사용의 문법성에 대한 판단이 다르기 때문이다. 원 글에서는 (1)과 같이 문법성을 판단하였으나, 화자에 따라 다른 판단을 내릴 수 있다. 익명의 심사자 중 한 분은 (1가′)의 '나는 자기가 쓴 일기를 태울 정도로 화가 났었다'는 비문법적이라고 지적했다.

3  {자기}와 {자신}을 비교한 김승곤(1996)에서는 이 두 형태의 특징을 구별하려고 했으나, {자신}이 {자기}보다 제약이 적음을 밝혀내는 데 그치고 있다.

4  이것은 한국어교육 현장에서 경험일 뿐, 한자어권 학습자와 비한자어권 학습자의 습득과 사용 시간에 대해서 구체적으로 살피지 못했다.

알아본 후, 한국어 학습자들의 사용 말뭉치에서 보이는 오류를 분석해 보려 한다. 그리고 이를 통해 한국어교육에서의 {자기/자신}과 같은 재귀대명사의 효율적인 교수학습 방법을 모색하도록 한다.

## 2. {자기/자신}에 대한 선행연구

일반적으로 '재귀再歸'라 함은 '원래의 자리로 되돌아가거나 되돌아옴.'이라고 뜻풀이되며, '재귀대명사再歸代名詞'라 함은 '① 어떤 동작을 하는 사람 자신을 나타내는 대명사, ② 우리 문법에서는 한 문장 안에서 앞에 나온 주어를 도로 가리키는 대명사'라고 뜻매김된다.[5] 이 중 ①은 강조적 용법을 말한 것이고, ②는 재귀적 용법을 뜻한다.

> (2) 가. 마이클은 자기가/자신이 똑똑하다고 믿는다.
>     나. 마이클은 저를 미워한다.
>     다. 아버지는 당신을 돌보시지 않는다.
>     라. 그는 몸소 그 일을 한다.
>     마. 그는 스스로 일을 행했다.
>     바. 그들은 서로 사랑하며 산다.

(2)의 예 중 (가-다)의 {자기, 자신, 저, 당신}은 대명사에 해당하는 것이며, (라-바)의 {몸소, 스스로, 서로} 등은 부사에 해당하는 것으로 광의의 재귀사에 포함되는 것이다. 그런데 사전적 의미 중 "② 우리 문법에서는 한 문장 안에서 앞에 나온 주어를 도로 가리키는 대명사"의 의미로도 사용할 때는,

---

5 『표준국어대사전』에서는 '재귀대명사'를 '선행(先行) 체언을 도로 나타내는 삼인칭 대명사'로만 정의하고 여기에 {저, 자기, 당신} 등을 포함하고 있다.

문맥 내에서 선행사가 있고 그 선행사를 받을 다시 받을 때 쓰는 말이라는 뜻으로 포괄적으로 사용하였다. 이런 기준으로 본다면 한국어의 {자기(지), 저(제), 당신, 자신, 스스로, 서로} 등이 포함된다.

> (3) 가. 나는 어릴 때 <u>나</u>를 일본 사람이라고 믿었다.
>
> 나. 네가 다시 한국 국적을 갖고 싶으면 그렇게 해. <u>네</u> 생각대
>
>    로 해.
>
> 다. 그 여자는 <u>자기</u>에게 불리한 말을 한다.
>
> 라. 우리 집 막내는 <u>저</u>밖에 몰라.
>
> 마. 할머니는 <u>당신</u>께서 직접 요리를 하셔야 맛이 있다고 하신다.
>
> (국립국어원, 2006:379)

(3)은 국립국어원(2006:379~381)의 자료를 옮겨온 것인데, 여기서는 재귀대명사를 '앞에 나온 명사나 대명사를 다시 가리키는 대명사'라고 정의한 후, 1인칭, 2인칭 대명사는 다시 가리킬 때도 {나, 너}로 표현하는 데 비하여 3인칭 대명사의 경우에는 {그, 그녀}가 아닌 {자기, 저, 저희, 당신}과 같은 다른 표현을 쓴다고 했다. 이러한 재귀대명사는 여러 가지 차원에서 다루어졌는데, 주요 논의를 보면 다음과 같다.

첫째는 재귀대명사의 범위에 관한 것으로, 최현배(1945) 이래로 다양한 이견이 있다. 예 (3)에서 보았듯이 국립국어원(2006:379~381)에서는 재귀대명사는 앞에 나온 명사나 대명사를 다시 가리키는 대명사라고 정의내렸는데, 이에 따르면 {나, 너, 자기, 저, 저희, 당신} 등이 재귀대명사에 포함될

것이다.[6] 남기심·고영근(1985; 242)에서는 '한 문장 안에 주어와 같은 말이 반복될 때 뒤의 말'을 재귀대명사로 보고 있다. 이에 비해 선행 명사가 3인칭일 경우, 이것이 동사의 목적어로 되받아 쓰이는 경우로만 한정시키기도 하는데, 김미형(1986)에서는 '문맥에서 선행사가 있으며 동사의 목적어 성분으로 쓰인 경우'를 재귀대명사로 보고 있다.

(4) 가. 자기가 할 일을 남에게 미루지 마라.

　　나. 나는 자기가 제일 예쁜 줄 안다.

　　다. 너는 이 세상에서 자기가 제일인 줄 알지?

　　라. 사람은 자기 본분을 지킬 줄 알아야 한다.

　　마. 현대는 누구나 자기가 좋아하고 자기가 잘하는 일을 마음
　　　　껏 추구하는 것을 권장하는 시대이다.

　　바. 영이는 자기과시욕이 있는 사람이다.

　　사. 영이는 자기한테 온 편지를 불살라 버렸다.

　　아. 영이는 자기를 미워한다.

　　(김미형, 1986)


김미형(1986)에 따르면 {자기}가 쓰인 (4) 중에서 (4가-마)는 {자기}가 명사적으로 쓰인 것인데, (가)는 선행사가 없는 경우이며, (나-다)는 선행가가 각각 1인칭, 2인칭이며 내포절에서 주어기능을 하는 경우이고, (라, 마)는 선행사가 각각 일반칭, 부정칭 등으로 특정지시가 아닐 경우 사용된 것이다. (바)는 선행사가 3인칭이라고도 할 수 있으나, [자기+명사]의 결합으로 제

---

6　국립국어원(2006)에서는 이외에도 {스스로, 서로}가 재귀사적 기능을 한다고 했는데, 예로 든 것은
　다음과 같다. {스스로}는 주어가 여러 사람일 때 그 사람들을 모두 가리키는 말이며, {서로}는 주어가
　여러 사람일 때 '짝을 이루거나 관련된 사람들'의 뜻을 나타낸다고 설명한다.
　가. 우리 스스로가 후배들에게 모범을 보여야 한다.
　나. 우리는 서로가 서로를 모른다.

3의 명사를 만든 경우이며, (사)는 문맥에 3인칭 대명사가 있으며 주어기능을 하는 것이다. (아)는 3인칭 선행사를 가지고 동사의 목적어로 사용된 경우로 김미형(1986)에서는 이것만 재귀대명사로 보았다. 이렇게 {자기}는 명사적, 대명사적, 재귀대명사적으로 사용되는데, 재귀대명사의 정의를 넓게 잡는 경우 (4)의 모두를 재귀대명사에 포함하기도 하고, 재귀대명사의 범위를 좁게 잡는 경우 선행사가 있고 동사의 목적어로 사용되는 (4아)만을 재귀대명사로 보기도 한다.

둘째, 선행사가 2개 이상 존재할 때, 재귀대명사는 무엇을 지시하는가 하는 것에 관한 것이다. 한국어는 재귀사의 결속범위가 자유로운 언어로서 재귀사의 결속 범위를 벗어나기도 하는데, 성광수(1981), 임홍빈(1989) 등에서는 재귀대명사가 2개 이상 출현할 경우 모두 근거리 선행사를 지시한다고 하였다.

(5) 가. 영희i는 [자신i이/자기i가 돈을 훔쳤다]고 말했다.

나. 영희i는 [철수가 자기i를 미워한] 줄 모른다.

다. 철호i가 그 학생에게 자기i 책을 읽히었다.

(5가)에서는 선행명사가 하나이므로 문제가 없으나, '자기가 돈을 훔쳤다'라는 결속범위를 넘어서서 선행주어인 '영희'를 지시하고 있고, (5나)에서는 {자기}가 근거리 선행명사인 '철수'를 지시했다기보다는 장거리 선행명사인 '영희'를 지시하고 있다. 이 예는 2개 이상의 선행 명사가 있을 경우 재귀대명사가 반드시 근거리 선행명사를 지시하는 것은 아님을 보여준다. 또한 (5다)는 남기심·고영근(1985)에서 가져온 예인데, 이 역시 근거리 선행명사를 받을 수도 있으나 장거리 선행명사인 '철호'를 되받을 수 있음을 보여준다. {자기}가 주어인 '철호'를 가리킬 수도 있고, 주어가 아닌 '그 학생'을 가리킬 수도 있는데, 이것은 '그 학생'이 겉으로는 주어가 아니지만 속뜻으로는 철호는 그 학생으로 하여금 책을 읽도록 하는 주체이고, 책을 읽는 주체

는 '그 학생'이기 때문이다. 이와 같이 한국어에서는 2개 이상의 선행명사가 존재할 경우 근거리 선행명사를 받는 것이 일반적이지만, 예외도 존재함을 알 수 있다.

(6) ?*철수i는 영희가 자신i을 미워한다고 생각한다.

(6)의 문장은 임홍빈(1987)에서는 비문법적이라고 밝혔으나, 강범모(1998)는 가능한 문장이라고 주장했다. 특히 강범모에서는 근거리/ 장거리 선행사의 차이가 있다면 그것은 자연스러움의 정도의 차이에 불과하다고 밝혔다.[7]

셋째, 다른 언어와의 대조연구인데 현대 중국어 재귀대명사 {自己}에 대해 다룬 장흥석(2006)과 현대 중국어 인칭대명사의 대응관계를 다룬 정혜(2011) 등이 있다. 특히 정혜(2011)에서는 분포양상에서 한국어 재귀대명사 {자기}와 중국어 재귀대명사 {자기}를 비교하였는데, {자기}와 {自己} 모두 문장에서 주어, 목적어, 관형어, 부사어 그리고 서술어 등의 문장 성분이 될 수 있는 점은 동일하나, 한국어의 재귀대명사 {자기}는 문장의 주어 위치에 나타날 때 선행사가 반드시 3인칭이어야 하는 반면에 중국어 {자기}는 선행사에 대한 제약이 없다는 점 등의 차이를 밝히고 있다.[8]

넷째, 선행사가 3인칭인 경우 보통 대명사를 쓰는 경우와 재귀대명사 {자기/자신}이 쓰이는 경우의 의미의 차이에 대해 논의되었다.

(7) 가. 그는 프리젠테이션이 끝난 후 그의 사무실로 갔다.

---

7  또한 성광수(1981)에서는 {자신}과 {자기}를 비교하여 (근거리 선행사를 갖는) 재귀대명사로는 {자신}이 주로 사용된다고 하였으나, '병수는 정수가 자신을 때렸다고 말했다'에서 {자신}이 근거리 선행사인 정수를 대신하지 않고, 장거리 선행사인 병수를 지시하는 것이므로, 이를 적용하기에는 문제가 있다.

8  그 외에도 정혜(2011)에서는 한국어 재귀대명사 {자기}가 목적어 위치에 출현할 때는 일반적으로 선행사의 인칭에 대한 제약이 없으며, 중국어 {자기}가 목적어 위치에 출현할 때는 동사 혹은 개사(介詞)의 목적어로 쓰임이 차이가 있다고 밝혔다.

나. 그는 프리젠테이션이 끝난 후 자기의 사무실로 갔다.

다. 그는 프리젠테이션이 끝난 후 자신의 사무실로 갔다.

(7가)는 문장에서 '그의'는 주어인 {그}나 그 외의 {그}로 지시할 수 있는 사람의 사무실로 돌아갔다는 뜻을 나타내 중의적으로 해석된다. 이에 비해 (나)는 그가 본인의 사무실로 돌아갔다는 뜻이 되는데, {자기}는 언제나 문장 안에 있는 주어를 다시 가리키나 {그}는 앞에서 언급한 인물을 대신 가리킬 때 쓰이므로 가리키는 대상이 주어일 수도 있고 주어가 아닐 수도 있다. 또한 (다)의 {자신}이 쓰일 경우와는 차이가 분명하지 않다.[9] 이외에도 변형 생성문법의 입장에서 재귀대명사의 분포제약과 도출과정에 관해 정정승(1981), 김영근(1985) 등에서 다루고 있다.

이상과 같이 재귀대명사의 범위와 문법적 특성에 대해서는 여러 논의가 있어 왔으나, 이글에서는 {자기/자신}에 초점을 두어 논의하기로 한다.

## 3. 한국어의 {자기/자신}의 문법적·의미적 특성

{자기/자신}에 대한 사전에서의 설명은 다음과 같다.

> (8) 가. 자기03自己 [Ⅰ]「명사」「1」그 사람 자신. [Ⅱ]「대명사」앞에
> 서 이미 말하였거나 나온 바 있는 사람을 도로 가리키는
> 삼인칭 대명사.
>
> 나. 자신01自身「명사」「1」그 사람의 몸 또는 바로 그 사람을
> 이르는 말. 「2」((사람을 가리키는 말 뒤에 쓰여)) 다름이 아니

---

9  이에 대해 김미형(1987)에서는 {자기}를 '지시대상 범위, 서술 관점의 문제, 의미적 측면' 등으로 나누어 설명했는데, {자기}의 의미를 '서술 대상 개개인 자신을 지시'하는 낱말로 [X가 아닌 자기/대조]의 의미를 문맥에 드러낸다고 설명했으나, {자기}와 {자신}의 의미차이가 분명하지 않다.

고 앞에서 가리킨 바로 그 사람임을 강조하여 이르는 말.
(『표준국어대사전』)


(9) 가. 자기3自己 (대) ① (이야기되거나 행동하는 사람을 다시 가리키
    는 말로) '바로 그 사람', '자신' ②(행동이나 이야기의 주인을 일
    반적으로 가리키는 말) 스스로, 자신. ③(젊은 부부 사이나 친구
    사이에서 스스럼없이 상대방을 부르는 말로) '너, 당신'의 뜻.
  나. 자신1自身 ①자기 스스로, 자기. ②['~자신'의 꼴로 쓰여]
    다름이 아니고 바로 앞에 가리킨 사람 스스로임을 강조하
    여 지적할 때 쓰이는 말. '자기'의 뜻.
    (『연세 한국어사전』)


(10) 가. 자기自己(대) 1. 바로 앞에서 말한 사람을 다시 가리키는
     말. '그 사람 자신' 또는 '그'라는 뜻. 2. 스스로, 자신 3.
     '너, 당신'의 뜻.
   나. 자신自身[자기](명) 1. 바로 앞에서 말한 사람을 다시 가리
     키는 말.(비) 본인1, 자기1, 자기 자신 2. 앞에서 말한 바로
     그 사람임을 강조하는 말.
     (『한국어 학습자사전』)


위와 같이 사전에서 보면 {자기/자신}의 의미를 공통적으로 '앞에 언급된
바로 그 사람을 이르는 말'이라는 재귀적 용법을 설명하고 있고, 또한 '앞에
서 말한 바로 그 사람임을 강조'하는 강조적 용법에 대해서도 설명하고 있
다. 그러나 {자기/자신}의 변별적 특성에 대해서는 언급이 없으며, 『한국어
학습자 사전』에서 먼저 학습해야 할 어휘로서는 {자신}보다는 {자기}를 중
요도에서 더 높은 점수를 주고 있다. 그럼 {자기}와 {자신}의 차이를 용법을
중심으로 살펴보도록 한다.

첫째, 선행명사 없이 단독으로 사용되는 예가 보이는데, 이 경우는 재귀대명사가 아닌, 부정대명사로 쓰인 예로서 범칭적 용법이라 부르려 한다.

(11) 가. 자기의 일은 자기가 해결한다.
　　　나. 자신의 책임은 자신이 진다.

(11)의 예에서 {자기/자신}은 특정인을 가리키는 것이 아니고, 일반적인 누군가를 가리킨다. 이 경우 {자기/자신}은 선행 명사 없이 바로 주어로 사용되는 데, 이를 다른 비교항목과 대치해 본다.

(11′) 가. 자기의 일은 자기가 해결한다.
　　　가′. 자신의 일은 자기가 해결한다.
　　　가″. 자기의 일은 자신이 해결한다.
　　　가‴. 자신의 일은 자신이 해결한다.
　　　나. 자신의 책임은 자신이 진다.
　　　나′. 자신의 책임은 자기가 진다.
　　　나″. 자기의 책임은 자신이 진다.
　　　나‴. 자기의 책임은 자기가 진다.

이 경우 {자신/자기}은 조금의 의미차이는 있으나, 서로 대치해도 모두 가능하다. 따라서 범칭적 용법으로 사용할 경우 {자기/자신}은 차이가 없이 사용됨을 살필 수 있다.

둘째, {자기/자신}이 강조적 용법으로 사용되는 것으로, 대명사 혹은 (고유)명사 뒤에 덧붙여 선행사를 강조해 주는 것이다.

(12) 가. 나 {자신도/*자기도} 몰랐다.
　　　나. 너 {자신을/*자기를} 알라

다. 그 {자신도/*자기도} 모르는 사이에 문이 열렸다.

라. 나의 일은 나 {자신이/*자기가} 한다.

마. 너 {자신이/*자기가} 반성해 보아라.

바. 그 일은 우리 {자신이/*자기가} 헤쳐 나가자.

사. 철수 {자신/*자기}도 그 일을 몰랐다.

강조적 용법으로 쓰일 경우 {자신}은 가능하나 {자기}는 불가능하다. (12) 처럼 '나 자신/ 너 자신 / 그 자신 / 우리 자신 / 학생 자신 / 부모 자신' 등 처럼 인칭과 선행명사에 관계없이 {자신}은 사용이 되지만, '*나 자기/ *너 자기/ *그 자기/ *우리 자기/ *학생 자기/ *부모 자기' 등처럼 {자기}의 경 우는 불가능하다. 그러나 {자기}는 명사적으로 사용되어 새로운 어휘를 만 들어 낸다. 특히 '자기비판, 자기성찰, 자기보존, 자기모순, 자기관리, 자기 개혁, 자기발전, 자기복제, 자기자본, 자기주의, 자기중심, 자기도취, 자기 만족, 자기진단, 자기최면, 자기평가, 자기표현, 자기회생, 자기도취, 자기 모순, 자기실현, 자기중심적, 자기표현' 등 [자기+N]으로 새로운 명사를 파 생시키는데, 이런 기능은 {자신}이 갖고 있지 않는 기능이다.

셋째, 선행하는 명사를 다시 받는 경우를 재귀적 용법이라 하는데, 재귀 적 용법의 경우 {자기}는 1인칭, 2인칭에 제약이 따른다.

(13) 가. 나는 지금까지 {나를/*자기를 /자신을} 미국사람이라고 생각해왔다.

나. 네가 다시 한국 국적을 갖고 싶으면 그렇게 해. {네/*자 기/자신} 생각대로 해.

다. 김군은 아직도 {자기의/ 자신의} 잘못이 무엇인지 모르 고 있다.

라. 그 여자는 {자기/자신}에게 불리한 말을 한다.

마. 우리 집 막내는 {자기/자신}밖에 몰라.

(13)은 선행연구에서 예를 든 것을 변용한 것인데, (가)는 1인칭 주어인 {나}를, (나)는 2인칭 주어인 {너}를, (다-마)는 3인칭주어인 '김군, 그 여자, 우리 집 막내'를 다시 되받고 있다. 이중 1,2인칭 주어를 되받는 (가, 나)에서는 인칭대명사 {나, 너}로 되받는 것이 일반적이나 {자신}도 가능하나 {자기}는 불가능하다. 즉 1, 2인칭에서는 재귀대명사로 쓰일 경우 {자신}은 가능하나 {자기}는 불가능함을 보이고 있다.[10] 그러나 선행명사가 1,2인칭일 경우 {자기}보다는 {자신}이 더 제약없이 사용되는 것은 분명하다.

또한 3인칭 주어를 되받는 (다-마)에서는 {자신}과 {자기}가 모두 사용된다. 3인칭 재귀대명사로 쓰이는 {자기}와 {자신}의 차이는 무엇인가에 대해 선행연구에서는 논의가 있었다. 특히 성광수(1981)에서 재귀사를 '동사로 나타나는 주체어의 동작 또는 행위가 다른 목적에 미치지 않고 주체어에 재귀하는 대명사'로 규명하고, {자기}와 {자신}의 차이로 {자기}는 1인칭에 사용할 수 없으나, {자신}은 1인칭에 사용가능하다는 점을 들고 있으나, 여기에서 보이는 여러 예의 문법성에 대해 이의를 제기하고 있다.[11] 또한 이에 남기심·고영근(1985;242-)에서는 '한 문장 안에 주어와 같은 말이 반복될 때'는 뒤에 말이 {자기}로 나타난다고 하였으나, 이 경우 {자기}는 주어가 일

---

10 그러나 임홍빈(1987:124)에서는 다음과 같이 1인칭, 2인칭에서도 {자기}가 사용된다고 주장했지만 이것은 모국어 화자에 따라 문법성 여부가 달라 논란이 되고 있다.
　가. 나도 자기의 허물을 모를 리가 있겠소만는……
　나. 나도 자기의 조처를 좀 해야 하겠다.
　다. 너도 자기 것만 아끼지 말고, 남의 것도 좀 생각하여라.
　라. 너도 자기 허물을 좀 생각하여라.
　그러나 이 예에서 {자기}를 {자신}으로 대체해 보면 조금 더 자연스럽다.
　가'. 나도 자신의 허물을 모를 리가 있겠소만는……
　나'. 나도 자신의 조처를 좀 해야 하겠다.
　다'. 너도 자신 것만 아끼지 말고, 남의 것도 좀 생각하여라.
　라'. 너도 자신 허물을 좀 생각하여라.

11 특히 {자신}과 {자기}를 비교하여 '① {자신}은 그 선행사를 가까운 선행 체언으로 택한다. ② {자기}류는 1인칭에 잘 사용하지 않는다. ③ (근거리 선행사를 갖는) 재귀대명사로는 {자신}이 주로 사용된다. ④{자신}은 {영수 자신}처럼 강조의 용법으로 사용될 수 있다.'고 했으나, 이것의 예외가 많아 이를 적용하기에는 무리가 있다.

인칭이나 이인칭일 때는 {자기}의 쓰임에 제약이 있다고 밝히고 있다.

넷째, 선행 명사가 존칭일 경우 {자기/자신} 중에 무엇이 더 자연스러운가에 대한 것이다. (14)와 같이 선행명사가 [+높임]의 자질을 갖는 경우 {자기}보다는 {자신}이 더욱 자연스럽게 대치됨을 알 수 있다.

> (14) 가. 할아버지는 평소 {당신께서/?자기가/자신이} 직접 산 이
> 　　　　 책들을 매우 아끼셨다.
> 　　　 나. 할머니는 {당신의/?자기의/자신의} 손자를 손수 챙기셨다.

이상과 같이 {자기/자신}은 사용되는 범위에서 차이가 있으며, 연구자마다 정문正文인가, 비문非文인가를 판단하는 것이 다르다. 따라서 {자기/자신}은 문법성의 판단을 하기보다는 문장에서 자연스러운지를 따지는 적절성을 기준으로 삼는 경우가 많음을 알 수 있다.


# 4. 한국어 학습자의 {자기/자신}의 사용과 오류 분석

3장에서는 한국어 모국어 화자가 {자기/자신}을 어떻게 구별하여 사용하는가에 대해 알아보았는데, 4장에서는 한국어 학습자들의 {자기/자신}의 사용 양상과 오류를 분석해 보도록 한다. 한국어의 대표적 재귀대명사인 {사기}는 중국어 {自己}에 일대일로 대응되는데, 학습자의 입장에서는 모국어에 대응어가 있을 경우 모국어의 영향에 의한 간섭현상이나 목표어의 과잉일반화가 생길 수 있다.

### 가. 한국어 모국어 화자와 학습자의 {자기/자신}의 사용 빈도

먼저 실제 한국어 모국어 화자가 사용하는 말뭉치에서 {자기}와 {자신}이 어느정도 사용되었는지를 살펴본다. 한국어 사용 빈도를 조사한 강범모

(1998)에서는 〈표 1〉과 같은 빈도수를 보였는데, 여기에서는 재귀대명사로 {자기, 자신, 자기자신}을 들고 이를 비교하였다. 결과적으로 어형은 {자기}가 {자신}보다 더 많이 나타났지만, 전체 발생빈도에서는 {자신}이 더 높았다. 어형이 {자기}가 많은 것은 명사성을 가진 {자기}가 {자기+N}의 유형을 많이 만들기 때문이다.

〈표 1〉 강범모(1998)의 {자기/자신}의 사용빈도

|  | 어형 | 발생빈도 |
|---|---|---|
| 자기 | 681 | 10,005 |
| 자신 | 150 | 10,601 |
| 자기자신 | 53 | 508 |

〈표 2〉는 조남호(2002)의 현대 국어 시용 빈도 조사인데, {자신}이 {자기}보다 더 높은 빈도로 나타나고 있다. 그의 조사에서는 {자기}를 명사와 대명사로 사용되는 것을 각각 나누어 조사했는데, 전체빈도는 '자신 1,799〉 자기 1,745'로 {자신}이 더 자주 사용됨을 볼 수 있다.

〈표 2〉 조남호(2004)의 {자기/자신} 사용빈도

| 차례 | 항목 | 풀이 | 품사 | 빈도 |
|---|---|---|---|---|
| 72 | 자신01 | 自身 | 명 | 1,799 |
| 126 | 자기04 | 自己 | 대 | 1,281 |
| 427 | 자기04 | 自己 | 명 | 464 |

이와 같이 한국어 화자에게서 나타나는 {자기/자신}을 알아보았는데, 그 결과 모두 {자신}이 {자기}보다 약간 높은 빈도로 사용된다.

이에 비교하여 한국어 학습자가 선호하는 재귀대명사를 알아보도록 한다. 이 글에서 자료로 삼은 것은 조철현(2004)의 한국어 학습자의 오류

말뭉치인데 이 자료는 총 2702편이며, 총어절수는 347,810개로 구성되었다.[12]

<표 3> 자기/자신의 사용 및 오류 빈도

|  | 총사용수 | 오류의 수 | 오류율 |
|---|---|---|---|
| 자기 | 459 | 83/376 | 22.07% |
| 자신 | 128 | 18/110 | 16.36% |

이 말뭉치에서 보이는 재귀대명사의 출현빈도를 보면 전체사용에서 '자기 459 〉 자신 128'로 {자기}를 훨씬 더 선호하는 것으로 나타났다. 이것은 한국어 모국어 화자가 {자신}을 더 선호하는 것과 비교가 된다.

## 나. {자기/자신}의 오류 분석

조철현(2004)에서 구축된 오류 말뭉치를 중심으로 {자기/자신} 등의 오류를 찾아보고 가장 많이 나타나는 유형에 대한 분석을 하도록 한다. 먼저 한국어 학습자가 {자기}를 사용한 예를 살펴보도록 한다.

(15) 가. 자기 행동에 책임을 가지고 최선을 다하고 살아가면 분

---

12 한국어 학습자 오류 말뭉치의 구성 비율은 다음과 같은데, 이 말뭉치 조사에서 학습자의 모국어는 표시했으나, 이 글에서는 이 항목은 고려하지 않았다.

| 제목 | | 급 | 편수 | 어절수 |
|---|---|---|---|---|
| 자료1(자유작문) | YON 2002_봄_1차 | 1급-6급, 고급 | 455 | 49256 |
| 자료2(주제작문) | YON 2002_봄_2차 | 1급-6급, 고급 | 379 | 48428 |
| 자료3(자유작문) | YON 2002_봄_3차 | 1급-6급, 고급 | 328 | 38123 |
| 자료4(중간시험) | YON 2002_봄_4차 | 4급-6급 | 192 | 16192 |
| 자료5(기말시험) | YON 2002_봄_5차 | 4급-5급 | 152 | 14471 |
| 자료6(숙제공책) | YON 2002_봄_6차 | 2급 | 15 | 7277 |
| 자료7(외부자료) | | 1급-6급, 고급 | 203 | 25691 |
| 자료8(백일장) | 2001_백일장 | 등급섞임 | 978 | 148372 |
| 합계 | | | 2,702 | 347,810 |

위기 있는 얼굴에 되는 법이다.

나. 태어났을 때 부모님한테서 얻은 얼굴이 좋지 않다고 해
도 그것은 <u>자기</u>의 얼굴이다.

다. 게다가 많은 주부들이 아직도 <u>자기 손</u>으로 따귀를 때립
니다.

다. 그렇게 <u>자기 집</u>에서 쉬거나 잘 즐길 수 있는 집에는 최고
이라고 합니까?

라. <u>자기 의견</u>을 말할 수 있는 사람은 친구이라고 생각해요.

마. 요즘 <u>자기 얼굴</u>에 대해서 불만을 품어서 성형수술을 받
는 사람이 만다고들 합니다.

한국어 학습자 말뭉치에서 나온 {자기}의 경우는 (15)와 같다. {자기}가 사
용되어 문법적으로 적절한 것은, [자기 + N]구조로 {자기}가 다른 명사항
을 설명하는 범칭적 사용이다. 이렇게 [자기 + N]으로 사용된 경우가 오류
율이 낮은데, 오류 분류는 연구자에 따라 조금씩의 차이가 있겠으나, 누락
오류, 대치오류, 첨가오류, 형태오류, 환언오류 등으로 분류하고자 한다. 첫
째, 누락오류는 해당 문법 형태를 써야 할 환경에서 쓰지 않은 경우인데 학
습자의 말뭉치에서는 {자기/자신}의 누락오류가 거의 나타나지 않았다. 즉
재귀대명사 {자기/자신}를 써야 할 자리에 모두 썼다는 것으로, 대치오류,
첨가오류가 자주 나타난 것과 비교해볼 만하다.

둘째, 대치오류는 해당 문법 형태를 사용했으나, 적절하지 않은 경우이
다. 재귀대명사의 오류 중 가장 많이 보이는 것으로, 이 중에서도 가장 높은
빈도를 보이는 것은 1인칭 재귀대명사로 {자기}를 사용한 경우이다.

(16) 가. <u>자신(√자기)</u> 혼자로서 해결하기 어려울 때는 친구를 생
각하게 된다.

나. 전 꿈이 같은 꿈은 없지만 꼭 자매집(√<u>자기집</u>/제집)을 갖

이고 싶어요.

다. 그렇지만 그런 아이들 보고 아이한테 가르치는 것보다, 자기 자신이(√제 자신이) 뭔가 열심히 하고 싶다는 생각이 들어서, 일을 그만두고 한국으로 유학하게 되었습니다.

라. 서로를(√자기 자신이) 가정의 하나의 일원이라고 생각하며 서로를 아끼는 마음만 있으면 이런 문제가 더 쉽고 자연스럽게 해결될 수 있을 것 같습니다.

마. 저는 자기의(√저 자신의) 건강을 위해서 많은 방법이 있어요.

대치오류 중 가장 높은 빈도를 보이는 유형은 (17가-바)와 같이 1인칭에서 {자기}를 쓴 것으로, 이것은 학습자들이 {자기}를 과잉일반화한 결과이다.

(17) 가. 그래도 쓸쓸한 마음도 있지만 이 유학생활의 경험은 자기(√제) 장래에 유익하게 된다고 생각하니까 힘을 냅니다.

나. 이럴때면 저는 20년 후의 자기는(√나는) 도대체 어떤 사람으로 되어있는가 생각하군합니다.

다. 그렇지만 그런 아이들 보고 아이한테 가르치는 것보다, 자기(√제) 자신이 뭔가 열심히 하고 싶다는 생각이 들어다.

라. 제가 모모 회사에 입사하려는 동기는 자기(√제) 전공을 살리기 위해서 하고 또한 자기 좋아하는 일이라서 하는 겁니다.

마. 저는 자기가(√제가) 운동하기는 별로 좋아하지않지만 이렇게 경기를 관전하면 언제나 선수들을 존경해요.

바. 지금부터 자기의(√제) 경험을 몇게지 소개하겠습니다.

사. 어느날, 대학교 때 교수님께서 나한테 와서 너는 자기(√너의) identity에 대해서 그렇게 고민하면 차라리 한국에 직접가서 자기의 눈으로 한국을 보면 어떨까 라고 하셨다.

이렇게 대치오류가 1인칭주어 사용에서 많이 나타나는 것은 중국어의 {自己}에서 비롯된 간섭현상 때문이다. 중국어 {自己}는 선행명사가 1인칭이나 2인칭의 경우에도 사용되기 때문에, 한국어에서 대응되는 {자기}의 사용에서 인칭제약을 생각하지 않고 사용한다. 그리고 다른 언어권 학습자 역시 재귀대명사는 {자기}로 일반화시킨 후, 이것을 과잉 사용한 결과로 보인다.[13]

대치오류 유형 중 다른 유형은 (18)과 같이 '그 사람, 제 나름대로의, 그'를 {자기}로 대신받는 경우이다.

> (18) 가. 예를들면, 옷보다 몸언어body language과 자기(√ø) 행동
>   을 잘 보면 자기(√그 사람의) 국적을 짐작 할 수 있어요.
> 나. 그러나 물런 자기(√제 나름대로의) 생각도 있으니까 힘든
>   것도 있기는 있지만 반대해서 좋은 일이 온 적이 없었어요.
> 다. 재학동안 자기(√그) 대학 잡지의 영어판 편집이었습니다.
> 라. 그래서 먼저 쓰레기 문제를 시민부터 시작해야 하고 우
>   리가 항상 자기 집, 자기 골목, 자기 도시, 자기 나라를 깨
>   끗하게 그래도 물론 공업은 쓰레기 문제에 자기 몫(√책
>   임)을 놓다고 할 수 있다.
> 마. 그리고 자기 목욕탕이 있고 자기(√개별) 방안에서 아무
>   것을 할 수 있습니다.

셋째는 첨가오류로서 이것은 {자기}가 불필요한 환경에서도 특별한 의미를 더 보태기 위해서 사용한 경우이다. 학습자들은 {자기}가 필요없는 때에

---

13 그런데 매우 특이한 유형은 다음과 같은 것으로 3인칭인데 1인칭으로 대신해서 쓴 경우도 나타난다. 예를 들면 '그 사람 특징, 행동 등등으로 저도 그 사람과 오래 지낼 수 없었지만 사람이 짧은 시간에 자기가 가지고 있는 이념을 통해 저에게(√자기에게) 정당한 것을 알려 줌으로써 제(√자기) 인생의 방향을 좌우하게 되었습니다.'이라는 문장이다.

도 과잉 적용하는 경우가 많은데 (19)처럼 1인칭 주어를 다시 받는 경우 한
국어는 재귀대명사를 사용하지 않는데, 이 경우 {자기}를 첨가한 것이다.

> (19) 가. 예를들면, 옷보다 몸언어body language과 자기(√ø) 행동
>     을 잘 보면 자기(√그 사람의) 국적을 짐작 할 수 있어요.
> 나. 지금 제 생간은 부모님도 자기(√ø) 인생을 후회하지 않
>     으면 좋겠어요.
> 다. 지금은 저도 자기(√ø) 가족을 일우었습니다.
> 라. 나도 한국에 온 지 3개월 됐는데 열심히 공부해서 자기
>     가(√ø) 혼자가 이 편지를 쓰고 있어.
> 마. 20년후의 난 자기(√내가) 무역회사가 만들수 있는지 없
>     은지, 어떻게든 잘 모르겠지만 자기의(√ø) 최선을 다하
>     면 된다.
> 바. 자기(√내) 방에는 요즘 인기가 있는 아주 얇고 벽에 설치
>     할 수 있는 아주 큰 소리로 연주하기 위해서 자기(√ø) 방
>     에는 중후한 방음을 베푼 방으로 만들고 싶습니다.
> 사. 저는 자기의(√ø) 한극생활을(한국생활이) 피곤합니다.

넷째, 형태오류는 음운적으로 인식하지 못하는 경우를 이르는데, 한국어
재귀대명사는 이형태가 없으므로 많이 나타나지 않는다.

> (22) 가. 아들은 아빠를 닮아서 책임감을 강해 지가(√자기가) 남
>     자 이라고 동생을 잘 돌보고, 딸을 여자 닮게?
> 나. 전공 때문에(√전공했으니까) 앞으로 차기(√제, 자기) 호텔
>     을 가지고 싶습니다.

이러한 오류는 의미나 기능에 대한 것이 아니므로 초급 단계를 지나면 현

저하게 줄어든다.

　다섯째, 환언오류로서 한국어에 그 표현을 위한 적절한 어휘가 있음에도 불구하고 {자기}를 써서 대신 표현하는 오류이다.

　　(23) 가. 예를 들으면 자기가 가지는(√자기의) 취미로 하는 것이다.
　　　　나. 그러나 물런 자기(√제 나름대로의) 생각도 있으니까 힘든 것도 있기는 있지만 반대해서 좋은 일이 온 적이 없었어요.
　　　　다. 그때 인간으로 태어나서 행복한 삶은 무엇인지 라고 자꾸 생각한 적도 있었고 돈이 있으면 인간은 무두 행복하게 그때 인간으로 태어나서 행복한 삶은 무엇인지 라고 자꾸 생각한 적도 있었고 돈이 있으면 인간은 무두 행복하게 살 수 있다고 자기의(√스스로의) 결과를 냈다.

　정혜(2011)에 따르면 한국어의 재귀대명사 {자기}는 문장의 주어 위치에 나타날 때 선행사가 반드시 3인칭이어야 하는 반면에 중국어 {자기}는 선행사에 대한 제약이 없고, {自己}는 인칭대명사 바로 뒤에 이어서 나타날 수 있지만, 한국어 재귀대명사 {자기}는 일반적으로 그렇지 않다는 것이다. 이것은 모국어의 간섭 현상과 목표어에서의 재귀대명사로 {자기}를 과잉 일반화시킨 결과이다.

　다음은 {자신}이 쓰인 경우의 오류를 살펴보는데, 누락오류가 나타난 것은 (24)와 같으며, 대치오류가 보인 것은 (25)와 같다.

　　(24) 가. 많이 정보를 받으면 자기의(√자기 자신의) 생각이 혼란해진 상환이 많다.
　　　　나. 그리고 재 부모님의 경남 사투리를 자주 듣기 때문에 자신도(√저 자신도) 모르게 부산 억양이 나오기 때문에 1년 동안 신경이 많이 썼어도 효과가 별로 안 나타나서

고민입니다.

　다. 하지만 내가 <u>내에게</u>(√나 자신에게) 지금 넘어지면 안 된
　　　다고 말했다.

　라. 저는 <u>자기의</u>(√저 자신의) 건강을 위해서 많은 방법이 있
　　　어요.


(25) 가. 나는 운이 좋게 자유러운 가정에서 자라나니까 <u>자신이</u>
　　　(√내가) 하고싶은 일을 해왔지만 정말은 그게 최고의 행
　　　복이라고 할 수 있는 것이가.

　나. 저의 삶의 목표는 앞으로 <u>자신의</u>(√저의) 커피숍을 갖고
　　　영업할 수 있는 것입니다.


　누락오류가 나타난 (24)를 보면 '자기, 저, 나' 뒤에 {자신}이 붙는 강조적
용법으로 사용된 경우인데, 학습자들이 이를 잘못 쓴 경우이다. 또한 대치
오류가 나타난 (25)에서 본래는 인칭대명사를 써야 하지만, 1인칭주어인 경
우 {자신}으로 쓴 것을 보여준다. 따라서 {자기}와 마찬가지로 {자신}의 경우
에서도 주로 1인칭에서 오류가 자주 나타남을 볼 수 있다.


## 다. 한국어교육에서의 {자기/자신}의 교수방안

　이와 같이 학습자가 {자기/자신}을 사용하면서 오류를 일으키는 원인을
살폈는데, 오류의 원인 중 하나는 한국어교육에서 {자기/자신}을 적극적 교
수항목으로 다루지 않았다는 점으로, 이것은 한국어 교재에서 확인할 수 있
다. {자기}는 '자기소개'처럼 초급에서 등장하는 어휘이기는 하나 독립된 교
수항목으로 나온 교재가 없다. 대표적인 한국어 9종 교재 중 〈표 4〉와 같이
{자신}은 중급교재에서 5회, 초급교재에서 2회가 등장하여 총 7종 교재에
서 나타나며, {자기}는 고급교재에서 2회, 중급교재에서 1회 등장하여 총 3
종 교재에서 등장한다(이병규 2005). 그러나 어떤 교재에서도 {자신}과 {자

기}의 제약에 대해서는 적극적으로 다루지 않고 있다.

<표 4> 한국어 교재에서의 {자기/자신}의 출현 항목

| | 출현 급 및 항목 |
|---|---|
| 서울대(1999) | 2급 1과 자기소개 |
| 연세대(2007) | 독립된 항목없음 |
| 고려대(2008) | 독립된 항목없음 |
| 경희대(2000) | 독립된 항목없음 |

특히 한국어 주요 교재에서 보면 {자기/자신}은 독립된 항목으로 다룬 것은 거의 없다. 서울대 2급 교재 중 [자기+N]의 형식으로 쓰인 것 중에서 {자기}를 'N of oneself'라고 설명한 후 '자기소개를 해 봅시다. 공책에 자기 이름을 쓰세요. 모두 자기 집으로 돌아가세요.' 등의 예를 제시한 것이 전부이다. 이외에도 연세대 한국어 2급(1998)에서는 {자기}를 어휘 중 하나로 등장시켜, '자기 취미에 맞다'를 영어로 'suits/fits her [self's] tastes/likes'로 설명한 것이 있을 뿐이다.[14] 또한 경희대 교재에서도 {자기/자신}에 대한 교수항목이 없는데, 중급 (1-22) 교재의 읽기 자료 중에 {자기/자신}이 다수 등장하는데 이에 대한 설명은 역시 없는 실정이다.[15]

학습자 입장에서는 두언어사전(이중언어사전)을 참고하여 의미를 파악하여 학습을 한다. {자기}와 한자로 대응되는 {自己}, {자신}과 대응되는 {自

---

14 여기에서도 '집도 자기 취미에 맞게 꾸민다. 음식은 자기 입에 맞는 것을 만든다.' 등과 같이 [자기 + N]의 예를 들다가 '자기가 먹고 싶은 것부터 생각한다'와 같이 부정칭 대명사로 사용되는 예를 들어 혼돈을 주고 있다.

15 경희대 3급 교재에서는 다음과 같은 읽기 자료에서 {자기/자신}이 등장하나 이에 대한 설명은 없는 실정이다. "면접을 볼 때 단정한 옷차림과 헤어스타일, 표정도 중요하지만, 제일 중요한 것은 자신의 생각을 제대로 전달하는 것입니다. 그렇게 하려면 먼저 면접관의 질문을 잘 듣고 내용을 정확하게 이해해야 합니다. 그리고 대답을 할 때는 '예', '아닙니다'라고 자기 생각을 분명하게 표현해야 합니다. …(중략)… 셋째, 대답이 곤란한 질문을 받았을 때는 짧게 대답하는 것이 좋습니다. 자신이 모르는 것에 대해 길게 대답하면 앞뒤가 맞지 않을 가능성이 높기 때문입니다."(경희대, 중급1-22)

身}으로 대응되므로 한자어권 학습자들은 모국어와 사용이 동일한 것으로 파악한다. 예를 들어 한국어의 {자기}는 중국어의 {自己}와 대응하기는 하나 1인칭에 사용되지 못한다는 점 등에서 차이를 보이나 학습자들은 과잉일반화를 시켜 사용하게 된다. 이를 바탕으로 {자기/자신}에 대한 교수방안을 마련해 본다.

첫째, 재귀대명사 {자기/자신} 중에서 {자신}을 우선 교수항목으로 삼는다. 이것은 한국어 모국어 화자의 사용 빈도수에서도 보이듯이 {자신}이 {자기}보다 더 높은 빈도로 사용되기 때문이다. 또한 이것은 강현화(2011)의 표준 한국어교육 모형(2011) 위계화 목록에서 {자신}은 65위이고, {자기}는 102위로 {자신}을 우선 제시 어휘로 선정한 것과 같은 맥락이다.

둘째, {자기}를 제시하면서 재귀대명사로 쓰일 경우 1, 2인칭에서는 쓸 수 없음을 제약조건으로 제시해야 한다. 지금까지 한국어교육에서는 이러한 제약에 대해서는 다루지 않았는데 {자기}의 오류를 막기 위해서는 이러한 제약조건을 제시해 주어야 한다.

셋째, {자신}은 덜 제약적이며, [+높임]의 표지로 사용된다는 특성을 교수해야 한다. 넷째 [자기+명사]는 어휘 그대로 제시한다. 다섯째, 강조적 용법으로 쓰이는 경우는 '나 자신, 너 자신, 그 자신'처럼 {자신}만이 가능하다는 것을 강조한다. 이렇게 한국어 {자기/자신}을 비교대조한 후 의미는 유사하나 기능에 차이가 있다는 것을 알고 차이점을 교수해야 한다.


# 5. 맺음말

이 글에서는 연구자마다 문법성 판단에서 차이를 보이는 {자기/자신}의 문법적, 의미적 특징을 한국어 연구를 바탕으로 알아본 후, 한국어 학습자들의 사용 말뭉치에서 보이는 오류를 분석해 보았다. 그리고 이를 통해 한국어교육에서는 {자기/자신}과 같은 재귀대명사의 교수학습 방법이 어떻게 이루어졌는지를 살펴보고, 이를 효율적으로 할 수 있는 방안을 모색하려 했다.

재귀사란 '앞서 나온 선행명사를 되받는 것'이라는 의미로 넓게는 {자기, 제, 당신, 자신, 스스로, 서로, 자기 자신} 등을 뜻하기도 하고, 좁게는 '선행 3인칭 명사를 동사의 목적어로 받는 것'이라는 뜻으로 {자기, 저, 저희, 당신}만을 나타내기도 한다. 이 중 가장 많이 사용되는 것이 {자기/자신}인데, 이것의 문법적, 의미적 차이에 대해서는 3장에서 다루었다. 먼저 선행명사 없이 단독으로 사용되는 예가 보이는데, 이 경우는 재귀대명사가 아닌, 부정대명사로 쓰인 예로서 범칭적 용법으로, {자기/자신}은 차이가 없이 사용됨을 살필 수 있다. 둘째는 강조적 용법으로 사용되는 경우인데, 이 경우 {자신}은 가능하나 {자기}는 불가능하다. 이에 비해 {자기}는 명사적으로 사용되어 '자기비판, 자기성찰' 등과 같은 새로운 어휘를 만드는데 자주 사용된다. 셋째, 선행하는 명사를 다시 받는 경우를 재귀적 용법이라 하는데, 재귀적 용법의 경우 {자기}는 1인칭, 2인칭에 제약이 따른다. 그러나 선행명사가 1,2인칭일 경우 {자기}보다는 {자신}이 제약없이 사용된다. 넷째는 선행명사가 존칭일 경우 {자기}보다는 {자신}이 더욱 자연스럽게 대치됨을 알 수 있다. 다섯째 사용빈도 면에서 본다면 '자신 〉자기'로 {자신}이 더 자주 사용됨을 볼 수 있다.

이와 같이 한국어 재귀대명사인 {자기}는 중국어 {自己}에 일대일로 대응되는데, 학습자 모국어의 간섭현상과 목표어의 과잉일반화로 인해 {자기/자신}의 사용에서 많은 오류가 나타났다. 4장에서는 한국어 학습자들의 재귀대명사의 선호양상과 오류를 분석했는데, 학습자 말뭉치에서 보이는 재귀대명사의 출현빈도는 '자기 459 〉자신 128'로 {자기} 형이 높게 나타났다. 말뭉치에서 보이는 예로 [자기+명사]으로 {자기}가 다른 명사항을 설명하는 범칭적으로 사용된 경우에서만 오류율이 가장 낮았다. 또한 {자기}는 누락오류는 보이지 않으며, 대치오류, 첨가오류가 자주 나타나는데, 1인칭에 잘못 사용되는 경우가 가장 많았다. 이것은 {자기}를 학습자들이 과잉일반화한 결과로 보인다. 또한 첨가오류로서 {자기}가 불필요한 환경에서 특별한 의미를 더 보태고 싶어서 불필요하게 사용하는 경우인데, 1인칭 주어를 다시 받는 경우 {자기}를 첨가했기 때문이다.

이러한 학습자 오류의 원인 중 하나는 한국어 교재에서 {자신/자기}의 용법을 적극적 교수항목으로 삼지 않았다는 것이다. 어떤 한국어 교재에서도 {자신}과 {자기}의 제약에 대해서는 적극적으로 교수하지 않고 있다. 이를 보완하기 위해서는 '① 재귀대명사 {자기/자신} 중 {자신}을 우선 교수항목으로 삼는다. ② {자기}를 제시하면서 재귀대명사로 쓰일 경우 1,2인칭에서는 쓸 수 없음을 제약조건으로 주어야 한다. ③ {자신}은 덜 제약적이며, [+높임]의 표지로 사용된다는 특성을 교수해야 한다. ④ [자기+명사]는 어휘 그대로 암기하도록 한다. ⑤ 강조적 용법으로 쓰이는 경우는 {자신}만이 가능함을 제시한다.' 등과 같은 교수방안을 제시했다.

이 글에서는 한국어 재귀대명사 {자기/자신}의 특징을 바탕으로, 한국어 학습자의 오류 분석을 통해 효율적인 교육방안을 구안하려 했다. 그러나 재귀사 연구에서 필수적이며 생성문법의 틀 안에서 연구되어온 c-command 조건이나 Coindex와 결속 범주, 재귀사의 지시문제 등을 심도있게 살피지 못했다는 한계점이 있다. 향후 한국어 재귀대명사의 학습자 오류를 이런 관점에서 대조분석과 함께 깊이있게 다루어할 것이다.

# 참고문헌

강범모(1998), "문법과 언어 사용-코퍼스에 기반한 재귀사 '자기, 자신, 자기 자신'의 기능 분석을 중심으로-", 『국어학』31, 165~204쪽.

강현화(2011), 『국제 통용 한국어 교육 표준 모형 개발 2단계-어휘·문법-』 국립국어원.

국립국어원(2006), 『한국어 문법 1』, 커뮤니케이션북스.

김미형(1986), "'자기'에 관하여", 『한국학논집』10, 257~283쪽.

김승곤(1996), "국어의 돌이킴대이름씨 '자기/자신/자기자신' 연구", 『한말연구』5, 41~61쪽.

김영근(1985), "재귀 대명사의 선행사에 대하여", 『계명어문학』2, 89~107쪽.

김용석(1996), 『최소주의 재귀사 문법』 한국문화사.

남기심·고영근(1985), 『표준 국어문법론』 탑출판사.

서정수(1996), 『국어문법』 한양대학교 출판원.

성광수(1981), "국어 재귀대명사에 대한 재고", 『한글』182, 116~135쪽.

송경안(2004), "재귀구문의 유형론" 전남대 박사학위 논문.

양동휘(1981), "재귀적 대명사", 『언어와 언어학』7, 110~125쪽.

_____(1986), "한국어의 대용사론", 『국어학』15, 115~140쪽.

이병규(2005), 『한국어 교재 분석』 국립국어원.

이익섭·임홍빈(1983), 『국어문법론』 학연사.

임홍빈(1987), 『국어 재귀사 연구』 신구문화사.

정규영(2008), "아랍어의 재귀 구문", 『아랍어와 아랍문학』12(2), 25~45쪽.

정정승(1981), "재귀대명사에 대하여-국어와 영어를 중심으로", 『언어연구』1, 75~93쪽.

정  혜(2011), "韓國語'자기'和漢語'自己'的對比", 『中國學論叢』34, 23~46쪽.

조남호(2004), 『현대 국어 사용 빈도 조사』, 국립국어원

조철현(2002), 『한국어 학습자의 오류 유형 조사 연구』, 문화관광부.

최현배(1941), 『우리말본』, 정음사.

한양길(1983), "국어 재귀대명사에 대하여", 한양대 석사학위논문.

황병순(1998), "재귀 대명사 '저'의 기능 전성에 대하여", 『배달말』27, 127~153쪽.

홍순성(1987), "한국어 재귀 대명사의 특질", 『동서 문화』19, 125~146쪽.

Larsen-Freeman, D.(2000), *Techniques and Principles in Language Teaching(2nd Ed.)*, Oxford University Press.

Richard, J. C.·Rodgers, T.(2001), *Approach and Methods in Language Teaching(2nd ed.)*, Cambridge University Press.

Swain, M.(1985), Communicative competence., [In *Second language acqusition*, edited by S.M.Gass & C.G.Madden], Newbury House.

## 사전류

『연세한국어사전』(1998), 서울: 두산동아.

『우리말큰사전』(1992), 서울: 어문각.

『표준국어대사전』(2008), 서울: 국립국어원.

『한국어 학습자 사전』(2006), 서울: 두산동아.

# 보어를 취하는 부사와 그 주변

양정석(연세대학교)

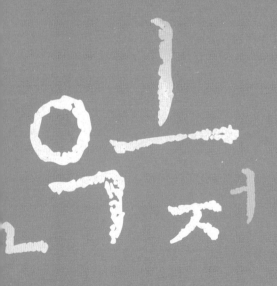

# 1.

 현행 학교문법은 문교부(1985ㄱ) 이래로 다음 문장을 부사절내포문('부사절을 안은 문장')으로 다루어 왔다.[1] 이러한 처리가 최현배(1937)의 처리 방법을 이어받은 것이라는 점은 주지하는 바이다.[2]

　　(1) 나뭇잎이 소리가 없이 떨어진다.

 이에 대해 양정석(1995/1997ㄱ, 1997ㄴ, 2010)에서는 그 문제점을 지적하고, 또한 그 해결 방안을 제시한 바 있다.[3] '소리가 없이'는 절 단위가 아닌 구 단위이며, '없이'는 부사 범주이고, 그 앞의 '소리가'는 주어 아닌 보어로

---

서, 부사가 취하는 보어라는 것이다.[4]

이 글은 필자의 위 논점을 재확인하면서, 이를 둘러싼 학교문법의 쟁점들을 짚어보려고 한다. 특히 이론문법의 연구 성과를 학교문법에 반영하는 문제에 대해 관심을 가지고 논의해 보려고 한다.


## 2.

위 (1) 문장을 부사절 내포문으로 취급하는 최현배(1937)의 논리적 맥락은 다음과 같다. ①의 판단에 따라 ②의 판단이 귀결되며, ②의 판단에 따라 ③의 판단이 귀결된다.

> (2) ① '소리가'는 주격이고, 이 경우의 '-가'는 주격조사이다.
>   ② '소리가'의 문법기능은 주어이다.
>   ③ '없이'는 부사가 아닌, 형용사 '없다'의 활용형이며, 여기
>     의 '-이'는 부사형어미이다.

①의 판단에 대해서 가져볼 수 있는 당연한 의문은 '소리가'의 '-가'를 주격조사 아닌 보격조사 또는 부사격조사로 간주할 수는 없는 것일까 하는 것이다. 필자의 결론은 이 경우의 '-가'를 보격조사로 간주해야 한다는 것이다.

---

4  남기심(2001: 254)에서 같은 주장을 보이고 있다. 그러나 선행 연구에 대한 언급이나 이 주장에 대한 자세한 논증을 하지는 않는다. 최근 한길(2013)에서는 '함께, 같이, 더불어, 아울러, 하여금, 고사하고' 등의 부사가 '명사구-와, 명사구-에, ……' 등을 '보충어'로 취한다고 주장하였다. (1)의 '없이'와 같이 '명사구-가'를 취하는 부사들은 그 논의에 포함되지 않는다. 한길(2013)의 부사들과 (1)의 '없이'는 필수성분을 취하여 부사구를 이룬다는 점에서 동일하다. 학교문법 기술의 편의상 '함께' 등의 부사가 취하는 논항을 '필수적 부사어', '없이' 등의 부사가 취하는 논항을 '보어'로 구분할 수 있다. 이에 대해 III절에서 부연한다.

최현배(1937)에 따르면 ①과 ②는 서로 연동되는 판단이다. 최현배(1937)의 방침은 격과 문법기능이 대응된다는 것이다.[5] 주격의 명사항은 문법기능으로서는 주어이며, 보격의 명사항은 문법기능으로서는 보어이고, 부사격의 명사항은 문법기능으로서는 부사어이다. 따라서 (1)의 '소리가'를 주격으로 판단하는 것은 곧 이를 주어의 문법기능으로 판단하는 것이 된다.

사실, 격과 문법기능의 대응이라는 방침을 따르더라도 ①과 ②와는 다른 판단을 할 수 있다. '-가'는 최현배(1937)에서도 주격조사로만 규정되지는 않는다. '보격조사'로도 규정되고, 심지어 '부사격조사'로도 규정된다.

> (3) 오늘날은 안연晏然히 앉아 있을 때가 아니다.
>
> (보격: 최현배 1937/1971: 635)
>
> (4) 땅에서 올라간 김이 비가 되오.
>
> ('변성'의 부사격: 최현배 1937/1971: 630)

학교문법 교과서인 문교부(1985ㄱ)와 교육부(2002ㄱ)에서는 (3)과 (4)의 경우, 즉 '아니다' 문장과 '되다' 문장만을 보어의 예로 인정한다. 격과 문법기능의 대응이라는 방침은 최현배(1937)를 물려받고 있으므로, 이들 예의 '명사구-가'는 보격이 된다. 그러므로, 최현배(1937) 및 현행 학교문법의 방침을 유지하고서도 (1)의 '소리가'를 주격, 주어 아닌 다른 격, 다른 문법기능으로 규정하는 것이 전체 문법 체계 내에서 전혀 모순을 일으키지 않는다.

현행 학교문법의 방침을 따르면서도 (1)의 '소리가'의 격을 보격, 그 문법기능을 보어라고 기술할 수 있다. 그런데, 이러한 결론을 개념적으로 완전하게 하기 위해서는 문법기능 '보어'의 범위가 정리될 필요가 있다. 최현배(1937) 및 현행 학교문법의 보어의 개념은 다음 네 가지 유형의 표현들에 확

---

5  남기심(1987)에서는 국어문법서들에서 격 개념이 문법기능(문장성분)과 대응되는 개념으로 보는 최현배(1937), 인접하는 다른 말과의 의미론적 관계로 파악하는 이희승(1949), 서술어와의 문법적 관계로 파악하는 허웅(1983)의 세 유형으로 나누어진다고 논한 바 있다.

대·적용되어야 한다는 것이 필자의 판단이다.[6]

    (5) 느낌형용사 구문: 나는 네가/철수가 싫다/좋다/밉다/귀엽다.

    (6) 소유형용사 구문: 나는 돈이 없다/있다/많다.

    (7) 관계명사 이중주어문:

        가. 철수는 인호에게 관심이/유감이/불만이 있다/없다/많다.

        나. 너는 인호에게 협조가 필요하다.

        다. 나는 인호와 대화가 가능하다.

    (8) 숙어 표현:

        가. 군인들의 행진이 보무가 당당하다.

        나. 이 사과가/이 잎이 벌레가 먹었다.


   (5)의 느낌형용사를 보어를 취하는 것으로 간주할 가능성은 남기심·고영근(1985: 260)에서도 지적한 바 있다. '싫다, 좋다, ……' 등의 느낌형용사는 경험자 의미역의 논항을 취한다는 점을 그 주요한 어휘적 특성으로 가지고 있다. '있다, 없다, ……' 등의 소유형용사도 이에 준하는 어휘적 부류이다. 전통문법적 연구에서 통용되는 문법기능으로서의 '보어'의 개념은 '서술어, 주어, 목적어를 제외한 필수성분'이라는 것이다. 필수성분이란 무엇인가?

---

6 (5)~(8)의 밑줄 친 성분을 보어로 간주하는 것은 양정석(1987) 이래의 필자의 생각이다. 양정석(1987:289)에서는 (7)의 명사들을 '서술명사'라고 지칭하였으나, 이중목적어문인 (b)의 진정한 서술성 명사와는 구별되는 특징(관형어의 수식을 받을 수 있음)을 보인다. 이들 '관심, 협조, 대화' 등의 명사를 '관계명사'라고 지칭하기로 한다.
  a. 가. 순희는 철수에게 관심이 있다.
    나. 순희는 철수에게 남다른 관심이 있다.
  b. 가. 철수는 그 문제를 연구를 하였다.
    나. *철수는 그 문제를 정밀한 연구를 하였다.
  양정석(1997ㄷ: 38)에서는 이중목적어문의 경우에도 '관심, 유감, 불만, 연정, 사랑' 등의 명사('심리명사')가 '연구' 등의 서술성 명사와 그 통사적 위치가 다르다는 점을 다음 예를 들어 지적한 바 있다.
  c. 가. 김씨가 그 문제에 관심을 표명했다.
    나. 김씨가 그 문제에 깊은 관심을 표명했다.

그것은 서술어 기능을 가지는 동사, 형용사가 어휘적으로 요구하는 논항이라는 점 외에 다른 것을 지적하기 힘들다.[7] 느낌형용사가 어휘적으로 요구하는 '경험자'는 논항일 수밖에 없다. 소유형용사가 어휘적으로 요구하는 소유주는 논항일 수밖에 없다.

문교부(1985ㄴ: 98) 이래의 학교문법에서는 부사어의 일부를 '필수적 부사어'라 지칭하여 필수성분으로 인정하고 있다. 필자는 이 필수적 부사어와 보어의 예들이 본질적으로 한 문법기능을 가진다고 보아 이 둘을 다만 용어상의 차이로 인식하지만, 이 글은 학교문법의 차원에서 국어문법을 기술하는 문제에 비중을 두어 고려하고자 하므로, 이 둘을 서로 다른 문법기능으로 구별하는 종래의 관행을 따라 논의를 진행한다.[8]

(7)의 예문들도 형용사 '있다/필요하다/가능하다'가 그 어휘적 특성으로 그 앞의 명사항('관심이/협조가/대화가')을 보어로 취하는 것이라고 설명할 수 있다. 이 점은 (6)의 경우와 같은 것으로 보이지만, (7)에서는 '주어'와 '보어'의 사이에 필수적 부사어('인호에게')가 개입하고 있어 차이를 보인다. 현행 학교문법에 따르면 이러한 문장들을 서술절내포문으로 처리할 수밖에 없으나, 그러게 되면 그 문장 구조 분석과 관련하여 큰 어려움이 주어진다.[9]

---

7  보충어와 부가어의 구분 기준에 대해서 국어문법 연구자들이 오랫동안 고민해 왔다. 김영희(2005)에서는 생략 불가능성, 관계관형절의 표제 명사항 되기, 격조사 생략, 분열문의 초점 위치에서의 조사 생략 등의 특성들을 비판적으로 검토하고, 이들 중 마지막 특성이 가장 엄정한 보충어 판별 기준이 된다고 주장하였다. 그러나 자신의 예인 (a)나(김영희 2005: 201), 그 외에도 (b)와 같은 현상을 어렵지 않게 찾을 수 있는 것을 보면 이 특성도 결정적인 보충어 판별 기준으로 인정할 수는 없다.
   a. 가. 매출이 천만 원에 이른다.
      나. ??매출이 이르는 것은 천만 원이다.
   b. 가. 물이 얼음이 된다.
      나. ??물이 되는 것은 얼음이다.
   필자는 개념적, 논리적 기준이 현실적으로 유효한 것이라고 판단한다. 즉, 해당 동사, 형용사에 개념적으로 요구되는 논항의 수에 따라 논항구조를 가설적으로 기술하고, 이것이 주어진 문법의 원리들, 규칙들과 정합되는 경우 이를 취하는 것이다. 궁극적으로 이론 체계가 어휘항목이 가지는 논항의 존재 여부를 결정한다.
8  이 문제는 뒤의 III절에서 부연한다.
9  이중주어문에 대한 최현배(1937)와 현행 학교문법의 설명 방안인 '서술절설'에 대하여 뒤의 III절에서 더 논의하려고 한다.

(8)의 숙어 표현들에 눈이 미치게 되면 문제가 조금 더 복잡해진다. (8가)에서 '보무가'는 형용사 '당당하다'가 어휘적으로 요구하는 논항이라고 보기 어렵다. (8나)의 '벌레가'도 동사 '먹다'가 어휘적으로 요구하는 논항이라고 보기 어렵다. 숙어 표현인 '보무가 당당하다', '벌레가 먹다'는 의미적으로는 한 단어와 같다. 그러나 통사적으로는 이들이 구(동사구) 단위를 이루는 것으로 볼 수 있다. 따라서 동사구 내부의 명사항인 '보무가', '벌레가'를 다른 문법기능보다도 보어의 기능으로 규정하는 것이 온당해 보인다.

다음으로, ③의 판단이 문제를 가진다는 점을 검토해 보자. '없이'의 '-이'가 굴절접미사 아닌 파생접미사에 지나지 않는다는 사실이 문제의 핵심이다. '-이'는 형용사 어간의 일부에만 제한적으로 결합될 수 있다. 그러므로 '없이'는 형용사의 활용형이 아닌, 새로운 단어로 파생된 부사이다.[10]

문교부(1985ㄱ) 이래의 학교문법 교과서에서는 최현배(1937)과 달리 (1)의 '없이'를 파생부사로 처리함으로써 진일보한 인식을 보여준다. 그러나 ①과 ②의 판단을 여전히 유지함으로써 또 다른 문제를 초래하게 된다. 즉, 부사가 주어를 취한다는 특례를 인정하는 것이다.[11] 이론 체계에 특례를 도입한다는 것은 곧 이 체계가 비논리적 체계임을 스스로 선언한다는 뜻이 된다.

문교부(1985ㄱ)와 교육부(2002ㄱ)에서는 (1)에서 '소리가'를 주어로 간주한다. 그런데 이들 문법서의 문장 분석에 있어서 최현배(1937)와 다른 중요한 점이 있다. 그것은 문장성분의 생략을 인정한다는 것이다. 다음 문장에

---

10 양정석(1997ㄴ)에서는 국어의 최상위 빈도순 용언 3000개 중에 포함된 형용사들이 '-이'와 결합 가능한지를 검사하여, 이들 형용사 중 53%가 '-이'와 결합 가능함을 보였다. 상당히 큰 비율이기는 하지만, 나머지 47%의 형용사들이 의미적으로, 또는 다른 측면에서 '-이'와 결합할 수 없도록 하는 일정한 특성을 제시할 수 없다는 것은 본질적인 문제이다. 즉, 이들이 형용사의 하위범주가 되는 문법적 자연군을 이루지 못한다는 것이다. 따라서 '-이'는 굴절론적 단위 아닌 조어론적 단위로 판정할 수밖에 없다.

11 양정석(2010: 266~273)에서는 예문 (1)의 '소리가 없이'가 이차 서술어(secondary predicate)가 되어 주어를 취한다고 하는 설명을 제시한 바 있다. 이는 원리매개변인 이론의 체계 하에서 단원(module) 이론의 하나인 서술화 이론(theory of predication)에 따른 설명이다. 그러나 이 경우에도 구 단위인 '소리가 없이'가 전체 문장의 주어를 그 주어로 취하는 것이지, 결코 단어 단위의 부사 '없이'가 주어를 취하는 것이 아니다.

서 '형과는 달리'는 주어가 생략된 부사절이라고 설명하는데, 최현배(1937)에 따르면 이는 표면적으로 주어가 나타나지 않으므로 부사구의 예로 분석될 뿐이다.

> (9) 가. 그가 용모가 단정한 것과는 달리 품행은 바르지 않다.
> (문교부 1985ㄴ: 125)
>
> 나. 우리가 예상했던 것과 같이, 그가 또 시험에 실패했다.
> (문교부 1985ㄴ: 125)
>
> 다. 그들은 우리가 입은 것과 똑같이 입고 있다.
> (교육부 2002: 163)

다음 (10)과 (10)′을 비교함으로써 알 수 있는 것처럼, 내포절의 주어가 표면적으로 나타난 경우와 생략된 경우는 구조적으로 동일하다. 최현배(1937)에서는 전자의 경우 내포된 절을 인정하지 않고 다만 체언구('임자이은말'), 관형구('매김이은말')로만 분석하며, 후자처럼 주어를 가지는 경우에만 체언절('임자마디')과 관형절('매김마디')로 분석함으로써 두 문장의 구조적 동일성을 포착하지 못한다.[12] 이 점에서, 문교부(1985ㄱ)와 교육부(2002ㄱ)에서 문장성분의 생략을 인정하여 두 구조의 동일성을 포착할 수 있게 한 것은 현상을 기술하는 발전된 방법이 아닐 수 없다.

> (10) 가. 악을 미워함은 우리의 본성으로부터 비롯되는 것이다.
> 나. 인호를 좋아하는 까닭은 그가 남을 배려하기 때문이다.
> (10)′ 가. 우리가 악을 미워함은 우리의 본성으로부터 비롯되는 것이다.
> 나. 내가 인호를 좋아하는 까닭은 그가 남을 배려하기 때문

---

12 이 점에 대한 필자의 논의로 양정석(2010: 47쪽 및 53쪽)을 참고하기 바람.

이다.

그러나 문교부(1985ㄱ)와 교육부(2002ㄱ)는 (9)의 예들에서는 문장성분의 생략을 인정하지만, 서두의 (1)에 대해서는 그와 같은 관점을 적용하지 않는다. (9)의 예들이 주어가 생략된 부사절을 가진다면 (1)의 예도 주어 '나뭇잎이'가 생략된 부사절을 가진다고 분석하는 것이 일관성 있는 처리일 것이다.[13] (9)와 (1)은 같은 구조를 갖기 때문이다. 이렇게 현행 학교문법에서 일관성 있는 처리에 실패한 데에는 ③의 판단의 모순점과 ①, ②의 판단의 모순점이 서로 얽혀 있다.

부사가 주어를 취한다는 설명은 개념적 난점을 피할 수 없지만, 부사가 보어 또는 필수적 부사어를 취한다는 설명은 개념적으로 전혀 무리가 없다. 국어에서 부사가 필수성분을 취하는 예가 있음은 이전의 여러 연구에서 지적되어 왔다.[14] 최근의 연구인 한길(2013)에서는 다음과 같은 '보충어를 요구하는 부사'의 예를 들고 있다.[15]

(11) 가. 고향은 어머니의 품과 같이 편안한 곳이다.

나. 나는 친구와 함께 영화관에 갔다.

다. 엄마는 동생으로 하여금 심부름을 다녀오게 했다.

라. 원칙과 아울러 창조성까지 갖춘 학자는 매우 드물다.

마. 해방과 더불어 한글이 공용문자가 되었다.

바. 나는 밥은 고사하고 물도 못 마셨다.

---

13 (1)의 '소리가 없이'를 주어 '나뭇잎이'가 생략된 것으로 보지 않는 데에는 '나뭇잎이 소리가 없다.'와 같은 이중주어문을 서술절내포문 구조로 분석하는 기본 방침이 긴밀히 연관되어 있다. 이 문제는 뒤의 Ⅲ절에서 더 논의할 것이다.

14 한 예는 정렬모(1946)이다. 그는 '하여금, 더불어, 가지고, 있어, 써' 등을 '귀착부사'의 예로 들었는데(정렬모 1946:97), 이들은 '명사구-격조사'의 형식을 필수성분으로 취한다.

15 한길(2003)에서는 (11라, 마, 바)의 '아울러, 더불어, 고사하고'를 동사의 활용형으로 처리할 수 없는 타당한 이유를 제시하고 있다. (11나, 다)의 '함께, 하여금'은 전혀 용언의 활용형으로 처리할 수 없는 것이므로, 보어 또는 필수적 부사어를 취하는 부사의 존재에 대한 좋은 증거가 된다.

이처럼 한 단어 단위의 부사가 필수성분을 취하는 예 외에도, '명사+으로' 형식이 필수적 부사어를 요구하는 예가 있다. '명사+으로' 형식이 한 단어 단위의 부사처럼 행동하는 점은 주목할 만하다.[16]

> (12) 가. 이 문제는 그 문제와는 별도로 다루기로 하자.
>
> 　　나. 나의 예상과는 반대로 인호가 최고득점자가 되었다.
>
> 　　다. 그것과 마찬가지로 이 일에도 주의를 집중해야 한다.
>
> 　　라. 한일협정 후로 한국 경제는 일본 경제에 의존적으로 변
>
> 　　　했다.

다른 언어에서도 부사가 보어 또는 필수성분을 취하는 예를 어렵지 않게 찾아볼 수 있다.[17] 영어의 예인 (13)에서는 부사 'independently'가 보어 'of me'를 취한다. 현대 표준중국어의 예인 (14)에서는 부사 '一起'가 보어 '和朋友'를 취한다.

> (13) He made up his mind [quite independently of me].
>
> 　　그는 [나와 독립적으로] 결정을 내렸다.

> (14) 哲秀[和朋友一起]去圖書館.
>
> 　　철수는 [친구와 함께] 도서관에 간다.

(9), (11), (12)의 '명사구-와', '명사구-에' 형식은 최현배(1937)의 격과 문

---

16 필자는 '별도로, 반대로, 마찬가지로, 의존적으로'와 같은 '명사+부사격조사'의 구성이 부사로 재구
　조화되는 것으로 본다. 양정석(1997ㄷ: 57) 참조.

17 (13)의 영어 예문은 A. Radford, Transformational Grammar(Cambridge University Press,
　1988) 245쪽에서 취한 것이고, (14)의 중국어 예문은 연세대 대학원 국어국문학과 박사과정의 중국
　인 학생인 류 리닝으로부터 얻은 것이다.

장성분의 대응 원칙에 따라 부사격의, 필수적 부사어의 예로 취급할 수 있다. 같은 원칙에 따라 (1)의 예들은 보어를 가지는 예로 취급할 수 있다. 보어와 필수적 부사어의 개념 구별이 본질적인 것이 아니라는 점은 다시 강조해야 하겠다.

①과 ②와 ③의 판단은 유지될 수 없다. 이들 판단을 부정하고서 얻을 수 있는 가장 합리적인 결론은 '없이'를 파생부사로 인정하고, '소리가'를 이 부사가 취하는 보격 명사항, 보어 성분으로 처리하는 것이다.


# 3.

예문 (1)에서 '없이'의 문법범주는 부사로서, 이 부사는 보격의 '소리가'를 보어로 취하여 부사구를 이룬다고 설명하는 것이 가장 합리적인 방안임을 살펴보았다. 최현배(1937)이나 문교부(1985ㄱ) 이래의 학교문법에서 이와 같은 방안을 취하지 않은 이유를 더 따져보기로 하자. 다음 세 가지 문제가 고려되었음직하다. 첫째는 격 및 문장성분의 개념 설정과 관련한 문제이며, 둘째는 이중주어문에 대한 최현배(1937)과 학교문법의 설명 방안인 '서술절설'과 관련한 문제이고, 셋째는 (1)과 같은 예의 부사절을 인정하지 않을 경우 내포문의 하위범주 중 부사절이 결여된, 구조적으로 불균형한 체계를 설정해야 하리라는 우려이다.

첫째로, 격과 문장성분의 개념 설정과 관련한 문제는 ①과 ②의 판단에 내포된 문제이다.

최현배(1937)의 격 개념이 문법기능과의 대응이라는 관점에 입각해 있고, 이 관점을 현행 학교문법이 이어받고 있다는 점을 앞에서 말하였다. 주어, 보어, 부사어는 각각 주격, 보격, 부사격의 결정에 의존한다. 예문 (1)에서 '소리가'가 보격이라면, 이는 곧 이 명사항의 문법기능이 보어라는 뜻이 된다. 이것은 최현배(1937)의 전체 문법 체계에서 적지 않은 반향을 가지게 된다. 최현배(1937)에서 보어는 '이다', '아니다' 두 개의 단어로 이루어진 단어 범주 '잡음씨'와 관련해서만 인정되는 문법기능이다. 부사가 보격의, 보어를 취하는 것을 인정한다면 용언 중에서 특별히 잡음씨(특히 '아니다')만이 보격의, 보어를 취한다고 규정할 이유를 찾기 어렵게 된다. 그리하여 다시 보어와 필수성분으로서의 부사어를 구분할 기준을 찾아야 하는 부담을 지게 될 것이다.

현행 학교문법은 문교부(1985ㄴ) 이래로 '필수적 부사어'라는 개념을 도입하고 있다. 용언 아닌 부사, '명사+부사격조사'가 취하는 (9), (11), (12)의 '명사구-와/로/에' 등은 필수적 부사어로 규정되어야 한다. 부사가 보어를 취하는 것을 인정한다면, 이들 경우의 필수적 부사어로부터 보어를 구별하는 특징은 단지 보격조사 '-가'를 가진다는 점뿐이다. 두 경우의 보어와 필수적 부사어는 어휘적 단위가 요구하는 필수적 성분이라는 점에서 차이가 없다. 여기에서도 다시 보어와 필수적 부사어를 구분할 기준을 찾아야 하는 부담을 지게 된다.

분류의 명확한 기준을 제시하지 못할 때 분류를 해서는 안 된다는 것은 분류론적 연구의 철칙이다. 이상과 같은 것이 최현배(1937)가 현행 학교문법에서 (1)의 '소리가'를 주격 및 주어로 결정하게 된 한 가지 이유라고 생각된다.

그런데, 위와 같은 문제는 격과 문법기능이 대응된다는 최현배(1937)의 격 개념을 고수하는 데에서 비롯된다. 만약 격과 문법기능의 대응 원칙을 받아들이지 않는다면, 부사가 취하는 '명사구-가'는 주격으로서 보어나 필수적 부사어, 부사가 취하는 '명사구-와/로/에'는 각각 여동격/도구격/처격으로서 보어나 필수적 부사어의 기능을 가진다고 설명할 수 있을 것이다. 전통문법서 중에는 실제로 이와 같은 입장을 취한 예가 있다. 대표적인 문법서는 이희승(1949)이다. 여기에서의 격 개념은 의미론적인 것으로서, 최

현배(1937)의 통사적 격 개념과 뚜렷이 구별된다.[18]

남기심(2001: 56~72)에서도 이러한 격 개념을 받아들이는 논의를 보이고 있다. 그의 주요 근거는 원래 인구어 문법에서 격 범주가 고안되었을 때, 단어의 굴절형의 차이에 따라 주격, 대격, …… 등의 격 변이형의 명칭이 주어진 것이라는 점이다. 국어에서는 접미사 아닌 단어로 인정되는 형태가 격의 차이를 표시하기는 하지만, 체언에 결합된 격조사의 형식에 따라 격의 하위 범주가 정해져야 한다고 본다. 격과 문법기능의 대응 원칙에서는 체언 아닌 부사, 부사적 성격을 가지는 구나 절도 부사어로 쓰일 경우 부사격을 가지는 것으로 설명해야 하는데, 이는 단어로서의 체언의 굴절형에만 격이 부여되는 원래의 격 개념에 어긋난다는 것이다.

이러한 논의가 국어의 격 표지, 즉 격조사들이 그 자체로 단어 단위라는 점의 중요성을 놓치고 있음을 간과해서는 안 된다. 부사격조사로 분류되는 '-에', '-으로', '-와'는 처소, 경로, 대칭성(또는 교호성)의 기본 의미를 가지며, 중심적으로 부사어의 문법기능을 드러내므로, 국어에 전통적인 문법범주로서의 격을 상정하는 한 이들을 부사격 표지로 보는 것은 타당한 일이다. '-가'와 '-를'도 그 기본 의미를 가진다.[19] '-가'는 중심적으로 주어의 문법기능을, '-를'은 중심적으로 목적어의 문법기능을 드러내므로, 국어에 전통적인 문법범주로서의 격을 상정하는 한 이들을 주격, 목적격 표지로 보는 것은 타당한 일이다.

그런데 인접하는 말과의 의미론적 관계에 따라 위 격조사들을 정의하고자 한다면, 각 격조사를 수 개의 동음이의어로 나누어 수 개의 하위 격 범주를 부여하는 일이 불가피하다. 이희승(1949)에서 이와 같이 실행한 예를 구할 수 있으므로 직접 검토해 볼 수 있다. 그는 다음 예를 포함하여, 모두 18

---

18 〈각주 5〉를 참고할 것.

19 양정석(1987)에서는 '-가'가 '주체 지정', '-를'이 '대상 지정'의 기본 의미를 가진다고 상정한 바 있다. 양정석(2002: 4.4절)에서는 이를 조정하여 '-가'의 의미를 '지정'과 '-피작용성' 자질의 복합으로, '-를'의 의미를 '지정'과 '+피작용성' 자질의 복합으로 나타내었다.

개의 하위 격 범주를 제시하고 있다.

(15) '-를'의 경우

　　가. 철수는 차를 마신다. (목적격)

　　나. 너는 어디를 가니? (향진격)

(16) '-에'의 경우

　　가. 그 아이는 어느 집에 사니? (처소격)

　　나. 수남아 학교에 가자. (향진격)

　　다. 바람에 나무가 쓰러졌다. (원인격)

　　라. 옷에 밥에 아들에 딸에 그리울 것이 하나도 없오. (열거격)

(17) '-으로'의 경우

　　가. 이 차는 대구로 갑니다. (향진격)

　　나. 쇠로 기계를 만든다. (사용격)

　　다. 온 재산이 삽시간에 재로 변하였다. (변성격)

　　라. 어제는 병으로 결석하였읍니다. (원인격)

　　마. 서 선수는 우리 나라 대표로 올림픽에 나갔었다. (자격격)

(18) '-와'의 경우

　　가. 희기가 눈과 같다. (동류격)

　　나. 수남이와 같이 학교에 다녀 오너라. (동반격)

　　다. 대추와 밤과 배와 감과 갖은 과일이 다 있읍니다. (열거격)

　위에 든 예들만으로도 4개의 격조사들이 각각 여러 개의 동음이의 형태로 나누어져서 14개의 하위 격 범주로 설정됨을 알 수 있다. 더 좋지 않은 것은, '의미의 차이'가 본질적으로 가지는 모호함으로 말미암아, 위와 같은 구분보다 더 세분된 하위 격 범주들이 필요하게 될 수도 있다는 점이다. 가령, '-와'의 경우에도 "철수가 인호와 싸웠다."의 '-와'는 '여동격', "아내가 남편과 멀어져 갔다."의 '-와'는 '이별격'라는 새 하위 범주가 고안되어야 할지도 모른다. 남기심(2001)에서는 '에격', '로격' 같은 명칭을 세분해서 부여할 것을 제안하였지만,[20] 이 제안을 따를 경우 이 각각을 '에1-격', '에2-격', ……, '와1-격', '와2-격', '와3-격', '와4-격', '와5-격' 등으로 더 세분해서 지칭해야 할 것이다. 본질적인 문제는, 인접하는 다른 말과의 의미론적 관계의 차이란 그 명확한 기준을 정하기 어려운 것이어서, 한정된 수의 하위 격 범주를 제시하는 일이 궁극적으로 불가능할 수 있다는 점이다.[21] 이에 이르게 되면 이것은 이미 체계적인 문법 이론이라고 지칭하기 곤란한 것이다.

현대 언어학의 표준적 격 개념은 단어의 굴절형의 차이에 따라 격의 하위 분류를 실행하던 인구어 전통문법의 격 개념과 다르다. 생성문법 이론 발전의 한 단계인 원리매개변인 이론에서는 격이 명사구의 분포를 예측하기 위한 장치로 사용된다. "문장의 어느 한 표상 층위(보통 음성형식 층위)에서 명사구가 추상적 격 자질을 갖지 않고 도출되어 있으면 이 문장은 통사적으로 부적격한 것으로 판정된다."와 같은 원리('격 여과 원리')가 해당 문장의 문법성을 예측하는 것이다. 특히 명사구에 부여되는 추상적 격 자질은 격 개념이 굳이 단어의 굴절형에 의존하는 것으로 상정될 필요를 배제한다. 그러므

---

20 남기심(2001: 64) 참조.

21 남기심(2001: 65)에서도 "……이들 조사가 어느 특정한 환경에서 가지는 새로운 의미 기능이 발견되면 그 때마다 격의 수는 늘어나야 할 것이다."라 하여 이희승(1949)의 격 개념이 가지는 본질적인 난점을 지적하고 있다. 하위 격의 명칭을 '에격', '로격' 등으로 지칭하자는 제안은 한 격조사 형태에 따라 하나의 하위 격 범주만을 설정할 수 있다는 믿음을 표현한 것이라 생각된다. 그러나 이는 의미론적 격 개념을 받아들이고자 하는 자신의 의도에 반하는 것이다. 가령, (16)의 4가지 경우를 단일한 '에격'으로 지칭한다면 그것은 이미 다른 말과의 의미론적 관계로 격을 정의한 것이 아니다.
필자는 앞에서 말한 것처럼 '-에', '-으로', '-와', '-가', '-를'이 각각 처소, 경로, 대칭성, 주체 지정, 대상 지정의 기본 의미를 가진다고 본다. 특히 '-가', '-를'의 의미로 상정된 '주체 지정', '대상 지정'은 다른 말과의 의미론적 관계가 아니고, 담화·화용적 의미 기능으로서, 본질적으로 '-는', '-도', '-만' 등과 같은 성격을 가지는 것이다.

로 국어와 같이 단어 단위로서의 조사가 격을 표시하는 것으로 보거나, 심지어 격 표지라고 할 만한 것을 갖지 않는다고 생각되는 중국어의 문법에서도 격 개념을 활용하는 것이 가능하게 된다.[22]

이상의 논의는 격과 문법기능의 대응 원칙이 현대적인 격 개념과도 부합된다는 것을 보이는 것이다. 아울러 문법기능, 즉 문장성분에 대해서도 비슷한 방향의 개념 정리가 필요하다.

전통문법적 연구에서 통용되어 온 문법기능(문장성분)의 종류로는 주어, 서술어, 목적어, 보어, 부사어, 관형어, 독립어의 7가지가 있다. 그러나 근래의 이론문법의 연구에서 널리 활용되는 문법기능의 개념은 핵심어, 보충어, 명시어, 부가어의 4가지만으로 이루어진 것이다.[23] 7가지 문장성분으로 국어의 모든 문장의 구성성분 구조를 기술할 수 있는 것처럼, 이 4가지 문법기능만으로 그러한 일을 할 수 있다. 그리고 이 4가지 문법기능에 따른 구성성분 구조 기술이 전통문법의 7가지 문장성분에 따른 기술보다 간결하므로, 과학적 이론으로서 더 바람직하다. 이 체계에 따르면 학교문법의 보어와 필수적 부사어의 예들은 모두 하나의 문법기능 '보충어'의 예일 뿐이다.

요컨대, 최현배(1937)의 격과 문장성분의 대응 원칙은 옳은 것이고, 전체적으로 보면, 최현배(1937)의 격 개념이 이희승(1949), 남기심(2001)의 의미론적 격 개념보다 문제성이 덜하다. 보어와 필수적 부사어를 구별하는 번거로움은 최현배(1937)의 격과 문장성분의 대응 원칙으로부터 나오는, 처리상의 작은 구김살에 지나지 않는다.

둘째로, 이중주어문에 대한 최현배(1937)과 학교문법의 설명 방안인 '서

---

22 필자의 격에 관한 관점은 양정석(2002: 4.4절, 2010: 253~258)에서 제시한 바 있다. 원리매개변인 이론의 단원 이론으로서의 '격 이론'과 함께 '논항연결원리'가 설정되어 종래의 격 및 격 구조를 설명한다. 동사나 서술성 명사의 논항이 되는 것만 격을 가진다고 보는 점에서는 허웅(1983)의 격 개념과 공통되며, 서로 다른 형태의 부사격조사를 가지는 논항들이 모두 '사격'을 가진다고 보는 점에서는 이들을 모두 부사격으로 보는 최현배(1937)의 격 개념과 공통된다.

23 1980년대 이래의 원리매개변인 이론과 최소주의 통사론은 기본적으로 이 같은 문법기능의 개념을 활용하고 있다. 이에 대해서 양정석(2010: 165~167)을 참고하기 바람. 보충어, 명시어, 부가어의 개념이 사용된 한 예를 뒤의 (24)에서 볼 수 있다.

술절설'이 주어 또는 보어의 개념 한정에 영향을 미쳤을 것으로 본다.

위 (5)~(8)의 예들은 격조사 '-가'를 가지는 명사항을 두 개씩 가지는, '이중주어문'의 형식으로 되어 있다. 이 중 (6)의 예는 최현배(1937) 및 현행 학교문법에서 서술절내포문의 대표적인 예로 다루어 온 것이다.

> (1) 나뭇잎이 소리가 없이 떨어진다.
> (1)′ 나뭇잎이 소리가 없다.
>     cf. (6) 나는 돈이 없다/있다/많다.

(1)′의 '없다' 구문은 서술절인 '소리가 없다'를 가지는 내포문으로 분석되는데, 이는 '소리가'가 주어의 문법기능을 가진다고 보는 것이다. (1)의 '소리가 없이'가 (1)′과 구조적 연관성을 가진다고 할 때, 두 경우의 '소리가'가 모두 주어라고 하는 것은 이 연관성을 포착하는 타당한 방안일 수 있다.

하지만, 위에서 말한 것처럼, (1)′의 문장은 '없다'의 어휘적 특성에 따라 두 논항이 요구되는 구문이다. 그러므로 (1)′에서나 (1)의 '소리가 없이'에서나 '소리가'는 주어 아닌 논항, 즉 보어로 처리해야 한다.

(1)′의 문장은 서술절내포문으로 설명할 수 없다. '서술절설'에 대한 가장 분명한 반론은 남기심(1986)에서 제시되었다. 그 근거는 다음 세 가지이다. 이들 근거에 따른 결론은 새로운 문장성분 '주제어'를 국어문법에 도입해야 한다는 것이다.

> (19) 가. 명사절, 관형절 등은 절 표지를 가지는데 서술절은 그러
>       한 것이 없다.
>    나. 다른 내포문들에서는 상위절의 주어가 하위절 내부로 자
>       리옮김하는 것이 금지되는데 서술절내포문에서는 그렇지
>       않다. (돈이 철수가 있다/없다/많다. cf. *인호가 철수는 성실
>       하다고 생각한다.)

다. 선택제약의 기술은 서술어의 어휘적 정보로 주어지는 것
   인데, 서술절이 서술어라면 그 어휘적 정보를 기술할 방
   법이 없다.

서술절설에 대한 위 세 가지 반대 논거는 이중주어문에 관한 연구의 중
요한 성과라고 평가할 만한 것이다. 그러나 남기심(2001)에서는 서술절설에
대한 위 문제점들을 다시 들어 논의하고는, "……'서술절'을 인정하기 어려
운 이론상의 여러 문제점이 있음에도 불구하고, '서술절'을 인정하는 것이
현재로서는 가장 합리적이다."(239쪽)라고 하면서 자신의 이전의 주장과 모
순되는 결론을 진술하고 있다. 이러한 모순된 결론의 배경에는 '주제어'의
개념이 이중주어문의 모든 예들에 대해 서술절설을 대체하여 설명할 만한
해결 방안을 제공하지 못하리라는 우려가 자리잡고 있다고 본다. 그곳에서
문제시하는 예는 다음의 문장이다.

(20) 선생님은 손이 크시다.

여기에서 주체존대의 선어말어미 '-시-'가 주어 '손이'가 아닌 주제어 '선
생님은'과 호응하는 현상을 설명하기 어렵다는 것이다.

남기심(1986, 2001)은 다음 유형 I과, 유형 II의 두 종류의 이중주어문을
들어 논의하고 있다. 그러나 이중주어문의 전 범위를 고찰하기 위해서는
III-V의 세 유형을 추가해야 한다.[24]

(21) 가. 유형 I: 그는 돈이 없다/있다/많다.

---

24 유형 I, V의 예는 위 (7)에서 이미 들었던 것이다. (8)의 숙어 표현들도 이중주어문의 유형으로 새로
   추가할 가능성이 있으나, 이들은 주어-보어-서술어의 구성을 취한다는 점에서 유형 I의 예로 묶을
   수 있다. 유형 II와 유형 III을 두 유형으로 더 나눈 것을 것을 제외하면 (21)은 양정석(1987)에서의 분
   류와 같다.

나. 유형 II: 선생님은 손이 크시다. (=(20))

다. 유형 III: 학생이 두 명이/둘이 왔다.

라. 유형 IV: 꽃은 장미가 예쁘다.

마. 유형 V: 철수는 인호에게 유감이 없다/있다/많다.

유형 II의 문장인 (20)에서 앞의 명사항이 존대 표시와 호응한다고 하였는데, 유형 IV만 제외하고는 위 모든 유형이 그러하다. 그러나 유형 I, V는 첫째 명사항이 두 자리 술어 '없다/있다/많다'의 논항, 즉 주어이기 때문에, 이것과 '-시-'의 호응은 당연한 일이다. 이 경우 첫째 명사항이 주제어라고 한 남기심(1986)의 제안은 합당하지 않다. 위 5가지 유형의 문장들 중에서 그 첫째 명사항이 주제어의 규정에 합당한 것은 유형 IV일 뿐이다.

주목되는 것은 수량어를 포함하는 유형 III이다. (21다)에서 '오다'의 선택제약을 받는 명사항은 '학생이'임이 분명하다. 이는 주제어의 규정에 합당하지 않다. 그러므로 모든 유형의 이중주어문이 주제어를 포함한 문장 형식이라고 가정한 남기심(1986)은 옳지 않다. 그렇다고 서술절설을 유지한다고 해서 문제가 해결되지도 않는다.

유형 III의 문장은, 서술절설에 따라 그 의미를 합성하고자 할 경우, 큰 난점을 불러들인다. '두 명이/둘이'의 의미는 '학생이'와의 관련 하에서만 기술될 수 있는데, 서술절 '두 명이/둘이 오다'의 의미가 합성된 후에는 이 의미의 일부인 '두 명이/둘이'가 전체 문장의 주어인 '학생이'와 관련되어 '두 명의 학생/두 학생'의 의미를 얻어내기가 극히 곤란하다. 또한, 동사 '오다'의 선택제약을 받는 논항은 '학생이'이며, '두 명이/둘이'라고 보기 어렵다. 그러므로 '두 명이/둘이'는 주어도 보어도 아닌 부가어('부사어')의 문법기

능을 가지는 것으로 보는 것이 적합하다.[25]

유형 II에 대해서도 같은 관점을 적용하는 것이 가능하다. '선생님은 손이 크시다.'에서도 '손이'는 주어도 보어도 아닌 부가어('부사어')라고 처리하는 것이 적합하다. '손이'의 의미는 '선생님이'와의 관련 하에서만 기술될 수 있는데, 서술절 '손이 크다'의 의미가 합성된 후에는 이 의미의 일부인 '손이'가 전체 문장의 주어인 '선생님이'와 관련되어 '선생님의 손'의 의미를 얻어내기가 극히 곤란하다. 그리고 선택제약의 측면에서도, '크다'가 그 논항으로서 선택제약하는 것은 '선생님'이라고 볼 수 있다.[26]

요컨대, 최현배(1937)과 현행 학교문법에서 서술절내포문으로 다루는 유형 I과 유형 V의 문장들은 서술절내포문으로 설명할 수 없는 것이다. (1)의 '소리가 없이'가 유형 I의 문장과 구조적으로 평행되기는 하지만, 그 평행성은 보어를 가진다는 점에서 성립하는 것이다.

셋째로, 부사절의 존재에 관한 문제이다. 부사절내포문과 접속문의 경계

---

25 학교문법에서 이 경우와 유형 II의 '-이'를 기술하는 방안은 부사격조사로 규정하거나 보조사로 규정하는 것이다. 격과 문법기능의 대응 원칙을 따라 부사어 '두 명이/둘이'가 가지는 격을 부사격으로 간주하는 데에는 무리가 없다. 또한, 학교문법에서도 현대국어의 문장에 나타나는 다음과 같은 예를 주격조사, 목적격조사로 다루기 어렵다는 점을 고려할 때, 이들과 유형 II, III의 '-가'를 보조사로 규정하는 방안도 설득력이 있다.

    a. 아무리 실을 빨리 감으려고 해도 왠지 빨리가 안된다.

    b. 마음은 조급한데 빨리를 달리지 못하겠네./날이 춥지를 않다./그 아이가 참 상냥을 해요.

26 생성문법 이론에서 선택제약을 명시하는 방법은, 어떤 명사구에 대해서 용언이 요구하는 의미 자질이나 의미역을 그 용언의 어휘적 정보로 표시하는 것이다. 한 자리 형용사 '크다'는 의미 자질+'사물' 또는 '대상 의미역'을 요구한다고 할 수 있다. (a)는 발화 맥락에 따라 적격한 표현이 될 수 있는데, 그 경우 '선생님의 체구'가 크다는 뜻으로 이해된다. 여기에서 '선생님'은 '크다'의 선택제약을 위반하지 않는다.

    a. ?선생님이 크시다.

      (b), (c), (d)에서도 '크다'가 취하는 논항은 '선생님'이라고 볼 수 있다. (b), (c)에서 '손이', '손의 크기가'가 가지는 통사적 지위는 (d)의 '손의 크기에 있어서'와 다름이 없다.

    b. 선생님이 손이 크시다. (=(20))

    c. 선생님이 손의 크기가 크시다.

    d. 선생님이 손의 크기에 있어서 크시다.

    유형 II, III의 둘째 '명사구-가'는 부가어의 문법기능을 가진다. 양정석(2002: 370~384)에서는 이 둘째 '명사구-가' 형식이 통사구조에서 이차 서술어로서 서술화 원리의 적용을 받고, 부가어 대응규칙에 의해서 부가어로서의 의미 해석을 얻게 된다고 설명하였다.

가 불분명하게 알려진 상태에서 부사절내포문의 유망한 후보로 (1)의 문장 형식이 취해진 것이다. 특히 문교부(1985ㄱ, ㄴ)에서 이 점을 깊이 의식하고 있음을 확인할 수 있다.

문교부(1985ㄴ: 125)에서는 종속적 연결어미들에 이끌리는 종속절들이 부사적 성격이 강한 것도 있고, 거의 없는 것도 있어서, 그 한계를 긋기 어렵다고 보고, 이에 따라 모든 종속적 연결어미가 종속접속문을 이루는 것으로 취급한다고 하였다. 파생부사를 가지는 다음의 예들이 부사절내포문의 예로 남아 있게 된 것은 이들이 부사절이라는 구조적 빈칸을 채울 수 있을 것으로 기대한 결과라고 할 수 있다.

(22) 가. 그가 자금이 없이 사업을 시작했다.
　　나. 그가 용모가 단정한 것과는 달리 품행은 바르지 않다.(=(9가))
　　다. 우리가 예상했던 것과 같이, 그가 또 시험에 실패했다.(=(9나))

그러므로 문교부(1985ㄱ, ㄴ)에 관한 한, (1)과 (9), (22)의 예들이 부사절내포문으로 처리된 것은 부사절의 존재를 형식적으로 증명할 만한 예들이 필요했기 때문이라고 할 수 있다. 남기심(2001: 253~271)에서는 그 전에 종속접속문으로 다루어지던 문장들을 모두 부사절내포문으로 처리하였는데, 이는 위와 같은 문제점을 다른 방향에서 해결하고자 한 것이다.[27] 이와 함께 (1)과 (9), (22)의 예들은 부사절 아닌 부사구를 가지는 문장으로 설명하게 된다.

이에 비하면 해당 내용에 대한 교육부(2002ㄱ, ㄴ)의 기술은 사실에 대한 몰이해를 고스란히 드러낸 부끄러운 사례로 기록될 만한 것이다. 여기에서

---

27 문교부(1985ㄱ, ㄴ)의 해당 부분 집필자는 남기심 교수로 알려져 있다. 그러므로 여기에서는 남기심(2001)의 해당 내용에 대한 기술이 그 부분과 연속성을 가진다고 전제한다.

는 (1), (9), (22)가 여전히 부사절내포문의 예로 다루어진다. 그 외에도, 다음 예들을 부사절내포문으로 들고 있다.[28]

> (23) 가. 그곳은 그림이 아름답게 장식되었다.
>
> 나. 철수는 발에 땀이 나도록 뛰었다.
>
> 다. 길이 비가 와서 질다.

위 예들을 부사절내포문으로 처리하는 것이 하나의 가능한 방안이기는 하다. 그러나 그 경우, 부사절을 이끄는 '-게', '-도록', '-어서'의 문법범주 는 부사형어미라야 한다. 하지만 같은 문법서에서는 '-게'는 부사형어미, '-어서'는 '종속적 연결어미'라고 규정하고 있다(102~103쪽). 문법 교과서가 문법 개념 체계에 관한 혼돈을 유발하고 있는 것이다.

필자는 양정석(2010: 5.4절)에서 연결어미에 의해 매개되는 복합문의 분류 체계를 새로운 관점에서 제시한 바 있다. 이에 따르면 국어의 복합문은 명사절내포문, 관형절내포문과 연결어미 문장으로 이루어진다. 연결어미 문장은 다시 연결어미 절이 보충어인 연결어미 문장, 연결어미 절이 부가어 인 연결어미 문장, 그리고 '명시어 구조'의 연결어미 문장으로 나누어진다. 연결어미 절이 보충어인 연결어미 문장은 보조동사 구문을 그 대표적인 예로 가진다.[29] 마지막의 두 연결어미 문장들은 각각 다음과 같은 구조로 나타

---

28 교육부(2002ㄱ: 163) 참조. 교사용 지도서인 교육부(2002ㄴ: 134~135)에는 심지어 대등접속문으로 취급되던 '-고' 문장의 연결어미 '-고'도 부사형어미의 하위 범주로 볼 수 있다고 하면서 선행 연구의 전거로 이익섭·채완(1999)을 들고 있으나, 해당 서적에는 그 같은 내용이 없다. 이익섭·채완(1999: 380~384)은 종래의 종속접속문을 부사절내포문으로 보고 종래의 대등접속문만을 접속문으로 남겨놓는 남기심(1985, 2001)의 체계와 같은 것을 제시하고 있다.

29 '지다' 등 몇몇 보조동사의 구문을 제외한 보조동사 구문이 복합문 구조를 가진다는 것을 양정석 (2007)에서 증명하였다. 보충어내포문은 이러한 보조동사 구문과 함께 다음과 같은 예를 포함하는 구문이다. (b)에서는 '-다고'가 연결어미에 상당하는 통사 단위가 되어 보충어 절을 이끈다고 본다.
    a. 철수는 일찍 일어나려고 시도했다.
    b. 철수는 인호가 부지런하다고 말했다/생각했다.

낼 수 있다.[30]

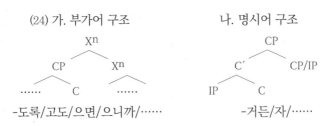

(24) 가. 부가어 구조　　　　　나. 명시어 구조

Xn
CP　　Xn
……　C　……
-도록/고도/으면/으니까/……

CP
C′　　CP/IP
IP　　C
-거든/자/……

다음에 제시하는 표 (25)는 연결어미 문장들의 통사·의미적 특성을 검사한 결과이다.

(25) 연결어미 문장의 통사·의미적 제약(양정석 2010: 400)

| | ①'었' 부착 가능 | ②후행절사건시기준 해석 | ③후행절 선택제약 | ④선행절이 부정의 영향권에 | ⑤주어의 이차 서술어 | ⑥선행절 주어생략 | ⑦선행절 옮기기 | ⑧선행절 재귀사 조응 | 구조적 지위 |
|---|---|---|---|---|---|---|---|---|---|
| 거든 | + | − | + | − | − | ? | + | − | 명시어 구조 |
| 거니와 | + | − | + | − | − | ? | − | − | |
| 자 | − | − | + | − | − | ? | + | + | |
| 더니 | + | − | + | − | − | ? | ?− | − | |
| 지만 | + | − | + | − | − | ? | + | + | |
| 으나 | + | − | + | − | − | ? | + | + | |
| 기에 | + | − | + | − | − | ? | ?+ | − | |
| 은들 | − | − | + | − | − | ? | ?+ | + | |
| 더라도 | + | − | ?+ | − | − | ? | + | + | |
| 을지라도 | + | − | ?+ | − | − | ? | + | + | |
| 을망정 | + | − | ?+ | − | − | ? | + | + | |
| 기로서니 | + | − | + | − | − | ? | ?+ | + | |
| 지 | + | − | + | − | − | ?− | − | + | |
| 도록 | − | + | − | + | − | ● | ● | ● | V′ 부가어 |
| 게 | − | + | − | + | − | ● | ● | ● | |

---

30 (24가)에서 선행절인 CP가 부가되는 구 'Xn'은 'V′', 'I′', 'IP'가 될 수 있다. (24나)의 '명시어 구조' 연결어미 문장은 선행절이 중간 구 범주(C′)를 이루고(여기에서 IP가 보충어이다), 후행절이 명시어 (specifier)인 구문이다.

| | ①<br>'었' 부착 가능 | ②<br>후행절 사건시 기준 해석 | ③<br>후행절 선택제약 | ④<br>선행절이 부정의 영향권에 | ⑤<br>주어의 이차 서술어 | ⑥<br>선행절 주어생략 | ⑦<br>선행절 옮기기 | ⑧<br>선행절 재귀사 조응 | 구조적 지위 |
|---|---|---|---|---|---|---|---|---|---|
| 고도 | - | + | - | + | + | + | ?+ | - | VP<br>부가어 |
| 고서 | - | + | - | + | + | + | + | - | |
| 고자 | - | + | ?+ | + | + | + | ● | + | |
| 으러 | - | + | ?+ | + | + | + | ● | - | |
| 으려고 | - | + | ?+ | + | + | + | ● | - | |
| 어서 | - | + | +/- | + | + | + | + | + | |
| 을수록 | - | + | - | + | + | + | + | + | |
| 느라고 | - | + | + | + | + | + | + | ?+ | |
| 자마자 | - | + | - | + | + | + | + | + | |
| 으면 | + | + | - | + | + | + | + | + | I'<br>부가어 |
| 으면서 | + | + | - | + | + | ?- | ?- | +/- | |
| 어야 | + | + | ?+ | + | + | + | + | + | |
| 으니까 | + | + | - | + | - | ? | + | + | IP<br>부가어 |
| 으니 | + | + | - | + | - | ? | + | + | |
| 으므로 | + | + | - | + | - | ? | + | + | |
| 어도 | + | + | - | + | - | ? | + | + | |
| 고 | + | + | - | + | - | - | - | ?+ | |
| 으며 | + | + | - | + | - | - | - | ?+ | |
| 거나 | + | + | - | + | - | - | - | ?+ | |
| 든지 | + | + | - | + | - | - | - | ?+ | |

명시어 구조를 구별하는 근거는 ②, ③, ④의 특성이다. ④의 특성만을 보이면 다음과 같다. 선행절을 부정하는 의미로는 '-어서' 문장, '-고' 문장은 가능하지만, (27)의 연결어미 문장들은 그것이 불가능하다. 위 표에서 ④의 특성에 '-' 표시를 한 것은 이 점을 나타낸 것이다.

(26) 가. 비가 와서 날씨가 춥지 않다.
　　　cf. 비가 와서 날씨가 춥다.
　　나. 눈이 오고 비가 오지 않는다.
　　　cf. 눈이 오고 비가 온다.

(27) 가. *그곳에 가거든 내 말을 전하지 말아라.

cf. 그곳에 가거든 내 말을 전해라.

나. *철수가 공부를 잘 하거니와 운동도 잘하지 않는다.

cf. 철수가 공부를 잘 하거니와 운동도 잘한다.

다. *석양이 되자 그들이 돌아오지 않았다.

cf. 석양이 되자 그들이 돌아왔다.

라. *번개가 번쩍하더니 천둥이 치지 않았다.

cf. 번개가 번쩍하더니 천둥이 쳤다.

마. *비가 오지만/오나 철수가 떠나지 않았다.

cf. 비가 오지만/오나 철수가 떠났다.

바. *비가 온들/오더라도/올지라도/올망정/오기로서니 철
수가 떠나지 않았다.

cf. 비가 ??온들/오더라도/올지라도/올망정/??오기로서
니 철수는 떠난다.

사. *철수가 혼자 그 일을 하지, 누가 도와주지 않는다.

cf. 철수가 혼자 그 일을 하지, 누가 도와주나?


(26)과 (27)의 모든 예문들이 선행절의 내용을 부정하는 의미에서 적격, 부적격을 검사한 것임을 주의해야 한다.

남기심(1985, 2001)을 비롯한 여러 연구에서는 ⑥, ⑦, ⑧의 특성을 기준으로 부사절내포문과 접속문을 구분하여 왔다.[31] 그러나 위 표에 나타나는 바와 같이, 이들 특성은 대등접속문의 연결어미라고 생각되어 온 '-고', '-으

---

31 다음과 같이 선·후행절을 서로 바꾼 문장이 같은 의미를 가짐을 보이는 검사 방법이 활용되기도 하였으나, 이 방법은 선행절의 통사구조상의 위치에 관하여 말해주는 점이 없으므로 표 (25)에서는 제외하였다.

　　a. 가. 비가 오고 눈이 온다.

　　　나. 눈이 오고 비가 온다.

이 밖에도 '연결어미 반복', '는' 주제어 등의 다른 검사 방법들이 통사적 검증 방법으로서의 의의가 없다는 것을 양정석(2010: 419~422)에서 보인 바 있다.

며', '-거나', '-든지', '-지만', '-으나'를 한 부류로 한정해 주지 않는다.[32]

이상의 사실을 앞에 두고 판단할 때, 학교문법 기술에서 연결어미 문장의 분류로는 다음과 같은 두 가지 방안이 타당할 것이다.

> (28) 가. 부가어 구조와 보충어 구조의 연결어미 문장은 부사절
> 내포문으로 규정하고, 명시어 구조를 이루는 연결어미
> 문장은 접속문으로 규정하는 방안
> 나. 보조동사 구문을 중심으로 하는 보충어 구조의 연결어
> 미 문장은 부사절내포문으로, 그 외의 연결어미 문장은
> 대등/종속 구분 없는 접속문으로 규정하는 방안

(28가, 나)는 공히 '-고', '-으며'가 매개하는 문장을 대등접속문으로 보던 기존의 관행을 부정한다는 점에서 여전히 파격적인 처리이기는 하나, 표 (25)에서 나타나는 통사·의미적 증거를 왜곡 없이 반영하는 방안이 될 것으로 본다.

## 4.

정리해 보자. (1)은 부사구 '소리가 없이'를 가지는 단순문 구조로 분석된다. 여기에서 '소리가'는 수어가 아니고 부사 '없이'가 취하는 보어이며 '-가'는 보격조사이다. 이것이 7개의 문장성분을 상정하는 전통문법의 방침을 따르는 한 학교문법의 기술이 취할 수 있는 가장 합리적 방안이라는 점을 논했다. 그리고 예문 (1)을 둘러싼 문제들, 즉 격, 문법기능, 서술절설의 수용 여부, 연결어미 문장의 내포/접속 구분 문제에 관한 필자의 관점을 밝

---

32 이 점에 대한 자세한 논의는 양정석(2010: 399~422)을 참고할 것.

혔다.

　어느 학문 분야의 교과서 기술이 다 그러하듯이, 교과서로서의 학교문법의 기술은 당대의 학문적 연구의 성과가 반영되어야 한다. 학교문법 교과서는 현대국어의 문법 현상에 대한 과학적 연구의 성과가 담겨야 한다. 단어 단위를 바라보는 관점으로서의 준종합적 체계를 취하고 있다는 점에서 현행 학교 문법은 최현배(1937)을 근간으로 하고 있다. 이 글에서는 특히 격과 문법기능의 관계에 대한 최현배(1937)의 방침(격과 문법기능의 대응 원칙)이 지금 시점에서 보아도 합리적인 방침이라고 평가하고, 오히려 이를 부정하는 것이 합리성에 위배된다고 결론지었다. 이 밖에, 이중주어문에 대한 설명 방안으로서의 서술절설이 오류임을 밝히고, 서술절설의 영향 하에 (1)의 부사구를 부사절로 처리해 온 잘못을 지적하였다. 또한 연결어미들의 통사·의미적 특성에 입각한 복합문의 분류를 보이고, 학교문법에서 이를 반영하는 방안을 제시하였다.

## 참고문헌

교육부(2002ㄱ), 『고등학교 문법』, 서울대학교 국어교육연구소.

_____(2002ㄴ), 『고등학교 문법 교사용 지도서』, 서울대학교 국어교육연구소.

김영희(1983), "형용사의 부사화 구문", 고영근·남기심(편), 『국어의 통사·의미론』, 탑출판사, 186~213쪽.

_____(2005), "논항의 판별 기준", 『한국어 통사 현상의 의의』, 도서출판 역락.

남기심(1986), "서술절의 설정은 타당한가?", 『국어학신연구 I』, 탑출판사.

_____(1987), "국어문법에서 격(자리)는 어떻게 정의되어 왔는가", 『애산학보』 5, 애산학회, 57~71쪽.

_____(2001), 『현대국어 통사론』, 태학사.

남기심·고영근(1985), 『표준국어문법론』, 탑출판사.

문교부(1985ㄱ), 『고등학교 문법』, 성균관대학교 대동문화연구원.

_____(1985ㄴ), 『고등학교 문법 교사용 지도서』, 성균관대학교 대동문화연구원.

양정석(1987), "'이중주어문'과 '이중목적어문'에 대하여", 『연세어문학』 20, 연세대 국어국문학과, 255~318쪽.

_____(1995/1997ㄱ), 『개정판 국어 동사의 의미 분석과 연결 이론』, 박이정.

_____(1997ㄴ), "어휘 잉여 규칙과 국어 동사 어휘들의 조직", 『유남신석환박사회갑기념논문집』, 창원대학교 출판부, 161~211쪽.

_____(1997ㄷ), "재구조화 재고", 『국어국문학』 118. 국어국문학회, 33~70쪽.

_____(2002), 『시상성과 논항 연결』, 태학사.

_____(2007), "보조동사 구문의 구조 기술 문제", 『한국어학』 35. 한국어학회, 65~120쪽.

_____(2010), 『개정판 한국어 통사구조론』, 한국문화사.

_____(2003), 『국어 부사절의 성립』, 태학사.

양정석·채완(1999), 『국어 문법론 강의』, 학연사.

이희승(1949), 『초급국어문법』, 박문출판사.

정인승(1956), 『표준고등말본』, 신구문화사.

정렬모(1946), 『신편고등국어문법』, 한글문화사.

최현배(1937), 『우리말본』, 연희전문학교출판부

한 　길(2013), "보충어를 요구하는 통사 부사의 용법", 『인문과학연구』 39, 강원대학교 인문과학
　　　연구소, 223~249쪽.

허 　웅(1983), 『국어학』, 샘문화사.

# 우리말 피동의 문법 기술

이정택(서울여자대학교)

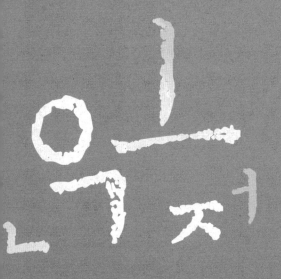

## 1. 머리말

영어를 비롯한 인구어의 능동과 피동은 규칙적인 대응관계를 갖는다. 즉 능동이 있으면 이에 대응하는 피동이 있고, 피동이 있으면 대응하는 능동이 있다. 그런데 국어의 능동과 피동이 갖는 대응 관계는 인구어에 비해 훨씬 느슨하다. 능동은 있으나 이에 대응하는 피동이 없을 수도 있고, 피동은 있으나 이에 대응하는 능동이 없을 수도 있다. 그런데 이러한 현상은 우리말 피동 범주의 속성 상 너무나 당연한 일이다. 왜냐하면 우리말 피동의 대표적 표현 양식인 피동접미사가 파생접사이기 때문에 능동과 피동이 규칙적으로 대응하기 어려운 것이다. 이런 상황에서 과연 피동을 문법 범주로 설정하고 기술하는 일이 가능한 것인지 그리고 필요한 일인지 생각해 보아야 한다. 따라서 필자는 이 글을 통해 피동의 문법 기술이 갖는 문제와 의미를 다시 생각해 보려 한다.


## 2. 피동의 표현 양식과 속성

우리말 피동의 대표적인 표현 양식은 피동접미사임에 분명하다. 피동접미사가 파생접사임에도 불구하고 이 형태소를 우리말 피동의 대표적인 표현 양식으로 생각하는 것은 여타의 파생접사와 달리 문장 구조를 바꾸는 강한 문법적 속성을 지니고 있기 때문이다. 그리고 이런 이유 때문에 피동접미사가 문법 기술의 대상이 되어 온 것이다. 피동접미사 외에도 다양한 형식들이 피동 표현으로 논의되어 왔다. 우선 보조용언 '지다'는 개별 어휘이기는 하나 보조용언이 문법적 의미를 갖는 것으로 여겨지는 만큼 피동을 표현하는 또 하나의 대표적인 표현 형태로 기술되어 왔다. 이 외에도 '되다'를 포함하는 통사적 구성 혹은 특정 용언들도 피동의 테두리 안에서 다루어졌다. 이제 이들 표현의 속성을 살펴보자.

## 가. 피동접미사

우리말 피동 기술의 태두라고 할 수 있는 최현배의 우리말본(1937~1984)에서 "첫째 입음법"이라 일컬을 만큼[1] 피동접미사는 우리말 피동의 대표적인 표현 양식으로 여겨져 왔다. 무엇보다도 피동접미사는 문법형태소로 분류되며 그 기본 기능이 피동 표현(피동사) 형성이기 때문이었을 것이다. 그런데 문제는 우리말의 피동접미사가 굴절이 아닌 파생 접사의 성격을 지니고 있다는 점이다. 즉 그 분포가 제약되어 '주다, 받다, 얻다, 잃다, 참다, 돕다, 알다, 배우다, 바라다, 느끼다, 닮다, 만나다' 등의 타동사 및 '좋아하다, 슬퍼하다, 사랑하다, 공부하다, 조사하다' 등 '하다'로 끝나는 타동사와도 결합하지 않으며[2], 그 분포 제약의 조건 또한 분명하지 않다. 한마디로 피동접미사의 분포는 불규칙한 속성을 갖는다. 따라서 규칙의 체계라고 할 수 있는 문법에서 피동접미사를 기술하는 것은 일면 모순된 것이라고 볼 수도 있다.

그러나 다음 예문들을 통해 알 수 있듯이 피동접미사의 결합은 문장의 논

---

1   최현배(1961), 413쪽.
2   남기심·고영근(2009), 297쪽.

리적 의미에 별반 변화를 주지 않는 상태에서 문장 구조에는 큰 변화를 야기한다. 즉 능동문의 주어는 피동문에서 부사어가 되고 능동문의 목적어가 피동문에서 주어의 역할을 하게 된다.

(1) 가. 순경이주어 도둑놈을목적어 잡았다.(능동문)

　　나. 도둑놈이주어 순경에게부사어 잡히었다.(피동문)

이러한 능동문과 피동문의 상호 관계 그리고 피동접미사에 의한 문장 구조의 변화는 문법 연구자에게는 주목할 만한 현상임에 분명하다. 그리고 이런 이유들 때문에 피동접미사는 그 불규칙성에도 불구하고 피동의 대표적인 표현양식으로 여겨져 왔을 것이다.

## 나. 보조용언 '지다'

보조용언은 독립된 단어로 치부되면서도 그 의미적 속성이 다분히 문법적인 것이기에 이들 단어 자체가 문법연구의 대상이 되어왔다. 특히 '지다'의 경우 어휘적인 의미를 상정하기 어려울 정도로 문법적이고 추상적인 속성을 지닌다. 일례로 아래 예문 (2)의 '지다'는 타동사 어간에 이어져 피동 표현 형성의 기능을 하는 것으로 볼 여지가 많다.

(2) 가. 재단사에 의해 바지가 줄여졌다.

　　나. 큰 수박이 조그만 조각들로 잘라졌다.

그러나 '지다'의 모든 용례가 위 (2)와 같은 피동 표현들을 형성하지는 않는다. 아래 예문 (3)에서처럼 오히려 더 많은 경우 '지다'는 피동과 무관한 표현들을 만든다.

(3) 가. 하늘이 붉어졌다.

나. 몸이 건강해졌다.

다. 그냥 옷장에 걸어 놓았는데, 바지가 모두 구겨졌어요.

위 예문 (3가)와 (3나)는 형용사와 '지다'의 결합이 단순한 상태변화를 표현하고 있음을 보여 준다. 그리고 (3다)는 타동사와 '지다'의 결합임에도 불구하고 뚜렷한 피동 양상을 표현하지 못하고 있다.

(3)을 배제한 체 (2) 유형의 문장만을 가지고 '지다'의 본질을 규명하려 한다면 그것은 명백한 오류이다. '지다'의 본질은 (2)와 (3) 전체 용례로부터 찾아져야 하며, 이들 용례에서 공통적으로 발견되는 '지다'의 의미는 '상태변화'임에 분명하다. 다만 '지다'가 일부 용례에서 '피동'과 관련되는 것은 '지다'가 표현하는 '상태변화'가 외부로부터 가해지는 타동적 작용의 결과일 때 발생하는 부수적인 현상임을 알 수 있다.

## 다. '되다'를 포함하는 구성

피동 의미는 아래 예문 (4)에서처럼 타동적 속성을 갖는 체언과 '되다'의 결합에서도 발견된다.

(4) 가. 아군 진지가 적군에 의해 점령되었다.

나. 인터넷을 통해 실로 많은 물품들이 판매되고 있다.

위 예문 (4)의 두 문장이 피동표현이 되는 것은 서술어인 '점령되다'와 '판매되다' 때문이다. 그리고 이들 서술어는 타동적 속성을 갖는 체언 '점령' 및 '판매'와 '되다'의 결합을 통해 이루어진다. 이들 서술어가 이처럼 피동 의미를 갖게 되는 것은 '되다'가 갖는 '비능동성'에 기인한다. 즉 '되다'의 '비능동성' 때문에 '점령', '판매'처럼 타동적인 체언에 내재된 능동주와 피동주 중 피동주만이 이들 서술어의 주어로 해석될 수 있기 때문이다. 그리고 이러한 추론은 '되다'에 선행하는 체언에서 타동성을 발견할 수 없는 아래 예문들이 피동문으로 해석되지 않는 현상을 통해 입증될 수 있다.

> (5) 가. 다리가 붕괴되었다.
>  나. 무려 두 시간이 경과되었다.

따라서 '체언'과 '되다'의 결합을 피동에서 기술한다면, 이들 요소의 결합이 피동을 표현하게 되는 조건을 명백히 밝혀 주어야 한다. 즉 '타동성 체언'과 '되다'의 결합에서만 피동 의미가 생성될 수 있음을 명시해야 하는 것이다.

그런데 위 (5) 유형의 문장들을 피동문으로 기술하는 데 장애가 되는 것은 이들 체언과 '되다'의 결합이 통사적인 속성도 가진다는 점이다.

> (5)′ 가. 다리가 붕괴가 되었다.
>  나. 무려 두 시간이 경과가 되었다.

(5)와 (5)′의 비교를 통해 알 수 있듯이 이들 체언과 '되다' 사이에는 조사 '-이'가 개재될 수 있는데, 이런 현상은 체언과 '되다'의 결합이 통사적인 것임을 의미한다. 그리고 이처럼 둘 이상의 요소가 통사적으로 결합해 특정 의미를 만들어 낼 경우 이를 문법에서 기술하는 것은 매우 부담스러운 일이다. 왜냐하면 이처럼 둘 이상의 형태소 혹은 단어의 결합을 통해 만들어지는 의미를 모두 문법에서 기술해야 한다면, 문법기술의 대상이 되는 표현 형태 확정이 불가능하고 이에 따라 문법기술도 불가능해지기 때문이다.

## 라. 개별 동사

피동의 의미는 다음 예문에서와 같이 피동의 속성을 나타내는 개별 동사를 통해서도 표현될 수 있다.

(6) 가. 철수는 동료들에게 많이 맞았다.

　　 나. 내가 너한테 또 당할 것 같으니?


위 예문 (6)의 경우 특정한 형태적 절차나 통사적 절차를 통해 피동문이 만들어진다고 할 수 없다. 이들 문장이 피동문이 되는 것은 동사 '맞다' 및 '당하다' 자체에 내재된 피동 의미 때문이다. 그리고 이처럼 개별 동사에 내재된 피동 의미는 전통적으로 문법에서 기술해 오지 않았다.


## 3. 기술 목적에 따른 차별화

지금까지 살핀 것처럼 우리말 피동표현으로 여겨져 온 모든 형태들은 하나같이 문법의 한 카테고리인 '피동법' 안에서 기술하기 부담스러운 것들이다. 그리고 이런 이유들 때문에 일부 문법서에서는 피동을 문법 범주로 기술하지 않고 있다.

그런데 우리가 여기서 생각해야 할 것은 문법 기술의 목적이다. 즉 문법 기술의 목적이 우리들 뇌리에 내재된 엄밀한 의미의 규칙 체계 규명에 한정된다면 굳이 이러한 규칙성이 없는 피동 표현들을 기술할 필요는 없을 것이다. 그러나 문법기술의 목적이 언어교육 등 실용적인 것이라면 앞에서 기술한 상당수의 피동 표현들을 문법에서 배제하는 것은 어리석은 일이다. 왜냐하면 능동과 대비되는 피동은 일반적으로 상정될 수 있는 인식범주임에 분명하고 많은 언어에 존재하는 문법범주이기 때문이다.

외국인에게 한국어를 가르치는 교육 현장을 상정해 보자. 피동접미사를 포함하는 피동사 및 피동 의미가 동사 자체에 내재된 개별 동사의 경우, 사전에 개별적으로 등재된 독립된 단어들이기 때문에 어휘 교육 차원에서 접근할 수 있다. 다시 말해 문법적인 기술과 설명을 하지 않아도 된다.

그러나 '타동성 체언'과 '되다'의 결합은 비록 통사적 속성을 지닌다는 한계가 있기는 하나 의미적으로 뚜렷한 피동 표현임에 분명하다. 뿐만 아니라 우리말 피동 표현 중 가장 비중이 높은 피동 표현임도 부정할 수 없다.[3] 따라서 이들의 결합을 통해 피동서술어가 만들어지고 이들 피동서술어를 포함하는 문장이 피동문이 된다는 사실은 교육적으로 충분한 활용가치가 있다. 그러므로 문법의 기술 목적이 실용성에 있다면 적어도 '타동성 체언'과 '되다'의 결합은 피동을 표현하는 방법으로서 문법 기술의 대상이 되어야 마땅하다.

만약 '타동성 체언'과 '되다'의 결합을 통해 피동 표현이 만들어진다는 사실을 기술하지 않는다면 그 대안으로 이런 절차를 거쳐 생성되는 구성 즉 '검증되다, 분해되다, 상정되다, 체포되다' 등을 독립된 단어로 사전에 기술하고 이들을 어휘 차원에서 교육해야 한다. 그러나 이들 유형의 단어 중에는 국가 차원에서 제작된 『표준국어대사전』에조차 등재되지 않은 것이 있을 정도로 그 수가 의외로 많다.[4] 따라서 교육 현장에서 그리고 어휘 차원에서 이들을 일일이 가르쳐야 한다면 그 부담은 결코 적지 않을 것이다. 반면에 이들의 구성 원리를 문법적으로 기술해 가르친다면 그 교육적 효율은 비교할 수 없을 만큼 커지게 된다. 그런데 이런 효용성 때문에 '되다'를 포함하는 피동 표현을 문법에서 기술한다면, 이와 의미 생성 원리가 유사한 '타동사어간+어 지다'나 피동 표현을 이루는 문법형태소인 피동접미사 등도 어떤 형태로든 설명해야 할 것이다. 그리고 이런 기술 태도를 통해 일정한 형태적 유사성과 차이점을 가지면서 논리적으로 동일한 의미를 나타내는 능동과 피동의 상관관계를 학습자들에게 보여주는 추가적인 소득도 얻게 된다.

---

3  이정택(2001), 145~146쪽 참조.
4  실제로 '검색하다, 밀고하다, 도축하다, 도정하다' 등은 『표준국어대사전』에 등재되어 있으나 이와 대립되는 '검색되다, 밀고되다, 도축되다, 도정되다' 등은 해당 사전에 등재되지 않았다.

## 4. 맺음말

피동은 우리말 문법의 '계륵'이라 할 만큼 그 처리가 어려운 범주이다. 우리말 피동 표현의 특성 상 이들을 엄격한 규칙의 체계로 기술하기는 어렵다. 그러나 그렇다고 해서 우리말 문법을 기술하면서 피동을 제외하기에는 현실적으로 부담이 적지 않다. 왜냐하면 피동 표현의 생성 원리를 엄격한 규칙의 체계로 기술하기는 어렵지만, 이를 기술할 때 얻을 수 있는 현실이 효용이 너무 크기 때문이다.

본고에서는 우리말 피동 범주가 갖는 이런 이중적인 속성을 있는 그대로 반영할 것을 제안했다. 즉 피동범주가 엄격한 문법의 체계가 될 수 없다 하더라도, 문법 기술의 목적이 언어교육 등 실용적인 것이라면 이를 문법 기술의 대상에 포함시켜 현실적 효용성을 추구해야 함을 주장했다.

# 참고 문헌

고영근·남기심(1985~2014), 『표준국어문법론』, 탑출판사.

기타무라 다다시(1994), 『한국어 피동 표현 연구』, J&C.

김동식(1984), "동사 '되다'의 연구", 『국어국문학』 92, 395~420쪽.

김석득(1979), "국어의 피·사동", 『언어』 4-2, 181~192쪽.

김차균(1980), "국어의 사역과 수동의 의미", 『한글』 168, 5~49쪽.

배희임(1988), 『국어피동연구』, 고려대학교민족문화연구소.

박양규(1990), "피동법", 『국어연구 어디까지 왔나』, 동아출판사, 493~499쪽.

성광수(1976), "국어 간접피동에 대하여 : 피동 조동사 '지다'를 중심으로", 『문법연구』 3, 159~182쪽.

우인혜(1997), 『우리말 피동 연구』, 한국문화사.

이기동(1976), "한국어 피동형 분석의 검토", 『인문과학논총』 9, 건국대, 25~41쪽.

이상억(1970), "국어의 사동·피동 구문 연구", 『국어연구』 26.

이익섭·임홍빈(1983), 『국어문법론』, 학연사.

이정택(2001), "피동성 표현에 관한 연구 – '되다, 받다, 당하다'를 대상으로", 『한글』 251, 한글학회, 143~166쪽.

_____(2004), 『현대 국어 피동 연구』, 박이정.

임홍빈(1978), "국어 피동화의 의미", 『진단학보』 45, 95~115쪽.

최현배(1937~1980), 『우리말본』, 정음문화사.

# 국어 연결어미 '-느라고'의 기능과 용법

이창덕(경인교육대학교)

# 1. 머리말

국어에 다양하게 발달한 동사의 활용어미는 외국어로서 한국어를 배우는 학습자뿐만 아니라 모국어 사용자들에게조차 헷갈리거나 그 문법적 기능과 용법을 합리적으로 설명하려면 어려운 경우가 많다. 국어 문법에서 이유, 목적을 나타내는 연결어미 '-느라고'가 그중 하나이다. '-느라고'는 초기 국어 문법서에서는 거의 다루어지지 않았고, 연결어미 연구 논문에서도 다른 이유와 원인을 나타내는 연결어미에 비해서 상대적으로 연구가 미진한 상태이다.

이 글에서는 기존의 국어 문법서와 연구 논문을 바탕으로 연결어미 '-느라고'의 형태적 특성과 문법적 기능을 '-느라고'의 기본 기능을 중심으로 정리하고, 그리고 실제 담화 상에서 이유, 원인을 나타내는 경우에 다른 연결어미와 비교하여 '-느라고'의 용법상 특성을 밝히고자 한다. 지금까지 '-느라고'와 관련한 논문과 문법서의 내용에서 분석한 형태적 특성과 문법적 기능을 형태적, 통사적, 의미적 특성을 중심으로 정리하고, 이유, 원인을 나타내는 국어의 다른 연결어미들과의 비교를 통해서 '-느라고'의 의미기능과 용법상의 특성을 밝혀 교육 현장에서 '-느라고'를 정확하고 자연스럽게 사용하도록 설명할 수 있는 방안을 탐색하고자 한다.

## 2. '-느라고'의 형태적 특성과 문법적 기능

### 가. '-느라고'의 형태적 특성

'-느라고'는 현재 문법적으로 하나의 형태소로 다루고 있지만 분석적 입장에서 보면 둘 이상의 형태소의 결합으로 볼 수 있다. 문법 설명의 간결성을 위해서 하나의 형태소로 처리하더라도, 기본적으로 여러 형태소가 결합된 복합형태소는 구성 형태소에 따라 의미적, 문법적으로 영향을 받게 되어 있다. 복합 형태소인 '-느라고'의 의미와 용법도 구성형태소의 의미와 문법적 제약과 연결하여 분석할 수 있다.

'-느라고'를 하위 형태소로 분석하는 것은 현실적으로 두 가지 방법이 가능하다. 하나는 '-느+라고'로 분석해서 의미적, 문법적 특성을 살펴보는 것이고, 다른 한 방법은 '-느라+고'로 분석해서 구성 요소를 살펴보는 것이다. 먼저, '-느+라고'로 나누어 보면, '-느-'는 동작의 현재성과 진행성을 드러내는 문법형태소 '-는'과 관련이 있고, '-라고'는 '-다고, -자고, -냐고, -라고'와 관련지어 볼 수 있다. 이 방식은 '-는다고', '-았다고', '-겠다고'와 관련해서 형태를 분석하는 것도 가능하다. 실제 '-느라고' 문장은 '이유'를 나타내는 연결어미 '-는다고'로 교체해도 의미와 기능에 차이가 별로 없다는 점에서 설명력이 있다.

> (1) ㄱ. 보고서 쓴다고 점심을 굶었다.
>     ㄴ. 보고서 쓰느라고 점심을 굶었다.

하지만 '-는다고'는 '이유'를 나타내는 것 외에도 간접인용을 나타내는 연결어미로도 사용되고, 또 종결어미로도 사용되는 등 실제 담화 상에서 사용할 경우 의미 혼란의 가능성이 있어[1] 선행 동작이 '이유'가 되어 후행의 결과가 나타난 것을 분명하게 드러내기 위해서는 그같은 의미 기능을 나타내는 '-느라고'를 써야 한다. 이것이 '-느라고' 문법화가 이루어진 중요 원인과 과정으로 볼 수 있다.

둘째, '-느라니까, -느라면'과 관련해서 '-느라고'의 형태를 '-느라+고'로 분석하는 것도 가능하다.[2] 백봉자(1980: 92)에서는 '-느라-'를 '동작의 진행을 나타내는 형태소'로 보고 계기적 나열형 어미 '-고'가 결합된 '-느라고'는 '전행절에 나타난 행동의 진행상 필요한 시간과 노력 때문에'란 뜻으로 쓰인다고 의미와 기능을 정리했다. 백봉자(1980)에서는 일부 사전에서 '-느라고'를 '-노라고'로 표기하여 같은 의미 형태소로 설명하고 있지만 이는 '-노-'와 '-느-'의 음운 변천 현상을 이해하지 못한 데서 오는 오류라고 보았다.

본고에서는 첫째 형태소 분류를 지지하는 입장에서 '-느라고'는 동작의 진행을 나타내는 '-느-'와 '앞의 일이 뒤의 원인이나 이유인 것을 나타내는 연결어미'인 '-다고'의 결합형태소로 보고자 한다. '-느라고'가 동사의 현재형(진행형)하고만 결합하고 종결형으로도 쓰인다는 점, '-느라고'가 완료의 '-았-'이나 추정의 '-겠-'과 결합할 수 없다는 점, '-았다고', '-겠다고'와 연계하여 '-느라고'가 '-는다고'와 함께 동사의 현재 인용 의미 기능을 갖는다는 점 때문이다.

결론적으로, 형태 분석을 바탕으로 본 '-느라고'의 기본 기능은 복문에서 앞 절의 '-느-'가 전제하는 동작(진행)을 이유, 원인으로 삼아 뒷 절의 사실적 결과를 말하는 데 사용하는 연결어미로 보는 것이 타당하다고 본다.

---

1  '-는다고'의 여러 의미에 대해서는 이희자·이종희 편(2006), 『한국어학습자용 어미·조사 사전』, 한국문화사, 147~150 쪽 참조.

2  백봉자(1980)에서는 '-느라고, -느라니까, -느라면'을 함께 연구하면서 형태소 '-느라'에 초점을 맞추어 이들 연결어미의 의미와 기능을 분석하였다.

## 나. '-느라고'의 문법적 기능

'-느라고'는 문장과 문장을 이어주는 연결어미의 하나로, '이유'를 나타내는 '-는다고'와 같은 의미 기능을 하고, '표준 국어문법' 분류에서는 어말어미의 비종결어미, 그 가운데 종속적 연결어미의 하나로 분류된다.[3] 복문에서 '앞 절의 이유, 원인을 뒷 절의 논리적 결과와 결합하는 동사의 구속형 연결어미' 중의 하나이지만 '-아서', '-니까', '-므로', '-기(때문)에' 등에 비해 주목을 받지 못하였다.[4] 1980년대 외국인들에게 한국어를 가르치면서 잠시 주목을 받기도 하였으나 본격적인 연구는 이루어지지 않았다.[5] 이은경(1996)에서는 '-느라고'를 논리적 결과 관계(비양보적 결과 관계)를 나타내는 연결어미의 하나로 분류하고 '-어서, -니까, -므로, -기에'와 함께 원인을 나타내는 연결어미로 기존 문법가들의 견해를 수용하고 있다. '-느라고'는 '조건'의 의미를 나타내는 '-면, -어야, -거든'과 '결과'의 의미를 나타내는 '-게, -도록' 등과 다르게 사실적 원인과 결과를 나타내는 연결어미의 하나로 분류하고 있다.[6]

그런데 기존의 이런 분류와 의미 설명만으로는 학습자들에게 연결어미 '-느라고'의 문법적 기능을 다른 연결어미와 변별하여 설명하고 이해하는 데 충분하지 않다. 기존의 '-느라고'의 기능과 용법을 설명하는 데 몇 가지 보완할 점이 있다.

첫째, 이유, 원인을 나타내는 다른 연결어미와 문법적, 의미적, 화용적 변별성에 대한 설명 보완이 필요하다.

---

3  남기심·고영근((2011), 『표준국어문법론』제3판, 162쪽 어말어미 분류표 참조. 최현배(1961), 『우리말본』에서는 '-느라고'를 명시적으로 다루지 않았으나 씨갈(品詞論)의 움직씨(動詞)의 이음법(接續法)의 매는꼴(拘束形)의 참일(事實)을 다루는 씨끝에 속한다고 볼 수 있다. 『우리말본』 280~319 참조.

4  박종국(1980), 『말본사전』 518~521쪽의 이음법[接續法] 설명에서 움직씨의 끝바꿈꼴에서 '매는꼴[拘束形]'에 '-느라고'가 포함되지 않았을 정도로 '-느라고'는 기존 문법서에서 주목을 받지 못했다.

5  김명희(1980), 이숙(1985)에서 '-느라고'만을 대상으로 의미적, 통사적 분석을 시도하였다.

6  이은경(1996), 국어의 연결어미 연구, 서울대 박사논문, 183~196쪽 참조.

(2) ㄱ. 대학 다녔기(때문)에 돈을 못 벌었어요.(이유)

　　ㄴ. 대학 다녔으니까 돈을 못 벌었어요.(이유)

　　ㄷ. 대학 다녀서 돈을 못 벌었어요.(이유)

　　ㄹ. 대학 다녔으므로 돈을 못 벌었어요.(이유)

　　ㅁ. 대학 다니느라고 돈을 못 벌었어요.(이유)

맥락에 따라 다 쓰일 수 있지만 위 (2)ㄱ-ㅁ의 '이유'는 각기 어감이 다르다. 맥락에 따라 판단 차이가 있지만 대화에서는 (2)ㅁ의 '-느라고' 문장이 가장 자연스럽게 느껴진다. 그런데 기존의 문법서와 교과서에는 위와 같은 문장에서 '-느라고' 이외의 다른 이유, 원인을 나타내는 연결어미는 부자연스러운지에 대한 설명이나 화용상의 유의점 등을 찾을 수 없다. 다시 말해, 기존 문법서와 연구 논문의 설명만으로는 같은 '이유', '원인'을 나타내는 연결어미 '-기(때문)에', '-아서, -니까, -므로' 등과 '-느라고'를 자연스럽게 구별하여 사용하는 데 별로 도움이 되지 않는다. 실제 한국어를 배우는 학생들에게 '-느라고'를 교육하지만 실제 담화 상황에서는 '-느라고' 사용에 자신이 없어 (2)ㅁ '-느라고' 대신에 (2)ㄱ-ㄷ의 표현을 사용하는 학생이 많다.

둘째, 앞에서 말한 바와 같이 '-느라고'를 단일 형태소로 볼 것인가, 아니면 둘 이상의 형태소가 결합한 복합형태소로 볼 것인가 설명이 필요하다. '-느라고'를 하나의 형태소로 볼 것인가, 둘 이상의 형태소의 결합으로 볼 것인가는 '-느라고'의 의미와 문법적 기능을 설명하는 데 중요한 기준이 된다. 현재 한국어 문법서나 문법 사전 등에서는 '-느라고'를 '이유를 나타내는 연결어미', '목적을 나타내는 연결어미'로 규정하고 하나의 형태소로 처리하고 있다. 하지만 시상어미 '-앗/었-'과 '-겠-'과 결합되지 않는다는 점에서 '-느-' 또는 '-느라-'의 형태적 특성과 관련한 설명이 더 필요하다고 본다. 현재처럼 '-느라고'의 하위 구성요소들의 분리가능성, 대체 가능성으로 보아 하나의 형태소로 처리하는 것이 합리적으로 보이지만, 이유의 '-는다고'가 '-느라고'와 의미와 기능이 같다면, 이유의 '-는다고'의 이형태로

'-느라고'를 설정하여 설명하는 것도 한 방법이라고 본다.[7]

(3) ㄱ. 대학 다닌다고/다니느라고 돈을 못 벌었습니다.(이유)
　　ㄴ. 학비를 댄다고/대느라고 시골 땅을 팔았다.(목적)

(3)ㄱ은 '~하는 일로 말미암아'의 뜻이 있다고 하고, 앞뒤 절의 주어가 동일해야 하고, 뒷 절에 명령문, 청유문이 올 수 없다고 규정하고 있다. 또 이유를 나타내는 경우는 '-느라고'절의 내용이 뒷 절에 부정적인 영향을 끼친다고 설명하고 있다. 이때의 '-느라고'는 '-(었)기 때문에'로 바꾸어 쓸 수 있다. (3)ㄴ은 '-기 위해'로 바꾸어 쓸 수 있다.[8]

또 '-느라고' 문장은 '이유', '목적'을 나타내는 '-는다고'와 바꾸어 사용해도 문법적으로, 의미적으로 별 차이가 없다. '목적'은 나타내는 '-기 위해서'로 바꾸어 쓸 수도 있다. 따라서 현재의 '-느라고'는 하나의 형태소로 다룰 것이 아니라 '원인'은 나타내는 것과 '목적'을 나타내는 것으로 두 개의 하위 형태소로 나누어 설명해야 한다고 본다. 동일 시간대라는 인식을 가지고는 있지만 화자의 선행 행위와 후행 행위의 인식 상의 선후가 차이가 생겨, 하나는 원인으로 하나는 목적으로 인식이 되기 때문이다.

(3)′ ㄱ. 대학 다닌다고 돈을 못 벌었습니다.(원인)
　　　ㄴ. 학비를 댄다고 시골 땅을 팔았습니다.(목적)

'-느라고'의 줄임형으로 '-느라'가 있다. '-느라'의 의미와 기능은 '-느라고'와 거의 동일하다. 실제 한국어 문법서와 교과서에도 '-느라고'의 준말이 '-느라'라고 되어 있고 문법이나 의미 설명도 같은 것으로 설명하고 있

---

7　현재 하나로 처리하고 있는 '-느라고'를 둘로 나누는 것에 대한 자세한 논의는 다음으로 미룬다.
8　이희자·이종희 편(2006), 『한국어학습자용 어미·조사 사전』, 한국문화사, 135쪽.

다. 두 어미의 문법적 제약으로 "1. 앞 절과 뒷 절의 주어가 동일해야 한다. 2. 뒷 절에 명령문이나 청유문이 올 수 없다." 그리고 의미적으로는 "앞 절 '-느라(고)'를 포함한 절의 내용이 뒷 절에 부정적인 영향을 끼친다."라고 설명하고 있는 점도 같다.[9]

그런데 이런 문법서의 설명은 엄밀히 따져보면 부정확하거나 애매한 부분이 있다. 의미적으로 "앞 절 '-느라(고)'를 포함한 절의 내용이 뒷 절에 부정적인 영향을 끼친다."고 되어 있지만 항상 그런 것은 아니다.

(4) ㄱ. 일자리 구하느라고 열심히 뛰어다녔어요.

ㄴ. 나오는 눈물을 참느라고 눈을 꼭 감고 있었어요.

ㄷ. 다섯 아이 키우고 공부시키느라 한눈 한 번 팔지 않고 열심히 살았어요.

또, '-느라고'의 줄임형태로 '-느라'를 설정하고 있지만, '-느라고'와 '-느라'는 다소 용법상의 차이가 있다. '-느라고'에 비해 '-느라'는 입말에서 더 선호되고, 또 '-느라고'는 발화나 문장의 마지막에 와서 청자 높임을 표시하기 위해 '-요'를 첨부할 수 있으나 '-느라'는 그렇게 발화나 문장 마지막에 와서 청자 높임을 표시할 수 없다.

(5) ㄱ. 어쩐 일로 여기 나와 계세요?

ㄴ. 학교 간 아이 기다리느라고요.

ㄴ′. (?)학교 간 아이 기다리느라요.

'-느라고'와 관련한 기존의 연구 논문과 사전의 설명을 인정하되, 위의 몇 가지 사항들은 새롭게 정리하고 설명을 추가할 필요가 있다. '-느라고'

---

9  이희자·이종희 편(2006), 『한국어학습자용 어미·조사 사전』. 한국문화사, 134쪽.

를 좀 더 명확하게 그리고 간결하게 설명하고 학습자로 하여금 오류 없이 사용하게 하려면 다른 이유, 원인을 나타내는 종속적 연결어미와 차이를 실제 상황 맥락에서 쓰이는 용례를 통해 다른 이유, 원인을 나타내는 연결어미와 차이를 보여주는 것이 중요하다.

## 3. '-느라고'의 용법과 변별성

### 가. '-느라고'의 기본 용법

'-느라고'의 기본 기능과 문법적 제약을 설명하려면 지금까지와는 다른 접근 방법을 시도할 필요가 있다. 형태소 분석이나 통사적 제약만을 가지고 '-느라고'의 특성을 설명하고, 한국어 학습자들이 '-느라고'를 원활하게 사용하기를 바라는 것은 무리가 있다. 먼저, '-느라고'를 '이유, 원인'을 나타내는 연결어미의 하나라고 하는데, 한국어 담화 상황에서 '이유, 원인'과 '결과'를 연결하는 여러 방식에 대해서 기본부터 검토해 볼 필요가 있다.

(6) 어제 밤 새워 숙제했다. (그래서, 그러니까, 그러므로) 한 숨도 자지 못했다.

(7) ㄱ. 어제 밤 새워 숙제해서 한 숨도 자지 못했다.

　　ㄴ. 어제 밤 새워 숙제하는 바람에 한 숨도 자지 못했다.

　　ㄷ. 어제 밤 새워 숙제했기(때문)에 한 숨도 자지 못했다.

　　ㄹ. 어제 밤 새워 숙제했으니까 한 숨도 자지 못했다.

　　ㅁ. 어제 밤 새워 숙제했으므로 한 숨도 자지 못했다.

　　ㅂ. 어제 밤 새워 숙제하느라(고) 한 숨도 자지 못했다.

(6)에서 '그래서, 그러니까, 그러므로' 등의 접속부사의 도움을 받지 않아도 앞 뒤 문장이 '이유/원인'과 '결과'로 의미적으로 연결된다는 것은 쉽게

파악된다. 단지 이들 접속부사를 사용하면 두 문장의 논리적 관계를 명시적으로 '이유/원인'과 '결과'로 묶어주는 효과가 있다. 그런데, 이유, 원인을 나타내는 연결어미들은 담화 상에서 의미와 용법이 일부는 같고 일부는 다르다. 그런데 다른 연결어미들이 앞의 절의 행위 시간과 뒷 절의 행위 시간이 달라도 연결이 가능하지만 '-느라고'는 그것이 안 된다. 달리 말해, 다른 연결어미들은 앞 절의 사실적 이유와 원인이 사실적 결과와 다른 시간대에 있어도 가능하다. 따라서 계기적 의미를 가진 '-어서/아서'를 제외하면[10] '-았/었-'을 이들 연결어미 앞에 결합할 수 있다. '-았기(때문)에, -았으니까, -았으므로'라고 말할 수 있다. 즉 이유, 원인이 먼저 존재하고 나중에 사실적 결과가 일어날 수 있다. 그러나 '-느라(고)'는 앞뒤 절의 행위가 동일 시간, 동일 주어여야만 한다.

(8) ㄱ. 어제 밤 새워 숙제하느라(고) 한 숨도 자지 못했다.

ㄴ. (?)어제 밤 새워 숙제했느라(고) 한 숨도 자지 못했다.

하나의 행위 결과를 놓고 볼 때 여러 이유, 원인이 있을 수 있는데, 이를 시간적 전후 관계로 보면 이유, 원인이 미리 존재하면 '-아서, -았으니까, -았으므로'로 연결하고, 시간적으로 나중에 존재하면 '-아서, -니까, -므로'로 연결할 수 있다. 때로는 이유, 원인이 나중에 존재하는 것은 의도, 목적으로 해석되어 '-러, -려고, -기 위해서'와 같은 목적형 연결어미를 사용할 수도 있다.

(9) 저 사람 왜 저기 올라갔니?

(10) ㄱ. 동생하고 약속해서/약속했으니까 올라갔어요.(앞 절이 선행)

---

10 '-아서/어서'는 시간적 선후 관계를 나타내는 연결어미로도 사용되는데, 명백한 시간 선후 관계를 전제하고 있기 때문에 '-았/었-' 결합이 불필요해졌다고 볼 수 있다.

ㄴ. 나무타기 연습하느라 올라갔어요.(앞뒤 절이 같은 시간)

ㄷ. 감을 따려고/따러/따기 위해서 올라갔어요.(뒷 절이 선행)

(10)ㄱ에서는 '저 사람이 올라가는 행위'보다 앞서 '동생하고 약속하는 행위'가 있었고, (10)ㄷ에서는 '저 사람이 올라가는 행위' 다음에 '감을 따는 행위'가 이루어진다. 반면, (10)ㄴ의 '-느라고' 구문에서는 '저 사람이 올라가는 행위'와 '나무타기 연습하는 행위'가 같은 시간에 이루어진다는 점이 다르다. 물론 일상 언어 사용에서는 때로는 이유와 목적의 구분이 엄격하게 구별되는 것이 아니라 서로 중첩되는 의미 구간이 발생하기도 한다.

(11) ㄱ. 나무타기 연습하느라 올라갔어요.

ㄴ. 나무타기 연습하려고(연습하기 위해서) 올라갔어요.

이렇게 원인과 결과는 계기적 연결에서 사건 시간과 발화 시간의 선후 관계에 따라 원인이 되기도 하고 목적이 되기도 하는 것이 일반적 언어 사용의 원리이기도 하고, '-느라고' 없이도 인과 관계를 설명하는 것이 가능한 이유가 되기도 한다.

그런데, 위에서 살펴본 바와 같이 앞뒤 문장을 원인과 결과로 연결하는 여러 연결어미들이 있음에도 불구하고, 화자가 동일 주어의 동일 시간대의 두 사건을 원인과 결과로 인식하여 표현하고 싶을 때 '-느라고'가 가장 효과적이다.

(12) ㄱ. 딴 생각 하느라 선생님 말씀을 못 들었습니다.

ㄴ. 선물 보따리 풀어보느라 정신이 없습니다.

실제 같은 시간대(동일 시간)에 하나의 행위가 하나의 결과를 낳을 때, 한 가지 일을 하므로 다른 일을 할 수 없을 때, 한 가지 일을 하는 것과 관련하여 의미를 해석할 때 '-느라고'는 다른 원인과 결과를 연결하는 연결어미보다 더 효과적인 연결어미로 사용된다.

## 나. '-느라고'의 통사적 제약

동일 시간에 동일 주어의 앞 절 행위가 원인이 되고, 뒷 절이 그 사실적 결과로 해석이 될 때 '-느라고' 연결어미가 사용된다는 점을 고려하면 그 통사적 제약을 추론할 수 있다. '-느라고'의 통사적 제약은 이숙(1985)에서 이미 세 가지 제약 조건을 설정했다. 시상어미 '-았/었-, -겠-, -더-'와 결합 제약이 있다는 것, 뒷 절 동작 시간은 앞 절 동작이 진행되는 시간적 배경이 되어야 하므로 동일 동작주(주어)이어야 한다는 것, 뒷 절의 문형(문장종결형)이 명령문이나 청유문이어서는 안 된다는 것 등에 대해서 밝혔다.[11] 이 글에서는 이숙(1985)에서 시상의 제약, 동일 주어 제약, '-느라고' 뒷절의 문형 제약을 '-느라고'의 통사적 제약으로 설정한 것에 대해서 수용하면서도 그 제약의 조건의 순서와 설명 방식을 다소 달리해서 설명하고자 한다.

첫째, 앞 절의 주어와 뒷 절의 주어가 동일 인물이어야 하고, '-느라고'와 결합하는 동사는 의도적 행위여야 한다는 점이다. 즉 앞 절의 주어가 반드시 사람이어야 하고 그 행위가 의도적 행위이어야 한다. '-느라고'가 연결하는 앞 뒤 문장이 동일한 동작주이어야 한다는 제약 설명을 이숙(1985: 139)에서 "뒷 절 동작의 시간은 앞 절의 동작이 진행되는 시간적 배경이 되어야 한다.", "한 사람의 동작이 다른 사람의 동작을 진행시키기 위해 시간적으로 겹쳐지는 배경이 되기 부자연스럽다."는 설명만으로는 불충하다. (13)ㄷ의 '(?)그가 노래 연습하느라고 내가 밤새 잠을 못 잤다.'와 같은 문장은 한 사람의 동작이 다른 사람의 행위 결과가 되지만 '-느라고'로 연결할 수 없다. 또 '-느라고'가 자연스럽게 쓰인 경우에도 후행절이 반드시 선행절의 배경이라고 보기 어려운 경우도 많다.

---

11 이숙(1985), 138~141쪽 참조.

(13) ㄱ. 보고서 쓰느라 잠을 못 잤다.

　　ㄴ. 선물 보따리 푸느라 정신이 없다.

　　ㄷ. (?)그가 노래 연습하느라고 내가 밤새 잠을 못 잤다.


　(13)ㄱ, ㄴ에서 보면, 후행절이 앞 절의 시간적 배경이라고 보기 어렵다. 오히려 한 사람이 특정 시간에 어떤 행동을 할 때 그것에 대해서 동일 시간에 일어나는 원인 행동과 사실적 결과로 설명하든지, 같은 시간에 이루어지는 행위와 해석, 목적 행동과 수행 행동으로 설명하는 것이 타당하다고 본다. 즉, 동작주의 의도적 행위가 진행되는 동안 두 가지 일이나 사태를 원인과 결과, 의도와 목적으로 인식하고 연결하여 표현하는 방식이 '-느라고'라고 보아야 한다. 실제 문법서나 교과서에 '-느라고'는 앞뒤 절의 주어가 같고 서술어가 동작동사여야 한다고 설명하는 것은 뒷 절의 서술어가 동작동사가 아니어도, 동작의 결과가 없어도 가능하다는 점에서 문제가 있다.

　둘째, '-느라고'는 동작동사의 어간에만 결합이 가능하고 그 동작은 사실성, 동시성, 진행성이어야 한다. 이 제약 조건은 형태소 분석에서 이미 밝힌 바와 같이 동작의 현재성, 진행성을 드러내는 형태소 '-느-'의 결합 제약 때문이다. 국어의 형용사, 즉 상태동사는 진행성을 가지고 있지 않으므로 '-느-'와 결합할 수 없고 따라서 '-느라고'와 결합할 수 없다.


(14) ㄱ. (?)오후에 한가하느라 집안 청소를 했다.

　　ㄴ. (?)기분이 슬프느라 내내 눈물을 흘렸다.


　(14)ㄱ, ㄴ은 분명히 같은 시간대를 두고 진술하고 있지만 형용사는 '-느라고'와 결합할 수 없다. 동일 시간, 동일 주어의 의도적 행위 진행이 되고, 앞뒤 문장이 '원인이나 목적'과 사실적 결과로 되어 있어야 '-느라고' 결합이 가능하다.

　셋째, '-느-'가 현재, 진행, 서실법을 나타내므로 '-느라고'는 시상어미

'-았/었-(완료/과거), -겠-(추정/미래), -더-(회상/과거기준 시점 진술)'와 결합할 수 없다. 이숙(1985: 139)에서는 단순히 "앞 절 동작의 진행상을 표현하므로 그 외 다른 시상접미사 불필요하다."고 했는데, 이것만으로는 설명이 불충분하다. 의미는 다소 다르지만 동시 동작의 진행을 나타내는 '-(으)며', '-고', '-는데'의 경우 진행상을 나타내지만 '-았/었-, -겠-'과 결합이 가능하다. '-느라고'의 '-느-'가 '-는다고'의 현재형 진행형 형태소 '-는-'과 같은 기능을 수행하므로 '-았는다고, -겠는다고, -더는다고'의 결합형이 불가능한 것처럼 '-았/었느라고, -겠느라고, -더느라고'의 결합형태가 나타날 수 없는 것으로 설명하는 것이 더 설명력이 있다.

넷째, 뒷 절의 문형(문장종결형)이 명령문이나 청유문은 올 수 없다. 이 제약은 '-느라고'가 동일 동작주의 의도 행위가 원인과 사실적 결과로 해석될 때 사용되는 연결어미라는 기본 문법 기능만으로 제약 조건이 설명 가능하다. 명령문이나 청유문은 아직 일어나지 않은 행위를 청자에게 요구하는 것이므로 사실적 결과로 해석이 될 수 없다. '-느라고'의 후행절은 사실적 결과에 대한 서술이거나 그것에 대한 의문 제기이므로 당연히 서술형이나 의문형 종결어미가 와야 한다.[12]

(15) ㄱ. 유리창 닦느라고 창틀에 올라갔다.(서술문)

ㄴ. 유리창 닦느라고 창틀에 올라갔니?(의문문)

ㄷ. 유리창 닦느라고 창틀에 올라갔구나!(감탄문)

ㄹ. *유리창 닦느라고 창틀에 올라가라.(명령문)

ㅁ. *유리창 닦느라고 창틀에 올라가자.(청유문)

(15)ㄷ의 감탄문은 표준 문법에서 별도의 문장유형으로 다루고 있지만, 문장종결법(문말서법)의 분류 기준인 '행위 요구 있음/없음'과 간접인용에

---

12 (15)의 예문에서 보이는 제약 조건은 이숙(1985: 140)에서 이미 제시한 바 있다.

서 인용 형태로 볼 때 서술문의 하나로 보아야 한다. 따라서 '-느라고' 문장의 뒷절 문장 종결형의 제약은 평서형, 의문형으로 끝나야 한다고 고쳐 제시할 필요가 있다.

## 다. '-느라고'의 변별성

'-느라고'의 문법적 기능을 이유, 원인을 나타내는 종속적 연결어미와 의도, 목적을 나타내는 종속적 연결어미 두 가지로 규정할 때, '-느라고' 이외의 이유, 원인은 나타내는 연결어미, 의도, 목적을 나타내는 연결어미와 어떻게 다르게 사용되는지 설명하는 것이 필요하다. '-느라고'는 복문의 종속 접속문에 사용되는 연결어미의 하나여서 다른 종속적 연결어미와 비교하려면 종속 접속의 원리에 대해서 먼저 살펴볼 필요가 있다.

최현배(1961:799-826)에서 "둘 이상의 홑월이 그 꼴에서 서로 얽히어서 한 덩이가 된 월을 겹월複文이라고 한다."하고, "홑월이 모여서 한 낱의 겹월을 이루었다 함은, 그 조각조각의 홑월이 뜻으로만 서로 관계가 있을 뿐만 아니라, 그 말의 틀形式에서 서로 관계가 있음이니"라고 하여 의미와 형식 두 조건에서 두 문장이 하나로 된 것임을 강조했다. 겹월을 "그 마디의 어우름의 모양을 따라, 가진 월包有文, 有屬文, 벌린 월並列文, 이은월連合文의 세 가지"로 나누었다. 『우리말본』에서 '-느라고'를 직접 다루지 않았지만 연합문의 한 가지를 연결하는 연결어미로 볼 수 있다.

국어의 문장과 문장을 접속하는 문장 접속 연결어미는 그 수가 많고 통사적, 의미적 특성에 따라 학자들의 분류도 다양해서 서로 비교해서 다루기가 쉽지 않다. '-느라고'를 앞 절의 이유, 원인과 뒷 절의 사실적 결과를 이어주는 연결어미로 보면, 이에 관련한 학자들의 용어는 다양하다. '까닭, 참일 매는꼴(사실구속형), 인과관계, 이유/원인' 등으로 다양한 명칭을 사용했다.[13] 이 글에서는 비교적 최근 연구인 이은경(1996)의 분류에 따라 종속적

---

13 국어 연결어미들의 통사적 특성과 의미적 관계에 대해서는 이은경(1996) 3장, 4장 참조할 것.

으로 이어진 문장의 시간적 의존 관계와 의미적 관계에 따라 나누는 방식을 취하고[14], 의미적 의존 관계 하위분류 가운데 [원인], [조건], [결과] 중 '원인'에 해당하는 연결어미들과 차이를 비교하기로 한다.

### 1) '-느라고'가 '원인'을 나타내는 다른 연결어미와 차이점

최현배(1961:315)에서는 움직씨(동사)의 이음법(접속법)에 매는꼴(구속형)의 하위분류로 '참일(매는꼴)'을 정하고, '-(으)니까, …, -어서, -(으)므로, -기에(-기로)' 등을 연결어미의 예로 들었다. 이은경(1996)에서도 시간 의존관계와 의미 의존관계 모두에서 '원인' 범주를 정하고 대표적 연결어미로 '-아서, -니까, -므로, -기에, -느라고'를 들고 있다. 조건, 결과 등을 나타내는 다른 연결어미와는 통사적, 의미적으로 '-느라고'와 차별성이 뚜렷하므로 여기서는 '-아서, -니까, -므로, -기에'만을 가지고 의미적, 통사적 차이를 설명하기로 한다.

첫째, 의미적으로는 앞 절의 사실적 원인이 되고, 그것이 뒷 절의 사실적 결과를 가져왔을 때 이들 종속적 연결어미가 쓰이는 것은 같지만, '-느라고'는 다른 '원인' 연결어미와 달리 반드시 앞뒤 문장이 동일 주어여야 하고, 동작동사하고만 결합한다는 점이 다르다.

(16) ㄱ. 나는 대학원 다니느라고 취미생활을 즐길 여유가 없었다.

ㄴ. *형이 대학에 다니느라고 동생이 대학에 가지 못했다.(앞뒤 절의 다른 주어)

ㄷ. *어제 저녁에 여러 가지로 바쁘느라고 연속극을 보지 않았다.(형용사)

---

14 이은경(1996)에서는 두 문장의 의미관계를 의존적 관계와 독립적 관계로 나누고, 의존적 의미 관계를 시간적 의존 관계와 의미적 의존 관계로 나누었다. 시간적 관계를 시간만 나타내는 경우, 시간을 나타낼 수 있는 경우, 시간과 무관한 경우로 나누고, [선행], [원인], [양보], [결과]로 분류했다. 이은경(1996) 4.2

둘째, '-느라고'는 후행절과 반드시 같은 시간대의 원인과 결과를 가져야 한다는 점이 다른 원인 연결어미와 다르다. '-느라고'는 앞 절의 행위가 동시간대에 뒷 절의 사실적 결과를 빚어내는 원인으로서 현재성, 진행성을 요구하므로 뒷 절보다 앞선 행위는 결합이 불가능하다. 자동적으로 '-았/었-'과 결합도 허용하지 않는다.

(17) ㄱ. 열심히 공부해서/했기(때문)에/했으므로/했으니까 좋은
　　　성적을 받았다.
　　ㄴ. *열심히 공부하느라고 좋은 성적을 받았다.
　　ㄷ. *열심히 공부했느라고 좋은 성적을 받았다.

셋째, '-느라고'는 앞 절의 사실적 행위가 원인으로 작용하여 같은 시간에 뒷 절의 사실적 결과를 필연적으로 만들어내는 것을 나타내므로 부정, 추정 등의 의미를 나타내는 형태소와 결합하지 않는다.

(18) ㄱ. 밥을 안 먹어서/먹었기에/먹었으므로/먹었으니까 배가
　　　고프다.
　　ㄴ. *밥을 안 먹느라고 배가 고프다.
　　ㄷ. *밥을 먹겠느라고 배가 고프다.

넷째, '-느라고'는 앞 절뿐만 아니라 뒷 절에도 사실적 결과를 필연적으로 요구하므로 뒷 절의 문장종결형으로 명령형과 청유형을 허용하지 않는다.

(19) ㄱ. 최선을 다 했으니까/했으므로 결과를 기다려라/기다리자.
　　ㄴ. *최선을 다 하느라고 결과를 기다려라.
　　ㄷ. *최선을 다 하느라고 결과를 기다리자.

뒷 절의 문장 종결형에 서술형과 의문형만 허용하고, 명령형과 청유형을 허용하지 않은 것은 '-아서/어서'와 같지만, '-아서/어서'는 시간적 선후 관계가 앞서고, 형용사와 결합이 가능하다는 점에서 다르다. '-기(때문)에'도 뒷 절에 명령형, 청유형이 오는 것이 어색한데 대체로 부정적 결과를 말해 앞 절의 내용이 부정적 원인으로 작용하는 경우가 많다는 점이 다르다.

### 2) '-느라고'가 '목적, 의도'를 나타내는 연결어미와 차이점

'-느라고'가 '목적/의도'의 의미를 갖는 경우는 '원인'의 의미를 갖는 경우와 비교하면 '-느라고'와 결합된 동작동사의 행위가 원인이 아니라 오히려 뒷 절 행위의 목적이 되는 의미 관계 구조이다.

> (20) ㄱ. 학비를 대느라고 시골 땅을 다 팔았다.
>
>    ㄴ. 돼지를 키우느라고 먹이를 구하러 다녔다.[15]

(20)의 '-느라고' 구문은 목적, 의도를 나타내는 '-(으)려고', '-기 위해(서)'로 바꾸어 쓸 수 있다.

> (21) ㄱ. 학비를 대려고/대기 위해서 시골 땅을 다 팔았다.
>
>    ㄴ. 돼지를 키우려고/키우기 위해서 먹이를 구하러 다녔다.

(20)ㄱ, ㄴ과 (21)ㄱ, ㄴ이 의미와 사용상의 기능에서 별 차이가 없다. 다만 '-(으)려고', '-기 위해(서)'는 앞 절의 행위를 다른 시간대의 결과, 즉 뒷 절의 행위의 결과로 이루고자 하는 목적과 의도로 화자가 인식하는 반면 '-느라고'는 앞 절의 행위와 뒷 절의 행위가 동일 시간 대로 인식하여 표현하고 있다는 점에서 차이가 있다. 동일 주어(동작주)를 요구하고 동작동사하고

---

15 이 예문은 이희자·이종희 편(2006) 135쪽에 있는 것을 그대로 실었다.

만 결합하는 점에서 '-(으)려고', '-기 위해(서)'와 '-느라고'는 공통점이 많지만 시간적 선후 인식에서는 분명한 차이를 보인다.

종합해 보면, '-느라고'는 '원인'을 나타내는 연결어미 가운데 가장 통사적 제약이 많은 연결어미이다. 형태적, 의미적으로 '이유'를 나타내는 '-ㄴ/는다고'와 관련이 깊고, 시간적 선후 인식으로는 화자가 앞뒤 두 절의 행위를 동일 시간대로 인식한다는 점에서 통사적 제약뿐만 아니라 의미적 제약도 가장 많이 받는 연결어미이다. 그럼에도 불구하고 '-느라고'의 강점은 동일 주어의 동일 시간대의 행위를 사실적 원인과 결과로 연결하는 데는 가장 자연스럽고 적절한 연결어미로 인식되고 실제 대화적 장면에서 많이 사용이 된다는 점이다.

> (22) ㄱ. 밀린 보고서 쓰느라고 밤을 꼬박 새웠다.
>
>     ㄴ. 휴대전화로 음악 듣느라고 자동차 오는 소리를 못 들었다.
>
>     ㄷ. 선물 꾸러미 풀어보느라고 정신이 없다.

(22)ㄱ처럼 동일 시간대에 일어나는 두 행위 간의 원인과 결과(또는 목적과 시도/의도)를 나타내거나, (22)ㄴ처럼 같은 시간대에 한 행위를 해서 다른 한 행위를 할 수 없게 되었거나, (22)ㄷ처럼 한 시점에 일어나는 행위를 화자가 해석하거나 정황을 설명하는 내용이 뒷 절에 올 경우에는 '-느라고'가 가장 적절한 연결어미로 선택된다.

## 4. 맺음말

지금까지 국어 복문의 종속적 연결어미의 하나인 '-느라고'의 문법적 기능과 사용상의 특성에 관해 살펴보았다. '-느라고'의 형태적 특성과 통사적 제약으로 볼 때, '-느라고'는 '이유'의 의미를 갖는 '-ㄴ/는다고'와 같은 기능을 수행하는 종속적 문장 접속 연결어미 중의 하나임을 밝혔다. '-ㄴ/는다고'가 인용 등의 다른 의미 기능으로도 사용되고 있어 동일 주어의 사실적 행위가 원인이 되고, 사실적 결과를 낳게 될 때 '-느라고'가 더 효과적으로 쓰임을 알 수 있었다. 종속적으로 연결되는 두 문장의 의미 관계, 시간적 선후 관계로 볼 때 '-느라고'는 '원인'과 '목적' 두 가지의 하위 의미 기능을 갖는다는 것을 확인했다.

실제 담화 상에서 '-느라고'가 담당하는 기능 영역이 넓거나 다양하지는 않지만, 앞 뒤 두 문장의 동작행위의 의미 관계가 '동일 시간대'의 '사실적 원인'과 '사실적 결과'로 인식되거나, 동일 시간대에 이루어지는 '목적 행위'와 '시도(의도) 행위'로 인식될 때는 가장 강력하고 효과적인 연결어미임을 알 수 있었다.

'-느라고'는 '이유/원인'의 의미 기능을 갖는 종속적 연결어미 '-(으)니까, -아서/어서, -(으)므로, -기에(-기로)' 등과 의미적으로, 통사적으로 다른 점을 점검하였고, 줄임형으로 '-느라'가 사용되지만 '-느라'는 존대첨사 '-요'와 결합할 수 없고, '목적'과 '의도'의 의미 기능을 갖는 '-(으)려고', '-기 위해(서)'와 화자의 시간 인식에서 차이가 있음을 예문을 통해 밝혔다.

한국어 문법은 다양한 어미와 조사의 형태적, 통사적 특성을 알게 되면 중요한 핵심을 거의 다 파악했다고 해도 과언이 아닐 정도로 활용어미와 조사는 어렵고 연구할 것이 많다. 특히 한국어 동사의 다양한 활용어미들은 외국어로서 한국어를 배우는 학습자들에게는 거의 넘을 수 없는 장벽에 가깝다. 앞으로 국어의 다양한 어미들에 대한 연구, 사용 맥락에 바탕을 둔 연구, 학습자들의 소통 능력을 향상시킬 수 있는 실용적인 연구가 많이 나오기를 기대하며 맺는다.

# 참고문헌

국립국어원(1999), 『표준국어대사전』. 두산동아.

권경희(1990), 연결어미로 구성된 현대 국어 접속문, 『언어와 언어교육』 5, 185~203쪽.

권재일(1983), 현대국어 접속문 어미 연구, 『언어학』 제6호, 한국언어학회. 3~21쪽.

김명희(1980), 연결어미 /느라고/의 통사적 의미적 제약, 『이화어문논집』 제3집, 197~203쪽.

남기심, 고영근(2011), 『표준국어문법론』, 제3판. 탑출판사.

노대규(1996), 『국어의 입말과 글말』, 국학자료원.

박종국(1980), 『말본사전』, 정음사.

백봉자(1980), 연결어미 '-느라고, -느라니까, -느라면'의 의미와 기능, 『말』 5집, 77~94쪽.

서태룡(1990), 활용어미. 『국어연구 어디까지 왔나』 서울대 국어교육연구회 편. 345~357쪽.

신기철·신용철(1989), 『새우리말큰사전』, 삼성출판사.

유현경(1985), 접속문의 통사적 특질 연구. 연세대대학원 석사학위논문.

이상복(1981), 연결어미 '-아서', '-니까', '-느라고', '-므로'에 대하여, 『배달말』 5. 배달말학회,
       55~80쪽.

이 숙(1985), 연결어미 '-느라고'의 의미적, 통사적 분석. 『말』 10집, 125-145쪽.

이숭녕(1975), 『(현대)국어대사전』, 한서출판사.

이은경(1996), 국어의 연결어미 연구, 서울대대학원 박사학위논문.

정정덕(1986), 국어 접속어미의 통사·의미론적 연구, 한양대대학원 박사학위논문.

최현배(1961), 『우리말본』, 정음사.

Asher R. E. & Simpson J. M. Y.(1994), *The Encyclopedia of Language and Linguistics.*
       Oxford· New York·Seoul·Tokyo: Pergamon Press. vol.9. pp. 4629~4640.

Beaugrande, R.(1991), *Lingistic Theory: The Discourse of Fundamental Works.* London
       and New York: Longman.

Bolinger, D.(1977), *Meaning and Form.* London: Longman.

Mithun, Marianne(1992), The role of motivation in th e emergence of grammatical
       categories: the grammaticization of subjects. in Elizabeth Closs Traugott and
       Bernd Heine(eds)(1992) *Approaches to Grammaticalization. vol II.* 159-184.

Amsterdam/Philadelphia: John Benjamins Publishing Company.

Quirk, R., Greenbaum, S., Leech, G. & J. Svartvik(1985), *A Grammar of Contemporary English,* London: Longman.

# 문장 구성을 제약하는
# 통사 부사의 용법

한길(강원대학교)

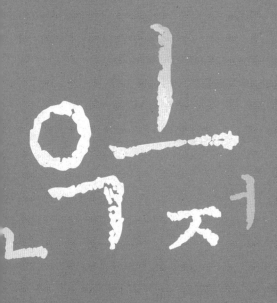

# 1. 들머리

대다수의 부사들은 문장에서 수식어인 부사어로 쓰이어 뒤에 놓이는 피수식어를 의미적으로 한정하는 역할을 하는 것이 주 임무이다. 그러나 일부 부사들은 이 기능 외에 문법 범주에 영향을 미치거나 문장 구성에 주도적으로 관여하기도 한다. 이런 부사가 통사 부사에 해당함은 이미 한길(2012, 2013)에서 주장한 바 있다.

통사 부사 가운데 문법 범주에 제약을 가하는 것으로서 '미처'를 예로 들면, 부정법에 영향을 미쳐 부정문에서만 쓰이는 제약이 있다. 따라서 '미처'가 긍정문에 쓰이면 부적격한 문장이 된다.

> (1) ㄱ. 술이 **미처** 준비가 **안** 되었다.
> ㄴ. *술이 **미처** 준비가 되었다.

'미처'가 수식어로 쓰이지 않으면 (1)ㄴ도 적격한 문장이 되지만, '미처'가 수식어로 쓰임으로 말미암아 (1)ㄴ이 부적격한 문장이 되었다. 이는 '미처'가 문법 범주인 부정법에 영향을 미쳐 부정문만을 가려잡는 통사적 기능을

수행하고 있음이 확인된다.[1]

통사 부사 가운데 문장 구성에 제약을 가하는 것들도 있다. 특정의 문장 성분을 요구하는 '훨씬'은 '비교의 대상보다'란 보충어를 반드시 필요로 한다. 따라서 '훨씬'이 수식어로 쓰인 문장에서 이 보충어가 쓰이지 않으면 부적격하거나 불완전한 문장이 된다.

(2) ㄱ. 한글이 **알파벳보다 훨씬** 쉽다.

　　ㄴ. #[2]한글이 **훨씬** 쉽다.

(2)ㄴ에서 '훨씬'이 수식어로 쓰이지 않으면 적격한 문장이지만, '훨씬'이 쓰임으로서 불완전한 문장이 되었다. 완전한 문장이 되기 위해서는 (2)ㄱ과 같이 '한글'의 비교 대상인 '알파벳보다'란 보충어가 반드시 놓여야만 하는 제약이 따른다. 곧 문장에서 '훨씬'이 수식어로 적격하게 쓰이기 위해서는 '비교의 대상보다'란 보충어가 반드시 요구된다.

통사 부사 중에 특정의 문장 성분을 요구하는 것 이외에 문장 구성에 제약을 가하여 복문 중 접속문만을 가려잡는 부사들이 있다. 어떤 부사는 접속문에서 선행절에만 놓여야 하고, 또 어떤 것은 후행절에만 놓여야 하며, 어떤 것은 선행절에도 놓일 수 있고 후행절에도 놓일 수 있어 선·후행절을 다 가리지 않고 오직 접속문만을 가려잡기도 한다. 이런 부사를 문장 구성 제약 통사 부사라 하기로 한다.

'하도'는 문장 구성 제약 통사 부사로서, 반드시 접속문에서 쓰여야 하며, 접속문에서도 선행절에만 쓰이는 제약이 따른다. 또한 접속어미에도 영향을 미쳐 특정의 접속어미만을 가려잡는다.

---

1  문법 범주에 영향을 미치는 통사 부사 중에는 부정법만이 아니라 의향법, 시제법, 높임법, 사동법 따위에 영향을 미치는 것들도 있다.

2  '#' 표시는 불완전한 문장을 나타낸다.

(3) ㄱ. **하도** 기가 막혀**서** 말이 안 나온다.

　　 ㄴ. 날씨가 **하도** 더우**니까** 장사가 안 되네.


　(3)에서는 '하도'가 접속문의 선행절에 놓였고, 접속어미가 〈이유나 원인〉을 나타내는 '-어서, -니까'가 놓였기 때문에 적격한 문장이 되었다. '하도'가 문장에서 수식어로서 적격하게 쓰이기 위해서는 이와 같은 조건을 충족시켜야 하는 통사적 제약이 따른다.

　이 글에서는 문장 구성 제약 통사 부사를 놓이는 위치에 따라 분류하고, 부사마다 어떤 통사적 제약이 따르는가를 규명하고자 한다.


## 2. 문장 구성 제약 통사 부사의 설정


　부사는 문장성분으로 부사어가 되어 뒤에 놓이는 문장성분이나 문장 전체를 수식하는 기능을 수행하지만, 일부 부사는 이 외에도 문장 구성에 영향을 미치기도 한다. 이를테면 '가령'은 단문에서는 쓰이지 않고 복문에서만 쓰이는 제약이 따른다. 복문 중에서도 접속문에서만 수식어로 쓰이며 접속문을 구성하는 선행절과 후행절 중에 반드시 선행절에서 쓰여야 하는 통사적 특성을 보인다. 따라서 '가령'은 접속문의 선행절만을 가려잡고 그 밖의 자리에 놓이면 부적격해진다.

　부사 가운데 '가령'과 마찬가지로 복문만을 가려잡는 부사를 보면, 선행절만을 가려잡는 것, 후행절만을 가려잡는 것, 선행절이나 후행절에 관계없이 접속문만을 가려잡는 것들로 나눌 수 있다.

　접속문의 선행절만을 가려잡는 부사에는 '만일'을 포함하여 '가령', '그까지로', '막상', '비록', '설령', '아무리', '제아무리', '하도', '어찌나', '행여' 등이 있다. 이들 부사는 접속문의 선행절만을 가려잡지만, 모든 접속문의 선행절에 수식어로 놓일 수 있는 것은 아니고, 접속어미에도 제약을 미쳐,

부사의 의미적 특성에 따라 특정의 접속어미만을 가려잡는 제약이 따른다. 이들 부사가 수식어로 쓰이기 위해서는 이와 같은 제약이 따르지만, 대다수의 이들 부사가 접속문을 구성하기 위한 필수적 성분은 아니어서 삭제되더라도 문법성에 영향을 미치지는 않는다. (4)에서 '만일'이 수식어로 적격하게 쓰이기 위해서는 ㄱ과 같은 문장 조건(접속문이어야 하고, 선행절에 놓여야 하며 접속어미가 '-다면'이어야 함)을 갖추어야 하지만, ㄱ에서 '만일'은 필수적 성분이 아니기 때문에 삭제되더라도 ㄴ과 같이 적격한 문장이 된다.

(4) ㄱ. **만일** 네가 간다면 나도 가겠다.

ㄴ. 네가 간다면 나도 가겠다.

그러나 (5)에서 '어찌나'가 수식어로 적격하게 쓰이기 위해서는 ㄱ과 같은 문장 조건(접속문이어야 하고, 선행절에 놓여야 하며 접속어미가 '-ㄴ지'이어야 함)을 갖추어야 하지만, ㄱ에서 '어쩌면'이 문장 구성에 필수적 성분이기 때문에 삭제되면 ㄴ과 같이 부적격한 문장이 된다.

(5) ㄱ. 저 아이는 **어찌나** 고집이 센지 아무도 그 고집을 꺾을 수가 없다.

ㄴ. *저 아이는 고집이 센지 아무도 그 고집을 꺾을 수가 없다.

이와 같이 접속문의 선행절에만 놓이는 부사들은 부사마다 가려잡는 접속어미의 종류, 문장에서 필수적 성분이냐 아니냐가 다름을 알 수 있다.

접속문의 후행절만을 가려잡는 부사에는 '대뜸', '부득이', '이내', '이윽고', '차라리', '하물며', '작히', '실實은' 따위가 있으며, 이들 부사마다 가려잡는 접속어미의 종류가 다르다.

(6) ㄱ. 학생들이 질문만 하**면** 선생님은 **대뜸** 화부터 내신다.

ㄴ. 하늘이 캄캄해지**더니 이윽고** 소나기가 내리기 시작하였다.

(6)ㄱ에서 '대뜸'은 접속문의 후행절에 놓였고 접속어미가 '-면'이기 때문에 적격하게 쓰였다. 만일 이 조건 중 어느 하나라도 만족시키지 않으면 부적격해진다. 단 접속어미로는 '-면'만이 아니라 '-더니', '-면서', '-고', '-자' 등을 가려잡는 제약을 지닌다. (6)ㄴ에서 '이윽고'도 접속문의 후행절에 놓였고 접속어미가 '-더니'이기 때문에 적격하게 쓰였다. 만일 이 조건 중 어느 하나라도 만족시키지 않으면 부적격해진다. 단 '이윽고'가 가려잡는 접속어미로는 '-더니'만이 아니라 '-자', '-다가', '-어서', '-고' 따위가 있다.

접속문의 선행절에도 놓일 수 있고 후행절에도 놓일 수 있어, 접속문만을 가려잡을 뿐 선·후행절을 가리지 않는 부사에는 '딱히', '마침', '오죽', '여북' 등이 있다.

(7) ㄱ. 철수가 **오죽** 피곤하**면** 눈 뜬 채 졸고 있겠어요?
　　ㄴ. 마음만이라도 편하게 살**면 오죽** 좋겠어?

(7)ㄱ의 '오죽'은 접속문의 선행절에 놓였으며, (7)ㄴ의 '오죽'은 후행절에 놓였지만 적격한 문장이 되었다. 곧 '오죽'은 접속문만을 가려잡을 뿐이고 놓이는 위치는 선행절, 후행절을 가리지 않는다. '오죽'이 가려잡는 접속어미로는 선행절에 놓이느냐 후행절에 놓이느냐에 따라 약간 차이를 보인다. '오죽'이 선행절에 놓이는 경우 주로 '-으면'을, 후행절에 놓이는 경우 '-으면'이나 '-으니', '-으니까'를 가려잡는 특성을 보인다. '오죽'은 수식어로 쓰이지만 문장에서 삭제되면 부적격한 문장이 되거나 적격하더라도 의미가 다른 문장이 된다.

(8) ㄱ. 철수가 피곤하**면** 눈 뜬 채 졸고 있겠어요?
　　ㄴ. 마음만이라도 편하게 살**면** 좋겠어?

곧 '오죽'이 수식어로 쓰인 (7)은 형식상으로는 의문문이지만 내용상으로는 서술문으로 해석되는 수사의문문이고 '오직'이 쓰이지 않은 (8)은 수사의문문으로 해석되더라도 (7)과는 의미가 달라지거나 수사의문문으로 해석되지 않는다.

이와 같이 접속문만을 가려잡는 부사들일지라도 접속문 안에서의 놓이는 위치 제약이 다르기도 하며, 가려잡는 접속어미의 종류 제약에서 차이를 보인다. 이들 부사가 비록 수식어로 쓰이지만 문장에서 필수적 문장성분으로 쓰여 삭제될 수 없는 것도 있기 때문에 접속문을 가려잡는 부사마다 어떤 통사적 특성을 보이는가를 밝힐 필요성이 제기된다.


## 3. 선행절을 가려잡는 통사 부사

접속문의 선행절만을 가려잡는 부사에는 '만일', '가령', '그까지로', '막상', '비록', '설령', '아무리', '제아무리', '하도', '어찌나', '행여' 등이 있지만, 3장에서는 '아무리'와 '어찌나'만으로 한정하여 통사적 특성을 밝히기로 한다.


### 가. 아무리[3]

〈어떻게 하여도, 암만하여도〉의 뜻을 나타내는 부사 '아무리'는[4] 접속문의 선행절에만 놓일 수 있는 제약이 있다. 접속문의 후행절이나 단문에서는 쓰이지 않는 제약이 있다.

(9) ㄱ. 태산이 **아무리 높아도** 하늘 아래에 있다.

---

3  '아무리'와 의미와 용법이 거의 같은 것으로 '암만'이 있다. '암만'은 주로 구어체에서 쓰인다.

4  '아무리'는 부사만이 아니라 〈결코 그럴 리가 없다는 뜻〉의 감탄사로도 쓰인다. '아무리, 그분이 그런 말을 했을라고.'에서의 '아무리'가 이에 해당한다.

ㄴ. *바란다고 해서 **아무리** 거저 되는 일이 있으랴?

ㄷ. *자동차가 **아무리** 빠르다.


(9)ㄱ은 '아무리'가 접속문의 선행절에 놓였기 때문에 적격한 문장이 되었다. (9)ㄴ은 '아무리'가 접속문의 후행절에 놓였기 때문에 부적격한 문장이 되었으며, (9)ㄷ은 '아무리'가 단문에 놓였기 때문에 부적격한 문장이 되었다. (9)ㄴ과 (9)ㄷ에서 '아무리'가 삭제되면 적격한 문장이 되지만, '아무리'가 수식어로 쓰임으로서 부적격한 문장이 되었기 때문에 '아무리'가 문장 구성에 영향을 미치는 통사 부사임이 확인된다.

(9)ㄱ에서는 '아무리'가 삭제되더라도 적격한 문장이 된다. 이는 '아무리'가 문장을 구성하는 데 있어서 필수 성분이 아님을 뒷받침해 준다. '아무리'가 필수 성분이라면 삭제되는 경우 부적격한 문장이 되거나 불완전한 문장이 되어야 하지만, '아무리'가 삭제되더라도 적격한 문장이 되었다.

'아무리'가 비록 문장 구성의 필수 성분은 아닐지라도 '아무리'가 문장에서 수식어로 적절하게 쓰이기 위해서는 통사적 제약이 따른다. 이 제약을 일으키는 요인이 바로 '아무리'이기 때문에 '아무리'는 통사 부사에 속하게 된다.

'아무리'는 모든 접속문의 선행절에 놓일 수 있는 것은 아니고 특정의 접속어미만을 가려잡는다. '아무리'는 접속어미 중에서 주로 양보 관계의 접속어미 '-어도/라도/더라도', '-어야', '-을망정', '-지만', '-을지라도', '-기로/기로서니', '-은들', '-으나', '-었자', 따위를 가려잡는다.


(10) ㄱ. 내 친구가 **아무리** 예**뻐도** 내 동생만은 못하다.

ㄴ. **아무리** 애를 써 보**아야** 소용이 없다.

ㄷ. **아무리** 가난**할망정** 남의 물건을 훔쳐서는 안 된다.

ㄹ. **아무리** 개요이**지만** 이건 너무 간략하구나.

ㅁ. 조화가 **아무리** 예**쁠지라도** 생화만 할까?

ㅂ. 목숨이 **아무리** 아깝**기로** 추잡스럽게 살지 마라.

ㅅ. 사람이 **아무리** 오래 **산들** 잘 해야 백년이다.

ㅇ. **아무리** 소국이라고 하**나** 사직이 엄존하다.

ㅈ. **아무리** 열심히 벌어 보**았자** 시루에 물붓기이다.

위와 같이 통사 부사 '아무리'는 접속문을 가려잡으며 접속문 중에서도 '-을지라도', '-은들', '-더라도' 등의 접속어미로 이루어진 선행절을 요구한다. '아무리'는 선행절에만 놓일 수 있으며, 놓이는 자리는 주로 문장 앞이나 선행절의 주어 다음에 자리를 잡는다.

'아무리'는 주로 양보 관계의 접속어미를 가려잡지만 이 밖에도 '-으면', '-어서' 따위를 가려잡기도 하는데, 이 접속문은 반어법을 실현하여 내재적으로 양보 관계의 '-어도'로 해석되는 특성을 보인다.

(11) ㄱ. 네가 **아무리** 실력이 있**으면** 뭐 하니?

ㄴ. **아무리** 바란다고 **해서** 거저 되는 일이 있겠니?

(11)에서 '아무리'는 '-으면'과 '-어서'를 가려잡지만 이들은 모두 반어법을 실현하는 반어 의문문으로, 내재적으로는 (12)와 같이 후행절의 의미와 반대되는 의미를 수행한다.

(12) ㄱ. 네가 **아무리** 실력이 있**어도** 아무것도 하지 못한다.

ㄴ. **아무리** 바란다고 **해도** 거저 되는 일이 없다.

따라서 '아무리'와 어울리는 접속어미 '-으면'과 '-어서'는 실질적으로 양보 관계로 해석 가능하기 때문에 이 경우에도 '아무리'가 양보 관계 접속어미를 가려잡는다고 하는 것이 온당하다.

'아무리'는 접속문의 선행절에 놓이는 것이 일반적이지만, 그렇지 않은 자리에 놓이는 일이 있다.

> (13) ㄱ. **아무리** 좋은 **정책도** 소용이 없다.
>
> ㄴ. 그는 **아무리** 복잡한 **기계도** 능숙하게 다루었다.
>
> ㄷ. **아무리** 좋은 **법도** 인권에 우선할 수는 없다.

　(13)에서는 '아무리'가 접속문의 선행절에 놓인 것이 아니라 관용구의 형식으로 '아무리 용언의 관형형 명사+조사'의 꼴로 쓰이었다. 여기서 조사는 '도'로 한정되며 그 밖의 조사는 놓이지 않는 특성을 보인다.

　'아무리'는 접속문에서 선행절에 놓여 양보 관계의 접속어미가 결합된 서술어를 수식하는 것이 일반적이다. 서술어가 '명사+이다'로 구성된 경우에는 '-어도' 대신에 '-라도'가 결합되어 '명사+(이)라도'로 실현된다.

> (14) ㄱ. 이곳은 **아무리** 학생**이라도** 할인이 되지 않는다.
>
> ㄴ. **아무리** 어려운 시험**이라도** 만점을 받을 수 있다.

　(14)에서 ㄱ과 ㄴ의 차이는 '명사+이라도' 앞에 '용언의 관형형이 없느냐(ㄱ), 있느냐(ㄴ)의 차이인데, '명사+이라도'에서 (15)와 같이 '이라'의 생략에 차이를 보인다.

> (15) ㄱ. *이곳은 **아무리** 학생**도** 할인이 되지 않는다.
>
> ㄴ. **아무리** 어려운 시험**도** 만점을 받을 수 있다.

　곧 (15)ㄱ에서는 '이라'가 생략되면 부적격한 문장이 되고 ㄴ에서는 생략되더라도 적격한 문장이 되었다. (14)ㄴ과 (15)ㄴ을 비교해 보면 의미에서 차이를 보이지 않는다. 따라서 (15)ㄴ은 (14)ㄴ으로 언제든지 의미 차이 없이 복원될 수 있기 때문에 (15)ㄴ은 (14)ㄱ의 '-이라' 생략형으로 간주된다.

이와 같은 견지에서 보면, (13)은 본디 접속문 구성에서 '-이라'가 생략된 것으로 볼 수 있다. '-이라'가 생략되기 전의 원형으로 복원하면 (16)과 같다.

(16) ㄱ. **아무리** 좋은 **정책이라도** 소용이 없다.

　　ㄴ. 그는 **아무리** 복잡한 **기계라도** 능숙하게 다루었다.

　　ㄷ. **아무리** 좋은 **법이라도** 인권에 우선할 수는 없다.

(13)과 (16)은 의미에서 차이가 없기 때문에 (16)이 원형이고 (13)은 (16)의 '-이라' 생략형으로 보는 것이 합리적이다.

위에서 든 보기 밖에 '아무리'가 선행절에 놓인 접속문에서 선행절의 일부분이 생략되어 표면상 접속문이 아닌 것처럼 보이는 문장들이 있다.

(17) ㄱ. 네가 **아무리** 궁하다고 그런 일까지 해야 되겠니?

　　ㄴ. 그 사람이 **아무리** 설친다고 대세를 바꿀 수야 있겠니?

(17)에서는 '-는다고' 뒤에 놓여 있던 '해도', '해서' 등이 생략된 것으로 보인다. (17)에서는 항상 반어법을 실현하는 반어 의문문을 구성하기 때문에 선행절에 놓이는 접속어미로 '-어서'가 쓰일 수 있다.[5] (17)을 생략되기 이전의 원형으로 환원하면 다음과 같다.

(18) ㄱ. 네가 **아무리** 궁하다고 **해도/해서** 그런 일까지 해야 되겠니?

　　ㄴ. 그 사람이 **아무리** 설친다고 **해도/해서** 대세를 바꿀 수야
　　　　있겠니?

---

5　앞에서 논의한 바와 같이 '아무리'가 가려잡는 '-어서'는 후행절이 반어 의문문으로 반어법을 실현할 때만 적격한 문장이 된다.

(17)과 (18)은 의미에서 차이가 없기 때문에 (18)이 원형이고, (17)은 (18)의 '해도/해서'의 생략형으로 볼 수 있다. 곧 (17)은 (18)의 내포문의 상위문 동사 '하-'에 접속어미 '-어도/-어서'의 결합형인 '해도'와 '해서'가 생략된 것으로 보인다.

위에서 살핀 바와 같이, '아무리'는 접속문의 선행절에 놓이며, 접속어미 가운데 양보 관계의 접속어미를 가려잡는 통사적 특성을 보인다. '아무리'가 표면적으로 접속문 구성에 해당되지 않는 문장에서 쓰이는 경우에도 내면적으로는 접속문에서 구성 요소 일부가 생략되어 쓰인 것임이 확인된다.

'아무리'가 문장 안에서 수식어로 적절히 쓰이기 위해서는 위와 같은 통사적 제약이 따르지만 '아무리' 자체는 문장에서 필수 성분으로 쓰이지 않기 때문에 '아무리'가 쓰인 문장에서 이를 생략하더라도 문장의 적격성에는 영향을 미치지 않는다.

접속문의 선행절에서 '아무리'는 문장의 앞자리에 놓이거나 선행절의 주어 뒤에 놓이는 것이 자연스럽다.


## 나. 어찌나

〈감정이나 어떤 상태가 매우 지나치게〉를 뜻하는 부사 '어찌나'는 부사 '어찌'에 보조조사 '나'가 결합하여 이루어졌지만, 모든 '어찌'에 '나'가 결합하여 부사를 이루는 것은 아니다. (19)에서와 같이 〈무슨 까닭으로〉, 〈어떤 입장에서〉, 〈어떤 방법으로〉, 〈도무지 그럴 수 없음〉, 〈어떤 형편이나 모양으로〉, 〈어떤 방향으로〉를 뜻하는[6] '어찌'에는 '나'가 결합될 수 없다.

(19) ㄱ. 이곳에는 **어찌**(*어찌나) 왔어?

　　　ㄴ. 이번 일에 **어찌**(*어찌나) 보면 저도 피해자입니다.

---

[6] '어찌'가 가지고 있는 이와 같은 의미는 고려대학교 민족문화연구원편(2009) 『고려대 한국어대사전』을 참고하였다.

ㄷ. 쉬운 것도 모르는데 이 어려운 것을 **어찌**(\***어찌나**) 알겠습
니까?

ㄹ. 너희들이 **어찌**(\***어찌나**) 내 기분을 알겠니?

ㅁ. 그 동안 **어찌**(\***어찌나**) 지냈니?

ㅂ. 우리나라의 경제 전망을 **어찌**(\***어찌나**) 생각하십니까?

'나'가 결합될 수 없는 '어찌'는 문장 구성에 제약을 미치지 않아서 단문
이건 복문이건 가리지 않고 수식어로 쓰이며, 의향법에만 제약을 미친다.
'어찌'가 의문사이기 때문에 주로 의문법을 가려잡는 제약이 따른다.

'나'가 결합될 수 있는 '어찌'는 〈감정이나 어떤 상태가 매우 지나치게〉를
뜻하는 것으로 제한된다. '어찌'에 '나'가 결합된 부사 '어찌나'는 이 뜻에
해당하는 '어찌'를 강조하는 뜻을 지닌다.

(20) ㄱ. 이 아이는 고집이 **어찌**(**어찌나**) 센지 아무도 그 고집을
꺾지 못한다.

ㄴ. 밥이 **어찌**(**어찌나**) 맛이 없던지 모래알을 씹는 것 같았다.

'어찌나'는 반드시 접속문의 선행절에 놓여야 하는 제약이 있지만, '어찌'
는 '-나'가 결합되는 것만이 접속문의 선행절에 놓여야 하기 때문에 접속문
의 선행절을 가려잡는 것으로 '어찌나'를 기본으로 삼았다.

'어찌나'는 접속문의 선행절을 가려잡고 후행절이나 단문은 가려잡지 않
기 때문에 후행절에 놓이면 (21)ㄱ과 같이 부적격한 문장이 되며, 단문에 놓
이면 (21)ㄴ과 같이 부적격하거나 불완전한 문장이 된다.

(21) ㄱ. \*혀가 다 알알하도록 고추가 **어찌나** 매웠다.

ㄴ. #고추가 **어찌나** 맵던지.

(21)ㄴ이 단독으로 쓰이면 부적격한 문장이 되며, 발화 상황에 따라 후행절이 예측될 경우에 후행절이 생략되어 쓰일 수 있는 불완전한 문장이다. (21)ㄴ이 완전한 문장이 될 수 있도록 후행절을 상정하면 (22)와 같다.

(22) ㄱ. 고추가 **어찌나** 맵던지 **혀가 다 얼얼하네.**
ㄴ. 고추가 **어찌나** 맵던지 **정신이 아찔해지더군.**

곧 (21)ㄴ은 (22)에서 문맥이나 상황에 따라 후행절이 생략된 것으로 보는 것이 온당하다.

'어찌나'가 접속문의 선행절에만 놓인다고 해서 모두 적격한 문장이 되는 것은 아니다. 특정의 접속어미에 한하여 적격한 문장이 된다. '어찌나'가 가려잡는 접속어미로는 〈감탄〉을 뜻하는 '-ㄴ지/은지/는지'가 있다. '어찌나'의 접속어미 가려잡기 제약은 '어찌나'의 의미 특성과 접속어미의 의미 특성에 기인한다.

(23) ㄱ. 그 녀석이 **어찌나** 고집이 **센지** 나도 이제 손들었어.
ㄴ. 지하철에 **어찌나** 사람이 많**은지** 발 비빌 틈이 없네.
ㄷ. 비가 **어찌나** 많이 오**는지** 지붕에 빗방울 떨어지는 소리
가 요란했다.

(23)에서 '어찌나'는 삭제될 수 없다. 삭제되어 적격한 문장이 되더라도 삭제 전과 의미가 달라지기 때문에[7] '어찌나'는 문장 구성의 필수적 요소가 된다.

'어찌나'는 문장 구성에서 부사어로 수식어이지만 문장 구성의 필수적 요

---

7 '어찌나'가 가려잡는 '-ㄴ지/은지/는지'는 〈느낌〉을 나타내지만, '어찌나'가 쓰이지 않는 '-ㄴ지/은지/는지'는 〈의문이나 의심〉을 나타내게 되어 문장의 의미가 달라진다.

소로서 문장에서 '어찌나'가 수식어로 쓰이기 위해서는 반드시 접속문이어야 하며, 놓이는 자리는 선행절이어야 하고, 접속어미는 '-ㄴ지/은지/는지'이어야 하는 제약이 따른다. 이 중에 어느 하나라도 지켜지지 않으면 부적격해지는 통사적 특성을 보인다.


## 4. 후행절을 가려잡는 통사 부사

접속문의 후행절만을 가려잡는 부사에는 '대뜸', '부득이', '이내', '이윽고', '차라리', '하물며', '작히', '실實은' 따위가 있지만, 4장에서는 '차라리'와 '하물며'만으로 한정하여 통사적 특성을 밝히기로 한다.

### 가. 차라리

〈그럴 바에는 오히려〉의 뜻을 지닌 부사 '차라리'는 앞의 사실에 비해 뒤의 사실이 더 나음을 나타내는 경우에 쓰인다. '차라리'는 주로 접속문의 후행절에서 쓰인다.

> (24) ㄱ. 욕되게 사느니 **차라리** 죽음을 택하리라.
> ㄴ. 그렇게 시간이 많이 걸리면 **차라리** 이사를 가자.

(24)에서는 '차라리'가 접속문의 후행절에 놓이면서 접속어미에도 제약을 일으켜 일부 접속어미만을 가려잡는 통사적 제약을 보이기 때문에 통사 부사에 해당한다. (24) 이외에 '차라리'가 가려잡을 수 있는 접속어미의 보기를 들면 다음과 같다.

> (25) ㄱ. 그녀와 결혼할 수 없**다면 차라리** 평생 혼자 살겠다.
> ㄴ. 이 소설은 지나치게 이론적이**어서 차라리** 학술 논문 같다.

ㄷ. 세상에 휘둘리지 말**고 차라리** 목석같이 살자.

ㄹ. 좋은 소리 안 나올 것이 뻔**한데 차라리** 안 듣겠다.

이와 같이 '차라리'는 접속문의 후행절에 놓여 특정의 접속어미를 가려잡으며, 접속어미에 준하는 통사적 구성을 가려잡기도 한다. 접속문의 구성 형식에 해당하나 통사적 구성에 의해 접속되는 문장을 보면 다음과 같다.

(26) ㄱ. 부끄러운 이름을 남**길 바에**[8] 차라리 죽음을 택하겠다.

　　ㄴ. 결혼을 한 후 이혼을 하**는 것보다는** 차라리 파혼을 하는
　　　게 나을지도 모른다.

　　ㄷ. 구차하게 변명조로 말하**기보다** 차라리 용서를 구하는 편
　　　이 낫다.

(26)에서는 두 문장이 접속어미에 의해 연결된 것이 아니라 '-을 바에', '-는 것보다' 등 통사적 구성이나 '-기보다'에 의해 연결되었지만, 후행절에 '차라리'가 쓰여 적격한 문장이 되었다.

'차라리'가 주로 접속문의 후행절에서 '-느니' 등 일부 접속어미나 접속문에 준하는 문장에서 일부 통사적 구성을 가려잡지만, '차라리'가 수식어로 쓰인 문장 (24), (25), (26)에서 '차라리'가 삭제되더라도 적격한 문장이 되기 때문에 '차라리'는 문장 구성에서 필수 성분에 해당하지는 않는다.

'차라리'는 접속문 외에도 일부 단문에서 수식어로 쓰이기도 한다. 비교를 나타내는 'N+보다(는)'으로 구성된 보충어가 '차라리' 앞자리에 놓이는 단문에서는 수식어로 '차라리'가 쓰일 수 있다.

(27) ㄱ. **온실 속의 꽃보다는** 차라리 들판의 풀처럼 살겠다.

---

8　'을 바에' 뒤에는 보조사 '는', '야'가 결합되어 '을 바에는', '을 바에야'로 쓰이기도 한다.

ㄴ. 건강에는 **커피보다는** 차라리 녹차가 좋다.

ㄷ. 나는 **독설가보다는** 차라리 비판가가 되겠다.

(27)은 모두 'N+보다(는)'이 포함된 단문으로, '차라리'가 수식어로 쓰여 적격한 문장이 되었다. 이 때 'N'은 '차라리' 뒤에 놓이는 명사와 대립 관계를 이룰 수 있는 명사이어야 한다. (27)에서 'N+보다(는)'이 삭제되면 불완전한 문장이 된다.

(28) ㄱ. **#차라리** 들판의 풀처럼 살겠다.

ㄴ. #건강에는 **차라리** 녹차가 좋다.

ㄷ. #나는 **차라리** 비판가가 되겠다.

(28)에서 '차라리'가 삭제되면 적격한 문장이 된다. 곧 적격한 문장에 '차라리'가 수식어로 쓰임으로 말미암아 (28)과 같은 불완전한 문장이 되었다. (28)이 완전한 문장이 되기 위해서는 (27)과 같이 '차라리'에 의해 이끌리는 'N+보다(는)'의 보충어가 필요하다. 이 보충어는 문맥이나 상황에 따라 생략될 수 있지만, 본디부터 이 보충어가 없는 단문이라면 부적격한 문장이 된다. (28)에는 'N+보다(는)'의 보충어를 상정할 수 있을 뿐 아니라 선행절도 상정하여 (29)와 같이 보충하면 적격한 문장이 될 수 있다.

(29) ㄱ. **온실 속에 꽃처럼 사느니** 차라리 들판의 풀처럼 살겠다.

ㄴ. **굳이 커피와 녹차를 마신다면** 건강에는 차라리 녹차가 좋다.

ㄷ. **독설가가 되느니** 나는 차라리 비판가가 되겠다.

이와 같이 '차라리'는 접속문의 후행절에 놓여 특정의 접속어미나 통사적 구성을 가려잡든가, 단문에서 비교어를 필수적으로 보충어로 요구하는 경우에 적격하게 쓰이는 통사적 제약을 보인다.

## 나. 하물며

〈더군다나〉의 뜻을 지닌 부사 '하물며'는[9] 접속문에서 후행절의 앞자리에 놓여 선행절의 내용보다 후행절의 내용이 더 긍정적임을 나타낸다. '하물며'가 접속문의 선행절에 쓰이면 부적격한 문장이 되며, 단문에 놓이면 불완전한 문장이 된다.

(30) ㄱ. **#하물며** 사람이 어찌 그럴 수 있니?

ㄴ. **#하물며** 세 시간 안에 이 일을 다 하라니.

'하물며'가 수식어로 쓰인 (30)은 완전한 문장이 아니며, 문맥이나 상황에 따라 선행절이 생략된 경우에 쓰인다. 생략된 부분이 없이 (30)이 전부라면 부적격한 문장이 된다. (30)에서 '하물며'가 삭제되면 적격한 문장이 되는 것으로 보아 '하물며'가 문장 구성의 적격성에 영향을 미치고 있음을 알 수 있다. (30)이 완전한 문장이 될 수 있도록 선행절을 상정하여 보완하면 (31)과 같다.

(31) ㄱ. **짐승도 제 새끼는 예뻐하거늘** 하물며 사람이 어찌 그럴 수 있니?

ㄴ. **하루 종일 해도 다 못 하는데** 하물며 세 시간 안에 이 일을 다 하라니.

곧 (31)에서 선행절이 생략된 (30)은 불완전한 문장으로, 실제 발화에서

---

9 '하물며'와 뜻과 쓰임에서 유사한 것으로 '항차'가 있으나 주로 글말에서만 쓰인다. 한자어로는 '하황(何況)', '황차(況且)'가 뜻과 쓰임에서 유사하지만, 이들 한자어는 현재 입말에서는 거의 쓰이지 않고, 글말에서 간혹 쓰이는 일이 있다.

쓰일 수 있지만, 선행절이 본디부터 없다면 부적격한 문장이 된다.

'하물며'는 단문은 가려잡지 않고 접속문만 가려잡되, 놓이는 위치는 후행절의 앞자리이어야 하는 통사적 제약이 따르기 때문에 통사 부사에 해당한다. '하물며'가 모든 접속문에서 쓰일 수 있는 것은 아니고 극히 일부 접속어미만을 가려잡는 제약이 따른다. '하물며'가 가려잡는 접속어미로는 '-거든'[10], '-거늘', '-는데', '-을진대' 등이 있다.

(32) ㄱ. 미물도 은혜를 갚**거든** 하물며 사람이 은혜를 모르겠느냐?

ㄴ. 미물도 자식을 위해 희생하**거늘** 하물며 인간이야 어떠하겠는가?

ㄷ. 하늘도 속이**는데** 하물며 어린아이 속이는 게 뭐 대수야?

ㄹ. 짐승도 자기 종족은 아니 먹**을진대** 하물며 사람이 그러겠느냐?

(31)과 (32)에서 '하물며'가 삭제되더라도 문장의 적격성에 문제가 되지 않기 때문에 '하물며'는 문장 구성에서 필수 성분은 아니다. 그러나 '하물며'가 문장에서 적절하게 쓰이려면 통사 제약이 가해져 접속문이어야 하고, 접속문의 후행절의 앞자리에 놓여야 하며, 특정의 접속어미여야 하는 제약이 따른다.

'하물며'는 후행절의 맨 앞자리에 놓여야 한다. 후행절에 주어가 있는 경우 다른 통사 부사들은 주어 앞이나 뒤에 놓이더라도 적격한 문장이 되지만 '하물며'는 주어의 앞에만 놓여 선행절과 후행절을 접속시키는 기능을 하는 것으로 보여 접속 부사의 범주에 포함된다.

---

10 '하물며'가 가려잡는 '-거든'은 〈가정이나 조건〉을 나타내는 것이 아니라 〈어떤 사실을 인정함으로써 이와 비교하여 다음 말을 강조〉하는 뜻을 나타내는 것이다.

(33) ㄱ. 미물도 은혜를 갚거늘 **하물며** 사람이 은혜를 모르겠느냐?

　　ㄴ. *미물도 은혜를 갚거늘 사람이 **하물며** 은혜를 모르겠느냐?

　　ㄷ. *미물도 은혜를 갚거늘 사람이 은혜를 **하물며** 모르겠느냐?

　'하물며'는 문장 구성에 통사적 제약을 미칠 뿐 아니라 문법 범주인 의향법에도 영향을 미친다. 의향법 중 주로 의문법을 가려잡으며, 의문문 중에서도 반어법 의문문이나 감탄적 의문문을 가려잡는다.


## 5. 선·후행절을 가려잡는 통사 부사

　접속문의 선행절에도 놓일 수 있고 후행절에도 놓일 수 있어, 접속문만을 가려잡을 뿐 선·후행절을 안 가리는 부사에는 '딱히', '마침', '오죽', '여북' 등이 있지만, 5장에서는 '오죽'과 '딱히'만으로 한정하여 통사적 특성을 밝히기로 한다.


### 가. 오죽

　〈여간. 얼마나〉의 뜻을 나타내는 부사 '오죽'은 접속문에서 쓰이는 제약을 지닌다. '오죽'[11]은 접속문에서 선행절에도 놓일 수 있고 후행절에도 놓일 수 있다. '오죽'이 단문에 놓이게 되면 그 자체만으로는 불완전한 문장으로 이해된다.

(34) ㄱ. 부모님께서 **오죽** 답답하시면 그렇게 화를 내시겠니?

　　ㄴ. 마음만이라도 편하게 살면 **오죽** 좋겠는가?

　　ㄷ. #부모님께서 **오죽** 기다리겠어?

---

11 '오죽' 뒤에는 조사 '이나'가 결합되어 '오죽이나'로 쓰이기도 한다.

(34)ㄱ은 '오죽'이 접속문의 선행절에서 쓰인 보기이고, (34)ㄴ은 후행절에서 쓰인 보기로 모두 적격한 문장이다. (34)ㄷ은 '오죽'이 단문에 쓰였으나 이 문장만으로는 완전하지 못하다. (34)ㄷ이 완전한 문장이 되기 위해서는 어떤 조건에서 그런지, 왜 그런지를 나타내는 선행절이 있어야만 완전한 문장이 된다. (34)ㄷ의 선행절로 상정될 수 있는 것을 보완하면 다음과 같다.

> (35) ㄱ. **아직까지 연락을 안 드렸으면** 부모님께서 **오죽** 기다리
>      겠어?
>
>     ㄴ. **아직까지 연락을 안 드렸으니** 부모님께서 **오죽** 기다리
>      겠어?

이와 같이 '오죽'은 접속문의 선행절이나 후행절에 놓이지만, 모든 유형의 접속문에 쓰일 수 있는 것은 아니고 극히 일부의 제한된 조건 아래에서만 적격하게 쓰일 수 있다. 접속문 중에서 '오죽'이 가려잡는 조건을 보면, 먼저 의향법 중 의문법에 속하여야 한다. 서술법이나 청유법, 명령법을 실현하는 접속문에서는 '오죽'이 쓰일 수 없는 제약이 있다. 의문법을 실현하는 문장 중에서도 일반적인 의문문이 아닌 수사의문문에서 적격하게 쓰일 수 있다. 곧 표면적(형식상)으로는 의문문이지만 내재적(내용상)으로는 강한 서술문으로 해석되는 문장에서만 '오죽'이 적격하게 쓰인다.

> (36) ㄱ. **오죽** 피곤하면 눈 뜬 채 졸고 있겠**니?**
>
>     ㄴ. 다 큰 아들이 제 밥값도 못 하고 있으니 **오죽** 부모 속이
>      타겠**소?**

(36)은 표면적으로 의문문의 형식이지만 내재적으로 다음과 같이 강한 서술문으로 해석되기 때문에 '오죽'이 적격하게 쓰일 수 있다.

(37) ㄱ. 아주 피곤해서 눈 뜬 채 졸고 있다.

ㄴ. 다 큰 아들이 제 밥값도 못하고 있으니 부모 속이 몹시
타겠다.

'오죽'이 위와 같은 조건을 모두 갖춘 문장이라고 해서 모두 적격하게 쓰일 수 있는 것은 아니다. '오죽'이 선행절에 놓이느냐, 후행절에 놓이느냐에 따라 특정의 접속어미를 가려잡는 제약이 따른다. '오죽'이 선행절에 놓이는 경우 주로 조건 관계 접속어미 중 '-으면'을 가려잡는다.[12]

(38) ㄱ. **오죽** 힘들었**으면** 그런 말을 했을까?

ㄴ. **오죽** 배가 고팠**으면** 그 착한 사람이 도둑질을 했겠니?

'오죽'이 접속문의 후행절에 놓이는 경우 주로 조건 관계 접속어미 중 '-으면'과 이유나 원인의 '-으니', '-으니까'를 가려잡는다.

(39) ㄱ. 높은 산 위를 거닐 수 있**으면 오죽** 좋으랴?

ㄴ. 몇 달간 비가 안 왔**으니** 농부들이 **오죽** 걱정을 많이 하
겠어?

'오죽'은 다른 통사 부사들과 달리 '오죽'이 수식어로 쓰인 문장에서 생략되면 부적격한 문장이 되거나 적격해지더라도 생략 전과 의미가 크게 달라진다. 따라서 '오죽'이 수식어로 쓰이게 되면 문장 구성의 필수 성분으로 작용을 하게 된다.

'오죽'은 의문법을 실현하는 접속문의 선행절이나 후행절에 놓이며, 접속

---

12 '-거든'도 조건 관계의 접속어미지만 '오죽'이 가려잡지 않는다. 그 까닭은 자명하다. '오죽'은 의문법을 실현하는 문장에서만 쓰이는데, '-거든'은 의문법 문장에서 쓰일 수 없는 제약이 있기 때문이다.

어미에도 제약이 따라, 선행절에 놓이는 경우 주로 '-으면'을, 후행절에 놓이는 경우 '-으면'이나 '-으니', '-으니까'를 가려잡는 통사 부사에 해당함을 알 수 있다. 선행절의 '오죽'은 문장 앞이나 선행절의 주어 다음에 놓이며, 후행절의 '오죽'은 후행절의 앞이나 후행절 주어 뒤에 놓인다.

## 나. 딱히

〈확실히. 분명히. 정확히. 한마디로〉의 뜻을 지닌 부사 '딱히'[13]는 접속문의 선행절이나 후행절에서 수식어로 쓰인다. 단문에서 쓰이는 일도 있지만 이 경우에도 접속문의 선행절이 생략된 것으로 추정할 수 있다.

> (40) ㄱ. 그 감독은 **딱히** 흥행작이 없다.
>
> ㄴ. **(그 감독은 여러 작품을 만들었지만)**, 그 감독은 **딱히** 흥행
> 작이 없다.

곧 선행절로 '그 감독은 여러 작품을 만들었지만'을 상정할 수 있다. 이밖에도 상황에 따라 여러 가지 선행절을 상정할 수 있는데, 이는 바로 ㄱ이 상황이나 문맥에 따라 선행절의 내용이 예측 가능하여 생략되었음을 보여준다.

'딱히'가 주로 접속문에서 쓰이지만, 선행절에 놓인 '딱히'인 경우 후행절이 생략될 수 있으며, 후행절에 놓인 '딱히'인 경우에도 선행절이 생략될 수 있기 때문에 '딱히'는 접속문만을 필수적으로 요구하는 것은 아니다.

> (41) ㄱ. 우리는 **딱히** 할 일이 없어서 영화관으로 갔다.
>
> → 우리는 **딱히** 할 일이 없다.
>
> ㄴ. 막상 휴가를 나왔어도 **딱히** 갈 곳이 없다.

---

13 〈딱하게〉의 뜻을 지닌 동형의 부사 '딱히'가 있지만, 통사 제약 부사에 해당되지 않는다.

→ **딱히** 갈 곳이 없다.

'딱히'가 접속문만을 가려잡는다면 선행절이나 후행절이 생략된 것으로 보이는 위 예문은 불완전한 문장이 되어야 하지만 그렇지 않은 것으로 보아 '딱히'는 주로 접속문의 선행절이나 후행절에서 주로 쓰이는 것으로 보인다. '딱히'는 부정문을 가려잡는 통사 부사에 해당한다.[14]

'딱히'는 접속문의 선행절에 놓이든 후행절에 놓이든 접속어미의 제약이 심한 편은 아니다. 선행절에 놓이는 '딱히'가 가려잡을 수 있는 접속어미로는 '-으므로', '-어', '-이', '-으니', '-지만' 등이 있다. 선행절에 놓인 '딱히'의 보기를 예로 들면 다음과 같다.

(42) ㄱ. 나는 **딱히** 급한 용무가 있는 것은 아니었**으므로** 완행열차를 타고 갔다.

ㄴ. 강 씨는 **딱히** 의지할 곳이 없**어** 다리 밑에서 움막을 짓고 살았다.

ㄷ. 그는 **딱히** 하는 일 없**이** 밥이나 치우며 빈둥거렸다.

ㄹ. **딱히** 할 일도 없**으니** 텔레비전이나 보자.

ㅁ. **딱히** 언제라고 할 수는 없**지만** 조만간에 독립할 생각이야.

후행절에 놓이는 '딱히'가 가려잡을 수 있는 접속어미로는 '-지만', '-으니까', '-으나', '-는지' 등이 있다. 후행절에 놓인 '딱히'의 보기를 예로 들면 다음과 같다.

(43) ㄱ. 시장을 몇 바퀴 둘러봤**지만 딱히** 반찬거리가 보이지 않았다.

---

14 '딱히'는 부정문을 가려잡는 문법 범주 제약 통사 부사에 해당한다.

ㄴ. 막상 직장을 그만두**니까 딱히** 할 일이 없다.

ㄷ. 다양한 해결안이 제시되었**으나 딱히** 마땅한 것이 없다.

ㄹ. 그가 성격이 어**떤지 딱히** 설명하기가 어렵다.[15]

ㅁ. 동수는 나를 좋아하지도 않**지만 딱히** 미워하는 것도 아니다.

'딱히'가 선행절에 놓여 있지만 후행절의 서술어를 수식하는 경우도 있다. 일반적으로 후행절에 놓인 '딱히'는 선행절로 이동이 불가능한데, 이례적으로 다음 예문에서는 선행절로 이동한 것으로 보인다.

(44) ㄱ. 그는 **딱히** 누구를 지칭해서 말하지 않았다.

ㄴ. 그는 누구를 지칭해서 **딱히** 말하지 않았다.

곧 ㄱ에서 선행절에 놓인 '딱히'는 본디 ㄴ의 후행절에 놓였던 '딱히'가 선행절로 이동한 것으로 보인다. ㄱ의 '딱히'가 본디 선행절에 놓였다면 '딱히'는 부정문을 가려잡기 때문에 선행절이 부정문이어야 하지만 ㄱ의 선행절은 긍정문에 해당하기 때문이다.

'딱히'는 접속문의 선행절이나 후행절에서 수식어로 쓰이며, 특정의 접속어미를 가려잡는 제약을 보이지만, 문장 구성의 필수적 요소에 해당하지는 않는다. '딱히'는 문장 구성의 통사적 제약을 미칠 뿐 아니라 문법 범주인 부정법에도 영향을 미쳐 부정문을 가려잡는 제약이 있다.

---

15 '딱히'가 부정문을 가려잡지만 '어렵다'를 가려잡기도 한다. '어렵다'는 부정어는 아니지만 〈쉽지 않다〉의 뜻을 가지고 있어 '쉽다'의 부정어로 간주할 수도 있다.

# 6. 마무리

이 글에서는 문법 범주와 문장 구성에 관여하는 통사 부사 중에 문장 구성을 제약하는 통사 부사를 선정하고, 부사마다 어떤 통사적 제약이 따르는 가를 밝히고자 하였다. 접속문만을 가려잡는 통사 부사들은 접속문 안에서의 놓이는 위치 제약이 다르기도 하며, 가려잡는 접속어미의 종류 제약에서 차이를 보이고 문장에서 필수적 요소로 쓰이느냐, 안 쓰이느냐에서도 차이를 보였다.

접속문의 선행절만을 가려잡는 부사로, '아무리'와 '어찌나'만으로 한정하여 통사적 특성을 밝히고자 하였다.

'아무리'는 접속문의 선행절에 놓이며, 접속어미 가운데 '-어도/라도/더라도', '-어야', '-을망정', '-지만', '-을지라도', '-기로/기로서니', '-은들', '-으나', '-었자' 등 주로 양보 관계의 접속어미를 가려잡는 통사적 특성을 보였다. '아무리' 자체는 문장에서 필수 성분으로 쓰이지 않기 때문에 '아무리'가 쓰인 문장에서 이를 생략하더라도 문장의 적격성에는 영향을 미치지 않는다.

'어찌나'는 문장 구성에서 부사어로 수식어이지만, 문장 구성의 필수적 요소로서 '어찌나'가 생략되면 부적격한 문장이 된다. 문장에서 '어찌나'가 수식어로 쓰이기 위해서는 반드시 접속문이어야 하며, 놓이는 자리는 선행절이어야 하고, 접속어미는 '-ㄴ지/은지/는지'이어야 하는 제약이 따른다.

접속문의 후행절만을 가려잡는 부사로, '차라리'와 '하물며'만으로 한정하여 통사적 특성을 밝혔다.

'차라리'는 접속문의 후행절에 놓여 '-느니', '-면', '-어서', '-고', '-는데' 등 특정의 접속어미나 접속어미에 준하는 '-을 바에', '-는 것보다', '-기보다' 등의 통사적 구성을 가려잡는 통사적 제약을 보인다. '차라리'가 삭제되더라도 적격한 문장이 되기 때문에 '차라리'는 문장 구성에서 필수 성분에 해당하지는 않는다.

'하물며'는 접속문의 후행절에 놓여 '-거든', '-거늘', '-는데', '-을진대' 등을 가려잡는 통사적 특성을 보인다. '하물며'는 문법 범주인 의향법에도 영향을 미쳐 의향법 중 주로 의문법을 가려잡으며, 의문문 중에서도 반어적 의문문이나 감탄적 의문문을 가려잡는다. '하물며'가 삭제되더라도 문장의 적격성에 문제가 되지 않기 때문에 '하물며'는 문장 구성에서 필수 성분은 아니다.

　접속문만을 가려잡을 뿐 선·후행절을 안 가리는 부사로, '오죽'과 '딱히'만으로 한정하여 통사적 특성을 밝혔다.

　'오죽'은 의문법을 실현하는 접속문의 선행절이나 후행절에 놓이며, 접속 어미에도 제약이 따라, 선행절에 놓이는 경우 주로 '-으면'을, 후행절에 놓이는 경우 '-으면'이나 '-으니', '-으니까'를 가려잡는 통사 부사에 해당한다. '오죽'이 생략되면 부적격한 문장이 되거나 적격해지더라도 생략 전과 의미가 크게 달라지기 때문에 '오죽'은 문장 구성의 필수적 요소에 해당한다.

　'딱히'는 접속문의 선행절이나 후행절에서 수식어로 쓰이며, '-으므로', '-어', '-이', '-으니', '-지만' 등 특정의 접속어미를 가려잡는 제약을 보이지만, '딱히'가 생략되더라도 문장의 적격성에 영향이 없기 때문에 문장 구성에 필수적 요소에 해당하지는 않는다. '딱히'는 문법 범주인 부정법에도 영향을 미쳐 부정문을 가려잡는 제약이 있다.

# 참고문헌

고려대학교 민족문화연구원 편(2009),『고려대 한국어대사전』, 고려대학교 민족문화연구원.

국립국어연구원 편(2001),『표준국어대사전』, 두산동아.

금성판(1991),『국어대사전』, 금성출판사.

김경훈(1996),『현대 국어 부사어 연구』, 서울대학교 박사학위논문.

김석득(1992),『우리말 형태론』, 탑출판사.

김영희(1985), "셈숱말로서의 정도부사",『한글』190, 한글학회, 133~161쪽.

김택구(1984), "우리말 부사어의 통어 기능",『두메 박지홍 선생 회갑기념논문집』, 문성 출판사.

박선자(1983),『한국어 어찌말 연구』, 부산대학교 박사학위논문.

_____(1996),『한국어 어찌말의 통어의미론』. 세종출판사.

서상규(1984), "부사의 통사적 기능과 부정의 해석",『한글』186, 한글학회, 73~114쪽.

서정수(1994),『국어문법』, 뿌리깊은나무.

_____(2005),『한국어의 부사』, 서울대학교출판부.

손남익(1995),『국어 부사 연구』, 도서출판 박이정.

_____(1996), "국어 부사의 수식 대상",『한국어학』4, 한국어학회, 47~66쪽.

_____(1997), "서법부사와 호응어",『인문학보』23, 강릉대학교 인문과학연구소, 187~208쪽.

_____(1998), "국어 상징부사어와 공기어 제약",『한국어 의미학』3. 한국어 의미학회,
          119~134쪽.

_____(1999), "국어 부사어와 공기어 제약",『한국어학』9, 한국어학회, 157~179쪽.

신기철·신용철 편(1977),『새우리말큰사전』, 삼성출판사.

연세대학교 언어정보개발원 편(2001),『연세한국어사전』, 두산동아.

이희승(1982),『국어대사전』, 민중서림.

임유종(1999),『한국어 부사 연구』, 한국문화사.

최현배(1971),『우리말본』, 정음사.

한글학회 편(1992),『우리말큰사전』, 어문각.

한 길(1983), "정도어찌씨에 관한 의미론적 연구",『새국어교육』37·38. 한국국어교육학회,
          372~391쪽.

_____(1995),『20세기 우리말의 형태론』, 샘문화사.

_____(1999),『20세기 우리말의 통어론』, 샘문화사.

_____(2006),『현대 우리말의 형태론』, 역락.

_____(2012), "정도부사 '훨씬', '가장', '더/덜'의 용법",『인문과학연구』35, 강원대학교 인문과학연구소, 184~205쪽.

_____(2013), "보충어를 요구하는 통사 부사의 용법",『인문과학연구』39, 강원대학교 인문과학연구소, 224~249쪽.

# 02 국어교육학

# 작문평가의 평가자 신뢰도

박영민(한국교원대학교)

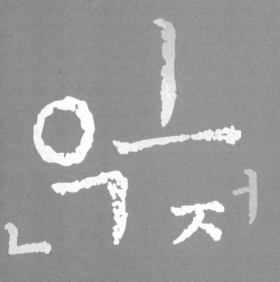

# 1. 작문평가에서 평가자 신뢰도가 문제가 되는 이유

작문평가에서 평가자 신뢰도는 매우 중요한 문제 중의 하나이다. 그렇다면 이렇게 질문을 해 볼 수 있을 듯하다. 작문평가에서 평가자 신뢰도가 중요한 이유는 무엇 때문일까? 이에 대한 답을 찾기 위해 다음과 같은 상황을 한번 생각해 보자. 김 교사는 학교를 대표하는 학생 5명을 인솔하여 교육청에서 주관하는 글쓰기 대회에 참여했다. 학생들은 매우 열심히 글을 작성해서 제출했고, 김 교사는 열심히 지도했으니 학생 한두 명이 상을 받지 않을까 하는 기대를 하며 초조한 마음으로 결과를 기다렸다. 그러나 수상자 명단에서 김 교사가 인솔해 온 학생들의 이름은 찾을 수가 없었다. 김 교사는 인솔해 온 학생들의 평가 결과가 어떠했는지를 알려달라고 이 대회의 담당자에게 정중하게 요청했다. 김 교사는 그 결과를 보고 매우 당황스럽고 혼란스러웠다. 평가자들마다 점수가 들쭉날쭉해서 학생 글을 충실하게 평가한 것인지, 이러한 결과가 믿을 만한지를 확신할 수가 없었기 때문이다.

위의 예에서 만약 평가자들이 서로 비슷한 점수를 부여하였다면 김 교사는 평가 결과를 쉽게 받아들였을지 모른다. 점수 편차가 크다 보니 김 교사는 평가자들의 평가 결과를 믿기 어렵다는 생각을 하게 되었던 것이다. 김 교사가 경험한 이러한 상황은 글쓰기 평가가 이루어지는 장면에서 흔히 볼 수 있는 일이다. 2학기 수행평가 점수를 받아든 학생이 교무실로 찾아와 1학기 때와 비슷하게 썼는데 이번에는 왜 더 낮은 점수를 받게 되었는지를 물을 때, 이 학생의 글은 좋은 글이 아닌 것 같다는 생각을 하고 있는 상황에서 다른 국어교사가 이렇게 좋은 글을 본 적이 없다는 평을 한다면, 우리가 떠올려야 할 것은 바로 평가자 신뢰도의 문제이다.

신뢰도는 어떤 평가도구(또는 검사도구)로 학생들을 반복적으로 평가했을 때 그 결과 값이 얼마나 일관성이 있는지를 나타내는 통계적 수치이다(강승호 외 2012, 박도순 외 2012, 권대훈 2008, Gwet 2012). 어떤 사람이 동일한 사안에 대해서 오전에는 이렇게 말하고 오후에는 저렇게 말하면 일관성이 없어 신뢰할 수 없다고 생각하는 것처럼, 어떤 평가도구가 평가할 때마다 다른 결과를 낸다면 일관성이 부족하다고, 즉 신뢰도가 낮다고 말할 수 있다. 반대로 반복적인 평가에서 일관성이 있는 결과, 가령 동일한 값이나 유사한 값을 보인다면 신뢰도가 높다고 말할 수 있다. 그러므로 신뢰도는 어떤 대상을 평가도구로 반복적으로 평가했을 때 그 결과가 어느 정도 일관성이 있는가(동일한가, 또는 유사한가)를 뜻한다고 볼 수 있다.

신뢰도는 일반적으로 평가도구의 신뢰도를 뜻하지만 피험자의 신뢰도도 생각해 볼 수 있다. 피험자 신뢰도의 개념이나 원리는 기본적으로 평가도구의 신뢰도와 유사하다. 학교 평가의 장면이라면 피험자는 학생일 텐데, 피험자인 학생에게 평가도구를 반복적으로 제시했을 때 얼마나 일관성 있게 반응하는가를 뜻하는 것이 피험자 신뢰도이다. 같은 평가도구로 학생들에게 물었는데, 아침의 반응과 저녁의 반응이 다르다면 학생들이 일관성 있게, 즉 믿을 만하게 답했다고 볼 수 없을 것이다. 신체적인 특징이나 인지적인 능력처럼 변동이 적은 요인을 조사할 때에는 이러한 일이 흔하지 않지만, 정서적인 요인을 조사할 때에는 이러한 일이 자주 발생하곤 한다. 그래서 정서적 요인을 검사할 때에는 평가도구에 동일 질문이나 동형 질문을 반복적으로 배치함으로써, 즉 반복 측정을 하는 것처럼 같은 문항이나 동형 문항을 반복적으로 배열함으로써 그 학생이 믿을 만하게 답하는지를 알아

보는 방법을 쓴다. 물론 평가도구를 반복적으로 투입할 수 없을 때, 그러나 피험자의 일관성 있는 반응이 중요할 때에도 이러한 방법을 사용한다.

작문평가에서 평가자 신뢰도가 문제가 되는 이유는 평가자가 바로 평가도구와 같은 역할을 하기 때문이다. 독서 능력 검사처럼 이미 문항과 답안이 확정되어 있는 평가도구를 투입할 때에는 그 평가도구만으로도 결과를 얻을 수 있지만, 작문평가에서는 평가자의 평가 수행을 거치지 않으면 결과를 얻을 수 없다. 독서 능력 평가의 평가도구와 같이, 작문평가에서 평가 결과를 산출해 주는 평가도구는 바로 평가자라고 할 수 있다. 다시 말하면, 작문평가에서는 평가자가 평가 결과를 산출해 내는 '평가도구의 역할'을 하는 것이다(권대훈 2008:119). 그래서 작문평가에서는 평가자의 평가 수행이 이루어지지 않으면, 독서 능력 평가에서 평가도구를 투입하지 않은 것처럼 평가 결과를 얻을 수 없다. 그러므로 작문평가의 평가자 신뢰도는 곧 다른 평가 상황에서 쓰이는 평가도구의 신뢰도와 같다고 할 수 있다.

작문평가는 평가자가 곧 평가도구에 대응한다고 보면 학교에서 이루어지는 작문평가에서는 국어교사가 곧 평가도구에 대응한다. 따라서 국어교사는, 신뢰도를 높이기 위해서 평가도구를 세밀하게 조정하는 것처럼, 작문평가의 신뢰도를 높이기 위해서 세밀한 조정의 과정을 거쳐야 한다. 국어교사는 이를 위해서 충실하게 노력할 필요가 있다. 신뢰도는 타당도와 더불어 평가도구가 얼마나 양호한지를 알려주는 중요한 지표이기 때문이다. 일반적으로 신뢰도가 높을수록 평가도구가 양호하다고 보며 신뢰도가 낮을수록 평가도구가 양호하지 못하다고 본다. 그러므로 학생 글을 평가한 결과의 신뢰도가 낮다면 학생 글을 채점한 국어교사는 좋은 평가자라고 보기 어렵다.

## 2. 작문평가에서 쓰이는 평가자 신뢰도의 유형

일반적으로 평가자 신뢰도는 두 가지로 구분한다. 하나는 평가자 내 신뢰도intra-rater reliability이고 다른 하나는 평가자 간 신뢰도inter-rater reliability이다. 자연과학의 측정과는 달리, 사회과학의 평가에서는 평가하는 사람마다 결과가 다르고, 동일한 평가자라 하더라도 평가 상황의 변화, 시간의 흐름, 피로의 정도와 같은 변인에 따라 결과가 달라진다. 학생 글을 평가할 때에도 평가자마다 결과가 다를 수 있으며 동일한 평가자가 같은 학생의 글을 평가해도 결과가 다를 수 있다. 동일한 평가자가 같은 학생 글을 평가해도 결과가 달라질 수 있는 것은 평가자 내 신뢰도와 관련이 있고, 평가자마다 결과가 달라질 수 있는 것은 평가자 간 신뢰도와 관련이 있다.

### 가. 평가자 내 신뢰도

작문평가에서 말하는 평가자 내 신뢰도는 학생 글을 평가하는 평가자 개개인의 신뢰도를 뜻한다. 평가자 내 신뢰도는 기본적으로 한 명의 평가자가 동일한 학생 글을 반복적으로 평가했을 때 두 채점 결과가 어느 정도나 일관성이 있는지를 뜻하는 통계적 지표이다.

다음과 같은 상황을 가정해 보자. 오 교사는 학생들이 수행평가 과제로 작성한 글을 3주 전에 평가하고 그 결과를 따로 기록해 두었으나, 다른 서류에 휩쓸려 나갔는지 평가 결과를 기록한 종이를 찾을 수 없었다. 학기말이 다가와 성적 처리를 해야 했던 오 교사는 어쩔 수 없이 학생 글을 다시 읽고 평가하였다. 그런데 잃어버린 줄 알았던 평가 결과 기록지가 서랍에 보관되어 있는 것을 알게 되었다. 다른 서류 틈에 들어 있어 발견하지 못했던 것이다. 오 교사는 평가가 잘 되었는가 싶어 먼저 평가한 결과와 다시 평가한 결과를 비교해 보았다. 두 가지 평가 결과는 놀랍게도 매우 유사했다. 오 교사는 반복적으로 이루어진 학생 글 평가에서 일관성 있게 점수를 부여하였으므로 평가자 내 신뢰도가 높은 평가자라고 할 수 있다.

작문평가에서 평가자 내 신뢰도는 평가자인 국어교사가 학생 글의 질적 수준을 얼마나 잘 변별하는지, 글의 차이를 변별해 내는 정도가 얼마나 일관성이 있는지, 학생 글을 보는 관점을 어느 정도 안정적으로 유지하는지를 알려주는 지표라고 할 수 있다. 그러므로 평가자 내 신뢰도는 학생 글을 평가하는 평가자의 전문성, 즉 국어교사의 작문평가 전문성을 알려주는 표지이다. 동일한 학생 글인데 평가할 때마다 다른 점수를 부여다면 그 국어교사는 작문평가자로서 기본적인 소양이나 능력writing assessment literacy[1]이 부족하다고 볼 수 있다. 학생 글의 질적 차이를 변별하며 읽어낼 수 있는 능력, 그러면서도 그 차이를 보는 관점을 일관성 있게 적용할 수 있는 능력이 부족하면 평가자 내 신뢰도가 떨어진다. 승부를 판정할 때마다 서로 다른 결과를 내는 심판에게 국가 대표 선발전을 맡길 수 없는 것처럼, 검사할 때마다 서로 다른 소견을 내는 의사에게 우리의 아픈 몸을 맡길 수 없는 것처럼, 평가할 때마다 동일한 학생 글을 일관성이 없게 평가하는 국어교사에게는 학생 글 평가를 맡기기 어렵다.

학생을 지도하는 국어교사는 수업 내용뿐만 아니라 학생들을 대하는 태도에서도 일관성을 유지하는 것이 바람직하다. 어제 설명한 수업 내용과 오늘 설명한 수업 내용이 다르다면, 어제는 아무렇지도 않게 넘어가던 어떤 행동에 대해 오늘 갑자기 화를 내면서 벌을 준다면 학생들은 안정적인 학교생활을 해치게 될 것이다. 교사가 유지해야 하는 일관성은 여기에서 그치지 않는다. 지금까지 논의해 온 것처럼, 작문평가에서도 교사의 일관성이 요구된다. 작문평가를 통해 얻은, 작문수행에 대한 학생 정보를 작문 수업으로

---

1 국어교육 연구자 중에는 'literacy'를 '문식성'으로 번역해 온 관습에 따라 'assessment literacy'를 '평가 문식성'으로 번역하는 경우도 있다. 그러나 'assessment literacy'의 'literacy'는 국어교육에서 말하는 '문식성'과는 관련이 적어 보인다. 이때의 'literacy'는 'assessment'를 이해하고 수행하고 처리할 줄 아는 기본적인 소양이나 능력을 뜻한다고 볼 수 있다. 'computer literacy', 'science literacy' 등등에 딸린 'literacy'도 동일하다. 국어교육연구에서는 이들을 '컴퓨터 문식성', '과학 문식성'으로 번역하지만 여기에 사용된 'literacy'도 컴퓨터나 과학을 이해하고 수행할 줄 아는 기본적인 소양이나 능력을 뜻한다고 볼 수 있다. 이러한 판단에 따라 이 글에서는 'assessment literacy'의 'literacy'를 '평가에 필요한 기본적인 소양이나 능력'으로 표현하였다.

환류하기 위해서는 평가자인 국어교사 개개인이 일관성 있게 평가할 수 있어야 한다.

## 나. 평가자 간 신뢰도

평가자 간 신뢰도는 표현에 이미 드러나 있는 것처럼, 여러 명의 평가자들이 피험자의 글을 평가하는 상황에서 발견되는, 평가자들 사이에 존재하는 신뢰도를 말한다. 통상 평가자들이 서로 얼마나 일관성 있게 평가했는가를 토대로 하여 평가자 간 신뢰도를 계산한다. 평가자 간 신뢰도를 상관도로 보면 평가자 간 신뢰도는 곧 평가자 사이의 상관도라고 볼 수 있다(강승호 외 2012).

작문평가에서는 평가자 내 신뢰도보다 평가자 간 신뢰도를 더 중요하게 다루는 경향이 있다. 평가자 간 신뢰도를 더 중요하게 다루는 데에는 몇 가지 이유가 있다.

첫째, 평가자 간 신뢰도는 여러 평가자들이 평가한 결과가 어느 정도 일관성이 있는지를 뜻하므로 평가자 간 신뢰도는 평가 결과의 객관성의 지표로 해석할 수 있기 때문이다. 객관성은 여러 사람의 관점을 토대로 형성된다는 점에서 보면 평가자 간 신뢰도가 평가자 내 신뢰도보다 더 객관적이라고 할 수 있다. 평가가 내 신뢰도는 평가자 개인의 신뢰도를 뜻하므로 사실 객관성과는 거리가 멀다. 그러므로 평가 결과에 대해 객관성을 요구하는 정도가 높아질수록 평가자 간 신뢰도를 중시할 수밖에 없다.

둘째, 교육적 의사 결정을 내릴 때에는 더 객관적인 평가 결과를 요구하기 때문이다. 작문평가는 입학 허가, 승급 결정, 졸업 허가, 성취도 결정과 같은 교육적 의사결정을 내려야 하는 상황에서 흔히 이루어진다. 이와 같은 교육적 의사결정은 학생의 인생에 큰 영향을 미치는 만큼 여러 사람의 관점이 반영된 객관적인 평가 결과를 바탕으로 하지 않을 수 없다. 대학 입학시험이라든가 취업 시험과 같은 고부담 검사에서 평가자 한 명의 평가 결과만으로 의사결정을 내리는 것은 매우 위험하다. 한 사람의 판단이 학생의 인생에 크나 큰 영향을 미칠 수 있기 때문이다. 설령 그 평가자가 높은 수준의 내적 신뢰도를 보였다고 하더라도 결국은 평가자 한 사람의 결과이므로 다른 사람들의 설득이나 동의를 이끌어내는 데에는 또 다른 노력이나 절차가 필요하다. 그래서 작문평가에서는 평가자 내 신뢰도보다는 여러 명의 평가자가 얼마나 일관성 있게 평가하였는가를 뜻하는 평가자 간 신뢰도를 강조하는 것이다. 고부담 검사일수록 평가자 간 신뢰도를 강조하는 경향은 더욱 뚜렷하다. 작문교육연구에서 주로 다루어온 것이 평가자 내 신뢰도가 아니라 평가자 간 신뢰도였던 것도 바로 이러한 이유 때문이다(박영목 2008).

셋째, 작문평가가 이루어지는 교육적 상황에서 평가자 내 신뢰도는 실효성이 적기 때문이다. 평가자 간 신뢰도와 달리, 평가자 내 신뢰도를 얻기 위해서는 반복적으로 글을 평가해야 한다. 그러나 평가자 내 신뢰도를 연구하는 것이 목적이라면 몰라도 평가 결과를 바탕으로 하여 입학 허가, 승급 결정 등의 교육적 의사결정을 내려야 하는 상황에서 평가자 내 신뢰도를 알아내기 위해 동일한 평가자에게 학생 글을 반복적으로 평가하게 하는 것은 무의미하다. 굳이 고부담 검사가 아니더라도 반복적인 평가가 주는 효용은 찾기 어렵다. 반복적으로 평가하는 것은 노력, 시간, 비용이 매우 많이 들 뿐만 아니라, 그렇게 해서 평가 결과를 얻는다고 해도 한 명의 평가 결과를 의사결정의 근거로 삼기는 어렵다.

그러나 이러한 이유가 있다고 해서 평가자 내 신뢰도가 무시되어야 하는 것은 결코 아니다. 이 점은 분명하게 짚어둘 필요가 있다. 앞에서도 설명한 바와 같이, 평가자의 전문성, 즉 작문평가에 대한 국어교사의 전문성은 바로 평가자 내 신뢰도를 어떻게 확보할 수 있는가에 달려 있기 때문이다. 신뢰도를 확인하는 데 어려움이 따른다는 문제가 있어 그렇지 평가자 간 신뢰도를 추정할 때에도 평가자 내 신뢰도가 확보된 평가자를 바탕으로 하는 것이 더 바람직하다. 평가자 내 신뢰도가 상이한 평가자가 뒤섞여 채점하는 상황에서는 높은 수준의 평가자 간 신뢰도를 기대하는 것이 어렵다. 평가자 내 신뢰도가 낮은 평가자들의 평가 결과는 전문성이 부족할 수 있으므로 이를 절대적인 근거로 삼아 교육적 의사결정을 내리는 것은 적절하지 않다. 자칫 돌이키기 어려운 문제를 불러일으킬 수도 있다.

## 다. 평가자 일치도

평가자 내 신뢰도나 평가자 간 신뢰도를 설명할 때 평가의 일관성을 주로 언급하였지만 평가 결과의 '일치'라는 표현을 쓰기도 한다. 평가 결과가 '일치'한다면 평가자 신뢰도는 완전하다고 할 수 있으므로 어쩌면 '일치'라는 표현이 평가자 신뢰도를 설명할 때 편리한 점도 있다. 그러므로 평가자 신뢰도를 논의할 때 평가자 일치도를 같이 검토해 볼 필요가 있다.

평가자 일치도는 문자 그대로 평가자의 평가 결과가 일치하는 정도를 나타나는 통계적 수치이다. 평가자 일치도는 일반적으로 비율로 표시한다. 전체 평가 항목 대비 일치하는 평가 항목의 비율을 뜻한다. 모든 항목의 평가 결과가 일치하면 일치도 100%, 전혀 일치하지 않으면 일치도 0%가 된다.

평가자 신뢰도를 평가자 내 신뢰도와 평가자 간 신뢰도로 구분할 수 있었던 것처럼, 평가자 일치도도 평가자 내 일치도와 평가자 간 일치도로 구분할 수 있다. 전자는 한 명의 평가자가 학생 글을 반복적으로 채점했을 때 그 결과가 얼마나 일치하는가를, 후자는 여러 명의 평가자들이 학생 글을 채점한 점수가 얼마나 일치하는가를 뜻한다.

일반적으로 작문평가에서는 평가자 일치도를 평가자 신뢰도의 일부로 다루는 경향이 있다. 평가자 신뢰도 중에서 평가 결과가 일치하는 정도를 바탕으로 삼은 신뢰도가 바로 평가자 일치도라고 보는 것이다. 이러한 경향에 따라 평가가 신뢰도를 설명할 때 평가자 일치도도 항상 같이 언급되곤 한다. 평가자 내 일치도는 평가자 내 신뢰도를 설명하는 부분에서, 평가자 간 일치도는 평가자 간 신뢰도를 설명하는 부분에서 찾아볼 수 있다.

그러나 엄격한 관점을 가진 연구자들은 평가자 신뢰도와 평가자 일치도, 즉 평가자 내 신뢰도와 평가자 내 일치도, 평가자 간 신뢰도와 평가자 간 일치도는 서로 다르다는 주장을 하기도 한다. 왜냐하면 실제적인 작문평가에서는 평가자 신뢰도와 일치도가 서로 다르게 추정되는 경우가 많기 때문이다(Graham et al. 2012, Gwet 2012). 다음과 같은 평가 결과의 예를 살펴보자.

| 학생 글 | 한 명의 반복 평가 점수 | | 두 명의 개별 평가 점수 | |
|---|---|---|---|---|
| | 1차 | 2차 | 평가자 A | 평가자 B |
| 1 | 4 | 6 | 5 | 7 |
| 2 | 6 | 8 | 7 | 9 |
| 3 | 8 | 10 | 9 | 11 |
| 4 | 10 | 12 | 11 | 13 |
| 5 | 12 | 14 | 13 | 15 |

먼저, 한 명의 평가자가 반복하여 평가한 결과를 보기로 하자. 평가자는 1차 평가와 2차 평가에서 학생 글 1, 2, 3, 4, 5에 대하여 각각 (4, 6), (6, 8), (8, 10), (10, 12), (12, 14)를 부여함으로써 일치하는 점수를 하나도 보여 주지 않는다. 쌍을 이루는 5건의 점수 중에서 일치하는 점수가 하나도 없으므로 반복 평가에서 확인할 수 있는 일치도는 '전혀 없음', 곧 0%이다. 일치도를 평가자 내 신뢰도로 간주하면, 이렇게 평가한 국어교사는 평가자 내 신뢰도가 전혀 없는 평가자라는 결론에 이르게 된다. 그렇다면 이 국어교사는 작문평가 전문성이 부족하다고 판정해야 할 것이다.

그러나 신뢰도는 상관도라는 전제를 수용하여 평가자 내 신뢰도를 상관도로 계산하면 상황이 전혀 달라진다. 1차 평가 결과와 2차 평가 결과의 상관도는 완전한 상관관계를 보이는 1.0이기 때문이다. 이것은 평가자 내 신뢰도가 100%라는 뜻이다. 두 평가 점수의 분산이 동일하므로 상관계수로 추정한 1차 평가 결과와 2차 평가 결과의 신뢰도는 100%를 보일 수밖에 없다. 1차 평가에서는 다소 엄격했고 2차 평가에서는 다소 관대했지만, 학생 글을 보는 관점은 동일하게 유지되었다고 할 수 있다. 그렇다면 이 국어교사는 작문평가 전문성이 매우 높은 평가자라고 해야 하지 않을까?

이러한 현상은 여러 명의 평가자가 참여하는 작문평가의 신뢰도를 따질 때에도 동일하게 나타난다. 앞의 표에서 평가자 A와 B는 학생 글 1, 2, 3, 4, 5에 대하여 각각 (5, 7), (7, 9), (9, 11), (11, 13), (13, 15)로 평가함으로써 각 학생 글의 점수가 일치하지 않는다. 그러므로 두 평가자의 일치도는 0%가 된다. 그러나 두 평가자의 신뢰도를 상관계수로 계산하면 상관도 1.0을 얻을 수 있다. 이는 100%의 완전한 평가자 간 신뢰도라고 할 수 있다. 상관도로 추정한 신뢰도가 100%라면 평가자들은 각각의 엄격성에 따른 평균의 차이만이 존재할 뿐 학생 글을 변별하는 상대적인 차이는 동일하다고 할 수 있다. 평가자 일치도와 평가자 신뢰도가 같은 개념이라면 이러한 상반된 현상을 설명하기가 어렵다. 0%의 신뢰도와 100%의 신뢰도가 동시에 존재하기 때문이다.

한편, 신뢰도의 계산에서 발견되는 모순 외에 교육적인 의미에서도 신뢰도와 일치도는 차이가 있다. 작문평가 결과를 바탕으로 하여 학생의 입학이나 졸업, 승급 등을 결정해야 한다면 평가자 신뢰도보다는 평가자 일치도를 더 중시해야 하기 때문이다(Graham et al. 2012). 가령, 앞의 표에서는 1, 2, 3, … 18, 19, 20의 연속 점수로 평가한 예를 보였는데, 이렇게 연속 점수 척도를 적용하지 않고 A-B-C, 상-중-하, 합격-불합격, 목표 도달-미도달 등과 같은 질적 유목 척도를 적용하여 평가하는 경우를 생각해 보자. 질적 유목 척도를 적용하여 평가할 때에는 한 평가자가 반복적으로 평가하든 여러 명의 평가자가 함께 평가하든 일치하는 정도가 중요하다. 동일한 학생 글을 처음 평가할 때에는 학습목표 도달로 판정했다가 나중에 평가할 때에는 미도달로 판정한다면 교육적 의사결정을 내리는 데 큰 어려움을 겪게 될 것이다. 여러 명의 평가자가 낮은 일치도를 보이는 경우에도 동일한 현상이 벌어질 것이다.

교육적으로 중요한 의사결정을 내리는 상황에서는 평가자의 일치도가 평가자의 상관도보다 훨씬 더 중요하다(Graham et al. 2012, Gwet 2012). 질적 유목 척도를 사용하므로 평균을 보정하는 방법도 불가능하다. 한 평가자가 반복적으로 관찰하더라도 일치하는 결과를, 여러 평가자가 복수로 검사하더라도 일치하는 결과를 얻는 것이 중요하다. 그래서 교육적인 의사결정을 위해 작문평가를 적용하는 경우에는 평가자 신뢰도보다 평가자 일치도를 더 중시할 필요가 있다.

이렇게 보면 개념적으로 신뢰도와 일치도는 동일하지 않다는 점을 인정할 수 있을 듯하다. 그러나 그렇다고 해도 평가자 신뢰도와 평가자 일치도는 독립적인 별개의 것이 아니라 뗄 수 없을 만큼 긴밀하게 맞물려 있는 보완적인 개념이라고 보는 것이 더 적절하다. 평가자 일치도도 결국은 평가자의 평가 결과가 얼마나 일치하는가, 혹은 유사한가를 보여주는 것이기 때문이다. '유사한 정도'를 더 넓은 영역으로 보고 그 안에 '일치하는 정도'가 포함되는 것으로 보면, 일치도를 신뢰도의 한 유형으로 볼 수 있다. '유사한 정도'에 '일치하는 정도'가 포함되는 것으로 보았으므로 일치도가 신뢰도보다 더 엄격한 개념으로 볼 수도 있다. 일치도가 0%이더라도 신뢰도 100%는 가능하지만, 신뢰도가 0%인데 일치도가 100%가 되는 예는 존재할 수 없다. 그래서 고부담 검사에서는 신뢰도보다는 일치도를 더 빈번하게 적용하곤 한다. 의학이나 약학 분야 연구에서도 평가자 일치도를 주로 적용하는 이유도 바로 이 때문이다. 인간의 생명과 건강을 다루는 분야의 연구인데 '전문가의 일치된 견해'가 중요하지 않겠는가?

그러므로 일치도와 신뢰도를 별개의 것으로, 서로 독립적인 것으로 다룰 필요는 없다. 일치도가 0%이면서도 신뢰도 100%로 추정되는 상황을 유의하여 해석한다면 앞에서 지적했던 문제는 해소될 수 있을 것이다. 작문평가의 상황이나 목적 등을 고려하여 신뢰도나 일치도를 선택하여 적용하면 무리가 따르지 않는다. 작문평가의 이론에서 평가자 신뢰도와 평가자 일치도를 굳이 분리하여 다루지 않는 것도 이러한 이유 때문이라고 볼 수 있다.

# 3. 작문평가에서 권장하는 평가자 신뢰도의 수준

작문평가에서는 평가자 신뢰도가 중요하다고 하였으므로 다음과 같은 질문이 뒤따를 수 있다. 작문평가에서 평가자 신뢰도가 높은 것이 좋은 것 인가? 평가자 신뢰도가 어느 정도의 수준이 되어야 바람직한 것인가? 일반 적으로 신뢰도가 높아야 양호한 평가도구로 인정을 받는 것처럼, 작문평가 에서도 평가자 신뢰도가 높을수록 좋다고 할 수 있다. 신뢰도가 높다는 것 은 곧 평가자들이 양호하다는, 평가자들이 전문성이 있다는 뜻으로 받아들 일 수 있기 때문이다. 국어교사가 학생 글을 평가하는 상황이라면 평가자 신뢰도가 높은 국어교사들은 작문평가 전문성을 잘 갖추고 있다고 해석할 수 있다. 평가자 내 신뢰도는 국어교사가 동일한 질적 수준을 보이는 학생 글을 일관성 있게 변별해 내는 정도를 뜻하므로 평가자 내 신뢰도는 가능한 한 높을수록 좋다. 학교에서 학생 글을 평가해야 하는 상황이라면 국어교사 는 평가자 내 신뢰도를 높게 유지하기 위해 노력해야 한다. 평가자 연수[2]에 참여하는 방안도 모색해 볼 필요가 있다.

평가자 내 신뢰도처럼, 평가자 간 신뢰도도 높을수록 바람직하다. 그러나 평가자 간 신뢰도는 평가자 내 신뢰도와 달리 작문평가의 상황이나 목적 등 에 따라 요구되는 정도가 다를 수 있다. 학생 발달이나 작문수업을 목적으 로 하는 작문평가라면, 선발 목적의 작문평가와는 달리 반드시 높은 수준의 평가자 간 신뢰도를 요구하지 않아도 무방하다. 작문수업 시간에 학생이 창 의적인 생각을 자유롭게 펼친 글을 썼을 때 이에 대한 국어교사들의 평가는

---

2 '평가자 훈련'이라는 용어도 흔히 쓰이고 있으나 이 글에서는 '평가자 연수'라는 용어를 사용하고자 한다. 이 글에서 '평가자 훈련'은 비전문가를 작문평가의 기본적인 소양이나 능력을 갖추도록 하는 교육을, '평가자 연수'는 작문평가의 기본적인 소양이나 기본적인 능력을 갖춘 평가자를 대상으로 하여 평가자 신뢰도를 높이기 위한 교육이나 협의를 뜻하는 것을 보고 구분하여 사용하였다. 국어교 사는 교사 양성 과정에서 작문평가에 관한 기본 교육을 이수하였으므로 이 글에서는 국어교사가 '평 가자 훈련'의 대상이 아니라 '평가자 연수'의 대상에 해당한다고 보았다. '평가자 연수'라는 용어는 박영목(2008)에서도 사용된 바 있으며 개념은 '평가자 훈련'과 같다.

다소 차이가 있을 수 있으며, 학생 글이 창의적인 만큼 이러한 평가의 차이는 자연스러운 일이기도 하다. 창의성 함양이 목적이라면 국어교사들이 다양하게 반응하는 것이 어쩌면 학생들의 창의성을 더욱 촉진할 수도 있을지도 모른다.

학교에서 작문평가를 시행할 때 평가자 간 신뢰도를 지나치게 의식하다 보면 오히려 작문평가를 왜곡하게 될 가능성이 있다는 점에 유의할 필요가 있다. 평가자 간 신뢰도를 높이는 것만 의식하다 보면, 학교 작문평가에서는 학생 글을 질적 수준에 따라 변별하고 학생 글의 특징을 세밀하게 읽어 내는 데 초점을 두어야 함에도 불구하고, 이러한 작문평가의 본질은 망각한 채 국어교사 서로서로가 비슷한 점수를 주는 데에만 집중할 수 있기 때문이다. 비슷한 점수를 부여하는 데에만 집중한다고 하면 평가 기준도 굳이 필요하지 않다. 평가기준을 따르든 안 따르든 국어교사들이 부여한 학생 글 점수가 유사하기만 하면 되지 않겠는가? 경력이 많은 국어교사일수록 제시된 평가기준보다 자신의 내면에 설정하고 있는 평가기준을 따르는 경향이 있다. 이들이 부여하는 학생 글의 점수는 편차도 크게 나지 않는 경향이 있다. 그러므로 경력이 많은 국어교사들은 제시된 평가기준에 따르지 않더라도 얼마든지 엇비슷한 점수로 유사하게 평가할 수 있다.

또한 높은 수준의 평가자 간 신뢰도에 집착하다 보면, 평가척도를 조정하는 방법(즉 평가 점수의 폭을 좁게 해서)을 통해서라도 평가자 간 신뢰도를 높이려는 현상이 나타날 수도 있다. 국어교사들이 서로 독립적으로 평가하는 것이 아니라, 다른 국어교사가 먼저 채점해 놓은 점수를 참조하여 평가하는 현상이 나타날 수도 있다. 평가자인 국어교사들이 서로 유사한 점수를 주는 것만을 주된 목표로 삼으면 학생 글의 특징을 발견해 내는 작문평가의 본질적인 의의가 부차적인 목표로 밀려나는 문제 상황에 빠지게 된다.

만약 3명의 국어교사가 학생 글을 평가하는 데 평가자 간 신뢰도가 1.0이 나왔다고 가정해 보자. 이 국어교사들은 동일한 관점으로 학생 글을 평가했다는 뜻이므로 한 사람이 평가한 것과 결과가 다르지 않다. 그런데 이렇게

3명의 국어교사가 완전히 동일한 관점을 가지고 있다면, 그래서 한 사람이 평가한 것과 다를 바 없다면, 굳이 3명이 학생 글 평가에 참여해야 할 이유가 없다. 김 교사가 평가하든 정 교사가 평가하든 동일한 평가 결과나 나올 것이기 때문이다. 그러므로 높은 수준의 평가자 간 신뢰도가 바람직하지만 이것을 높이는 데에만 몰입하는 것은 적절하지 않다.

한편, 평가자 간 신뢰도는 평가척도를 어떻게 작성하는가에 의해서도 달라질 수 있다. 가령 평가척도를 5점에서 3점으로 줄이면 평가 결과를 유사하게 맞출 수 있다. 동일한 점수를 주게 될 확률이 20%에서 33%로 높아지기 때문이다. 10점 척도로 학생 글을 평가하는 것보다는 5점 척도로, 5점 척도보다는 3점 척도로 평가하는 것이 평가자 간 신뢰도를 높이는 데 유리하다. 그러나 이렇게 평가척도를 좁히면 평가자 간 신뢰도는 높일 수 있어도 학생 글의 질적 특성을 변별하기가 점점 더 어려워진다. 10점 척도라면 7점과 9점으로 변별되었을 두 학생의 글이 5점 척도에서는 두 글 모두 5점으로 수렴된다.

매우 드문 경우이지만, 만약 학생 글을 2점 척도로 평가한다면 질적 특성이 매우 다양한 학생 글을 OX의 진위 문항처럼 다루는 문제 상황에 빠지게 된다. 잘 썼다 싶으면 2점, 못 썼다 싶으면 1점을 주어야 하므로 이들 사이에 존재하는 학생 글의 다양한 수준을 짚어낼 수 없다. 그렇다, 아니다만 존재하는 흑백논리가 위험한 것처럼, 매우 다양한 학생 글의 질적 특성을 가려낼 수 없다는 점에서 이러한 평가방법도 위험하다. 그러므로 평가자 신뢰도는 작문평가의 상황과 목적을 고려하여 적정한 수준을 정하는 것이 바람직하다.

일반적으로 평가자 간 신뢰도를 추정하여 작문평가가 적절하게 이루어졌는지를 판단하지만, 여러 명의 국어교사가 학생 글을 평가한 다음, 그 결과 점수의 평균을 학생의 점수로 처리하면 높은 수준의 평가자 간 신뢰도를 요구하지 않아도 무방하다. 예를 들어, 5명의 평가자가 1번 학생 글에 대해 각각 4, 5, 5, 4, 3과 같이 채점하고, 2번 학생 글에 대해 각각 4, 5, 3, 3, 4

와 같이 채점했다고 가정해 보자. 이 때 평가자들이 부여한 점수의 평균, 즉 4.2점과 3.8점을 1번 학생 글과 2번 학생 글의 점수로 처리하면 평가자 5명의 신뢰도를 높은 수준으로 요구하지 않아도 크게 문제가 되지 않는다.

여러 평가자가 평가한 결과의 평균을 학생 글 점수로 반영하면 평가자들 개개인이 보이는 차이를 소거하거나 약화할 수 있다. 평가자의 규모를 크게 하면 할수록 평가자들 사이에 존재하는 평가 결과의 차이는 점점 감소한다. 고전 검사 이론의 설명처럼 여러 명의 평가자가 평가한 점수의 평균은 학생 글의 진점수로 수렴하기 때문이다. 그러므로 평가자 규모를 충분히 크게 유지하고 그 평가자들이 평가한 결과의 평균을 학생의 개별 점수로 처리하면 평가자 간 신뢰도에 얽매일 필요가 없다. 평가 결과의 평균을 학생 글의 개별 점수로 처리할 때 평가척도의 범위가 넓다면 조정 평균을 반영하는 방법을 적용할 수 있다. 평균은 예외적으로 높은 점수나 예외적으로 낮은 점수의 영향이 큰데, 조정 평균 방법을 적용하면 이러한 문제를 피해갈 수 있다.

## 4. 작문평가에서 평가자 신뢰도를 추정하는 방법

작문평가에서 평가자 신뢰도를 추정하는 방법은 매우 다양하다. 신뢰도 추정 방법을 분류 기준에 따라 몇 가지 유형으로 구분할 수도 있다. 그러나 이 글에서는 평가자 신뢰도 추정 방법을 평가자 내 신뢰도와 평가자 간 신뢰도로 구분하여 설명하고자 한다. 앞에서도 평가자 신뢰도를 이 두 가지로 구분하여 논의해 왔기 때문이다.

### 가. 평가자 내 신뢰도
작문평가에서는 평가자가 평가한 점수를 바탕으로 하여 통계 계수를 구하는 방법을 흔히 따른다. 평가자 내 신뢰도는 한 명의 평가자가 반복 채점을 했을 때 평가 결과가 얼마나 일관성이 있는가를 뜻하므로, 국어교사의 평가자 내 신뢰도를 알아보려면 학생 글을 반복해서 평가하는 과정을 거쳐야 한다. 반복 채점을 통해 얻은 각각의 결과를 비교함으로써 그 국어교사가 평가자로서 평가 관점이나 태도를 얼마나 일관성 있게 유지하면서 평가하였는지 판단해 볼 수 있다. 더 나아가 이를 바탕으로 하여 그 국어교사가 학생 글을 평가할 수 있는 전문성을 갖추고 있는지를 판단할 수도 있다. 반복 채점을 통해 얻은 두 값을 비교하는 방법은 일치도를 구하는 방법과 상관도를 구하는 방법으로 나누어 볼 수 있다.

'상-중-하, A-B-C, 합격-불합격, 도달-미도달'처럼 질적으로 유목화된 척도에 따라 학생 글을 반복적으로 평가한 후 $P_o$ 계수를 구하면 일치도에 바탕을 둔 평가자 내 신뢰도를 얻을 수 있다. $P_o$ 계수는 반복 평가에서 같은 유목으로 평가된 학생의 비율을 합한 값이다. 그런데 $P_o$ 계수는 우연에 의한 일치를 포함하고 있어 일치도가 과대 추정된다는 한계가 있다. 이를 보정하기 위하여 우연에 의한 일치를 제거한 Cohen's $K$ 계수를 적용할 수 있는데, 이 Cohen's $K$ 계수를 통해 평가자 내 신뢰도를 추정할 수 있다(강승호·김양분 2004, 강승호 외 2012).

일치도 외에 상관도를 통해 평가자 내 신뢰도를 추정하는 것도 가능하다. 질적 유목 척도를 사용하여 반복적으로 평가할 때에는 일치도를 구해야 하지만 3-2-1, 5-4-3-2-1과 같은 연속 점수 척도를 사용할 때에는 상관도로 평가자 내 신뢰도를 구할 수 있다. 학교 작문평가에서는 상-중-하처럼 질적 유목 척도를 사용하기도 하지만 연속 점수 척도를 사용하는 것이 더 일반적이다. 연속 점수 척도로 학생 글을 반복적으로 평가했다면 Pearson의 상관계수를 활용하여 평가자 내 신뢰도를 구할 수 있다. Pearson의 상관계수는 두 변인의 공분산을 표준화한 값이므로 분산이 유사할수록 높게 나온다.

그러나 앞에서도 지적한 것처럼, 평가자 내 신뢰도를 연구하려는 목적이라면 반복적인 평가가 가능하지만, 작문평가가 학생 글의 질적 특성을 파악하거나 교육적 의사결정을 내리는 데 목적이 있다면 반복적으로 평가하는 무의미하다. 학생 글을 평가해야 하는 국어교사의 노력과 비용만 많이 들

뿐 실제적인 활용도가 떨어진다. 반복 평가한 결과가 일관성이 있다고 해도 혼자만의 평가 결과라면 다른 사람들의 적극적인 동의와 수용을 보장하기 어렵다. 반복적인 평가를 하지 않고 평가자 내 신뢰도를 추정하고자할 때에는 다국면 Rasch 모형을 활용할 수 있다(지은림 1996).[3]

다국면 Rasch 모형은 문항 반응 이론에서 난도難度 하나만을 고려하는 1 모수 모형으로서 수리적 설명이 복잡하지만 Linacre(1989, 1998, 2001)가 개발한 컴퓨터 응용 프로그램 FACETS을 이용하면 비교적 손쉽게 사용할 수 있다. 다국면 Rasch 모형에서는 내적합 지수를 통해서 평가자 내 신뢰도를 추정하는데 통상 0.75~1.30의 범위에 있을 때 적합한 것으로 간주한다. 내적합 지수를 표준화한 값으로는 -2.0~2.0을 적합한 범위로 본다(Linacre 1998, 2001). 내적합 지수는 평가자가 엄격한 정도를 일관성 있게 유지했는가를 보여주는 값이므로 평가 관점이나 태도의 일관성 유지라는 측면에서 평가자 내 신뢰도로 해석할 수 있다.

## 나. 평가자 간 신뢰도

평가자 간 신뢰도는 평가자들이 얼마나 일관성 있게 글을 평가하였는지를 알려주는 지표이다. 그래서 작문평가 결과를 교육적 의사결정의 근거로 삼을 때에는 적정한 수준의 평가자 간 신뢰도를 확보하였는지를 중요하게 다룬다. 일반적으로 평가자 신뢰도를 지칭할 때 평가자 간 신뢰도를 먼저 떠올리는 것은 바로 이러한 이유 때문이다.

평가자 간 신뢰도를 추정할 때에도 일치도의 방법을 적용할 수 있다. 평가자 내 신뢰도에서 설명한 것처럼, '상-중-하, A-B-C, 합격-불합격, 도달-미도달'과 같은 질적 유목 척도에 따라 학생 글을 평가할 때에는 $P_o$ 계수로 평가자 간 신뢰도를 추정할 수 있다. 우연에 의한 과대 추정을 피하고

---

3 FACETS 프로그램을 이용하여 다국면 Rasch 분석을 하면 내적합(Infit) 지수를 얻을 수 있는데, 지은림(1996)은 이를 채점자 내 신뢰도로 사용할 수 있다고 보았으나, 채선희(1996)는 채점자 간 일관성, 즉 채점자 간 신뢰도로 사용할 수 있다고 보았다. 이 글은 지은림(1996)의 견해에 따랐다.

싶다면 평가자 내 신뢰도에서도 그랬던 것처럼, Cohen's $K$ 계수를 적용해야 한다. 그런데 $P_o$ 계수나 Cohen's $K$ 계수는 평가자가 2명일 때 평가자 일치도를 구하는 방법이라는 점에서 불편이 있다. 작문평가가 이루어지는 상황에 따라 3명 이상의 평가자가 참여하는 경우도 흔하기 때문이다.

질적 유목 척도에 따라 글을 평가하는 평가자가 3명 이상일 때 일치도를 구하려면 Kendall의 $W$ 계수, 또는 Fleiss's $K$ 계수를 적용해야 한다(서울대학교 교육연구소 1995). 그러나 이러한 방법은 아직 일반적으로 널리 사용되지는 않는 것으로 보이고, 평균을 산출하여 일치도를 구하는 방법이 더 흔히 사용되는 것으로 보인다. 평균을 적용하는 방법은 다음과 같다. 예를 들어 3명의 국어교사가 학생 글을 평가했다고 가정해 보자. 이때 국어교사를 (A, B), (B, C), (A, C)처럼 순서대로 2명씩 대응시켜 세 쌍의 일치도를 구한 다음, 세 쌍의 평균을 계산하여 평가자 간 신뢰도로 처리하는 것이다. 평균을 적용하는 방법은 특정 평가자가 보이는, 매우 높거나 낮은 일치도의 영향을 줄일 수 있다는 점에서 장점이 있다.

한편, 연속 점수 척도에 따라 여러 명의 평가자가 평가했을 때 적용할 수 있는 가장 기본적인 평가자 간 신뢰도는 상관계수를 적용하는 것이다. 상관계수를 적용하는 방법이 가장 기본적이기는 하지만, 이 방법도 평가자가 2명일 때에만 적용이 가능하다는 점에서 일치도 방법과 동일한 한계를 안고 있다. 평가자가 3명이라면 평가자 A와 B, A와 C, B와 C의 상관계수를 얻을 수 있을 뿐 평가자 전체의 상관도, 즉 평가자 전체의 신뢰도는 얻을 수 없다. 평가자가 3명 이상이라면 일치도 때에 사용했던 평균법을 적용하기도 한다. 즉, 평가자를 2명씩 대응하여 각각의 상관계수를 구한 후, 각 상관계수의 평균을 평가자 간 신뢰도로 처리하는 것이다(권대훈 2008). 그러나 연속 점수 척도를 적용해서 평가한 경우에는 이보다 더 유용한 방법이 많으므로 상관계수를 평균하는 방법은 잘 쓰지 않는다.

작문연구에서 가장 일반적으로 사용하는 평가자 간 신뢰도 산출 방법은 Cronbach $\alpha$를 활용하는 것이다. Cronbach $\alpha$는 내적 일관성 계수로 불리기도 하는데, $\alpha$ 계수는 평가자 개별 점수의 분산의 합과 평가 결과 전체의 분산의 비율을 통해 계산된다. 평가자 각각의 분산이 작을수록, 평가자 전체의 분산이 클수록 $\alpha$ 계수가 커진다. 그러므로 국어교사들이 학생 글을 평가할 때 서로 편차가 적으면 $\alpha$ 계수가 크게 나온다.

Cronbach $\alpha$로 평가자 간 신뢰도를 추정하는 방법은 평가자 각각을 하나의 문항처럼 다루는 방식을 적용한 것이다(권대훈 2008). 하나의 검사지가 여러 문항으로 구성되었을 때 각 문항의 분산의 합과 전체 점수의 분산의 비율로 Cronbach $\alpha$를 구하는 것처럼, 학생 글의 점수가 여러 평가자들의 점수로 구성되었다고 보고 Cronbach $\alpha$를 적용하는 것이다. Cronbach $\alpha$는 개념이 명료하고 수리적 설명이 간단하며 통계 패키지 프로그램인 SPSS를 통해서도 쉽게 구할 수 있어 폭넓게 활용되고 있다.

Cronbach $\alpha$가 일반적으로 쓰이기는 하지만 엄밀성이 부족하다고 보는 연구자들은 일반화 가능도 계수로 평가자 간 신뢰도를 추정하기도 한다. 일반화가능도 계수도 Cronbach $\alpha$처럼 분산 분석 방법에 토대를 두고 있지만, 일반화가능도 계수가 작문평가에 개입하는 오차 원인을 다차원적으로 고려하기 때문에 좀 더 엄밀한 평가자 간 신뢰도로 보는 것이다(김성숙·김양분 2001, 송인섭 2002). 최근에는 일반화가능도 계수도 컴퓨터 응용 프로그램 EduG를 이용하여 간편하게 계산할 수 있다. 이에 따라 다양한 프로그램으로 산출한 결과를 바탕으로 하여 평가자 간 신뢰도를 보고하는 사례가 점점 늘고 있다.

앞에서 평가자 내 신뢰도를 구할 때 다국면 Rasch 모형를 적용할 수 있다고 했는데, 다국면 Rasch 모형은 평가자 간 신뢰도로 수용하여 해석할 수 있는 통계치를 보여준다. FACETS 프로그램이 제시해 주는 일치도inter-rater agreement, 분리 신뢰도reliability for separation, 고정 $\chi^2$(fixed chi-square) 검증의 p값이 그것이다.

다국면 Rasch 모형을 FACETS을 통해 구동하면 평가자 일치도에 관한 정보를 분석 결과로 얻을 수 있다. 여기에는 관찰 일치도Exact agreements %

와 기대 일치도Expected agreements %가 포함되어 있는데, 전자는 평가자들의 평가 결과가 실제적으로 일치하는 정도를 비율로 나타낸 것이고, 후자는 다국면 Rasch 모형에 평가 결과가 일치하는 정도를 비율로 나타낸 것이다. 관찰 일치도로도 평가자 간 일치도를 파악할 수 있지만, Cohen' Kappa 계수처럼 다음 공식에 따라 일치도를 계산한다.

$$\frac{관찰일치도-기대일치도}{100-기대일치도}$$

이 공식에 따라 계산하면 logit 값으로 제시되는 일치도에 대한 정보를 얻을 수 있다. 관찰 일치도와 기대 일치도가 유사하면 계산 결과는 0에 가까워진다. 0 logit을 기준으로 삼았을 때 계산 결과가 음수이면 평가자들의 실제적인 평가 결과가 불일치가 크다는 것을, 양수이면 평가자들의 실제적인 평가 결과가 일치가 크다는 것을 뜻한다. 앞에서도 지적한 것처럼, 일치도가 높으면 평가자들이 같은 점수를 준다는 의미이므로 계산한 결과가 양수이면 평가자들이 학생 글의 질적 특성을 적절하게 변별하지 못한 채 평가했을 가능성이 있다. 따라서 FACETS 프로그램에 따른 평가자 일치도는 일반적으로 양수 값이 아니라 0에 가까울 때 평가자들 간의 일치도가 높다고 해석한다(장소영·신동일 2009).

FACETS 프로그램이 제공하는 분리 신뢰도를 통해서도 평가자 간 신뢰도를 알아볼 수 있다. 이 프로그램에서 제시하는 분리 신뢰도는 평가자들 사의의 엄격성이 다른 정도, 다시 말하면 평가자들이 엄격하게 평가한 정도가 서로 차이가 있는 것으로 분리해서 볼 수 있는지를 알려주는 지표이다. 이 점에서 FACETS이 제공하는 분리 신뢰도는 전통적인 평가자 간 신뢰도의 개념과는 다소 차이가 있다.[4] 그러나 엄격성이 다르다는 말은 평가 결과가 같지 않다는 뜻이므로 분리 지수를 평가자 간 신뢰도로 수용하여 처리하는 것도 가능하다.

FACETS이 제공하는 분리 신뢰도는 0.00~1.0 범위의 값을 갖는다. 0.0은 평가자들의 엄격성이 전혀 분리되지 않는다는 것을, 1.0은 평가자들의 엄격성이 전혀 달라서 완벽하게 분리된다는 것을 의미한다. 그러므로 0.0에 가까울수록 평가자들의 엄격성의 정도가 유사하다고 판단할 수 있다(지은림 1996, 남명호 외 2000, Linacre 1988). 엄격성의 정도가 유사하다는 것은 곧 유사한 평가가 이루어졌다는 뜻이므로 평가자 간 신뢰도가 높다는 의미로 해석하는 것이 가능하다.

FACETS 프로그램은 고정 $\chi^2$ 검증 결과도 제공하는데, 이를 통해서도 평가자들의 엄격성이 다른지를 통계적으로 확증할 수 있다. 고정 $\chi^2$ 검증 결과, 유의 수준을 0.05로 설정하였을 때 p값이 0.05보다 작으면 '평가자들의 엄격성이 동일할 것이다.'라는 영가설이 기각되어 평가자들의 엄격성이 통계적으로 유의하게 다르다고 해석할 수 있다. 엄격성이 다르다면 평가자들이 학생 글을 서로 다르게 평가하였다는 뜻이므로 평가자 간 신뢰도가 낮은 것으로 보는 것도 가능하다.

---

4  이러한 이유에서 FACETS의 분석 결과표에서는 "reliability(not inter-rater)"로 표시한다. 분석 결과의 'reliability'가 전통적인 'inter-rater reliability'의 개념과 같지 않음을 지적한 것이다. 평가자 간 신뢰도를 관찰점수에서 진점수가 차지하는 비율로 보는 관점에서는 분산만을 고려할 뿐 엄격성을 고려하지는 않으므로 FACETS의 'reliability'와 전통적인 'inter-rater reliability'가 다르다. 엄격성이 달라도 분산이 같다면 전통적인 'inter-rater reliability'는 매우 높게 나온다. 이는 평가자 신뢰도를 일치도로 보는가, 상관도로 보는가에 따라 신뢰도 수준이 달라진다고 했던 앞의 설명과 유사하다(장소영·신동일 2009).

# 5. 작문평가에서 평가자 신뢰도를 높이기 위한 방법

작문평가에서 평가자 신뢰도가 중요한 만큼 이를 적정한 수준으로 유지하거나 높이는 방안을 모색해 볼 필요가 있다. 여러 선행 연구에서도 이를 쟁점으로 삼아 논의를 전개하기도 했다. 작문평가의 평가자 신뢰도를 확보할 수 있는 방안으로는 흔히 평가 기준의 상세화, 평가자 연수, 평가 예시문의 활용을 꼽는다. 이 세 가지 방법은 평가자 내 신뢰도 및 평가자 간 신뢰도를 유지하거나 높이는 데 기여할 수 있다.

## 가. 평가기준의 상세화

평가기준의 상세화는 모호하게 해석·적용될 수 있는 평가기준을 상세하게 작성하는 것이다. 평가기준의 상세화는 다시 두 가지로 구분할 수 있는데, 하나는 평가기준의 진술을 구체화하는 것이고, 다른 하나는 평가기준의 내용을 요목화하는 것이다. 전자는 '평가기준의 구체화'로 부를 수 있고 후자는 '평가기준의 요목화'로 부를 수 있다. '진술'이라는 용어와 '내용'이라는 표현을 넣지는 않았지만, '평가기준의 구체화'는 평가기준의 진술과 관련되어 있고 '평가기준의 요목화'는 평가기준의 내용과 관련되어 있다.

평가기준의 구체화는 추상적이거나 포괄적으로 진술된 평가기준을 구체적인 표현으로 재구성하는 것을 뜻한다. 평가기준이 추상적이거나 포괄적으로 진술되어 있으면 여러 가지 유형의 글을 평가할 때 두루 적용할 수 있다는 장점이 있지만, 평가자 신뢰도를 유지하거나 확보하는 데에는 불리하다는 단점이 있다. 평가기준 진술이 추상적이거나 포괄적이면 평가기준의 해석과 적용이 모호해져서 평가결과의 변동성이 커지기 때문이다. 평가기준이 구체적으로 진술되어 있으면 해석과 적용에 따르는 변동성을 줄일 수 있어 평가자 신뢰도를 유지하거나 확보하는 데 유리하다.

평가기준을 진술할 때 중의적인 표현을 사용하면 평가기준의 추상성이나 포괄성이 커진다. 가령 '글은 잘 읽히는가.', '글은 흥미로운가.'와 같은 평가기준은 다양한 해석을 포함하고 있다. '글은 잘 읽히는가.'는 내용의 흐름이 매끄럽다는 것인지, 표현이 유려하다는 것인지, 낭독하기에 좋다는 것인지를 알기 어렵고, '글은 흥미로운가.'는 내용이 흥미로운 것인지, 표현과 같은 형식이 흥미롭다는 것인지, 글을 쓴 학생에게 흥미롭다는 것인지, 글을 읽을 예상독자에게 흥미롭다는 것인지, 글을 평가할 국어교사에게 흥미롭다는 것인지를 알기 어렵다. 그러므로 이러한 평가기준을 적용하면 그 해석과 적용의 변동성이 커 필연적으로 평가결과의 편차가 크게 나타난다.

평가기준을 복합적으로 구성할 때에도 구체성이 떨어진다. 예를 들어 평가기준을 '글의 내용이 풍부하고 참신한가.'와 같이 진술하면 평가기준 해석과 적용의 변동성이 커진다. 이 평가기준은 풍부한 정도와 참신한 정도를 각각 묻는 것으로 해석할 수도 있고, 풍부와 참신이 동시에 있어야 하는 것으로 해석할 수도 있기 때문이다. 그래서 내용의 풍부한 정도를 중시하는 평가자, 참신한 정도를 강조하는 평가자, 내용의 풍부함과 참신함이 공존해야 함을 강조하는 평가자에 따라 이 평가기준을 서로 다르게 적용할 가능성이 높다. 그러므로 평가자 신뢰도를 유지하거나 확보하려면 평가기준이 다양하게 해석되거나 적용될 여지를 줄여야 한다. 가능하면 하나의 평가기준은 하나의 의미로 해석될 수 있도록 진술해야 한다. 이렇게 하나의 의미로 해석될 수 있게 진술된 평가기준을 '구체적으로 진술된 평가기준'이라고 할 수 있다.

평가기준의 요목화는 평가기준의 내용을 몇 가지의 요목으로 구분하여 제시하는 것을 뜻한다. 평가기준을 요목으로 구분하여 제시하면 명확성이 높아져 해석과 적용의 변동성을 줄일 수 있다. 학생 글 평가에서 흔히 쓰이는 '글의 내용은 풍부한가.'라는 평가기준을 예로 들어보자. 이 평가기준에서 말하는 '내용의 풍부'는 그 정도를 판단하기가 매우 어렵다. 학생 글에서 어느 정도를 풍부하다고 보아야 할지가 명확하지 않기 때문이다. 이러한 기준을 적용하여 학생 글을 평가하면, 풍부하다고 생각하는 수준이 평가 시기마다 다를 수 있고 평가자마다 다를 수 있다. 1주 전에 평가할 때에는 내용이 풍부하다고 생각했던 글이 이번 평가 회기에서는 내용의 풍부한 정도가 부족한 것으로 비칠 수 있다. 동일한 학생 글을 평가하더라도 평가자의 개인적 견해에 따라 내용의 풍부한 정도가 높게 보일 수도 있고 낮게 보일 수도 있다.

이러한 문제를 해결하려면 평가기준을 요목으로 세분하여 제시하는 것이 좋다. 평가해야 하는 학생 글이 논증적인 글이라면 '내용의 풍부'를 '주장, 근거, 반론에 대한 비판'으로 요목을 구분하거나, 개인적 서사문이라면 '인물, 사건, 갈등'으로 요목을 구분하는 것이다. 이렇게 평가기준을 요목으로 세분하여 제시하면 평가기준의 명료성이 높아져 평가기준을 해석하고 적용할 때 발생하는 변동성을 줄일 수 있다.

평가기준을 요목으로 구분하여 제시할 때 수량화의 방법을 병행하여 적용하면 평가자 신뢰도를 확보거나 유지하는 데 유리한 점이 있다. 가령 '내용의 풍부'를 '주장, 근거'로 요목화하더라도 '3가지 이상의 근거'처럼 수량화를 병행하는 것이 가능한데 이렇게 함으로써 평가기준의 명료성을 높일 수 있다. 개인적 서사문이라면 '3가지 이상의 사건'으로, 설명문이라는 '설명 내용을 3개 이상의 문단'으로 제시함으로써 평가기준의 모호함을 해소할 수 있다. 설명 내용을 3개 이상의 문단으로 작성한 학생 글을 5점으로 평가했다면 이러한 평가기준은 평가시기가 달라지거나 평가자가 달라지더라도 해석이나 적용이 달라질 가능성은 매우 낮다.

그러나 평가기준의 구체화와 평가기준의 요목화가 평가자 신뢰도를 유지하고 확보하는 데 유리한 것은 분명한 사실이지만 이러한 방법이 항상 타당하다거나 적절하다고 볼 수는 없다. 상세화한 평가기준은 학생 글이 가지고 있는 특성을 낱낱의 요소로 분해해서 다루므로 요소의 유기적인 조합에서 비롯되는 글의 총체적인 특성은 포착하지 못할 수 있기 때문이다. 어떤 사람이 작성한 글이든 각각의 글은 낱낱의 요소로 분해할 수 없는 특징을 가지고 있다.

상세화한 평가기준은 글의 깊이(또는 사고의 깊이)를 간과할 수 있다는 점에서도 한계가 있다. 학생 글이 3가지 이상의 근거를 다루고 있는지를 평가기준이 묻는다면, 2개의 근거를 제시하였지만 깊이 있는 내용을 다른 글보다 단순 병렬로 나열했더라도 3개의 근거를 제시한 글이 더 높은 점수를 받는다. 논리적 연관성이 떨어지는 근거를 '첫째, 둘째, 셋째'로 구분하여 제시했다고 해서 더 높은 점수를 얻는다면, 근거의 수가 적더라도 글의 내용을 깊이 있게 전개한 글, 그래서 설득력이 높은 글이 상대적으로 가볍게 다루어지는 모순이 발생할 수 있다.

평가기준을 상세하게 작성하면, 평가할 때 고려해야 할 평가기준이 증가하여 평가의 부담과 비용이 증가한다. 평가기준을 상세하게 구성할수록 평가기준의 수가 증가할 수밖에 없는데, 많은 수의 평가기준을 적용하여 학생 글을 평가하는 것은 쉬운 일이 아니다. 그렇게 한다고 해도 이를 통해 얻을 수 있는 실제적인 이익도 크지 않다. 바로 앞에서 지적한 한계, 즉 '글의 깊이'의 문제를 해소하기 위해 평가기준을 추가로 더 설정할 수는 있지만, 평가기준을 추가하면 이 기준도 상세화해야 하므로 이에 따라 부담도 증가하며 평가기준을 적용하는 데 따르는 부담도 증가한다. 그러므로 평가자 신뢰도 유지 또는 확보를 위해 평가기준을 상세하게 구성할 때에는 평가 목적이나 목표, 평가 상황이나 장면, 평가 과제의 특성, 학생의 수준 등을 고려해야 한다.

## 나. 평가자 연수

'평가자 연수'라는 용어는 일반적으로 흔히 사용되어 온 '평가자 훈련'과 의미가 유사하다. 그래서 의미 차이를 따지지 않고 이를 섞어 쓰는 경우도 있고 의미를 구분하여 사용하는 경우도 있다. 이 글에서는, 앞에서도 밝힌 것처럼 서로 의미가 구별되는 용어로 다루고자 한다. 평가자 훈련은 작문평가 전문성이 부족한 사람을 작문평가의 기본적인 소양이나 능력을 갖추도록 하는 교육을 뜻하는 것으로, 그리고 평가자 연수는 작문평가에 참여하는 평가자가 신뢰도를 유지하거나 확보하도록 하는 교육이나 협의를 뜻하는 것으로 사용하고자 한다.

　평가자 연수를 평가자 신뢰도를 유지하거나 확보하기 위한 교육이나 협의로 정의한 데에서도 알 수 있듯이 평가자 연수는 평가자 신뢰도를 유지하거나 확보하기 위한 최적의 방법이다(Weigle 1998, 박영목 2008). 앞에서 평가자 신뢰도를 유지하거나 확보하는 방안으로 평가기준을 상세하게 작성하는 방법을 제시하였지만 평가기준이 상세하지 않더라도 평가자 연수를 체계적으로 진행하면 평가기준 해석과 적용의 변동성을 줄일 수 있다 (Wigglesworth 1993, 1994, Shaefer 2008). 평가자 협의를 통해 평가기준에 대한 해석의 범위를 좁힐 수 있기 때문이다. 평가기준을 무한정 상세하게 할 수는 없으므로 평가자 연수는 평가자 신뢰도의 유지 및 확보에 매우 효과적인 방안이라고 할 수 있다.

　평가자들은 독립적인 개인으로서 각자 자기 나름대로의 관점과 태도를 가지고 있다. 그래서 평가자들은 서로 관점이나 태도가 다를 수밖에 없는데, 이러한 차이는 평가기준을 해석하고 적용하는 방식의 차이로 이어지고, 이것이 결국은 평가기준에 따라 학생 글을 평가하는 정도의 차이로 나타난다. 평가자 간 신뢰도가 떨어지는 이유는 바로 관점과 태도의 차이가 평가기준의 해석과 적용에 반영되어 나타나기 때문이다. 관점과 태도가 자주 흔들리는 평가자는 평가시기를 달리 하면 평가기준의 해석과 적용의 정도가 달라져 평가자 내 신뢰도가 떨어지기도 한다.

　평가 경험이 적은 평가자보다는 평가 경험이 많은 평가자가 자신만의 고유한 관점과 태도를 형성하고 있을 가능성이 크다. 작문평가를 경험하면서 여러 평가 상황에 두루 적용할 수 있는 보편적인 원리를 평가자 나름대로 터득하게 되고 이에 따라 다른 평가자와 변별되는 평가적 관점과 태도를 구성하게 된다. 학교에서 작문평가 경험이 많은 국어교사가 학생 글을 척척 손쉬운 듯이 평가해 나갈 수 있는 것은 평가 경험을 통해 형성한 관점과 태도가 있기 때문이다. 그래서 통상 작문평가 경험이 많은 평가자일수록 평가자 내 신뢰도는 유지하기 쉬운 반면 평가자 간 신뢰도는 확보하기가 어렵다.

작문평가 경험이 많은 평가자들이 평가자 간 신뢰도를 확보하기 어려운 것은 이들이 평가 전문성이 부족해서가 아니라 자신들만의 고유한 관점과 태도가 뚜렷하기 때문이다. 이 점에 유의할 필요가 있다. 경험이 많은 평가자들은 처음에는 일관성이 서로 다르게 나타날 수 있지만, 평가기준을 해석하고 적용하는 데 영향을 미치는 관점과 태도를 조정하면 이러한 문제를 효과적으로 해소할 수 있다. 평가자들이 가지고 있는 평가적 관점과 태도를 조정함으로써 평가자 간 신뢰도의 적정한 수준을 확보하거나 유지할 수 있다. 이렇게 평가기준에 대한 해석과 적용의 편차를 줄이고 일관성을 높이려면 평가 감독관이 주도하는 교육을 받거나 평가자들끼리 수행하는 협의를 해야 하는데, 이것이 바로 평가자 연수이다.

평가자 연수는 작문평가 경험이 많은 평가자들만을 대상으로 하는 것은 아니다. 평가자가 가지고 있는 관점이나 태도가 서로 독립적이어서 평가 결과가 다르기도 하지만, 작문평가 경험이 적어 관점이나 태도가 뚜렷하게 형성되어 있지 않을 때에도 평가 결과의 차이가 발생하기도 한다. 관점이나 태도가 뚜렷하게 형성되어 있지 않으면 학생 글을 읽을 때마다 해석과 적용의 정도가 흔들리게 되어 평가자 내 신뢰도도 확보하기 어렵고 평가자 간 신뢰도도 확보하기 어렵다. 그러나 평가 경험이 적은 평가자는 평가자 연수의 효과가 더 크게 나타난다. 교육을 받거나 협의를 진행하면서 다른 평가자와 유사한 관점과 태도를 더 빠르게 습득하고 동화할 수 있기 때문이다.

평가자 연수에서 가장 중요한 것은 평가기준의 해석과 적용의 변동성을 줄이기 위해 관점과 태도를 서로 비슷하게 형성하고 유지해야 한다는 점이다. 이를 위해 평가자 연수에서는 작문평가 감독관이 주도하여 교육을 하거나 평가자들끼리 협의를 진행해야 한다. 이때 평가자들의 의견을 반영하여 평가기준을 상세화하거나 평가자들이 해석한 평가기준의 의미를 토의하여 작문평가에 적용할 합의안을 작성한다. 이를 토대로 몇 편의 학생 글을 뽑아 실제적으로 평가해 본 다음, 합의한 대로 평가가 이루어지는지 점수 비교를 통해 확인해 보고, 편차가 크게 발생하면 평가기준의 해석과 적용이 합의한 대로 이루어지고 있는지를 점검하거나 합의안을 수정한다. 그리고 평가기준을 구체적이면서도 실체적으로 보여주는 '평가 예시문'을 선정한다.

이렇게 이루어지는 평가자 연수는 작문평가 감독관이 주도할 수도 있고 평가자들이 자율적으로 진행할 수도 있다. 감독관이 주도하는 평가자 연수는 대단위 수준의 고부담 검사에서 흔히 쓰인다. 작문평가 감독관이 주도하는 평가자 연수라고 하더라도 평가기준의 해석 및 적용의 일관성은 평가자에 의해 이루어지므로 평가자 협의를 충분히 허용해야 한다. 학교에서 감독관이 주도하는 평가자 연수는 찾아보기 어렵다. 대등한 위치에 있는 국어교사들이 평가자로 참여하여 자율적으로 협의함으로써 평가자 연수를 수행한다.

앞에서 평가자 연수가 평가자 신뢰도를 유지하거나 확보하는 최적의 방법이라고 언급하였지만, 평가자 연수도 단점을 가지고 있다. 평가자 연수를 통해서 평가자 신뢰도를 높일 수 있지만 반복적으로 평가자 연수를 시행하더라도 '유리천장'에 갇힌 것처럼 어느 정도 수준 이상으로는 평가자 신뢰도가 높아지지 않는다(Engelhard 1992, 1994, Lumley 2002, 2005, Lumley & McNamara 1995). 이러한 모습은 작문평가 경험이 많은 평가자들일수록 뚜렷한데, 그 이유는 평가자들 각각이 자신만의 고유한 관점이나 태도를 견지한 채 잘 변경하려고 하지 않기 때문이다. 의도적으로 잘 변경하지 않는 평가자들도 있지만, 변경하려고 노력해도 평가적 관점과 태도가 굳어진 터라 잘 변화하지 않는 경우도 있다. 평가 경험이 많은 숙련된 평가자들은 작문평가를 해 오면서 형성한 자신만의 관점과 태도가 뚜렷해서 평가자 연수를 거치더라도 잘 변화하지 않는다. 그러므로 평가자 연수는 작문평가 회기 내내 반복적이면서도 지속적으로 이루어질 필요가 있다.

## 다. 평가 예시문의 활용

평가기준을 해석하고 적용할 때 변동의 폭이 크면 평가자 신뢰도가 떨어진다. 그래서 적정한 수준의 평가자 신뢰도를 확보거나 유지하기 위해 평가기준의 해석과 적용에 따르는 변동의 정도를 줄이기 위한 여러 가지 방안이 제안되고 있다. 평가기준을 상세화하거나 평가자 연수를 하는 것도 이와 관련되어 있다. 그런데 이러한 방법 외에도 평가기준을 예시하여 보여주는 글을 활용하는 방안도 평가자 신뢰도를 유지하거나 확보하는 데 기여할 수 있다(Cooper 1977, 박영목 1999).

'글의 내용은 설득력이 있는가.'라는 평가기준이 있다고 가정해 보자. 이러한 평가기준만으로는 어떠한 글이 설득력이 있는지를 알기 어렵다. 이처럼 평가기준이 모호할 때 평가기준을 상세화화는 방법을 사용할 수도 있지만, 이 평가기준을 실제적으로 보여주는 글을 선정하여 제시함으로써 어느 정도 수준의 글을 설득력이 있다고 볼 것인지를 정할 수도 있다. 예를 들어 1번 글을 가장 설득력이 있는 글로, 2번 글을 보통 수준의 설득력이 있는 글로, 3번 글을 가장 설득력이 없는 글로 선정한다면, 이 3가지의 글과 비교·대조하여 평가 대상 글에 드러난 설득력의 수준을 효과적으로 판단할 수 있다. 평가해야 할 글이 있을 때 미리 선정해 둔 3가지 글과 이 글을 비교함으로써 설득력의 수준이 어떠한지를 손쉽게 결정할 수 있다.

이렇게 작문평가자의 평가적 판단을 돕기 위하여 선정·활용하는 글을 평가 예시문이라고 부른다. 평가 예시문은 평가기준을 예시하고 있는 글이라는 뜻을 담고 있다(박영민 2009). 그러므로 평가기준이 내포하고 있는 추상성은 평가 예시문을 통해 구체화될 수 있다. 비유하자면 평가기준이 법령의 어떤 조문이라면 평가 예시문은 판례에 해당한다고 할 수 있다. 가령 어떤 조문에 '사회 통념상 허용할 수 없는 죄를 범한 경우'라는 조건이 있을 때 어떤 행위가 사회 통념상 허용할 수 없는 것인지를 알기 어렵다. 이때 이와 관련된 법원의 판례가 있다면 법원에서는 어떤 행위를 그렇게 보는지를 손쉽게 판단할 수 있다. 다시 말하면 법령의 조문이 내포하고 있는 추상성을 판례가 구체화하고 있다고 볼 수 있다.

평가기준을 통해서는 '참신한' 글이 어떠한 것인지를 판단하기 어렵지만,

평가 예시문을 살펴보면 어떤 글을 얼마나 참신하다고 보는지를 효과적으로 파악할 수 있다. 평가 예시문은 평가기준을 현시적으로 보여줌으로써 작문평가자들의 평가 결과 판정을 돕는다. 평가기준이 잘 작성되어 있고 그 기준에 따라 평가 예시문을 선정한다면, 평가자는 평가기준을 지속적으로 참조하지 않더라도 학생 글을 일관성 있게 평가할 수 있다. 평가기준을 잘 반영하고 있는 평가예시문은 평가자의 평가적 판단에 기여하는 큰 장점이 있다.

평가가 진행되면서 평가자는 평가기준의 해석과 적용이 흔들리거나 흐려지는 모습을 보이곤 한다. 그 결과, 점수 척도에 따라 학생 글을 변별하는 예민함이 무뎌지기도 한다. 평가에 따르는 피로가 크면 이러한 경향이 더 뚜렷해져서 평가 점수가 변별되지 않은 채 중앙으로 몰리는 경향을 보이기도 한다. 이러한 문제를 해소하거나 방지하기 위해 평가자들은 평가기준을 다시 확인하거나 평가 진행을 점검하는 과정을 거친다. 피로가 누적되었을 때에는 적절한 휴식을 취함으로써 이러한 문제를 완화하거나 방지한다. 그러나 이러한 방법 외에도 평가 예시문을 활용함으로써 평가의 일관성을 확보하는 것도 가능하다. 평가자가 인지하거나 내면화하고 있는 평가기준은 시간의 흐름에 따라 달라질 수 있지만, 선정해 둔 평가 예시문은 확정된 상태로 고정되어 있다. 그러므로 이를 참조하여 비교·대조함으로써 학생 글 평가의 일관성을 효과적으로 유지할 수 있다.

평가 예시문은 작문평가 전반에 활용할 수 있지만, 학교에서 학생 글을 평가할 때 훨씬 더 유용한 점이 있다. 글쓰기를 배우는 학생들은 전문필자가 아니다 보니 평가기준에서 요구하는 대로 글을 잘 쓰려고 해도 학생들이 달성할 수 있는 수준에는 한계가 있다. 그런데 학생 글을 평가하는 국어교사는 능숙한 필자들이어서 학생 글의 수준을 매우 낮게 평가할 가능성이 있다. 학생들이 작성한 글의 수준이 국어교사 자신의 글쓰기 능력에 대조되어 학생들의 글쓰기 능력이 매우 부족한 것처럼 비쳐지기 때문이다. 그래서 학생 글을 평가해 본 경험이 적은 국어교사일수록 학생 글을 엄격하게 평가하는 경향, 즉 글쓰기 능력이 부족하다고 보고 점수를 낮게 주는 경향이 있다 (박영민·최숙기 2009).

그러므로 이러한 문제를 해소하려면 학생이 작성한 글이 어떠한 수준에 놓여 있는지를 가시적으로 정해 둘 필요가 있다. 평가기준에 설득력 있게 썼는가에 대한 요구가 있을 때 학생들이 '설득력 있게' 쓴 글의 수준은 어떠한지, 어떻게 쓴 글이 '설득력 있게' 쓴 글인지를 정해 둔다면 국어교사는 이를 토대로 하여 평가함으로써 엄격성을 적정하게 유지하면서 학생 글을 효과적으로 변별할 수 있다. 이러한 역할을 하는 것이 평가 예시문이다.

평가 예시문이 평가기준을 구체적으로 보여주는 것을 넘어서서 어떤 평가 요소에서 몇 점 정도를 받을 수 있는지를 예시하는 방안도 고려해 볼 필요가 있다. 예를 들어 국어교사가 평가기준에 따라 채점할 때 평가 예시문에 평균적으로 몇 점 정도를 부여하는지를 조사하여 제시하는 것이다. 학생 글 중에서 평가 예시문을 선정한 후 국어교사가 부여할 것으로 예상되는 평균 점수를 추정하여 제시 방법이 이에 해당한다(박영민·최숙기 2010ㄱ, 2010ㄴ). 평가 예시문에 이러한 평가 점수를 같이 제시하면 국어교사가 학생 글 점수를 결정할 때 도움을 얻을 수 있다. 이는 평가 예시문의 활용의 폭을 더욱 넓히는 방안이기도 하다.

평가 예시문이 꼭 모범문이어야 할 필요는 없다. 국어교사가 평가해야 하는 학생 글에서 평가 예시문을 선정하는 것도 가능하다. 평가해야 할 학생 글 중에서 평가 예시문을 선정하면 작문평가의 타당도를 높일 수 있다는 장점이 있다. 그래서 평가 예시문은 통상 평가해야 할 학생 글 중에서 선정하며, 평가 목적상 상대적인 비교가 필요할 때에는 평가 대상 이외의 글에서 선정하여 활용할 수도 있다(박영민 2009).

다른 평가자 신뢰도 확보 및 유지의 방안이 그러한 것처럼, 평가 예시문을 선정하여 활용하는 것도 절대적인 방안이 될 수는 없다. 평가기준을 반영한 평가 예시문을 선정하는 데에도 평가자별로 차이를 보일 수 있으며,

평가 예시문과 대조하면서 학생 글을 평가하더라도 판정 결과의 차이도 나타날 수 있다. 평가 대상인 학생 글과 평가 예시문을 대조했을 때 나타나는 차이를 어느 정도의 차이로 인식하는가, 그 차이를 어느 정도의 점수로 환산하는가에 따라 평가 결과의 차이는 여전히 발생할 수 있다.

# 참고 문헌

강승호·김명숙·김정환·남현우·허숙(2012), 『현대 교육평가의 이해』, 교육과학사.

강승호·김양분(2004), 『신뢰도』, 교육과학사.

권대훈(2008), 『교육평가(2판)』, 학지사.

김보라·이규민(2012), "일반화가능도 이론을 적용한 초등학교 쓰기 수행평가의 총체적 채점과 분석적 채점 방식 비교", 『교육학연구』 50(4), 49~76쪽.

김석우(2009), 『교육평가의 이해』, 학지사.

김성숙·김양분(2001), 『일반화가능도 이론』, 교육과학사.

남명호·김성숙·지은림(2000), 『수행평가-이해와 적용-』, 문음사.

박도순 외(2012), 『교육평가—이해와 적용(수정·보완판)』, 교육과학사.

박영목(1999), "작문 능력 평가 방법과 절차", 『국어교육』 99, 1~29쪽.

_____(2008), 『작문교육론』, 역락.

박영민(2009), "평가 예시문을 활용한 쓰기평가 개선 방안", 『청람어문교육』 39, 111~133쪽.

박영민·최숙기(2009), "현직 국어교사와 예비 국어교사의 쓰기평가 비교 연구", 『교육과정평가연구』 12(1), 123~143쪽.

_____(2010ㄱ), "국어교사의 설명문 평가에 대한 모평균 추정과 평가 예시문 선정", 『우리어문연구』 36, 293~326쪽.

_____(2010ㄴ), "중학생 논설문 평가의 모평균 추정과 평가 예시문 선정", 『국어교육』 131, 437~461쪽.

박종임·박영민(2011), "Rasch 모형을 활용한 국어교사의 채점 일관성 변화 양상 및 원인 분석", 『우리어문연구』 39, 301~335쪽.

서울대학교 교육연구소(1995), 『교육학용어사전』, 하우동설.

성태제(1995), 『타당도와 신뢰도』, 양서원.

송인섭(2002), 『신뢰도—일반화가능성 중심으로』, 학지사.

장소영·신동일(2009), 『언어교육평가를 위한 FACETS 프로그램』, 글로벌콘텐츠.

지은림(1996), "many-facet Rasch 모형을 적용한 대입 논술 고사 채점의 객관성 연구", 『교육평가연구』 9(2), 5~22쪽.

지은림·채선희(2000), 『Rasch 모형의 이론과 실제』, 교육과학사.

채선희(1996), "논술시험 채점의 공정성과 효율성 확보 방안—채점 과정의 엄격성과 FACETS 모형에 의한 채점 결과 분석", 『교육평가연구』 9(1), 5~29쪽.

황정규(1998), 『학교학습과 교육평가(개정판)』, 교육과학사.

Barrett, S.(2001), The impact of training on rater variability, *International Education Journal*, 2(1), 49-58.

Barritt, L., Stock, P. L., & Clark, F.(1986), Researching practice: Evaluating student essays, *College Composition and Communication*, 7, 315-327.

Bond, T. G. & Fox, C. M.(2007), *Applying the Rasch Model: Fundamental Measurement in the Human Sciences*(2nd ed.), NJ : Lawrence Erlbaum Associates, Inc.

Cason G. J. & Cason, C. L.(1984), A deterministic theory of clinical performance rating, *Evaluation and the Health Professions*, 7, 221-247.

Cronbach, L. J.(1990), *Essential of Psychological Testing*(5th ed.), New York : Harper Collins.

Cooper, C. R.(1977), Holistic evaluation of writing, In Charles R. Cooper & Lee Odell(ed.), *Evaluating Writing: Describing, Measuring, and Judging*, NY: State Univ. of New York.

Engelhard, G. & Myford, C. M.(2003), Monitoring faculty consultant performance in the advanced placement English literature and composition program with a many-faceted Rasch model, New York : College Enterance Examination Board.

Engelhard, G. Jr.(1992), The measurement of writing ability with a many-faceted Rasch model, *Applied Measurement in Education*, 5, 171-191.

_____(1994), Examining rater errors in the assessment of written composition with a many-faceted Rasch model, *Journal of Educational Measurement*, 31, 93-112.

Engelhard, G. Jr., Gordon, B., & Gabrielson, S.(1991), The influences of mode of discourse, experiential demand, and gender on the quality of student writing. *Research into the Teaching of English*, 26, 315-336.

Etaugh, C. B., Houtler, B., & Ptasnik, P.(1988), Evaluating competence of women and men : Effects of experimenter gender and group gender composition, *Psychology of Women Quarterly*, 12, 191-200.

Gabrielson, S., Gordon, B., & Engelhard, G. Jr.(1995), The effects of task choice on the quality of writing obtained in a statewide assessment, *Applied Measurement in Education*, 8, 273-290.

Graham, M., Milanwski, A., & Miller, J.(2012), Measuring and promoting inter-rater agreement of teacher and principal performance ratings, Washington, DC: Center for Educator Compensation Reform.

Gwet, K. L.(2012), *Handbook of Inter-Rater Reliability*(3rd ed.), Gaithersburg, MD: Advanced Analyitcs, LLC.

Hayes, J. R. & Bajzek, D.(2008), Understanding and reducing the knowledge effect: Implication for writers, *Written Communication*, 25(1), 104-118.

Huot, B.(1990), The literature of direct writing assessment: Major concerns and prevailing trends, *Review of Educational Research*, 60(2), 237-263.

_____(1996), Toward a new theory of writing assessment, *College Composition & Communication*, 47(4), 549-566.

Linacre, J. M.(1989), *Many-facet Rasch measurement*, Chicago, IL : MESA Press.

_____(1998). Rating, judges, and fairness, *Rasch Measurement Transactions*, 12(2), 630-631.

_____(2001). FACETS (Version 3.2) [Computer Software]. Chicago, IL: MESA Press.

Lumley, T.(2002), Assessment criteria in a large-scale writing test: What do they really mean to the raters?, *Language Testing*, 19(3), 246-276.

_____(2005), *Assessing second language writing: The rater's perspective*, Frankfurt am Main: Peter Lang.

Lumley, T. & McNamara, T. F.(1995), Rater characteristics and rater bias : Implications for training, *Language Testing*, 12 (1), 54–71.

Lunz, M. E., Stahl, J. A., & Wright, B. D.(1994), Inter judge reliability and decision reproducibility, *Educational and Psychological Measurement*, 54, 913–925.

_____(1996), The invariance of judge severity calibrations. In M. R. Wilson & G. Engelhard, Jr. (Eds.), *Objective Measurement Theory into Practice*, 3, 99–112. Norwood, NJ : Ablex.

McNamara, T. F.(1996), *Measuring Second Language Performance*. New York : Addison Wesley Longman Ltd.

Meyer, P.(2010), *Reliability*, UK: Oxford Univ. Press.

Myford, C. M.(1991), *Judging acting ability: The transition from notice to expert*, Paper presented at the American Educational Research Association, Chicago IL.

Penny, J., Johnson, R. L., & Gordon, B.(2000), The effect of rating augmentation on inter-rater reliability: An empirical study of a holistic rubric, *Assessing Writing*, 7, 143–164.

Rich, J.(1975), Effects of children's physical attractiveness on teachers' evaluations, *Journal of Educational Psychology*, 67, 599–609.

Schaefer, E.(2008), Rater bias patterns in an EFL writing assessment, *Language Testing*, 25(4), 465–493

Spandel, V. & Culham, R.(1996), Writing Assessment, In R. E. Blum and J. A. Alter(eds.), *A Handbook for Student Performance Assessment in an Era of Restructuring*, ASCD.

Weigle, S. C.(1998), Using FACETS to model rater training effects, *Language Testing*, 15(2), 263–287.

Wigglesworth, G.(1993), Exploring bias analysis as a tool for improving rater consistency in assessing oral interaction, *Language Testing*, 10(3), 305–335.

_____(1994), Patterns of rater behaviour in the assessment of anoral interaction test, *Australian Review of Applied Linguistics*, 17(2), 77–103.

Wright, B. D. & Linacre, J. M.(1990), Measuring the impact of judge severity on examination scores, *Applied Measurement in Education*, 3, 331–345.

Wright, B. D. & Masters, G. N.(1982), *Rating Scale Analysis*, Chicago: MESA Press.

# 작문 평가의 연구 동향과 발전 과제

박종임(한국교육과정평가원)

# 1. 작문 평가의 개념

작문 평가의 개념을 살펴보기에 앞서 먼저 교육 평가의 개념을 살펴보고, 우리가 혼동하여 사용하는 '평가-측정-총평'의 개념을 살펴볼 필요가 있다. 일반적으로 교육 평가의 개념은 Tyler가 제안한 개념을 주로 사용한다. Tyler(1942)는 교육 평가를 '교육 목표의 달성 여부를 판단하는 행위'로 정의하고 있다. '평가評價'라는 말은 영어의 'evaluation'을 번역한 말인데, 'evaluation'에는 'value(가치)'라는 뜻이 포함되어 있다. 여기에서 가치는 학생이 학습해야 하는 교육 목표를 의미한다고 볼 수 있다. 그러나 이러한 'evaluation'과 혼동되어 사용되는 말로 '총평assessment'과 '측정measurement'이 있다. 이들 모두 국어교육에서는 '평가'라는 말로 사용되고 있는데 이들 용어가 가지고 있는 보다 정확한 개념과 의의에는 약간의 차이가 있다.

총평assessment은 인간이 가진 특성을 하나의 단일 검사나 도구로 측정하여 평가하는 것에 대한 문제의식에서 출발한 개념으로, 총평의 관점에서는 학생의 능력을 지필검사와 같은 단일 검사가 아닌, 관찰, 구술, 수행 등의 다양한 방법을 통해서 측정한 정보를 종합적으로 수집하여 해석하고자 한다. 우리가 잘 알고 있는 수행평가 또한 학생의 능력을 단순한 지필검사만이 아닌 학생이 실제로 수행하는 과정과 결과물을 종합적으로 평가하고자 하므로 이러한 총평에 해당한다. 학생의 수행 능력을 중요시하는 작문 평가에서도 이러한 총평의 개념이 포함되는 것이 적절하다고 생각된다.

다음으로 측정measurement은 학생이 가진 능력을 '수'로 표현하는 과정이라고 볼 수 있다. 그러나 길이나 무게와 같이 직접 측정이 가능한 대상과 달리 학생이 가진 특성이나 능력은 잠재적인 특성에 해당한다. 그러므로 학생이 가진 능력은 직접 측정이 불가능하고 각 능력을 가장 타당하고 신뢰롭게 측정할 수 있는 검사 도구test를 통해서 가능하다.

이렇게 본다면 측정과 평가의 관계는 분명하다. 도구test를 사용하여 학생이 가진 능력을 측정measurement하고, 이 측정 결과에 근거하여 학생의 능력 상태를 해석하고 이후에 필요한 학습을 판단하는 과정은 평가evaluation라고 볼 수 있다. 그러나 이러한 과정에서 학생이 가진 능력을 단일 측정이 아닌 여러 가지의 측정 방법을 사용하여 통합적으로 해석하고 판단하였다면 이는 평가가 아닌, 총평assessment이라고 볼 수 있는 것이다. 이러한 측정과 평가, 총평의 관계를 작문 평가에 적용하여 살펴보면 아래 〈그림 Ⅱ-1〉과 같이 나타낼 수 있다.

〈그림 1〉 작문 검사-측정-평가-총평의 관계

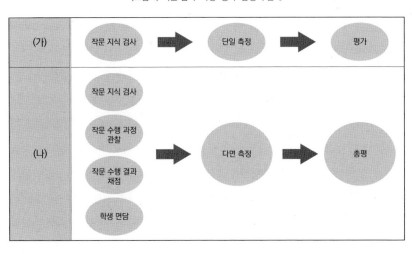

위 〈그림 Ⅱ-1〉에서 그림(가)는 평가를 나타낸 것이고, 그림(나)는 총평을 나타낸 것이다. 그림(가)에서는 학생의 작문 능력을 측정하기 위해서 작문 지식을 측정하는 검사 도구를 사용하여 한 가지의 측정만을 하고, 학생이 가진 작문 지식과 관련한 단일 정보만을 수집하였다. 이렇게 수집한 단일 정보에만 근거하여 학생의 작문 능력을 해석하고 판단하는 것은 평가에 해당한다. 반면에 그림(나)와 같이 학생의 작문 능력을 측정하기 위해서 지식 검사 도구 외에도 학생이 직접 글을 쓰는 수행 과정을 관찰하고 수행의 결과물을 채점하며 학생과 면담하는 등의 다면적인 측정을 하고, 이러한 다면 정보에 근거하여 학생의 작문 능력을 해석하고 판단하는 것은 총평에 해당한다.

그러나 총평은 결국 단일 측정이 아닌 다면적인 측정 정보에 근거하여 평가하는 것이므로 〈그림 Ⅱ-1〉과 같이 평가의 개념을 측정의 개념과 함께 고려하는 경우에는 굳이 평가와 총평을 용어상 구별할 필요가 없다. 총평은 다양한 측면에서의 측정을 통해서 이루어지는 평가로 볼 수 있기 때문이다. 그러므로 작문 평가에 있어서도 작문 능력을 수행을 포함한 다양한 측면에서 측정하고 고려하는 것을 지향하는 의미에서 'assessment'의 개념을 사용하되, 우리말로 번역할 때에는 '평가'라는 말로 사용하여도 무방할 것이다.

지금까지 살펴본 평가의 개념을 바탕으로 하여 작문 평가를 '글을 쓰는데에 필요한 능력을 다양한 측면에서 측정하고, 이들 결과에 근거하여 필자의 작문 능력을 교육적으로 해석하고 판단하는 행위'라고 볼 수 있다. 앞서단일 측정으로 이루어지면 평가, 다면 측정으로 이루어지면 총평이라고 하였는데 작문 평가에서는 또 다른 기준에 의해서 작문 평가의 유형을 구별할 수 있다. 작문 능력의 핵심은 '수행 능력'이라는 것을 전제로 할 때, 작문 능력을 간접적으로 측정하느냐, 직접적으로 측정하느냐에 따라서 '간접 평가'와 '직접 평가'로도 나눌 수 있다.

간접적인 측정을 사용하는 작문 평가는 작문 능력을 측정하기 위해서 글을 직접 쓰게 하는 수행 평가 방식이 아니라, 선택형 문항이나 단답형 문항을 평가 도구로 활용하여 작문 수행 능력을 간접적으로 측정하는 방식이다. 다음 〈표 II-1〉은 간접적인 작문 평가 문항의 예시이다.

〈표 1〉 작문에서의 간접 평가 문항의 예

| 문항 번호 | 내용영역 | 성취기준(출제의도) | 행동영역 | | | 난이도 | | | 배점 | 정답 |
| --- | --- | --- | --- | --- | --- | --- | --- | --- | --- | --- |
| | | | 지식 | 이해 | 적용 | 쉬움 | 보통 | 어려움 | | |
| 1 | 건의하는 글쓰기 | 국2935-3.요구 사항과 문제 해결 방안을 담아 건의하는 글을 쓸 수 있다. | 0 | 0 | | | | 0 | 3 | ① |

1. 건의하는 글을 쓰기 위한 내용을 정리할 때 고려해야 할 점으로 적절하지 **않은** 것은? (3점)

   ① 문제 상황을 정확하게 파악한다.
   ② 문제 상황과 관련한 자료를 충분히 모은다.
   ③ 글을 읽게 될 예상독자가 누구인지 파악한다.
   ④ 현실적으로 실현 가능한 해결 방안을 생각한다.
   ⑤ 예상독자에게 즐거움과 감동을 줄 수 있는 내용을 마련한다.

〈표 II-1〉의 문항으로 측정하고자 하는 작문 능력은 성취기준 '국2935-3. 요구 사항과 문제 해결 방안을 담아 건의하는 글을 쓸 수 있다.'에 해당하는 것으로 이 성취기준은 실제적인 작문 수행 능력을 요구한다. 그러나 이 문항은 학생이 건의하는 글을 쓸 수 있는 능력을 측정하기 위해서 건의하는 글을 쓰기 위한 내용을 마련할 때 고려할 점이 무엇인지를 묻고 있다. 즉, 학생이 고려할 점에 대해서 잘 알고 있다면 실제로 건의하는 글을 쓸 수 있는 능력 또한 예측할 수 있다고 보는 것이다. 이러한 문항이 작문 능력을 간접적으로 측정하는 문항이다. 현재 우리나라 작문 평가에서는 대부분 이러한 간접 평가 문항을 사용하여 학생들의 작문 능력을 측정하고 있다.

이러한 간접 평가와는 달리, 직접 평가는 학생으로 하여금 실제로 글을 쓰게 하고, 글을 쓰는 과정이나 결과를 평가하는 방식이다. 작문 직접 평가는 피험자가 실제로 한 문단 이상의 긴 글을 쓰는 능력을 평가할 수 있기 때문에 간접 평가 방식보다 평가의 타당도 측면에서 훨씬 의의가 있다. 그러나 작문 직접 평가는 간접 평가에 비하여 학생들의 반응 시간이 길고, 채점 또한 많은 노력과 시간이 필요하며, 채점에서의 신뢰도 문제를 해결하기 어렵다는 단점이 있다. 현재 우리나라 작문 교육에서는 이들 간접 평가와 직접 평가의 장단점을 모두 수용하면서 작문 평가의 목적과 상황에 따라서 선택적으로 사용하고 있다.


## 2. 작문 직접 평가와 작문 간접 평가

모든 평가가 그렇듯 작문 평가 또한 시간이 지남에 따라서 목적이나 형태가 계속해서 변해왔다. 과거에 사용되던 작문 평가 형태가 다시 부활하기도 하고, 기술의 발전에 따라 작문 평가에 다양한 소프트웨어가 사용되기도 하는 등 작문 평가는 지금 이 순간에도 새로운 형태로 발전하고 있다. 우리나라의 경우 과거 시험에서 작문 평가의 옛 형태를 찾아볼 수 있다. 과거 시험에서는 응시자의 작문 능력을 실제로 평가하기도 하였지만 응시자가 알고 있는 당대의 지식을 표현하는 도구로서 작문을 활용하기도 하였다. 즉 '작문 능력에 대한 평가'가 아닌 '작문 활용한 평가'이기도 했던 것이다. 그러나 이렇게 작문을 도구로 활용하는 평가는 오늘날에 주목받고 있는 '교과 통합적 작문'이나 '범교과적 작문', '내용 교과에서의 작문', '이공계 작문' 등의 개념과도 유사한 방식이다.

작문 평가의 변천 양상을 좀 더 자세하게 살펴보기 위해서 미국의 경우를 들 수 있다. 미국에서 작문 평가는 19세기 중반에 구어 평가를 비판하면서 시작되었다. 중세 유럽의 대학에서 학생을 평가하기 위하여 시작된 구술 평가가 미국으로 전해졌고, 이는 미국의 초기 학문 기관에서 평가의 주요한 수단으로 사용되었다. 그러다가 대학의 입학생이 증가하기 시작하면서 평가가 더욱 과학적이고 객관적이어야 한다는 인식이 높아졌고, 이에 따라 구술 평가는 쇠퇴의 길로 들어서고, 작문 평가에 대한 관심이 높아졌다.

이처럼 구술 평가에서 작문 평가로 관심이 이동하면서 나타난 변화 중에 하나가 학생이 쓴 글에 단순히 지식에 대한 이해 여부가 나타나는 것 이상으로 관련 학문 분야에서 요구하는 글의 문체나 구조적인 특성이 존재한다는 것을 인식하게 된 것이다. 이에 따라 대학에서는 해당 학문 분야의 요구에 적합하게 글을 쓰는 능력을 길러줄 수 있는 특정 학문 영역과 수업이 생겨나게 되었다. 또한 작문 그 자체에 대한 관심에 따라서 특정 교과나 학문 분야에서 요구되는 능력을 측정하기 위해서 사용되는 작문 평가는 일반적인 작문 능력을 측정하는 작문 평가와 구별되어야 한다는 인식 또한 생겨났다. 특정 학문이나 교과 영역의 지식을 정리하고 표현하는 데에 활용되는 작문 능력뿐만 아니라, 하나의 독립적인 영역으로서의 작문 능력이 중요하게 인식되기 시작한 것이다. 이에 따라 학생들의 작문 능력 그 자체를 평가하기 위해서 작문 평가를 시행하게 되었다.

이렇게 작문이 독립적인 학문 분야로 자리 잡으면서 작문 평가 또한 도구적인 성격이 아니라 점차 작문 능력을 그 자체를 측정하는 것으로 확립되었다. 이러한 인식에 따라 학생이 가진 작문 능력을 측정하기 위해서 학생이 직접 쓴 글을 평가하는 직접 평가 방식이 널리 사용되었다. 그러나 20세기 중엽에 와서 이러한 직접 평가 방식이 채점의 신뢰도 측면에서 문제점이 있다는 비판이 촉발되기 시작했다. 특히 학생들의 작문 능력을 평가하여 졸업이나 입학 자격을 부여해야 하는 고부담 시험이나 대단위 평가에서 작문 채점에의 신뢰도와 관련한 의문들이 제기되었다. 이러한 신뢰도 문제는 학생글에 대한 각 작문 채점자들의 채점 결과 불일치에서 가장 먼저 제기되었는데 이러한 불일치는 결국 작문 평가 결과에 대한 불신을 야기하기 때문이다. 이러한 이유에서 간접적인 작문 평가가 1920년대에서 1930년대에 성행하게 되었다. 작문 간접 평가는 평가의 작문 채점자의 주관성에서 기인하는 신뢰도 문제를 해결할 수 있어서 측정학적 측면에서는 훨씬 안정된 방법으로 인식되었다.

그러나 1950년대 이후에 와서도 직접 평가와 간접 평가에 대한 논란은 지속되었다. 직접 평가는 신뢰도 문제를 해결하기 어렵기 때문에 간접 평가가 널리 행해지고 있었음에도 불구하고, 측정평가 전공자가 아닌 일부 작문 교육자들 사이에서는 간접 평가가 쓰기 수행 능력을 측정하기에 타당하지 않다고 보는 관점이 여전히 존재하고 있었다. 작문 교육자의 입장에서 간접 평가로는 작문에 관한 지식이나 편집 수준에 해당하는 분절된 기능만을 측정할 수밖에 없는 것으로 인식되었고, 이 때문에 실제로 글을 생성하는 것과 관련한 복합적인 작문 능력을 측정함으로써 학생이 가진 작문 능력을 다면적으로 평가하는 데에 한계가 있다고 주장하였다.

이러한 관점에도 불구하고 일부 평가 전문가들은 효과적으로 구안된 간접 평가로도 작문 능력을 타당하게 측정할 수 있다고 주장하였다. Godshalk, Swineford, & Coffman(1966)은 미국 교육 평가원Educational Testing Services에서 주관하는 영어 작문 시험English Composition Test(이하 ECT)의 타당도를 평가하는 연구를 수행하였다. 당시 ECT는 대부분 선다형 문항으로 구성되었고, 서답형 문항을 일부 포함하고 있었다. Godshalk, Swineford, & Coffman((1966)는 이들 ECT의 시험 결과와 작문 직접 평가 결과와의 상관관계을 살펴보았다. 그 결과 이 둘 사이에는 높은 상관이 있었는데, 이를 통해서 작문 간접 평가가 직접 평가만큼이나 작문 능력을 정확하게 예측할 수 있다는 것을 주장하였다.

그러나 이러한 연구 결과를 다른 관점에서 해석하면, 작문 직접 평가 또한 기존에 제기된 신뢰도 문제에 비하여 간접 평가만큼 안정적이라는 것을 반증하는 결과이기도 하다. 또한 이 연구에서 시행한 작문 직접 평가에서 다섯 명의 채점자 간에 높은 수준의 신뢰도를 보여주었다. 이후에

Coffman(1971) 또한 높은 수준의 작문 능력을 가장 타당하게 평가하기 위해서는 반드시 직접 평가 방식을 사용해야 한다고 주장하면서, 신뢰도가 낮다고 해서 사용하지 않는 것 보다는 직접 평가의 신뢰도를 향상시킬 수 있는 후속 연구가 더욱 필요하다고 주장하였다.

이후 많은 작문 교육자들은 직접 평가를 지지하게 되었고, 이에 따라 1970년대에 와서 직접 평가는 대단위 쓰기 평가에서도 간접 평가와 함께 이루어지거나, 나아가 간접 평가를 전면 대체하여 이루어지게 되었다. 이처럼 미국의 경우 1970년대 이후에는 작문 직접 평가의 신뢰도 문제를 제기하기 보다는 교육적 측면에서의 타당도 문제를 더욱 우선으로 인식하고, 작문 능력을 직접 평가로 측정하고자 하는 인식이 확산되었다(Cooper & Odell, 1977; Diederich, 1974). 이에 따라 오늘 날에도 고등학교 졸업 시험, 대학교 입학 시험, 국가 수준 평가에서 작문 직접 평가가 사용되고 있는 것이다.

그러나 우리나라의 경우 작문 직접 평가의 신뢰도 문제가 가장 주요한 문제로 제기되면서 대학 수학 능력시험이나 국가수준의 학업성취도평가에서 여전히 간접 평가 방식을 사용하고 있다. 이 때문에 우리나라 학생들의 작문능력이 어느 정도인지, 우리나라 학생들의 작문발달이 어떠한 양상을 보이는지에 대한 국가단위의 실증적인 자료도 부족한 상황이다. 물론 작문 평가에서는 채점자의 주관성으로 인하여 동일한 채점 상황에서 동일한 글과 채점 기준을 가지고 채점을 하더라도 그 결과가 서로 다르게 나타날 수 있다. 특히 대단위 작문 평가에서는 평가의 타당성과 함께 평가의 신뢰성 또한 엄격하게 요구하므로 이러한 채점자의 신뢰도 문제는 반드시 해결되어야 할 것이다.

# 3. 작문 평가의 연구 동향

## 가. 작문 평가에 영향을 미치는 과제 특성 연구

작문 평가[1]가에서는 작문 채점자의 주관성 외에도 작문 평가 전반에 영향을 미칠 수 있는 요인들이 다양하게 존재한다. 작문 평가에 영향을 미칠 수 있는 요인들을 제대로 고려하지 않을 때에는 작문 평가의 타당도와 신뢰도 모두 문제가 발생할 수 있으므로 유의해야 한다. 특히 작문 평가에서는 학생들에게 제시하는 과제 특성이 학생들의 작문 수행에 많은 영향을 미치게 되고, 이는 결국 작문 평가 결과에도 영향을 미치게 된다(Weigle, 2002). 학생들의 작문 수행에 영향을 미칠 수 있는 과제 요인에는 크게 '글 유형'과 '과제 제시 방식'이 있다.

### 1) 글 유형

학생들의 작문 능력에는 무엇보다 써야 하는 글의 유형이 많은 영향을 미친다. 우리나라의 경우 학교 작문의 테두리에서 이루어지는 글 유형은 주로 설명문, 논설문, 서사문을 기본으로 하고, 학년에 따라 보고서문이나 기사문, 전기문, 비평문 등의 유형이 추가된다. 그러나 이들 글 유형 모두에서 학생들은 동일한 작문 능력을 가지고 있는 것은 아니다. 글 유형에 따른 작문 능력의 차이에 관한 대부분의 연구들에서는 글 유형이 작문 능력, 즉 작문 평가 결과에 영향을 미친다고 보고하고 있다. 특히 서사문이나 설명문 유형이 논설문보다 높은 점수를 받는 것으로 알려져 있다(Engelhard, Gordon, & Gabrielson, 1992; Kegley, 1986; Prater & Padia, 1983). 국내에서는 신현숙(2005)은 학생들이 쓴 설명, 설득, 서사, 묘사의 네 가지 글 유형을 평가한 결과, 성별에 관계없이 설명문과 논설문보다 서사문과 묘사문이 더

---

1 앞서 작문 평가에서도 직접 평가와 간접 평가가 있음을 논의하였으나 본고에서 논의의 중점을 두고자 하는 것은 작문 직접 평가이다. 그러므로 이후부터는 작문 직접 평가를 '작문 평가'로 명명하고자 함을 밝혀 둔다.

높은 점수를 받는다고 보고하였다.

서사문은 특별한 배경 지식보다는 학생 자신이 경험한 것, 생각한 것, 느낀 것 등을 중심으로 쓸 수 있기 때문에 학생들이 상대적으로 더욱 쉽고 흥미롭게 여기는 경향이 있다. 그러나 설명문이나 논설문은 학생들의 배경 지식이 작문에 많은 영향을 미치는 글 유형이다. 그러므로 관련 주제에 대해 배경 지식이 풍부하지 않다면 내용이나 분량 면에서 풍부한 서술을 하기가 어렵다. 또한 설명문 과제의 경우 주로 학생들이 소개하고 싶은 대상이나 잘 알고 있는 대상에 관하여 설명하도록 하므로 추상적인 대상에 대한 논리적인 전개를 요구하는 논설문보다는 학생들이 선호하는 편이다. 이러한 이유로 서사문이나 설명문보다 논설문을 쓰게 했을 때 학생들의 작문 능력이 낮게 나타날 수 있다.

물론 Huot(1990)의 경우 과제로 주어지는 글의 유형과 실제 작문 능력 간의 관련성이 불확실하다는 것을 주장하였지만 그럼에도 불구하고 Huot는 작문 직접 평가에서의 학생 받는 점수가 글 유형에 따라서 서로 다르게 나타나고 있음은 분명하다고 보았다. 이러한 이유로 작문 평가를 할 때, 단 하나의 글 유형만 사용한 과제만 가지고서 학생의 작문 능력을 결론짓는 것에 주의해야 한다고 제안하였다. 이처럼 어떤 글 유형이 작문 능력을 보여주는 데에 좀 더 유리하고 불리한 것인지는 학생 개별 특성에 따라 서로 다를 수 있으므로 이를 일반화하기는 어렵지만 글의 유형이 작문 평가에 영향을 미친다는 것은 분명해 보인다.

## 2) 과제 제시 방식

앞서 살펴 본 글 유형과 함께 작문 과제의 제시 방식 또한 작문 수행과 평가 결과에 많은 영향을 미친다. 작문 과제가 어떠한 형식으로 제시되느냐에 따라서 학생들이 과제를 해석하는 방식이 달라지고, 수행을 이끄는 흥미나 동기 또한 달라지며 이러한 특성은 결국 학생이 작문을 수행하는 과정과 결과 모두에 영향을 미칠 것이다. 작문 과제 제시 방식은 주로 '작문 상황 요소의 구체화 정도'와 '작문 과제 안내 방식'에 따라서 달라진다.

먼저 '작문 상황 요소의 구체화 정도'를 살펴보겠다. 작문 평가에서 글의 주제, 목적, 예상 독자 등의 작문 상황 요인은 작문 수행에 절대적인 영향을 미치는 주요한 측면이다. 그러므로 작문 과제에서 이들 상황 요소가 얼마나 구체적으로 제공되느냐에 따라서 학생들의 작문 수행이 달라질 수 있다. 그러므로 작문의 배경이 되는 이들 상황 요소의 구체화는 작문 과제 구성에서 중요한 사항이 된다(Ruth & Murphy, 1988). 그러나 쓰기 과제가 포함하고 있는 이러한 상황 요소의 구체화 정도가 작문 수행에 미치는 영향에 대한 연구 결과들은 다소 혼재되어 있는 것이 사실이다.

예를 들어 Brossel(1983)에서는 작문 과제에서 제시하는 예상 독자의 상세화 정도가 다른 세 가지 과제를 사용하여 작문 평가를 하였다. 그 결과 세 집단 간에 통계적으로 유의미한 차이를 발견하지는 못했지만 그럼에도 불구하고 예상 독자를 중간 수준으로 상세화한 과제를 사용했을 때 학생들이 가장 높은 작문 능력을 보여주었고, 글의 길이 또한 길게 나타났다. 그러나 이와 달리 Leu, Keech, Murphy, & Kinzer(1982)에서는 예상 독자를 구체적으로 제시했을 때, 학생들이 작문을 하기 위해서 계획하는 시간이 훨씬 줄었다. 또한 Puma(1986)은 예상 독자를 구체적으로 제시하는 것보다 예상 독자가 글을 쓰는 학생에게 더욱 친근한 대상일수록 작문의 질이 높아진다고 주장하였다(Huot, 1990에서 재인용).

이처럼 작문 과제에서 예상 독자를 구체적으로 제시한다는 것은 학생이 글을 쓰는 상황을 보다 실제적으로 만들어주고 글을 써야 하는 목적을 보다 분명하게 함으로써 학생의 작문 동기를 높일 수 있다. 그러므로 작문 과제를 평가로서가 아닌, 실제적인 수행 활동으로 여길 수 있도록 구체적인 작문 상황을 제시하는 것이 효과적이다.

다음으로 작문 과제의 안내 방식 또한 작문 평가 결과에 영향을 미칠 수 있다. 왜냐하면 작문 과제에서 제공하는 안내가 불충분할 경우에 학생들은 과제가 요구하는 것이 무엇인지 정확하게 파악하기 어렵고 이로 인한 주관적 해석은 작문 평가에도 영향을 미칠 수 있기 때문이다. 작문 과제의 안내가 불충분하거나 불명확하면 작문 과제를 읽는 학생마다, 또는 채점자마다 과제에서 요구하는 것을 서로 다르게 해석하게 된다. Ruth & Murphy(1988)는 작문 과제와 학생 간에 이루어지는 주관적인 상호작용에 대해서 연구하면서 작문 과제의 지시문이 중요하다는 것을 논의하였다. 이들은 작문 과제에서 제시하는 지시문은 학생이 글을 쓰면서 머릿속에 떠올려야 하는 예상 독자, 글 유형, 작문 목적, 문체, 어조 등의 특성을 구체화시킬 수 있게 한다고 주장하였다. 또한 학생이 글을 쓸 수 있는 시간, 써야 하는 글의 분량 등을 구체적으로 제시하여야 하고, 글에서 포함되어야 하는 요소나 특성, 글의 구조나 전개 방식 등을 구체적으로 제시할 필요가 있다. 그러므로 작문 평가에서는 과제 지시문을 구체적으로 작성하여 작문 과제에 대한 필자의 해석의 차이를 최소화하려는 노력이 필요하다.

## 나. 작문 평가에서의 채점자 특성에 관한 연구

### 1) 작문 채점에 영향을 미치는 채점자 변인

작문 평가자와 작문 채점자는 거의 비슷한 의미로 사용되는 경우가 많다. 그러나 작문 평가는 학생의 작문 능력을 측정하기 위한 도구를 개발하고, 측정하며, 측정 결과에 기반하여 작문 능력을 해석하고 나아가 피드백을 제공하는 일련의 과정을 의미한다. 반면에 작문 채점은 작문 평가 과정의 일부분으로서 학생 글에 대해 측정 결과로서 점수를 부여하는 과정에 해당한다. 작문 직접 평가의 신뢰도 문제는 바로 이 채점 과정에서 야기되는 것이다. 그러므로 최근에는 작문 채점의 신뢰도를 높이기 위한 취지에서 작문 채점자에 관한 연구가 주목받고 있다.

특히 최근의 국내 연구들을 살펴보면 주로 작문 채점을 담당하는 국어교사나 채점을 담당하게 될 예비교사를 대상으로 한 연구들이 주류를 이루고 있다. 작문 채점자로서의 국어교사의 특성으로 알려진 것은 국어교사의 경력이나 성별과 같은 일반적인 특성을 비롯하여 국어교사가 지니고 있는 지식, 인지 양식, 쓰기 신념, 학생 성별 인식 등이 있다.

박영민·최숙기(2010)는 68명의 국어교사를 대상으로 하여 교사 경력에 따른 채점 특성을 분석하였다. 국어교사의 경력을 1~5년, 6~10년, 11~20년, 20년 초과의 네 개 집단으로 나누고, 이들의 채점 엄격성을 분석한 결과, 1~5년 경력의 국어교사들이 가장 엄격하게 채점하는 경향이 있고, 20년 초과 경력을 지닌 국어교사들이 가장 관대하게 채점하는 경향이 나타났다. 박영민·최숙기(2009, 2010)에서는 국어교사의 성별에 따른 채점 엄격성도 분석하였는데, 그 결과 두 연구 모두에서 여교사가 남교사보다 상대적으로 더 엄격하게 채점하는 경향이 발견되었다.

이처럼 교사 성별에 따른 엄격성 차이뿐만 아니라, 교사 성별에 따라 학생 글을 평가하면서 산출하는 논평의 양상에서도 차이가 나타날 수 있다. Peterson & Kennedy(2006)는 남녀 국어교사 108명에게 학생들이 쓴 서사문과 논설문에 논평을 달게 하고, 그 차이를 성별에 따라 분석하였는데, 국어교사의 성별에 따라 논평의 내용이 다르게 나타났다. 여교사는 글의 규칙과 조직에 중점을 두어 논평을 했으나 남교사는 문체에 더 초점을 두어 논평을 했다. 이렇게 논평의 내용뿐만 아니라 논평의 양에서도 성별에 따른 차이가 보고되었는데 Barnes(1990)에 따르면 여교사들이 남교사들보다 더 많은 논평을 남긴 것으로 나타났다.

국어교사가 인식하는 학생 성별 또한 작문 평가에 영향을 미칠 수 있다. 국어교사가 채점하는 글을 작성한 학생을 남학생으로 인식하는가, 여학생으로 인식하는가가 작문 채점에 영향을 미친다는 것이다. Peterson(1998)은 국어교사들이 여학생이 쓴 것으로 인식한 글보다는 남학생이 쓴 것으로 인식한 글에 대해 더 많은 수정 사항을 지적한다는 것을 보고하였다. 또한 학생이 국어교사 자신과 동일한 성별이라고 인식할 때 더 엄격하게 채점한다는 것을 발견하였다. 이러한 동성同性 평가 절하 현상은 많은 연구들에서도 동일하게 보고되었기 때문에 작문의 채점 신뢰도를 높이기 위해서 작문 채점자가 극복해야 하는 특성으로 볼 수 있다(Haswell & Haswell, 1995, 1996).

다음으로 국어교사가 가지고 있는 지식이 작문 평가에 영향을 미칠 수 있다. 국어교사의 지식은 작문 평가에 관한 지식을 포함하여 글 유형에 대한 지식, 좋은 글의 특성에 관한 지식 등이 포함되는데, 이러한 지식은 국어교사가 작문 평가를 하는 동안 내적 준거를 형성하는 데에 영향을 미칠 수 있다 (Engelhard, 1994; 이성영, 2005). 박영민(2012)은 AFT(American Federation of Teachers)에서 제시한 교사의 평가 전문성 기준을 바탕으로 하여 작문 평가와 관련한 국어교사의 전문성 기준을 7가지로 도출하였다. 그리고 이 기준을 요약하여 '쓰기 평가 방법, 쓰기평가 결과 처리 및 활용, 쓰기평가 윤리'를 쓰기평가 지식 검사 도구의 측정요인으로 삼았다. 그리고 이 연구에서 개발한 도구를 활용하여 박영민(2013)에서는 현직 국어교사 133명과 예비 국어교사 34명, 총 167명을 대상으로 하여 검사도구를 투입하여 이들의 쓰기 평가 지식의 차이를 분석하였다. 그 결과 현직 국어교사와 예비 국어교사 모두 쓰기평가 지식이 낮은 것으로 나타났다. Stiggins(1995) 또한 국어교사가 지니는 작문 평가 지식이 실제 작문 평가에도 영향을 미칠 수 있다고 주장하면서 평가의 목적을 인식하는 것, 평가를 수행하는 데에 필요한 방법과 지식을 아는 것, 작문 평가 과정에서 발생하는 다양하게 대처하는 방법을 아는 것 등이 영향을 미친다고 보았다.

또한 국어교사의 작문 평가 효능감에 관심을 가진 연구도 있다. 박영민(2011)은 현직 국어교사 133명을 표집하여 작문 평가 효능감을 조사한 결과 우리나라 국어교사들의 가지고 있는 작문 평가 효능감은 '실행적 평가 효능감'과 '일반적 평가 효능감'으로 나눌 수 있음을 발견했다. 그러나 박영민(2010)에서는 예비 국어교사의 평가 효능감에서 성별차이가 나타났던 것과는 달리 현직 국어교사들은 성별 차이가 나타나지 않았고 경력별 차이 또한 거의 나타나지 않았다. 그러나 경력이 1~5년보다 많은 국어교사의 경우 평가에 대한 자신감이 다소 하락하는 경향이 나타나기도 하였다.

다음으로 Vaughan(1991)의 연구에서는 작문 채점자에 따라서 채점 기준을 해석하는 방식이 다르고, 심지어 채점 기준에 없는 요소를 평가하기도 했으며 이러한 채점 기준 활용 양상은 글마다 다르게 나타났다. Huot(1993)의 연구에서는 채점 전문성에 따라서 채점의 과정의 차이가 나타났는데 전문 채점자들은 글을 다 읽고 평가적 반응을 산출한 반면 초보 채점자들은 글을 읽는 중간에 평가적 반응을 산출함으로써 읽기에 방해를 받았다. 또한 논평의 유형과 질에서 차이가 있었고 초보 채점자들은 글에 따라서 채점의 방법이나 전략을 상이하게 사용하여서 글의 영향을 받는다는 것을 알 수 있었다. 마지막으로 Pula & Huot(1993)에서는 채점자의 내적 요인을 보다 체계적으로 설정하였는데 읽기 경험, 쓰기 경험, 채점 경험, 교수 경험이 작문 채점 전반에 영향을 미친다는 것을 알 수 있었다.

지금까지 살펴보았듯이 작문 채점자가 가지고 있는 내적 특성들은 작문 평가에 다양한 방식으로 영향을 미친다. 그러나 이들 연구의 한계점은 채점자들이 가진 특성을 일반화하여 특정 이론이나 모형을 제시하는 것으로 나아가지 못했다는 점, 또한 작문 채점에 영향을 미치는 채점자의 변인들을 보다 구조화시키지 못했다는 제한점이 있다. 즉, 이들 연구에서 밝힌 채점자의 내적 특성이 채점 과정 전반에 영향을 미치는 영향 요인으로서 보다 구조화되어 다루어지지 못했다는 것이다.

다음으로는 작문 채점 과정에 대해서 인지적 모형을 제시하고 채점 과정에 영향을 미치는 변인들을 구조화하여 일종의 프레임워크로 제안한 연구들을 살펴보고자 한다.

## 2) 작문 채점자의 인지적 채점 과정

앞서 살펴보았듯이 작문 평가에서 작문 채점자는 서로 다른 내적 특성을 가지고 있는데 이러한 내적 특성은 작문 채점 과정 전반에 지속적으로 영향을 미칠 것이다. 이처럼 개인이 어떤 대상을 이해할 때, 각 개인이 가지고 있는 지식이나 경험이 그 대상을 이해하는 방식에 영향을 미친다고 볼 수 있는데 개인의 지식과 경험이 모여서 형성된 복합적인 체계 내에서 어떤 대상을 바라보는 시각이나 관점을 개인이 가진 '해석적 프레임워크'라고 할 수 있다. 채점자의 내적 특성 연구에서 보다 관점을 확장하여 작문 채점자가 겪는 채점 과정을 인지적 측면에서 탐색한 연구들이 있다.

작문 채점자의 채점 과정을 분석하는 연구는 작문 채점자의 신뢰도가 낮게 나타났을 경우, 즉 채점 오류가 발생했을 경우에 이러한 오류가 어디에서 기인했는지, 또는 오류를 줄이기 위해서는 어떻게 해야 하는지와 같은 문제들을 해결하기 위한 접근이라는 점에서 의의가 있다. 또한 질적 분석 방법을 주로 사용하는 과정 중심의 채점자 연구는 작문 채점 과정을 면밀하게 탐색할 수 있게 한다(Banerjee, 2004; Lazaraton, 2008; Lumley, 2006). 또한 과정 중심의 채점자 연구는 1980년대 후반에서 1990년대 초반에는 사고구술과 같은 완전한 질적 분석만을 사용하였으나 최근에는 양적 분석과 질적 분석을 통합하는 방식으로 사용되고 있다.

작문 채점 과정에 대한 연구는 크게 두 가지 범주에서 이루어지는데 하나는 작문 채점의 일반적인 과정에 초점을 둔 연구이고, 다른 하나는 전문 채점자와 미숙한 채점자 간의 채점 과정 차이에 초점을 둔 연구이다. 후자의 연구에서 전문 채점자와 미숙한 채점자를 구별하기 위해서는 앞서 적절한 통계적 기법으로 신뢰도를 산출해야하기 때문에 이러한 연구는 양적 연구와 질적 연구가 통합되는 방식으로 이루어지고 있다.

물론 작문 채점자들마다 완벽하게 동일한 채점 과정을 겪는 것은 아니다. 그럼에도 불구하고 작문 채점의 과정에는 공통된 요소들이 있다. Freedman & Calfee(1983)는 작문 채점이 일반적으로 '글을 읽고 이해하기', '글 평가하기', '평가 결과 표현하기'의 세 가지 단계로 이루어진다고 주장했다. 이러한 단계에 따르면 채점자는 글을 읽고 이해한 다음에 글에 대한 잠재적인 인상을 가지게 되는데, 이 순간부터 글은 그 자체로서가 아니라 채점자에게 내면화된 인상으로 남게 되고, 채점자는 자신의 머릿속에 저장된 인상을 가지고서 글을 채점하게 된다. 또한 Freedman &

Calfee(1983)의 연구를 통해서 작문 채점의 하위 과정이 회귀적으로 이루어진다는 것에 주목하게 되었고, 채점자가 글을 계속해서 채점하면서 이전의 채점 결과를 수정할 수 있는 역할을 하는 '조정' 과정에도 관심을 가지게 되었다.

Cumming, Kantor, & Powers(2002) 또한 작문 채점 과정으로 세 가지 하위 과정을 제시하였는데 이 과정은 '대략적인 수준을 판단하기 위해서 글을 훑어 읽기', '특정 판단 전략이 지속적으로 영향을 미치면서 해석 전략을 사용하여 글 읽기', '판단을 요약하거나 판단에 대한 설명을 하면서 결정한 점수를 공고히 하기'이다. Lumely(2002)에서는 채점자가 먼저 글을 읽고, 글에 대한 포괄적인 특성이나 지엽적인 특성에 대한 인상을 형성하며, 다음으로 채점 기준과 글을 동시에 고려하면서 특정 채점 기준에 대해서 논평을 하고, 마지막으로 최종적인 점수를 결정하는 과정을 제시하였다. 그러나 이러한 채점 과정은 개별 채점자와 채점 기준 간의 서로 해석과 상호작용에 의해서 각기 다른 양상을 보인다는 점을 강조하였다.

Wolfe(2005)는 작문 채점의 하위 과정을 크게 '해석', '평가', '정당화' 과정으로 나누었다. 이들 하위 과정은 반드시 순서를 의미하는 것은 아니다. 채점자는 먼저 글을 읽고, 읽으면서 채점 기준과는 관련이 없는 개인적 반응을 하기도 하고, 채점 기준과 직접적으로 관련이 있는 평가적 반응을 하기도 한다. 채점자는 이렇게 글을 읽으면서 글에 대한 전체적인 이미지를 형성하게 된다. 글을 한 번 다 읽은 후에는 이러한 이미지를 바탕으로 하여, 본격적으로 채점 기준과 관련을 맺으면서 글에 대한 평가적 반응을 하면서 글에 부여한 점수를 구체화한다. 이러한 과정에서 채점자는 글의 수정 방향을 진단하거나 점수에 대한 구체적인 이유를 진술하면서 자신이 부여한 점수에 대한 정당화 과정을 겪는다.

박종임(2013)에서도 작문 채점자의 채점 과정에서 나타나는 특성을 분석하였다. 그 결과 채점 척도 사용 측면에서 국어교사들은 서사문과 논설문 평가 모두에서 '3점'을 가장 많이 사용하는 경향이 나타났다. 그리고 학생 글을 읽는 과정에서 과적합 일관성을 지닌 국어교사들의 '개인적 반응'이 두드러지게 나타났고, '점수 결정 근거 마련하기'와 '점수 결정하기' 과정에서 적합한 일관성을 지닌 국어교사에 비하여 과적합·부적합 일관성을 지닌 국어교사들이 평가 요소를 변별하고 채점 기준을 해석하는 것에서 많은 어려움을 보였다. 또한 채점 기준 해석 측면에서 많은 국어교사들이 혼란을 보였는데, 일관성이 적합한 국어교사들이 간혹 '단어 선택'이나 '형식 및 어법'의 평가에서 혼란을 보이는 것과는 달리, 과적합이나 부적합 일관성을 가진 국어교사들은 전반적인 채점 기준에 대해서 혼란을 보이고 있었고, 특히 부적합 일관성을 가진 국어교사 중에는 평가 기준을 재해석하고 자의적으로 적용하는 경우도 있었다. 끝으로 국어교사들 사이에서 '점수 결정 근거 마련' 과정에서의 채점 기준 해석의 혼란, 평가 요소 변별의 혼란, 글 특성과 평가 요소를 연결하는 것에서의 혼란이 나타났고, '점수 결정하기'에서 극단적인 점수를 피하는 중앙집중화 경향도 나타났다.

## 4. 작문 평가의 발전 방향 및 과제

### 가. 학습으로서의 작문 평가 지향

오늘날 작문능력은 이러한 직업에서의 성공 이전에 대학에서의 학업적 성공 또한 좌우하는 요소이다. 대학에서는 정보에 대한 요약이나 정리, 다양한 정보를 수집하여 자신의 관점을 밝히는 글쓰기 등을 강조하고, 나아가 글쓰기를 주요한 학습의 수단으로 삼고 있다. 이러한 중요성에도 불구하고 많은 중고등학생들의 작문능력은 저하되고 있다. 학생들에게 작문은 그 자체로서도 중요하지만 다른 교과를 학습하기 위한 도구적 측면에서도 중요하다. 더군다나 이 시기의 작문은 대학이나 직업에서의 성공에도 영향을 미칠 수 있으므로 더욱 중요하다고 볼 수 있다.

학생들에게 작문이란 그들의 생각과 아이디어를 구조화하고 표현할 수 있는 수단이므로 필수적인 능력이다. 그럼에도 불구하고 미국의 2008년 NAEP 결과에 따르면 8학년 학생의 33%와 12학년 학생의 24%만이 작문에서 숙달 수준 이상에 해당하였다. 반대로 8학년의 55%와 12학년의 58%가 기본 수준으로 작문의 부분적인 기능에만 숙달한 것으로 나타났다. 마지막으로 8학년의 12%와 12학년의 18% 학생들은 기초 수준 이하로 나타났다. 이러한 현상은 미국뿐만이 아니라 우리나라 또한 마찬가지일 것이다.

우리나라는 미국의 NAEP와 같은 대단위 작문 평가가 없기 때문에 학생들의 수준을 정확하게 짐작하기는 어렵지만 학교에서 작문수업이 거의 제대로 이루어지지 않고, 학생들의 대학에서의 글쓰기 능력을 볼 때 우리나라 또한 학생들의 작문 능력에 적신호가 왔음을 알 수 있다. 작문을 잘 하기 위해서는 많이 써 보아야 한다. 많이 써보고 많이 고쳐 써 보아야 한다. 그러나 우리나라의 경우 학교 현장에서 작문 수업을 거의 하지 않는다. 이에 학생들의 작문 경험을 늘리고 작문에 대한 긍정적인 피드백과 고쳐쓰기 경험을 제공하기 위해서는 작문교육에서의 형성평가 체제가 적극적인 관심을 받아야 한다.

과거에 평가는 단지 학생이 가진 능력을 객관적으로 측정하려는 접근이었다. 이러한 접근을 결과지향적 평가assessment of learning라고 할 수 있다. 그러나 최근에 평가는 더 이상 학습 결과를 평가하는 것이 아닌 학습 과정을 평가하는 것, 나아가 학습을 위한 평가, 학습으로서의 평가로 인식이 전환되고 있는데 이러한 평가를 학습지향적 평가assessment for learning로 볼 수 있다. 이러한 학습지향적 평가는 학생의 현재 상태를 정확하게 진단한 다음 학생의 능력을 보다 개선시키기 위한 정보 제공의 목적, 안내의 목적으로 이루어 져야 한다.

학습으로서의 작문 평가가 이루어지는 한 사례로, Cognitively-Based Assessment of, for, and as Learning(CBAL)을 들 수 있다. CBAL은 미국 ETS에서 주도적으로 연구·개발 하고 있는 평가 시스템으로 기존의 초·중·고 교육과정에 적용하는 교육 책무성 평가accountability assessment 제도의 개선에 그 목적을 두고 있다.

CBAL에서는 단순히 학습 결과를 평가하는 것에서 더 나아가 평가 결과가 다시 학생들에게 피드백으로 제공되어 학생의 이후 학습에 도움을 주고, 평가 그 자체가 학생에게 가치있는 경험으로서 인식될 수 있는 평가 체제를 구축하고자 하였다. 이러한 목적을 위해 CBAL에서는 국가 공통 핵심 성취기준에 기반하여 총괄평가와 형성평가, 진로 진단 평가, 인지적 강약점 진단을 통합적으로 포함하는 평가 체제를 만들었고, 총합평가summative assessment, 형성평가formative assessment, 진로진단professional development, career exploration, 인지적 강약점 진단cognitive competency test의 요소를 모두 포함하는 평가 체제를 만들고자 하였다.

CBAL의 작문 평가 과제는 하나의 성취기준에 대해서 일반적으로 4개의 문항을 제공한다. 처음에 제시되는 3개 문항은 단답형이고, 마지막 4번째 문항에서는 한문단 정도의 작문을 요구한다. 첫 3개 문항은 학생들이 주어진 작문 과제와 관련한 여러 가지 글이나 정보를 읽으면서 주장이나 아이디어를 평가하는 선택형 문항으로, 이러한 준비 문항을 해결하면서 학생들이 마지막에 주어지는 작문 과제를 수행할 준비를 하게 된다. CBAL에서 제공하는 이러한 첫 3개 문항은 작문 평가임에도 불구하고 선택형 문항으로 개발되어 간접평가 방식을 취하고 있다. 그러나 이러한 선택형 문항조차도 학생들이 흥미를 가질만한 작문 상황을 제시하는 시나리오 기반의 문항이라는 점, 그리고 이러한 선택형 문항이 실제로 글을 쓰기 위한 준비 단계로 제공된다는 점에서 우리나라의 작문 평가와는 차이가 있다.

다음 〈그림 2〉의 화면은 CBAL에서 제공하는 작문 평가 과제의 예시로, 앞서 설명한 문항 중에서 가장 마지막에 제공되는 작문 과제이다. 이 과제는 신문에 게재할 사설을 쓰게 하는 과제인데 화면 왼쪽의 '필자의 체크리스트'와 도구들을 활용하여 3~5 문단으로 구성된 사설을 작성하도록 요구한다. 또한 이전 단계의 준비 문항에서 읽었던 신문 기사를 자료로 활용할 수 있고, '계획하기' 옵션에서 도해조직자graphic organizer를 사용하여 손쉽게 개요표를 작성할 수도 있다. 이처럼 CBAL에서 제공하는 작문 평가 과제는 필자가 글을 쓰기 위해서 정보를 수집하고 글 쓸 계획을 세우고, 실제로 글을 쓰고, 다시 수정하는 다양한 하위 과정을 고려한 것으로 우리나라의 작문 평가에서는 단순히 '~에 대한 글을 써라'는 최종 과제만 제시하는 것과는 차이가 있다. CBAL의 이러한 단계적 작문 수행 과제는 많은 시사점을 제공하고 컴퓨터 기반의 과제로 제시되므로 계획하기 과정이나 글을 수정하는 과정 등이 손쉽게 이루어진다는 것 또한 큰 이점이라고 볼 수 있다.

〈그림 2〉 CBAL 작문 평가 화면
(출처: http://www.ets.org/research/topics/cbal/initiative)

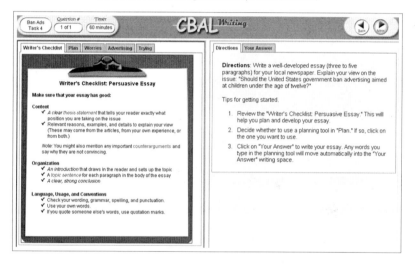

이처럼 작문 평가에서도 학생이 다양한 자료를 읽고 이를 분석하여 글을 쓸 내용을 마련하게 하고, 글의 편집과 수정이 간편하도록 컴퓨터를 이용하게 함으로써, 작문 평가 그 자체가 학생들에게 작문 과정을 학습하게 하는 교육적 경험이 될 수 있는 것이다.

## 나. 국어교사의 작문 평가 전문성 신장

작문 평가는 학생의 글을 채점하는 과정에서 채점자의 주관성이 개입되는 채점자 중재 평가이기 때문에 다양한 채점 오류를 발생시킬 수 있다. 그러므로 작문 평가의 신뢰도를 확보하기 위해서는 채점자의 신뢰도를 향상시키기 위한 노력이 필요하다. 교사의 주관성에서 발생하는 오류를 최소한으로 줄이고, 채점의 신뢰도를 최대한 확보하기 위해서는 교사들의 작문 채점 신뢰도를 개선하기 위한 교육이나 연수가 마련되어야 한다.

우리나라의 경우 학업성취도평가의 서답형 문항 채점과 같은 상황에서 채점자 간 신뢰도를 확보하기 위해서 채점자 협의나 채점자 조정 방식의 채점자 훈련을 사용하고 있다. 그러나 이러한 채점자 훈련은 평가가 이루어지는 시기에 선발된 소수의 채점자를 대상으로 이루어지고 있기 때문에 학교 단위에서 서술형 평가나 수행평가를 담당해야 하는 대부분의 교사는 재직 기간 동안 특별한 채점자 훈련을 받지 못하는 것이 현실이다. 그러므로 교사의 채점자 신뢰도 향상을 위한 교육이나 연수는 전국의 교사를 대상으로 대규모로 시행되어야 하고, 지속적으로 시행되어야 한다. 그러나 모든 채점자를 대상으로 직접 훈련이 이루어지는 면대 면 훈련은 공간과 시간, 비용 면에서 상당한 한계가 발생할 수 있다. 그러므로 온라인 환경을 통한 채점자 훈련 프로그램이 필요할 것이다.

예를 들어, Auckland 대학에서 이루어지고 있는 작문 채점자 연수 프로그램을 살펴보면, 이 프로그램의 주요 목적은 채점자가 스스로 자신의 채점을 점검할 수 있도록 피드백을 제공하고 있다. 이 프로그램은 이전에 전문 채점자들에 의해서 채점된 결과를 바탕으로 마련된 25개의 예시문이 있는데 이들 예시문은 각 평가 요소별로 모든 수준의 쓰기 능력을 대표하는 예시문으로 구성되어 있다. 또한 예시문에는 전문 채점자들의 논평이 달려 있어서 각 글이 받은 점수의 근거와 글의 수준에 대한 설명을 자세하게 참고할 수 있다. 이러한 온라인 채점자 훈련 프로그램의 주요 목적은 자신의 채점 결과와 전문 채점자의 채점 결과를 비교함으로써 자신의 채점 결과를 점검하고 스스로 조정해 가는 것이다.

우리나라에서 서술형 평가나 수행평가가 널리 확산되기 어려운 이유는 문항 개발이나 시행문제보다 교사들의 채점 전문성 문제가 있기 때문이다. 그러므로 우리나라 또한 이러한 온라인 연수를 통한 채점 신뢰도 향상 프로그램을 마련하여 교사들이 서술형 평가와 수행평가에 대한 평가 전문성을 신장시킬 수 있도록 해야 할 것이다.

앞서 논의했듯이 교과별 평가 가이드북의 개발이나 교사의 채점 신뢰도 향상과 관련한 과제는 향후 우리나라 교사들의 평가 전문성을 신장시키기 위해서 반드시 필요한 과제들이다. 그런데 이러한 것들을 보다 효율적으로 수행하기 위해서는 교사의 평가 전반을 지원할 수 있는 웹사이트의 형태로 운영하는 것이 효과적일 것이다. 교과별 특성을 반영한 평가 가이드라인이나 채점 기준, 학생 반응 예시를 웹사이트를 통해서 축적하고 공유하며, 교사의 채점 전문성 신장을 위해 정기적인 연수 및 정보 공유가 가능한 웹사이트를 개발할 필요가 있다.

예를 들어, 〈그림 3〉은 미국의 작문 평가 관련 웹사이트로 현재까지의 작문 평가 결과를 지속적으로 축적한 정보를 포함하고 있다. 화면의 우측에서 작문 평가의 요소 중 '조직organization' 요소를 선택하고, 이 요소에서 3점을 받은 경우, 그리고 6~8학년 학생 수준을 선택하면 이에 해당하는 예시문을 확인할 수 있다. 이러한 예시문을 통해서 평소 학생들의 글을 자주 접하지 않았던 교사도 다양한 학생 글을 경험할 수 있고, 전문 채점자들의 채점 결과와 함께 관련하여 학생글의 수준을 파악할 수 있으므로 이후 작문 평가에서의 채점 신뢰도를 향상시키는 것은 물론, 나아가 작문교사로서의 평가 전문성을 신장할 수 있다.

〈그림 3〉 작문 평가 지원 웹사이트 사례
(출처: http://apps.educationnorthwest.org/traits/scoring_examples.php)

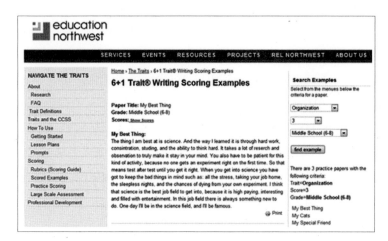

또한 이 사이트에서는 해당 예시문에 대한 전체 평가 요소에 대한 채점 결과도 제공하고 있다. 또한 각 채점자가 글에 대해서 부여한 논평을 읽고, 위와 같은 점수를 부여한 이유와 나아가서 학생에게 제공할 수 있는 질적 피드백의 사례 또한 습득할 수 있다.

# 참고문헌

박영민(2009), "논술 평가자의 주관적 경험 분석," 『우리어문연구』33권, 충남: 우리어문학회, 493~523쪽.

_____(2010), "예비국어교사의 쓰기 평가 효능감 분석", 『청람어문교육』42권, 충북: 청람어문교육학회, 181~207쪽.

_____(2011), "국어교사의 평가 효능감 분석," 『청람어문교육』44권, 충북: 청람어문교육학회, 121~246쪽.

_____(2012), "쓰기 평가 지식 측정을 위한 검사 도구 개발 연구", 『청람어문교육』46권, 충북: 청람어문교육학회, 45~72쪽.

_____(2013), "현직 국어교사와 예비 국어교사의 쓰기평가 지식의 차이 분석" 『작문연구』19권, 서울: 한국작문학회, 331~353쪽.

박영민·최숙기(2010ㄱ), "Rasch 모형을 활용한 국어교사의 쓰기 평가 특성 분석−중학생 설명문 쓰기 평가를 중심으로," 『국어교육학연구』37권, 경기도: 국어교육학회, 367~391쪽.

_____(2010ㄴ), "중학생 논설문 평가의 모평균 추정과 평가 예시문 선정," 『국어교육』131권, 서울: 한국어교육학회, 437~461쪽.

박종임(2013), "국어교사의 쓰기 평가 특성 연구", 박사학위 논문, 충북: 한국교원대학교.

박종임·박영민(2011), "Rasch 모형을 활용한 국어교사의 채점 일관성 변화 양상 및 원인 분석," 『우리어문연구』39권, 충남: 우리어문학회, 301~335쪽.

신현숙(2005), "인지적 및 동기적 변인들과 성별이 고등학생의 텍스트 유형별 쓰기수행에 미치는 영향", 『한국학교심리학회지』2권 2호, 서울: 한국심리학회, 149~175쪽.

이성영(2005), "국어과 교사의 쓰기 영역 평가 전문성 기준과 모형", 『한국어교육학회지』제117호, 서울: 한국어교육학회, 353~376쪽.

Banerjee, J.(2004), Qualitative analysis methods, In S. Takala(Ed.), *Reference supplement to the manual for relating language examinations th the Common European Framework of Referece for Languages: Learning, teaching, assessment* (Section D), Strasbourg, France: Council of Europe/ Language Policy Division, Retrieved.

Barnes, L. L.(1990), Gender bias in teachers' written comments, In S. L. Gabriel & I. Smithson(eds.), *Gender in the classroom: Power and pedagogy*, Chicago, IL: University of Illinois Press, pp.140~159.

Brossel, G.(1983), Rhetorical specification in essay examination topics, *College English* 45(2), pp.165~173.

Coffman, W. E.(1971), Essay examinations. In R. L. Thorndike(Ed.), *Education Measurement*, 2nd. ed. (pp.271~302), Washington, DC : American Council on Education.

Cooper, C. R., & L. Odell. (1977). *Evaluating writing: Describing, measuring, judging.* Urbana, IL: National Council of Teachers of English.

Cumming, A., Kantor, R., & Powers, D. E.(2002), Decision making while rating ESL/EFL writing tasks : A descriptive framework, *The Modern Language Journal* *86(1)*, pp. 67~51.

Diederich, P. B.(1974), *Measuring growth in English*, Urbana, IL : NCTE.

Engelhard, G.(1994), Examining rater errors in the assessment of written compositions with a many-faceted Rasch model, *Journal of Educational Measurement* 31(2), pp. 93~112.

Engelhard, G., Jr., Gordon, B., & Gabrielson, S.(1992), The influences of mode of discourse, experiential demand, and gender on the quality of student writing, *Research in the Teach of English* 26(3), pp.315~336.

Freedman, J. R., & Calfee, R. C.(1983). *Holistic assessment of writing: Experimental design and cognitive theory.* In P. Mosenthal, L. Tamor, & S. A. Walmsley (Eds.), Research on Writing: Principles and methods (pp.75~98). New York: London.

Godshalk, F. I., Swineford, F., & Coffman, W. E. (1996), *The measurement of writing ability*, New York, NY: College Entrance Examination Board.

Haswell, R. H., & Haswell, J. E.(1995), Gendership and the miswriting of students, *College Composition & Communication* 46(2), pp.223~254.

_____(1996), Gender bias and critique of student writing, *Assessing Writing* 3, pp.31~83.

Huot, B. A. (1990). The literature of direct writing assessment: Major concerns and prevailing trends. *Review of Educational Research* 60. pp.237~263.

_____(1993). The influence of holistic scoring procedures on reading and rating student essays. In M. M. Williamson & B. A. Huot (Eds.), *Validating holistic scoring for writing assessment: Theoretical and empirical foundations* (pp. 206~236). Cresskill, NJ: Hampton Press.

Kegley, P. H.(1986), The effect of discourse mode on student writing performance, *Educational Evaluation and Policy Analysis* 8(2) pp. 147~154.

Lazaraton. A. (2008). Utilizing qualitative methods for assessment. In E. Shohamy & N.H. Hornberger (Eds). Encyclopedia of language and education (2nd Ed.), *Language testing and assessment* 7, (pp. 197~209). New York: Springer.

Leu, D. J., Jr., Keech, K. L., Murphy, S., & Kinzer, C.(1982), Effects of two versions of a writing prompt upon holistic score and writing processes, In J. R. Gray, & L. P. Ruth, *Properties of writing tasks : A study of alternative procedures for holistic writing assessment* (pp. 215~259), Berkeley : University of California, Graduate School of Education, Bay Area Writing Project.

Lumley, T.(2006), *Assessing second language writing : The rater's perspective*, Frankfurt am Main : Peer Lang.

Peterson, S. S.(1998), Evaluation and teachers' perceptions of gender in sixth-grade student writing, *Research in the Teaching of English* 33, pp.181~208.

Peterson, S. S. & Kennedy, K.(2006), Sixth-grade teachers' written comments on student writing, Written Communication 23(1), pp.36~62.

Prater, D., & Padia, W.(1983), Effect of modes of discourse on writing performance in grades four and six, *Research in the Teaching of English* 17(2), pp.127~134.

Pula, J. J., & Huot, B. A.(1993). A model of background influences on holistic raters.

In M. M. Williamson & B. A. Huot(Eds), *Validating holistic scoring for writing assessment: Theoretical and empirical foundations* (pp. 237~265). Cresskill, NJ: Hampton.

Ruth, L. & Murphy, S. (1988), *Designing Writing Tasks for the Assessment of Writing*, NJ: Ablex Publishing Corporation.

Stiggins, R. J.(1995), Assessment literacy for the 21st century, *Phi delta Kaapan* 77(3), pp.238~245.

Vaughan, C. (1991). Holistic assessment: What goes on in the rater's mind? In Hamp-Lyons (Ed.), *Assessing second language writing in academic contexts*(pp.11~125), Norwood, NJ: Ablex.

Weigle, S. C.(2002), *Assessing writing*, Cambridge, NY : Cambridge University Press

Wolfe, E. W. (2005). Uncovering rater's cognitive processing and focus using think-aloud protocols, *Journal of Writing Assessment* 2(1), pp.37~56.

# 문법 교육에서의 통합 교육

박형우(한국교원대학교)

# 1. 서론

　문법 교육과 관련한 학문적 발전 과정을 고려해 볼 때 현재의 상황은 교수-학습 방법과 문법 평가에 관한 연구가 매우 부족한 것이 현실이다. 실제로 학교 교육을 담당하고 있는 교사들의 경우에는 학교 교육을 개선하고 보다 효과적인 교육을 위한 교수-학습 방법과 문법 평가 방법에 대한 요구가 매우 높은 편인데 현실적 연구 상황은 이를 뒷받침하지 못하고 있다. 현재의 연구 상황은 주로 교수-학습 내용에 초점을 두고 있는 것으로 보인다. 그렇지만 이러한 교수-학습 내용에 대한 논의 자체도 일정한 한계에 있는 것이 사실이다. 이런 상황은 근본적으로 문법 교육의 목표 논의와 관련이 있는 것으로 보인다.

　목표에 대한 논의는 문법 교육학이라는 학문의 성립을 위해서 가장 먼저 해결이 되어야 할 문제이지만 현재의 상태가 만족스럽다고 할 수 없는 상황이다. 소위 통합론과 독자론이라고 하는 두 쟁점이 완벽하게 해결되거나 합의되었다고 보기 어렵기 때문이다. 그런데 이 두 입장은 사실상 근본적으로 목표와 관련한 공통점을 보이는 바가 거의 없어서 일정한 합의의 방식으로 논의가 정리되기가 매우 어려운 점이 있다. 또한 통합론이 국어교육학의 정립과 매우 관련이 있는 목표론에 기반한 것이라면, 독자론은 국어교육학보다는 국어학의 관점과 깊이 관련되어 있는 것이다. 그래서 통합론에 대한 국어교육학적 기대는 매우 큰 편이라고 할 수 있으나 실제로는 문법 교육 내에서 공헌하고 있는 바가 현재 그리 크다고 하기 어렵다.

통합론이 국어교육학에서 기여하는 바가 크지 않은 것은 우선 목표의 합의와 관계 없이 교수-학습 내용, 즉 교육과정에서 그 본질적 내용을 구성하기 어렵다는 데에서 알 수 있다. 또한 교육 내용에 대한 차이가 사실상 없으므로 교수-학습 방법의 단계로 넘어가서는 어쩔 수 없이 큰 기여를 하는 것이 어려운 상황이다. 그럼에도 통합론에서 논의하고 있는 내용은 문법 교육에 시사하는 바가 있다. 그것은 통합론 자체이기보다는 '통합 교육'과 관련한 것이다. 실제로 문법 교육의 문제점으로 지적되는 것들 중에서는 통합 교육이 그 해결의 실마리로 작용할 수 있는 것들도 존재한다. 본고는 이러한 점에서 통합론이 아니, 통합 교육의 관점에서 문법 교육의 문제에 대해서 논의하고자 한다. 의도를 중시하는 통합론이 아니라 실제 학습 경험을 중심으로 한 통합 교육을 전제로 문법 교육에서의 통합 문제를 논의하고자 한다. 우선 통합론의 문제를 논의하고, 이를 바탕으로 문법 교육에서 진행되었으면 하는 통합 교육의 방향을 제시하고자 한다. 그리고 마지막으로 문법 교육과 관련된 통합 교육의 예를 구체적으로 제시하기로 하겠다.


## 2. 문법 교육과 통합론

문법 교육과 관련한 논의를 시작하기 전에 먼저 논의해야 할 것이 바로 국어교육의 목표 문제이다. 이 목표는 사실상 문법 교육과 통합 교육의 문제를 논의하는 데에 매우 중요한 의미를 가진다. 문법 교육이 국어교육의 하위 영역에 해당하는 한 문법 교육의 목표 역시 국어교육의 목표와 연계되어야 하기 때문이다. 그런데 이 문제와 관련하여 국어교육계 내에는 일정한 견해차가 있는 것으로 보인다. 이러한 견해의 차이를 크게 둘로 나눠 보면 첫째 입장은 국어교육의 목표는 언어사용기능의 신장이라고 보는 입장이다. 둘째 입장은 이러한 언어사용기능의 신장 이외에 다른 목표가 존재하며 이는 국어 문화에 대한 것이라는 입장이다.

사실상 언어사용기능의 신장을 국어교육의 목표로 보는 입장은 5차 교육과정 이후 국어교육학의 정체성 확립이라는 측면에서 매우 많은 공헌을 한 것이라 할 수 있다. '국어국문학+교육학'이라는 기존의 입장을 수정하여 새로운 국어교육학의 정립과 발전에 크게 공헌한 목표가 바로 언어사용기능의 신장이다. 둘째 입장인 문화론과 관련한 목표에 대한 논의는 언어사용기능의 신장만을 국어교육의 목표로 보는 입장에 대한 회의에서부터 출발한 것이다. 언어사용기능의 신장이 국어교육의 목표라는 점에는 이견이 없지만 그것만이 목표라는 입장은 받아들일 수 없다는 것이다. 언어사용기능의 신장에 대한 강조가 국어교육 내에서 '문학'과 '문법' 영역 설정이 타당한가라는 의문을 제기하자 이에 대한 대안으로 제시된 것이 문화론이라 할 수 있다.

이 두 입장은 현재도 여전히 평행선을 이루고 있다고 할 수 있다. 모두 나름대로의 가치와 가능성을 가지고 있으며 그 논리적 타당성도 인정될 수 있다고 생각한다. 그런데 이러한 목표 관련 논의는 문법 교육과 관련하여 대표적인 두 가지 목표론과 그대로 연관된다. 언어사용기능의 신장을 강조하는 목표를 기반으로 한 것이 소위 '통합론'이라 한다면, 문화론과 관련한 입장은 문법 교육의 '독자론'을 강조하는 것이라 할 수 있다. 당연히 '통합론'의 경우에는 문법 교육 자체도 언어사용기능의 신장에 도움이 되어야 한다는 목표에 부합하는 것이어야 함을 강조하고, '독자론'에서는 언어사용기능 신장만을 국어교육의 목표라 할 수 없으므로 문법 교육에서는 언어사용기능의 신장보다는 문화론과 관련한 목표를 지향하는 것이 바람직하다는 입장이다.

결국 문법 교육에서 통합론이라는 입장은 국어교육의 목표를 언어사용기능 신장이라는 점에 초점을 두는 관점에 기반한 것이며, 이를 바탕으로 문법 교육 역시 언어사용기능 신장에 도움이 되는 내용으로 전개되어야 한다는 입장이다. 그런데 이러한 입장은 당연히 앞에서 밝힌 첫째 목표론의 관점에서는 가능한 것이지만 둘째 입장인 문화론의 측면에서 보면 문제가 될 수밖에 없다. 더욱이 통합론에 기반한 문법 교육의 문제는 실제로 그 성취 기준의 측면에서 많은 제약이 있는 것이 현실이다. 현실적으로 문법 교육에서 통합론의 문제를 제기할 때 적절한 교육 내용을 제시하지 못하고 있다는 점을 강조하는 경우가 많은데 이는 언어사용기능 신장에 도움이 되는 구체적인 문법 교육 내용을 구성하는 데에 일정한 한계가 있음을 드러낸 것이라 할 수 있다.

이러한 문제점은 필연적으로 '통합론이 문법 교육에서 일정한 기능을 하고 있는가'라는 회의를 불러일으킨다. 물론 통합론적 관점이 현재의 문법 교육에서 여전히 전무하다고는 할 수 없다. 대표적으로 생각해 볼 수 있는 것이 바로 어문 규정에 관련한 내용이 문법 교육의 내용으로 포함된 것이라 할 수 있다. 그렇지만 이러한 어문 규정의 문제가 단순히 언어사용기능의 신장과 밀접한 연관을 갖는 내용으로만 파악하는 것에는 문제가 있다. 표준 발음법은 화법과 연관되고, 맞춤법이나 표준어 규정 관련 내용은 화법과 작문에 연결된다고 생각할 수 있으나, 오히려 이러한 어문 규정 관련 문법 교육 내용은 우리말의 정확한 사용이나 올바른 사용과 관련한 문법 교육의 목표와 관련이 있으며, 관련 규정의 이해를 위해서는 문법적 지식이 활용된다는 점에서 이러한 내용이 언어사용기능하고만 연결된다고 보기 어렵다. 이외에도 텍스트언어학이나 기능문법 관련 내용 자체도 구체적인 언어 자료 속에서 문법적 특징을 파악하여 그 기능과 용법의 특성을 파악하는 것이지 그것 자체가 언어사용기능 신장을 위한 교육 내용으로 보기는 어렵다.

더욱이 심각하게 고민해 봐야 할 것은 현재의 문법 교육에서 통합론의 관점과 교육 내용이 포함되어 있다면 과연 어떤 문법 교육 내용이 우리의 언어사용기능 중 어떤 것을 신장하는 데에 도움을 주고 있는지를 명확하게 지정할 수 있어야 한다. 그런데 사실상 현재의 연구 수준에서는 이러한 관계를 명확하게 정리하는 것이 매우 어렵다. 신명선(2006: 249~250)에서 지적한 바와 같이 문법 교육이 언어사용기능의 신장에 기여한다는 확증이 없을 뿐더러 도움이 된다 하더라도 어느 부분에 도움이 되는지가 명확하지 않다. 이러한 명확한 관계가 증명되지 않는다면 '현재의 문법 교육에서 통합론은 무엇을 하고 있는가'라는 의문을 다시 제기할 수밖에 없다. 이러한 상황이라면 이 문제에 대한 답변이 매우 궁색해진다. 언어사용기능 신장에 도움이 되는 바를 분명히 하지 못한다면 결국 현재의 문법 교육은 통합론에 따른 것이라고 할 수 없다는 결론이 나는 셈이고, 통합론의 입장에서 보면 현재의 문법 교육은 국어교육적 가치가 있다고 보기 어렵게 되는 것이다.[1]

## 3. 통합론의 문제점

이미 앞에서 살펴본 문법 교육과 통합론의 관계를 고려하여 우선 필자는 국어교육의 목표를 언어사용기능의 신장으로만 한정하는 것에 대해 반대한다. 언어사용기능의 신장이 국어교육의 중요한 목표라는 점에 대해서는 이견이 없으나 그 자체만이 유일한 국어교육의 목표라는 인식에 대해서는 동의할 수 없다. 물론 기능주의적 입장에서 강조하는 언어사용기능이라는 것이 흔히 말하는 단순하고 간단한 하나의 기능만을 논의하고자 하는 것은 아니라 할지라도 현재의 국어교육학 내에서 언어사용기능 신장만을 유일한 국어교육의 목표로 두는 것은 오히려 국어교육학의 범위를 축소하고 생산적인 논의를 제한하는 결과를 가져올 수 있을 것으로 생각한다. 더욱이

---

1  실제로 문법 교육과 관련한 입장에서 흔히 '무용론'이라고 불리는 관점의 내용은 바로 이러한 문제 인식에서 출발한다고 할 수 있다. 통합론적 입장과 마찬가지로 언어사용기능의 신장을 문법 교육의 목표로 할 때, 그 목표에 기여하지 못하고 있는 것이 현재의 문법 교육이라고 한다면 이러한 문법 교육은 필요하지 않다는 것이 '무용론'의 주장이다. 그런데 현재의 상황을 고려할 때 결국 '통합론'을 강조하게 되면 현실적으로 문법 교육의 '무용론'이라는 귀결을 맺게 되는 셈이다.

앞에서 이미 살펴본 바와 같이 '문법'이나 '문학'의 경우에는 이러한 목표만
으로는 국어교육의 내에서 그 존재 설정이 매우 어렵다. 언어사용기능의 신
장 이외의 문화적 목표를 추구하는 국어교육이 설정될 때 보다 다양하고 복
합적인 교육적 논의가 가능할 것이다.

이러한 전제와 관련한 입장은 다분히 현실적으로는 독자론이라고 명명
될 수 있을 것이다.[2] 독자론의 입장에서 문법 교육과 통합론의 관계를 살펴
보면 그 문제점은 보다 분명하게 나타난다.

우선 통합론의 전제 자체가 문제가 된다. 언어사용기능의 신장에 도움이
되는 문법 교육이라는 것은 문법 영역 전체를 대표할 정도의 목표로서 부적
절하다는 것이다. 기본적으로 문법 교육 내용은 국어의 언어적 특성에 대한
내용을 기반으로 한다. 그러한 특징을 파악하기 위해 탐구의 과정을 따르는
학습을 통해 학생이 주체적으로 발견해 나가든, 이를 통해 우리말에 대한
바람직한 태도를 형성하고 우리 언어 문화의 발전에 기여하려는 태도를 기
르는 것이든, 학생들의 언어 속에서 담화적 특성을 고려한 자료를 기반으로
이러한 활동이 이루어지든, 기본적으로는 그 대상은 국어 자체인 것이다.
그러므로 그 대상인 국어를 바르고 효과적으로 사용하는 언어사용기능의
신장과 그 대상 자체에 대한 탐구는 본질적으로 일치할 수 없는 과정이라고
할 수 있다.

예를 들어 담화 상황과 관련한 언어 자료를 대상으로 탐구 학습을 통해
학생들이 피동문에서 주체를 드러내지 않는 표현 방식을 통해 서술의 주체
가 판단 결과에 대한 책임을 회피하고, 때로는 객관성을 강조하며, 특정 대
상을 초점화 한다는 것을 발견했다고 해도 이러한 교육이 피동 표현을 익혀
서 그 표현 효과를 드러내어 적절한 피동 표현을 사용하도록 교육하기 위한

---

2  독자론과 관련한 입장에 대해서도 전통적인 국어학자들의 입장인 독자론과 소위 '신독자론'이라고
   불리는 문법교육학자들 간의 논의가 따로 존재하는 것도 사실이다. 그러나 넓은 범위, 특히 목표와
   관련하여 언어사용 기능의 신장을 국어의 유일한 목표로 인정하지 않는다는 점에 있어서 두 논의는
   큰 차이는 없는 것으로 보인다.

것은 아니다. 피동 표현의 다양한 표현 효과를 탐구하는 활동은 우리말 피동 표현에 나타나는 문법적 특징을 보다 분명하게, 그리고 기능적으로 파악하는 입장에서 의미가 있는 것이다. 과거의 피동 표현 교육 내용이 능동문과 피동문의 관계, 피동사와 피동 접미사, 긴피동문과 짧은피동문의 관계 등에 주목했던 것이 주로 구조주의 언어학이나 변형생성문법의 영향에 의한 것이라면 최근의 이러한 피동 표현의 교육 내용 역시 새로운 기능문법이나 의미론 및 화용론의 관점이 교육 내용에 반영된 것일 뿐, 이러한 내용의 변화 자체가 피동 표현의 기능을 학생들에게 가르쳐서 학생들이 피동 표현을 맥락에 맞게 잘 사용하여 학생들의 언어사용기능을 신장하려는 것은 아니라는 말이다. 만약 이러한 교육 내용의 목표가 언어사용기능의 신장과 일부 관련이 있다고 하더라고 그것은 본질적인 것이 아니다.[3] 이러한 목표가 강조된다면 외국인을 대상으로 한 한국어교육에서의 문법 교육과 일정한 차별성을 논의하는 것도 매우 어려워질 것이다.

다음으로 문화론을 전제로 할 경우 통합론에 기반한 문법 교육은 주객이 전도되는 결과를 가져오게 된다. 문법 교육의 목표가 언어사용기능의 신장만은 아니라고 할 때, 언어사용기능의 신장에 도움이 되는 내용으로 문법 교육 내용이 구성되어야 한다는 상황은 있을 수 없다. 어떻게 보면 너무도 당연한 얘기이지만 굳이 이러한 논의를 하는 이유가 있다. 현실적으로 엄연히 존재하는 '문법'과 '문학' 영역에 대해서 이를 부정하는 경우가 있기 때문이다. 간단히 생각해 보면 '독서, 작문, 화법' 등 언어사용기능 중심의 국어교육 영역이 존재하고, '문법'과 '문학'과 같이 언어사용기능과 직접 연계되지 않는 국어교육 영역이 존재한다. 그렇다면 언어사용기능 신장 이외의 목표가 존재한다는 것은 너무도 당연한 것이다. '문법'과 '문학' 영역이 존

---

3 김은성(2008: 348~349)에서는 "물론 표현과 이해의 과정에 개재하는 문법 층위의 앎이 기반으로 작용한다는 것은 부인할 수 없는 사실이다. 그러나 이것은 어디까지나 기반일 뿐, 표현 원리를 익히고 이에 따라 실제로 표현을 잘 하게 하는 것은 말하기나 쓰기 교육의 주된 목표이다."라고 언급한 바 있다.

재하는 것이 바로 그 근거이다. 만약 언어사용기능 신장이 국어교육의 유일한 목표라고 한다면 과연 왜 국어교육 내에서 '문법'이나 '문학'이 존재해야 하는 것인가를 설명하기 어렵다.[4] '문법'이나 '문학'이 언어사용기능의 신장을 위해 존재하는 것이라면 그 교육 내용은 '독서, 작문, 화법' 중 어느 일부분이 되어야 한다는 것이다. 만약 각 영역이 전체적으로는 언어사용기능의 신장을 목표로 하되 매체나 장르적 특성에 따라 분류된 것이라 한다면 '문학'의 경우에는 설정이 가능할지 몰라도 '문법'의 경우에는 더욱 설정 자체가 불가능하다.[5] 결국 문법 교육에서의 통합론은 사실상 문법 영역에 대한 정체성 자체를 부정하는 결과가 될 수 있다.

이러한 문제점을 그대로 용인한다고 해도 해결되지 않는 문제가 존재한다. '문법' 영역이 존재하는 한 결국 국어교육 내에서 문법 교육이 진행될 것이라고 해도 실제적인 국면에서 통합론의 문제는 해결되지 않는다는 것이다. 실제 교실 상황이나 교과서 속의 문법 교육의 국면을 생각해 보자. 문법 교육 내용의 어떤 것이 언어사용기능의 신장에 도움이 된다고 가정을 해 보자. 그 교육 내용은 문법 교육 내용임이 분명하므로 학생들은 일정한 교수-학습 과정을 거쳐 국어에 포함되어 있는 원리나 법칙 등을 파악하는 과정을 거치게 될 것이다. 그런데 이렇게 되면 언어사용기능 신장은 어떻게 되는 것인가? 그냥 문법 교육 내용을 학습한 것으로 교수-학습 과정이 마무리된다면 이러한 상태를 통합론과 관련한 교육이라고 할 수 있을까? 어떻

---

4  2005년의 제7차 교육과정 개정 때부터 최근의 교육과정 개정에 이르기까지 관련 논의가 있을 때마다 '문법' 영역에 대한 독립적인 영역 설정에 문제를 제기하는 경우가 많았다. 그런데 이러한 영역 설정에 대한 문제는 결국 국어교육의 목표에 대한 논의와 관련이 있다고 할 수 있다. 이러한 사실은 현재도 국어교육의 목표에 대해 '언어사용기능의 신장'이라는 담론이 매우 강력한 영향력을 가지고 있음을 의미하고 있는 것이라 할 수 있다.

5  실제로 2009 개정 교육과정의 내용 체계를 보면 대부분의 영역 체계가 '지식, 기능, 태도'와 '실제'로 구성되어 있는데 '문학'과 '문법' 영역의 경우에는 이 체계가 이질적이다. 이 두 영역에서는 '기능'에 대한 항목이 각각 '수용과 생산', '탐구와 적용'으로 제시되어 있어서 타 영역과 이질적이다. 특히 해당 영역과 관련한 매체나 장르에 대한 정보를 제공하는 '실제'는 제시된 항목의 명칭은 같지만 '문법'의 내용을 보면 "■ 국어 문화와 자료 - 구어 자료, 문어 자료, ■ 다양한 매체와 국어 자료"로 되어 있어서 실제로는 어떠한 구체적인 정보도 제공하지 못하고 있는 상황이다.

게 언어사용기능이 이러한 상황에서 신장될 수 있다는 말인가? 이대로 안 된다면 다시 새로운 교수-학습 과정을 거쳐야 한다. 본격적으로 언어사용 기능의 신장을 위한 교수-학습 과정이다. 그런데 문법 교육 내용에서 다루는 문법적 지식 내용은 언어 활동 전반을 고려하면 대단히 미시적이고 부분적인 일부의 내용에 한정된다고 할 수 있다. 앞에서 예를 든 피동 표현의 경우를 보면 이에 대해 배운다고 해서 학생들에게 피동 표현으로만 글을 쓰게 하는 상황을 설정하는 것도 불가능하고, 반복적으로 피동 표현 관련 상황을 주어 언어 활동을 한다고 해서 이전보다 피동 표현과 관련한 언어사용 기능이 신장된다고 보기도 어렵다. 특히 모국어 화자와 관련해서는 더욱 그러할 것이다. 예를 바꿔 생각해 보자. 통합론과 관련한 논의에서 자주 등장하는 높임법의 문제를 고려하면 이러한 걱정이 한결 덜하게 느껴질 것이다. 다양한 높임법 상황을 고려하여 반복적으로 언어 활동을 진행하면 모국어 화자인 학생들은 자신의 오류를 수정하면서 보다 적절하게 높임법을 사용할 수 있을 것이다. 그렇지만 이 경우에도 몇 가지 더 생각해 볼 것이 있다. 모국어 화자라고 한다면 이러한 상황에서 적절한 높임법을 사용할 경우에 우리가 흔히 높임법에서 배우는 국어학 관련 지식이 필요할까? '주체높임, 상대높임, 객체높임, 주체높임선어말어미, 아주높임, 예사높임, 예사낮춤, 아주낮춤' 등의 개념적 지식보다는 구체적으로 적절한 상황에 맞는 발화 내용을 정하는 정도에서 활동을 마무리하면 될 것이다. 오히려 이러한 개념 내용이 포함된다면 학생들은 불필요하다고 느끼거나 재미없고 어렵다고 느낄 가능성이 크다. 그런데 문제는 이렇게 되면 과연 이 수업은 무엇을 위한 수업인가에 의문이 생긴다. 높임법과 관련한 우리말의 문법적 특징을 파악하기 위한 수업인지, 아니면 그냥 높임법을 잘 사용하기 위한 수업인지 분명하지 않다. 그냥 둘 다라고 한다면 그중에 어느 것이 위주가 되는 것인지 설명할 수 없다. 문법 교육의 입장에서는 전자가 중심으로 보이고 언어사용기능의 신장에 대해서라면 후자가 중심이 될 수 있다. 결국 이 두 교수-학습 과정은 사실상 다시 양분되는 셈이 되는 것이다. 또한 여기에 더 한 가지 문제점을 논의하자면 이러한 높임법을 언어사용기능 중심으로 다룬다고 할 때 의미적으로는 높임이 없는 높임법을 쓰는 경우도 생각해 보아야 한다. 친한 친구 사이에서 상대방의 행동이나 태도가 마음에 들지 않을 때 놀리거나 비꼬기 위해 "아, 그러셨어요? 정말 잘나셨네요."라고 말하는 상황을 설정하면 이는 일반적인 높임법과는 완전히 그 의미 해석이 달라진다. 그렇다면 이러한 내용은 높임법에서 다루어야 하는 것인가 그렇지 않은 것인가? 만약 가르쳐야 한다면 이 경우 이렇게 놀리거나 비꼬는 발화를 하는 방법을 가르쳐야 하는 것인가, 아니면 그런 발화의 의미를 파악하는 방법을 가르쳐야 하는 것인가? 과연 어디까지 가르쳐야 하는 것인가? 진정 이런 것을 가르쳐야 하는 것이긴 한가? 이러한 지적을 하는 것은 주로 맥락적 상황을 강조하는 통합론적 문법 교육을 살펴보면 그 상황이라는 장면으로 인해 교육 내용을 정선하기 어렵고, 가르치는 것 자체가 의미가 없어지기도 한다는 점을 강조하기 위한 것이다.[6]

물론 이러한 접근 방식이 과거의 문법 교육 내용과 많이 다르다는 측면을 강조할 수도 있을 것이다. 그러나 그러한 교육 내용의 방향 전환 역시 언어사용기능의 신장보다는 언어학의 변화와 보다 관련이 있다고 할 수 있다. 구조주의 언어학에서는 상황과 맥락의 개입으로 인해 다양한 의미가 나타나기 때문에 상황이나 맥락을 제거한 상태에서 언어를 연구하려 했던 점에 주목한다면, 현대의 언어학은 상황과 맥락 속에서 문법 요소의 기능과 의미를 파악하는 데에 중점을 두고 있다. 결국 이러한 문법 교육 내용의 변화는 언어사용기능의 신장이라는 측면보다도 언어학의 변화가 문법 교육에 준 영향이라고 파악하는 것이 보다 타당하다고 할 수 있다. 앞에서 이미 밝힌

---

6  위에서 예를 든 친구와의 대화에서 놀리거나 비꼬는 발화의 의미를 가르쳐야 한다면 이를 문법 수업의 일부로 보기에는 문제가 있다. 오히려 이러한 상황에서 주체높임을 나타내는 '-시-'의 사용은 구체적인 상대방에 대한 높임이라기보다는 일종의 거리두기 전략의 일환으로 사용되면서 놀리거나 비꼬는 투의 의미 효과에 기여한다는 점을 파악하는 과정은 문법 교육 내용으로서 가치가 있다. 그런데 이러한 교육을 한다고 해서 학생들이 상대방에 대한 놀림이나 비꼼과 관련한 언어사용기능이 신장된다고 보기는 역시 어렵다. 물론 교육적 가치도 역시 문제가 될 수 있다.

바와 같이 언어사용기능 신장을 위한 과정이 아니기 때문이다.

이러한 상황을 고려하면 '현재의 문법 교육은 과연 어떠한 상황인가?'라는 의문이 생긴다. 남가영(2007: 469~470)에서는 지금의 문법 교육에 대해 독자론과 통합론이 포괄론에 의해 "봉합"되었으며, "여전히 언제라도 자신의 근간을 흩트릴 수 있는 부정적 현실태를 지속적으로 양산하고 있었다."라고 평가했다. 그런데 이러한 평가와 관련하여 우선 '봉합'이라는 관점을 생각해 볼 수 있다. 과연 현재 우리의 문법 교육은 관련 문제에 대한 이견이 봉합된 것인가 하는 점이다. 구체적인 상황을 보면 실제로 통합론이 문법 교육의 내용에 구체적으로 포함되었다는 증거를 찾을 수 없다. 앞서 밝힌 바대로 언어사용기능의 신장에 도움이 된다는 구체적인 교육 내용을 문법 교육 내용에서 지적할 수 없다면 당연히 그렇다. 결국 이러한 점을 고려하면 현재의 문법 교육의 양상은 아직도 독자론적 목표에 가깝다고 할 수 있다. 그런데도 포괄론으로 봉합된 것으로 보고자 함은 문법 교육 내의 논의라기보다는 국어교육에서 언어사용기능의 신장이라는 목표가 갖는 강력한 영향력에 기인한 것으로 보인다. 보다 구체적으로 언급하자면 문법 교육에서 이러한 '봉합'을 인정하는 것은 언어사용기능 신장의 요소가 포함된 문법 교육이라는 지위 인정을 통해 국어교육 내에서의 안정적 영역 확보라는 목적을 달성할 수 있기 때문이라고 할 수 있을 것이다. 그러나 현실적으로는 이러한 통합론에 의한 문법 영역의 안정성 확보는 사실상 그 정체성 자체를 부정하는 결과를 가져올 수 있는 위험한 선택이라 할 수 있을 것이다.

## 4. 문법 교육과 통합 교육

앞에서 이미 문법 교육 내에서 통합론이란 무엇이며 현실적으로 어떤 문제점을 가지고 있는지에 대해 논의했다. 그런데 이러한 문제에도 불구하고 현실적으로 여전히 문법 교육에서 통합론에 대한 논의는 존재한다. 물론 이러한 접근 방식은 다분히 학문중심 교육과정 이후 문법 교육의 문제점에 대한 대안적 모색과 관련이 있다. 문법 교육이 명제적 지식 중심의 내용을 대상으로 암기 위주의 강의식 교수-학습 방법에 의해 교육됐고, 이러한 교육 내용 자체도 학생들의 현실 언어생활과 상당히 동떨어졌던 것은 사실이다. 이러한 이전의 문법 교육에 대한 몇 가지 대안으로 제시된 것이 교수-학습 방법 중심의 탐구 학습에 대한 논의와 문법 교육의 목표와 관련한 통합론에 대한 것이었다.

이 중에서 탐구 학습의 경우에는 문법 교육에서만 사용하는 독특한 교수-학습 방법은 아니다. 특히 최근에는 탐구 학습에 대해 단순한 교수 학습-방법이 아니라 내용의 일부로 인정하는 논의가 전개되면서 과거 김광해 교수가 주장한 탐구 학습이 단순히 교수-학습 방법으로서의 차원을 넘어서는 것이라는 지적도 있다. 그렇지만 이 탐구 학습 논의는 기본적으로 그 출발점은 교수-학습 방법의 차원과 관련이 있다고 보아야 할 것이다.[7] 김광해 (1997: 126)에서 이러한 탐구 학습이 모든 문법 교육 내용에 적용될 수 없음을 밝힌 것도 이러한 관점과 관련이 있는 것으로 보인다. 그러므로 초기의 탐구 학습 논의는 다분히 이전의 강의 중심 교수-학습 방법의 문제점에 대한 문법 교육에서의 대안으로 제시된 것이라 할 수 있을 것이다. 그리고 이러한 대안의 제시는 문법 교육 내용이 가지고 있는 지식으로의 특성을 반영한 것이라 할 수 있다. 즉 이러한 탐구 학습에 대한 논의는 그 방법 자체가 문법 교육만의 특성을 반영한 것은 아니지만 국어교육 내에서 다른 영역과 달리 지식 중심적인 문법 교육의 특징에 주목한 새로운 교수-학습법으로서의 접근 방식을 통해 당시에 지적되던 문법 교육의 문제점을 스스로 해결하기 위한 것이었다고 할 수 있다.

---

7  김광해(1997)에서 본격적으로 탐구 학습에 대해 다루고 있는 항목을 보면 '제1부 국어지식 교육의 전개' 중 '6. 국어지식 영역의 교수 학습 방법'에서 '탐구 학습의 개념, 탐구 학습의 기본 구성 요소, 국어지식 교육과 탐구 학습의 실제' 등에 대해 다루고 있는데 이러한 점을 고려하면 일단 김광해(1997)의 경우 탐구 학습을 교수-학습 방법의 일환으로 논의하고 있음은 분명하다.

그런데 통합론과 관련한 대안의 제시는 이와는 사뭇 다른 입장에서 출발한 것으로 보인다. 앞에서 이미 밝힌 바와 같이 통합론은 근본적으로 언어사용기능의 신장이라는 국어교육의 목표와 관련이 있어서 문법 교육의 자체적 특성을 반영한 것이라기보다는 모든 영역이 지향해야 하는 목표를 단일화하고 이를 전제로 문법 교육의 목표 역시 이러한 목표에 맞추고자 한 것이라 할 수 있다. 그렇다면 왜 이러한 논의가 '통합론'으로 명명된 것일까? 실제로 '통합'이라는 말은 둘 이상의 조직이나 기구 따위를 하나로 합치는 것을 이르는 말이다. 그래서 국어교육에서 통합이라는 말은 흔히 타영역끼리 서로 합쳐서 하나의 교육 내용을 구성하는 교육 방식을 이르는 '통합 교육'이라는 용어와 관련되어 쓰이는 경우가 많다. 물론 이러한 '통합 교육'은 서로 다른 교과 간의 통합,[8] 혹은 같은 국어교육 영역 내에서 다른 성취 기준 간의 통합 등으로 더 다양하게 나타날 수 있다. 예를 들면 문법 영역과 작문 영역의 성취 기준을 서로 통합하는 방안뿐만 아니라 국어과와 역사과의 교육 내용을 서로 통합하여 교육하거나 문법 영역 내에서 서로 다른 성취 기준에 속하는 어문규정에 관련한 내용과 음운 변동 규칙에 관한 내용을 함께 교육하는 것을 흔히 '통합 교육'이라고 부르고 있다. 그렇지만 현실적으로 교과 간의 구분이 확실한 중등 교육에서는 교과 간의 통합은 사실상 매우 어려운 상태이고,[9] 주로 같은 교과 내에서 서로 다른 영역 간의 관련 성취 기준을 함께 교육하는 방식을 이르는 것이 대표적인 상황이다. 바로 이러한 점으로 인해 통합론이라는 용어가 생겨난 것이라 할 수 있다. 문법 교육에서 통합론은 결과적으로 언어사용기능의 신장을 목표로 하는 교육 내용이 선정될 것을 강조하는데 이렇게 되면 문법 교육 내용으로 선정된 것은 바로 작문이나 독서, 혹은 화법과 관련하여 어떤 언어사용기능 영역의 신장과 관련되어야 한다. 즉 문법과 작문, 문법과 독서, 혹은 문법과 화법의

---

8   실제로 4차 교육과정기부터 초등학교에서는 사회과와 자연과를 통합한 '슬기로운 생활', 예체능 과목을 통합한 '즐거운 생활' 등의 통합 교과가 설정된 일이 있다.

9   중등교육의 경우에도 '공통 사회, 공통 과학, 기술·가정' 등의 경우는 일종의 통합 교과라고 할 수 있다.

통합적 교육이 진행되는 셈이다. 이러한 통합의 양상으로 인해 문법 교육의 목표 논의에서 '통합론'이라고 명명하게 된 것이라 할 수 있다.

그런데 이렇게 되면 다시 다른 의문이 생긴다. 이러한 과정을 통해 통합론이라는 명칭이 생긴 것이라면 대체 왜 통합을 해야 하는가에 대해 다시 고민이 필요하다. 원칙적으로 보자면 문법은 언어사용기능 영역 외에 문학과도 통합이 가능한데 과연 왜 국어교육의 내부 영역 간에 이러한 통합이 필요한 것인가라는 의문이다. 이와 관련해서는 과연 통합 교육이 무엇을 하기 위해서 필요한 것인가에 대한 문제를 해결해야 한다. 이러한 문제에 주목하면서 '통합'에 대한 논의를 보다 면밀히 살펴볼 필요가 있다.

> ⑴ 통합 교과는 여러 부분들을 하나의 전체로 종합하고자 하는 인간의 자연적 지향성에 보다 근접한 교육 과정 이론이라 할 수 있다. 이처럼 전통적인 교과 교육에서 강조되었던 사실적 지식의 단편적 교수를 지양하고, 학습자의 활동을 중심으로 관련 교과들을 광범위하게 통합하고자 하는 교육 과정의 동향은 국어 교육의 유의미성有意味性과 유용성有用性을 높이는 데에도 많은 기여를 하고 있다. (서울대학교 국어교육연구소 1999: 749)

위의 내용을 참고해 보면 결국 통합의 문제는 단편적인 지식을 종합하여 국어교육의 유의미성과 유용성을 높이는 효과가 있음을 지적하고 있다. 그런데 이러한 통합 교과의 경우는 다분히 교과 간의 통합을 전제로 하는 것이 많으므로 앞에서 밝힌 바와 같이 문법 교육에서 주로 논의하고 있는 통합론과는 일정한 차이가 있다. 문법 교육에서 논의하고 있는 것은 국어교육 내부 영역 간의 통합의 문제를 다루므로 위에서 논의하고 있는 '통합 교과'와는 일정한 차이가 있다. 그렇다면 이렇게 교과 내의 영역 간 통합 문제의 필요성은 무엇인지 다시 확인해 볼 필요가 있다. 이와 관련하여 중요한 내용이 바로 '총체적 언어 교육'에 대한 것이다. 이와 관련한 내용을 살펴보며 다음과 같다.

> (2) 인위적人爲的으로 분절된 듣고, 말하고, 읽고, 쓰는 교육 접근
> 에서 벗어나 자연스러운 상황에서 언어의 전체(의미)를 상호
> 관련시키고자 하는 신념 및 전략을 가리킨다. …(중략)… 총체
> 적 언어 교육을 단지 과정적인 쓰기와 학급 문집을 의미하는
> 것으로 보는 좁은 견해와 아동이 단어를 잘못 읽는 것이나 아
> 동이 원하는 대로 말하고 쓰는 것을 무조건 허용하는 것이라
> 고 보는 입장은 총체적 언어 교육의 본질을 오해한 것이다. 또
> 한 적절한 문법에 관해 고려하지 않는 것이 총체적 언어 접
> 근법의 속성인 것도 결코 아니다. (서울대학교 국어교육연구소
> 1999: 733)

국어교육에서는 영역의 구분되어 성취 기준이 정해지고 대부분의 국어
교육이 실제로 목표 중심의 수업으로 진행됨에 따라서 현실적으로 화법, 작
문, 독서 등의 활동이 분할되어 학생들에게 제시되는 경우가 많았다. 그러
나 실제로 우리가 언어를 학습하는 과정을 보면 화법과 작문, 독서 활동이
따로따로 진행되는 것만은 아니다. 언어 사용자들은 언어사용기능들을 모
두 통합적으로 사용하면서 학습한다. 그러므로 언어사용기능을 신장하기
위한 국어교육의 교육 상황 역시 이러한 기능들이 통합적으로 엮인 상황을
전제로 할 때 보다 큰 효과를 거둘 수 있다는 것이 총체적 언어 교육의 전제
라고 할 수 있다.

결국 통합 교과의 문제와 총체적 언어 교육의 관점을 고려할 때, 문법 교
육과 관련한 통합론 논의는 국어교육 내의 여러 영역 중에서 문법도 화법·
작문·독서의 영역과 통합적으로 교육되어야 그 국어교육적 효과를 높일 수
있다고 보는 전제가 있다고 할 수 있는 것이다. 그러므로 서로 다른 영역 간
의 목표를 통합적으로 구성하고자 하는 것은 단순히 성취 기준이나 목표가

서로 밀접하게 연관되어 있기 때문이라고 보기 어렵다. 통합론을 강조하는 것은 통합적인 활동을 구현하는 과정에서 미시적으로는 각 영역의 성취 기준이나 학습 목표가 구현될 뿐만 아니라 전체적으로는 국어교육의 목표를 구현하는 데에도 유리하기 때문인 것이다. 물론 이때에도 국어교육의 목표가 무엇이냐가 문제가 될 수 있다. 여전히 문법 교육의 목표 역시 언어사용기능의 신장뿐이라고만 한다면 이러한 논의는 별다른 가치가 없다. 그렇지만 본고의 전제와 같이 문법 교육의 목표는 언어사용기능의 신장 이외에 다른 목표가 존재한다면 이러한 통합에 대한 관점은 새로운 시사점을 줄 수 있다. 기존에 주로 논의되어 오던 영역 간의 성취 기준이나 목표 간의 통합만을 통합으로 보는 관점에서 벗어날 수 있기 때문이다.

보다 분명하게 말하자면 본고와 같이 문법 교육의 목표는 언어사용기능의 신장만이 아니며 문화론적 목표도 포함된다고 보는 입장에서는 통합의 문제는 단순히 문법 교육 내용과 관련이 있는 타영역의 성취 기준이나 학습 목표와 관련되어야만 하는 것이 아니라는 의미이다. 통합 교육의 의의나 취지를 고려할 때 보다 다양한 언어 활동을 함께 수행한다면 언어사용기능의 신장이라는 국어교육의 목표 달성이 용이하므로 그러한 환경에서 학생들이 국어에 대해 학습하도록 하자는 것을 전제로 하면 단순히 문법 교육의 성취기준이나 목표를 중심으로 한 수업에서도 다양한 통합적 활동이 가능하고 이를 통합이 아니라고 할 이유가 없다는 것이다.

그런데 이러한 통합 방식에 대한 비판이 단지 언어사용기능의 신장을 국어교육의 목표로 한정할 때에만 가능한 것은 아니다. 과거 통합의 문제에 대한 논의를 하면서 대표적으로 지적되어 왔던 통합의 문제점이 있다. 이삼형(2000)에서 논의하고 있는 '랑데부 통합'과 '도킹 통합'의 문제가 그것이다. 이 논의는 문법 교육과 관련된 것은 아니지만 통합의 문제점을 다룬다는 점에서 검토해 볼 필요가 있다. 이삼형(2000)에서는 단순히 문학 교육에서 말하기의 방법을 이용하거나 말하기 교육에서 문학 텍스트를 이용한다면 이는 '랑데부'라고 하면서 진정한 통합인 '도킹'과 대립적으로 보고 있다. 이러한 관점은 관련 활동이 동시에 진행된다고 하더라도 특정한 목적과 의도가 개입될 때 진정한 통합인 '도킹'이 가능하다는 입장이다. 이러한 문제에 대해 다시 본질적으로 논의하자면 총체적 언어 교육의 문제로 되돌아가야 한다. 과연 그렇다면 총체적 언어 교육에서 말하는 통합은 어떤 것인가의 문제를 확인해 보아야 한다. 총체적 언어 교육의 개념과 오류의 문제에 대해서는 이재승(2004)를 참고해 볼 수 있다. 이재승(2000: 128)에서는 총체적 언어 교육에 대해 다음과 같이 설명하고 있다.

> (3) 이재승(1997: 51)은 "총체적 언어교육은 언어와 학습, 학습자
> 에 대한 하나의 관점과 일련의 신념을 바탕으로 실제적이고
> 의미 있는 상황에서 구어와 문어가 통합되어 이루어지는 자연
> 적인 언어교육"이라고 하였다. 여기에서는 총체적 언어교육
> 은 하나의 방법이라기보다는 관점이라는 점과 교사의 신념을
> 강조한 점, 실제적이고 의미있는 상황을 강조한 점, 언어 교육
> 에 초점을 맞춘 점 등이 특징이다.

위에서 언급한 내용을 고려하면 총체적 언어 교육은 일종의 관점이나 신념과 관련된 용어임을 알 수 있다. 이를 바탕으로 총체적 언어 교육에 대한 다양한 오해를 나열하고 있는데 그중에는 이삼형(2000)에서 보인 '랑데부'의 예도 발견된다.

> (4) 김교사는 이문열의 '우리들의 일그러진 영웅'이란 작품을
> 가지고 토론 수업을 전개해 나가고자 했다. 우선 이 글에 등
> 장하는 인물들의 성격을 살펴보게 했다. 그런 다음 각 인물
> 의 행동에 대해 찬성하는 사람과 반대하는 사람을 설정하여
> 토론을 하게 했다. 수업 끝 부분에는 오늘 한 학습 활동에
> 대해 요약하는 글을 쓰게 했다.

…(중략)…

　　아마도 이 수업의 경우 듣기, 말하기, 쓰기는 어디까지나 문학 능력을 기르기 위한 수단으로 사용된 것이다. 물론 이 활동을 하는 과정에서 이들 능력이 길러졌을 수는 있다. 하지만 그것은 우연히 일어난 것으로 의도하지 않는 것이었다. 이렇게 그 '행위'가 일어났다는 것만으로 '학습'이 이루어졌다고 보는 것은 곤란하다. 이 경우, 영역 간 통합 수업이 되려면 이 활동을 계획할 때, 듣기, 말하기, 쓰기 능력을 기르기 위한 '교육적 요소'가 의도적으로 개입되어 있어야 하고, 실제 활동을 하는 과정에서 이들 능력도 부분적으로 길러져야 한다. (이재승 2004: 133)

　위에서 언급하고 있는 문학 수업에서는 토론과 요약문 작성을 하는 활동이 포함되어 있다. 그렇지만 분명한 것은 그것이 문학 수업이라는 것이다. 그러므로 듣기, 말하기, 쓰기 능력을 기르기 위한 교육적 의도가 없고 그래서 화법이나 작문 '학습'이 이루어졌다고 보기 어렵다는 것이다.

　여기에서 생각해 보아야 할 문제는 바로 '의도성'이라는 것이다. 과연 총체적 언어 교육의 교육적 가치가 의도성에 의해서 결정되는 것인가 하는 문제다. 이삼형(2000)에서 '랑데부 통합'의 문제점을 지적한 것도 바로 이 '의도성' 때문이었다. 그렇다면 과연 이 문학 수업에서는 왜 '토론'과 '요약하기'를 한 것일까. 문학 교육의 목표를 달성하기 위해서이니 의도는 분명히 문학 교육을 위한 것이다. 그렇다면 과연 토론과 관련한 화법과 요약하기와 관련한 작문의 교육과는 아무런 관련이 없는 것인지 다시 생각해 보아야 한다. 이러한 활동을 한다고 해서 교사와 학생 사이의 활동이 토론의 일반적인 규칙이나 원리, 요약하기에서 쓰는 일반적인 전략이나 방법을 완전히 무시한 채로 진행된다고 볼 수는 없다. 문학 교육의 목표를 달성하기 위해서라도 효과적인 토론과 요약문 작성이 이루어져야 하기 때문에 일반적인 토론의 규칙과 원리, 요약문 작성 전략은 학생들의 활동으로 구현되게 마련이다. 물론 우리가 과학의 문제에 대해 국어 시간에 토론을 하는 것은 과학과 관련한 내용 지식이나 과학적 사고를 확인하기 위한 것이 아니다. 그 경우에는 토론의 본질적인 측면을 학습하려는 목적으로 과학이라는 제재를 이용하는 것뿐이다. 그렇지만 이러한 경우를 앞의 문학 수업과 동일시하기는 어렵다. 이 경우에는 제재와 방법이 모두 국어교육의 범주에 들어가기 때문이다. 어느 한쪽만이 초점화되어 있을 수는 있지만 그렇다고 나머지 한쪽이 무의미하다고 한다면 총체적 언어 교육의 실현 양상은 현실의 중등 국어 교육에서 확인하는 것이 거의 불가능하게 된다. 더욱이 관점, 신념으로 논의되는 총체적 언어 교육은 방법론적이고 기능적인 하위 요소로 전락하게 되는 결과를 가져올 것이다. 구체적인 방안과 전략이 불필요하다는 것이 아니라 그러한 방안과 전략 자체만으로 그 의미가 축소된다는 것이다. 또한 이렇게 되면 통합의 측면에서는 서로 다른 의도가 포함된 활동을 단순히 배열하는 것 자체만으로 통합의 문제가 해결됐다는 설명도 가능하게 되는 것이다. 예를 들면 의도를 가지고 밥 먹고, 단무지 먹고, 햄 먹고, 시금치 먹고, 김만 먹으면 김밥을 먹은 것이라는 소리와 다를 것이 없는 발상이다. 의도가 모든 것을 설명할 수는 없다.

　필자의 경우에는 위와 같은 문학 수업이 왜 통합적이지 않은지, 아니 왜 총체적 언어 교육이 아닌지 다시 묻고 싶다. 위의 예는 '두 가지 이상의 활동이 나온다고 해서 바로 통합이 되는 것은 아니다.'라는 취지의 내용을 강조하기 위한 것이다.[10] 이러한 취지에 대해서는 필자도 동의한다. 두 가지 활동을 했다고 바로 통합이 되는 것은 아니다. 그렇다면 이재승(2000)에서 예를 든 문학 수업은 어떤가. 문학 관련 활동 이외에 화법과 작문 활동이 수업 과정에 포함되어 있다. 그리고 그 화법과 작문 활동은 국어교육이 요구

---

10 앞에서 제시한 이재승(2000: 132)의 예는 "활동이 있으면 통합된 것이다"라는 소항목에 제시된 것이다. 그 부분에서 논의하고자 하는 내용은 결국 두 가지 이상의 영역 활동이 있다고 해서 무조건 통합이 된 것은 아니라는 의미이다.

하는 범위 내에서 수행된다. 그렇다면 이 수업이 통합적 모습을 보이지 못할 이유가 무엇인가. 물론 문학 수업이 위주이기 때문에 토론과 요약문 작성이 일반적인 화법과 작문의 교육 원리를 무시한 채 마구 진행된다면 이는 통합적인 모습으로 보기 어렵다. 그렇지만 일반적인 국어교육의 원리와 기준 내에서 학생들에게 관련 경험이 제공된다면 문학 수업이라고 해도 어떻게 이러한 내용이 화법과 작문과는 전혀 관련이 없으며, 이러한 학습 과정에서 화법과 작문에 대한 학습이 일어나지 않을 수 있다는 말인가. 만약 이렇게 국어교육적인 원리에 따른 화법과 작문 활동을 했는데도 관련 학습이 일어나지 않는다면 그것은 화법과 작문의 국어교육적 원리에 문제가 있는 것이지 학생들의 책임이 아니다. 또한 다시 생각해 보면 문학에서 왜 다른 언어사용기능 관련 활동보다 토론과 요약문이 쓰이게 된 것인지 생각해 볼 필요가 있다. 이 두 활동이 문학과 관련하여 선정되고 포함된 것은 그 두 활동이 문학의 학습 목표 구현에 필요한 요소를 포함하고 있기 때문이다. 그냥 마구 선정된 것이 아니라는 것이다. 이러한 점에서 두 활동 역시 문학 교육을 위한 의도가 개입된 것이라 할 수 있다. 이러한 통합적인 활동에서 빠진 것은 결국 화법과 작문 활동 자체와 관련한 의도인데 이것만이 빠졌다고 해서 통합이 아니라고 보는 것에는 문제가 있다.

이제 '의도성' 문제에 대해 다시 생각해 볼 필요가 있다. 정말 '의도성'에 의해서 통합 교육이나 총체적 언어교육이 결정되는 것이라면 '의도성'이라는 것은 엄청난 묘약이 되는 셈이다. 아무런 장치도 없이 그냥 의도만 가지고 활동을 계획하면 학생들은 어떤 경험을 하든 그 의도된 학습을 하게 된다는 말인가. 의도성이 없는 활동이 무의미하다면 반대로 의도성은 있다 하더라도 제대로 구현되지 않은 활동 역시 무의미하다. 그래서 본질적으로 의도성의 문제는 일정한 한계가 있다. 이삼형(2000)에서 제기한 문제는 사실상 이러한 수업의 문제라기보다는 문학 수업을 하면서 활동과 관련된 발문 마지막 서술어에 "말해 보자, 써 보자"라고 표현하고는 이를 그냥 통합적 교수-학습 과정이 완성된 것처럼 생각하는 문제점을 지적한 것이라고 볼 수 있다. 보다 정확하게 말하자면 사실 이러한 서술어 자체의 문제보다도 그런 활동이 화법이나 작문의 원리를 고려하지 않고 학생들에게 그냥 의미 없이 제공될 가능성이 높기 때문에 문제를 제기한 것이라고 할 수 있다. 이렇게 소홀하게 언어기능 활동을 다루는 것이 바로 그와 관련한 의도가 충분하지 않다고 본 것이다. 그렇지만 만약 설사 그렇게 달랑 서술어 하나로 모든 것은 정리해 버렸다고 해도 국어 교사가 학생들에게 관련 활동을 화법과 작문의 원리에 맞춰 진행하기만 한다면 그 활동 자체가 화법과 작문의 기능 향상에 도움이 되지 않는다고 말할 수 없을 것이다. '의도성'이라는 묘약이 없으므로 그것은 '학습'이 아니라고 할 수는 없다는 것이다.[11] 바꿔 말하자면 해당 언어사용기능 활동과 관련한 충분한 고려가 전제된다면 구체적인 학습 목표에 의한 의도성이 실재하지 않더라도 해당 교육이 실현되었음을 인정해야 한다. 결국 문제는 그 활동이 구체적으로 어떤 언어사용기능의 신장을 의도하기 위한 것인지와 관련하여 밖으로 드러나는 명시적인 의도성 보다도 해당 활동을 통해 학생들이 얼마나 내실 있게 언어사용기능을 활용하는가에 달렸다는 것이다.

이삼형(2000)에서 논의한 '도킹'과 '랑데부'라는 말은 그러한 면에서 매우 재미있는 비유라고 할 수 있다. 사실 이 두 용어는 어떤 의도성의 차이와 관련하여 설명하기는 어려운 용어다.[12] 그렇지만 실현의 양상과 관련하면

---

11 과거의 연금술사들은 금을 만들겠다는 의도는 분명했다. 그러나 실제로 아무도 금을 만들지는 못했다. 의도가 모든 것을 가능하게 하는 것은 아니다. 만약 우리가 금을 만들려는 의도는 없었으나 어떤 특정한 화학 작용을 실험하다가 금을 얻었다고 가정해 보자. 우리가 만들어 낸 것은 '금'일까? 우리는 금을 만들려는 의도가 없지 않았던가. 의도가 존재를 부정할 수는 없다. 의도가 없었어도 학습이 이루어진 것이 사실인데 어떻게 그것이 학습이 아니라고 말할 수 있는가.

12 이삼형(2000)의 논의 내용은 분명하지만 사용한 용어와 관련해서는 문제점이 지적될 수 있다. '랑데부(rendesvous)'는 프랑스 어에서 온 말로 표준국어대사전에 따르면 "① 특정한 시각과 장소를 정하는 밀회, 특히 남녀 간의 만남을 이른다. ② 인공위성이나 우주선이 우주 공간에서 만나는 일, ③ 군대나 배가 집결하는 장소나 지점"을 이른다고 설명하고 있고, '도킹'에 대해서는 "①「항공」인공위성, 우주선 따위가 우주 공간에서 서로 결합함. 또는 그런 일, ②「해양」배를 선거(船渠)에 넣음. 또는 그런 일"이라고 설명하고 있다. 결국 의도성을 전제로 한 이 두 단어의 구분은 사실상 용어 자체로는 큰 의미가 없다. '도킹'이 '랑데부'보다 더 의도적인 의미를 갖는 것이 아니기 때문이다.

의미 있는 용어가 된다. '랑데부'가 우주선이 우주 공간에서 만나는 것이라면, '도킹'은 우주선이 실제로 우주 공간에서 결합하는 것이다. 둘 다 모두 의도가 있으나, '도킹'은 만나는 정도가 아니가 결합되는 것이다. 통합된 두 영역의 학습이 실제로 하나의 제재를 통해 실현되는 것을 '도킹'이 의미하는 것이라고 본다면 이러한 비유는 여전히 가치가 있다고 생각한다.

기본적으로 언어사용기능의 신장은 화법, 작문, 독서에 대한 이론적 수용이나 이해보다도 이를 바탕으로 한 수행의 과정을 통해 향상된다고 보는 것이 일반적이다. 독서론을 배우기보다는 독서론에 바탕을 둔 독서 경험을 통해 독서 능력이 향상되는 것이다. 그리고 이러한 독서 능력은 단순히 책만 읽는 것이 아니라 책의 내용을 타인에게 설명해 보기도 하고, 중요한 내용을 적어도 보고, 보다 깊은 이해를 위해 참고 자료를 확인하는 활동을 통해 향상될 수 있다. 이러한 총체적인 접근을 통해서 독서 능력만 향상되는 것이 아니라 화법과 작문 능력까지도 더불어 향상된다는 점이 총체적 언어 학습에서 강조하는 내용이다. 그런데 이 경우 다른 영역의 향상은 항상 의도되야만 하는 것이 아니다. 함께 다양한 기능 영역의 활동을 경험함으로써 학습자가 그 활동 자체를 통해 다양한 능력을 보다 효과적으로 학습하는 것이다. 만약 이것이 하나하나 의도에 의해서 정리되고 계획되는 대로만 진행되는 것이라면, 이러한 의도된 활동을 단순히 순차적으로 진행하기만 해도 같은 교육 효과가 달성될 것이므로 굳이 함께 경험해야 할 이유도 없다. 앞에서 든 김밥의 비유가 바로 이것과 관련이 있다.

이상의 내용을 정리해 보면 문법 교육에서의 통합 교육과 관련하여 몇 가지 시사점을 얻을 수 있을 것이다. 우선 통합론에서 바라보는 시각처럼 문법 교육의 교육 목표를 언어사용기능의 신장만이라고 정리하는 경우 현실적으로 통합의 의미를 살리는 것이 매우 어렵다. 현실적으로 그러한 교육 내용을 구성하는 데에 한계가 있으며, 실제로 그러한 교육적 효과에 대한 실증적 검증이 이루어진 바가 없기 때문이다. 둘째로 문법 교육의 문화론적 관점에서 통합 교육을 논의할 때 학습 목표와 관련한 의도성의 실재에 따라서 통합 교육의 실현을 판정하는 것은 바람직하지 않다. 통합 교육이나 총체적 언어 교육의 관점에서 볼 때, 명확하게 제시된 의도보다도 실제로 학생들에게 다양한 언어사용기능의 신장 기회를 줄 수 있는 경험 제공이 더욱 중요하기 때문이다. 셋째로 이렇게 통합적으로 언어사용기능을 신장하기 위한 경험을 학생들에게 제공하기 위해서는 결국 목표나 성취 기준에서의 통합이 아니라 학생들의 교육 경험, 즉 교육 활동의 통합이 논의되어야 한다는 것이다. 의도의 문제에 중점을 두게 되면 결국 하나의 언어 활동에 다른 하나의 언어 활동을 연이어 수행하는 것과 큰 차이가 없으며, 이것 자체도 실제로 통합적인 것인지 확신할 수 없는 측면도 있기 때문이다. 물론 이렇게 학습 경험이나 활동 중심의 통합을 설계하게 되면 기존의 소위 통합론에서 주장하는 언어사용기능의 신장에 중점을 둔 문법 교육 자체에 접근하는 것은 어느 정도 가능하겠지만 그 통합의 기준으로 삼는 명시적인 의도성은 나타나지 않게 된다.

## 5. 통합 교육의 실제

앞서 살펴본 내용에 따라 본 장에서는 문법 교육에서의 통합 교육 방법에 대해 화법이나 작문과 관련한 내용을 구체적으로 제시하고자 한다. 학습 경험과 활동 중심으로 문법 교육의 통합 교육을 정리하면 어느 정도 언어사용기능의 신장과 관련된다는 점은 장점이라고 할 수 있으나, 반대로 이러한 활동 자체가 문법 교육의 핵심적인 내용이 되기 어려우므로 실제 교육에서는 생략되거나 축소되어 진행될 우려도 발생할 수 있다. 이러한 문제점을 해소하기 위해서는 언어사용기능과 관련된 활동 자체도 문법 교육 내용의 목표 실현에 중요한 활동으로 인정될 수 있는 활동이 선정되어야 할 것이다.

우선 '독서와 문법 II'에 포함되어 있는 '국어사'와 관련하여 통합적 교육의 문제를 생각해 보자. 교육과정으로 보면 '⑵ 국어와 얼'의 '㈎ 국어의 변천'에 '① 국어가 걸어온 길'이 포함되어 있는데 구체적인 교육 내용을 보면 "㉮ 국어의 계통을 이해한다."와 "㉯ 음운, 단어, 문장, 담화의 국어 변천사를 개략적으로 이해한다."로 구성되어 있다. 이러한 국어사 교육 내용은 학생들에게 매우 어려운 내용으로 알려져 있다. 현대 국어의 직관으로는 국어사 관련 자료를 이해하는 것 자체가 매우 어렵고, 실제로 현대 국어에는 존재하지 않는 문법 사항 등에 대해서는 학생들 수준에서 관련 내용을 구체적으로 이해하는 데에 일정한 한계도 있기 때문이다.

이와 관련한 내용 학습이 진행되는 과정에서 작문의 교육 내용인 '설명문 쓰기' 과정을 학습 활동으로 제시해 볼 수 있다. 설명문 쓰기는 '화법과 작문Ⅱ'의 교육과정 중 '⑴ 글의 유형'에서 '㈎ 정보 전달을 위한 글 쓰기'에 포함된 것이다. 그렇지만 이미 대부분의 학생들이 중학교 교육과정에서도 흔히 설명문을 접해 왔고, 실제로 간단하게 설명문을 작성해 본 경험도 있어서 학생들에게는 친근한 교육 내용이라 할 수 있다. 설명문은 어떤 사실이나 사물, 현상, 또는 추상적인 개념이나 원리, 법칙 등에 대해 독자들을 상대로 보다 알기 쉽게 풀어서 쓰는 글을 말하므로 국어사와 관련한 특정 문법적 현상을 설명하는 데에 적절한 글쓰기 방식이라고 할 수 있다. 또한 설명문은 객관적인 사실을 전달하는 글이므로 우선 설명문을 쓰는 학생은 설명하는 대상에 대해 명확하게 이해하고 있어야 한다. 이것이 전제된다는 점에서 설명문 쓰기는 학생들의 학습 결과를 파악하는 데에도 효과적인 활동이라고 할 수 있다. 그리고 독자를 고려하여 쉽게 글을 써야 하므로 독자가 이해할 수 있는 쉽고 간단한 예나 비유적 설명을 통해 명시적으로 그 내용을 전달해야 한다는 점을 고려하면 글쓰기 활동 자체가 문법 교육 내용의 정확한 이해에 도움이 되는 활동이라 할 수 있다. 실제로 국어사와 관련한 내용 전반을 설명문으로 작성하는 데에 어려움이 있을 수 있다면 특정 시기의 한정된 내용으로 설명문을 작성해 볼 수도 있을 것이다. 예를 들면 중세 국어 시기를 중심으로 그 시기에 나타나는 문법적 특징만을 설명문으로 작성해 보도록 하는 것이다.

학생들은 이러한 설명문을 작성하는 과정에서 해당 내용에 대한 이해를 심화하고 보다 명확하게 중세 국어와 현대 국어와의 차이점을 인식하게 될 것이며, 적절한 예를 찾고 제시하는 과정에서 국어사에 대한 흥미가 유발될 수도 있을 것이다. 또한 교사의 입장에서는 이러한 학생 활동으로 작성된 자료를 문법 영역뿐만 아니라 작문 영역에 대한 수행 평가 자료로 활용할 수 있을 것이다. 최근 학교 현장에서는 수행 평가 과제가 특정 영역에 편중되는 현상이 나타나 문제점으로 지적되고 있는데 이러한 방식을 이용한다면 수행평가도 국어과의 영역별로 고르게 진행할 수 있을 것이다.

작문뿐만 아니라 화법과 통합된 수업의 예도 생각해 볼 수 있다. '독서와 문법Ⅱ'에 포함되어 있는 '한글'과 관련하여 화법과 통합 교육을 하는 방안을 생각해 볼 수 있다. 교육과정으로 보면 '(2) 국어와 얼'의 '㈎ 국어의 변천'에 '② 한글의 창제와 문자 생활'이 포함되어 있는데 구체적인 교육 내용을 보면 "㉮ 한글의 창제 원리와 그 의의를 이해한다."와 "㉯ 한글 창제 이전과 이후의 문자 생활사를 설명한다."로 구성되어 있다. 한글과 관련한 교육 내용은 학생들에게 문법 교육 내용 중 매우 친근한 것이라 할 수 있다. 한글은 현재 자신들이 사용하고 있으며, 다양한 매체나 간접 교육을 통해 한글이 우수한 문자라는 점에 대해 막연하게나마 인식하고 있다. 또한 초등학교와 중학교 과정에서도 한글에 대한 교육 내용을 학습한 상태여서 내용 자체에 대한 부담은 일반 국어사의 내용보다는 훨씬 적은 편이다.

이와 관련한 내용 학습이 진행되는 과정에서 화법의 교육 내용인 '발표'를 학습 활동으로 제시해 볼 수 있다. 발표는 '화법과 작문Ⅱ'의 교육과정 중 '(1) 담화 유형'의 '㉰ 발표'에 포함된 것이다. 물론 이전 교육과정에서 발표와 관련한 내용을 학생들은 학습했으며 실제로 국어과 이외의 교육 경험 속에서도 발표를 해 본 경험이 있기 때문에 학생들에게는 친근한 교육 내용이라 할 수 있다. 일반적으로 발표는 여러 사람 앞에서 타인을 설득하기 위해 자신의 생각이나 의견을 밝히거나, 객관적인 정보 전달을 위해 어떤 사실을 전달하는 말하기 방식이다. 한글과 관련해서는 객관적인 정보 전달이 목표가 될 것이며, 생활 속에서 느낀 다양한 한글의 특징과 각종 자료에서 나타난 한글의 특징을 모으고 정리하여 발표하는 형식을 취할 수 있다. 이러한 말하기 방식은 말하고자 하는 내용에 대한 객관적이고 정확한 이해가 바탕이 되어야 하므로 문법 교육 내용을 이해하는 데에 적절한 화법 활동이라고 할 수 있다. 또한 발표를 준비하면서 과거 문자 생활의 문제점을 극복하기 위한 우리 조상들의 노력, 한글의 과학성과 우수성 등을 파악하게 될 것이므로 발표는 문법 교육에서 지향하는 태도를 고양하는 데에도 큰 도움이 될 수 있는 활동이라 할 수 있다.

학생들은 발표를 위해 한글의 제자 원리와 우리 조상들의 문자 생활사를 파악해 보면서 한글의 과학성과 우수성을 직접 느낄 수 있는 계기가 될 수 있으며, 문자 생활사의 과정을 통해 한글이 필요했던 이유와 한글이 우리 사회에 어떠한 영향을 주고 있는지에 대해 생각해 볼 수 있는 기회를 얻게 될 것이다. 또한 발표에서는 청중의 수준에 맞는 말하기가 필요하기 때문에 자신이 알고 있는 내용도 청중을 위해 각종 자료나 예를 통해 효과적으로 전달하는 과정을 거쳐야 한다. 이러한 과정을 통해 발표를 하는 학생들은 한글에 대한 다양한 정보를 통합하고 정리하며 한글에 대한 심화된 이해가 가능하게 될 것이다. 또한 교사는 설명문 쓰기와 마찬가지로 이러한 학생 활동을 문법 영역뿐만 아니라 화법 영역에 대한 수행 평가 자료로 활용할 수도 있을 것이다.


# 6. 결론

지금까지 문법 교육에서 통합 교육의 문제에 대해서 논의하였다. 본고에서 논의하고자 한 것은 통합론이 아니라 통합 교육이다. 관련 내용을 간단히 정리하면서 결론에 갈음하고자 한다.

우선 본고의 가장 큰 전제는 통합론에서 주장하는 문법 교육의 목표에 대해서 동의하지 않는다는 것이다. 통합론이 가진 한계는 현재도 비교적 분명하며, 국어교육의 목표가 현실적으로 하나만 존재해야 한다는 입장은 현재의 교육과정에서도 벗어난 것이다. 그래서 본고에서는 통합 교육의 문제를 통합론 차원에서 논의하지 않는다. 통합론에 대한 논의가 통합 교육과 관련된 것은 분명하지만 현재의 통합론 논의로는 문법 교육에서의 현실적 수용이 매우 제한적이다. 실제로 어떠한 논의가 교육적으로 가치가 있기 위해서는 목표 차원에서부터 논의되는 것이 사실이지만 그 목표가 교육 내용이나 교수-학습 방법, 평가에 두루 영향을 줄 수 없는 것이라면 현실적으로 이를 바탕으로 교육이 진행되는 것은 불가능한 일이다. 이러한 점에서 통합론은 아직도 불완전한 점이 매우 많다.

통합 교육은 우선 목표 차원의 논의라기보다는 학생들이 경험하게 되는 교육 활동을 중심으로 논의한다는 점에 통합론과 큰 차이점이 있다고 생각한다. 목표가 있느냐, 즉 의도가 있느냐에 따라 통합이 이루어졌는지를 판단하는 것이 아니라 실제로 학생들이 경험하게 되는 활동을 통해 통합의 여부를 확인하고자 한 것이다. 의도성을 통합 문제의 본질로 볼 경우 실제로 통합 교육 자체가 대단히 축소될 것이며, 현실적으로 그러한 통합 교육의 모습을 확인하기도 어렵다고 생각한다. 그러므로 목표에는 언어사용기능과 관련된 것이 드러나지 않더라도 학생들이 경험하는 교육 활동에서 통합이 실현되기만 한다면 얼마든지 문법 교육에서도 다른 영영과의 통합 교육이 가능한 것이다.

통합적으로 언어사용기능을 신장하기 위한 경험을 학생들에게 제공하기 위해서는 결국 목표나 성취 기준에서의 통합이 아니라 학생들의 교육 경험, 즉 교육 활동의 통합이 논의되어야 한다고 했는데 이를 위해서 필요한 것이 있다. 통합을 위해 이용하는 언어사용기능의 교육 경험이나 교육 활동들은 문법 교육의 목표뿐만 아니라 그 목표를 구현하는 전략으로서, 혹은 학습 활동으로서 의미 있는 것이어야 한다. 만약 이것이 전제되지 않는다면 그 활동은 다시 주변적인 것이 되고, 불필요한 요소가 될 수 있기 때문에 이러한 특징에 맞춰 언어사용기능 관련 활동을 선정하는 것이 매우 중요하다. 또한 그 언어사용기능 관련 활동이 그 활동 본래의 취지에 맞춰 활용되는 것도 매우 중요하다. 만약 이러한 본질적인 과정이 포함되지 않는다면 그 활동은 언어사용기능 활동으로서의 가치를 상실하기 때문이다. 이러한 점을 고려하면 문법 교육에서 활용되는 언어사용기능 활동은 기본에 충실함이 전제되어야 하며, 문법 교육을 위해 기여할 수 있는 언어사용기능 활동으로서의 가치를 갖는 것이어야 한다.

# 참고문헌

김광해(1997), 『국어지식 교육론』, 서울대학교 출판부.

김은성(2008), "국어 문법교육에서 '텍스트' 처리의 문제", 『국어교육학 연구』 34, 국어교육학회, 333~365쪽.

남가영(2007), "문법교육론 자리매김의 두 방향–문법교육 담론의 생산적 읽기를 바탕으로", 『국어교육연구』 19, 서울대학교 사범대 국어교육연구소, 469~506쪽.

신명선(2006), "통합적 문법 교육에 관한 담론 분석", 『한국어학』 31, 한국어학회, 245~278쪽.

이관규(2009), "통합적 문법 교육의 의의와 방법", 『문법교육』 11, 한국문법교육학회, 259~282쪽.

이삼형(2000), "문학과 말하기의 랑데부와 도킹", 『문학과 교육』 11, 105~117쪽.

이재승(2004), "총체적 언어교육에 대한 몇 가지 오해", 『청람어문교육』 30, 청람어문교육학회, 125~147쪽.

# 문법 교육의 최근 연구 동향과 과제

유혜령(서울여자대학교)

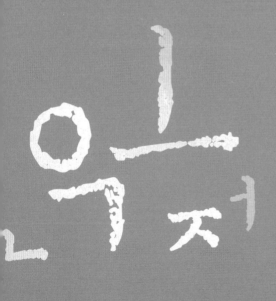

# 1. 들어가며

'국어'는 초·중·고등학교 교육에서 대표적인 주요 교과이자 아주 오래전부터 교수·학습되어 온 교과이다. 하지만 일반적인 인식과는 달리 현대적 의미의 국어교육이나 그 배경학문인 국어교육학의 정립과 발전의 역사는 생각보다 일천하다. 1970, 80년대 이후 서구의 자국어교육 이론이 본격적으로 수입되고 국어교육에 대한 학문적인 논의가 면밀하게 진행되면서 우리의 국어교육은 지식중심에서 기능중심으로 패러다임의 대전환이 이루어졌다. 실질적으로 언어기능이 강조되기 시작했던 제5차 국어과 교육과정기에서부터 국어과의 교육 목표는 확고부동하게 "국어사용 능력의 신장"으로 정착되어 왔다.

국어교육이 기능중심으로 재편되는 변화의 흐름 속에서 문법 영역은 국어과의 하위영역 중 가장 혹독하게 단련의 시간을 지나왔다. 학교문법은 오랜 노력 끝에 1985년 통일된 체계를 마련했지만 오히려 그 시기에 문법교육의 당위성과 효용성에 대해 근본적인 도전을 받았다. 문법은 전통적으로 국어교육에서 중요한 부분을 차지해 왔지만 이 시기에 문법의 교육적 필요성과 효용에 대한 비판과 논쟁이 본격화되면서 일각에서는 문법교육 무용론이 대두되기도 하였다. 이에 대응하여 지난 수십여 년 동안 문법교육 연구자들은 문법교육의 당위성을 증명하고 교수·학습의 효용성을 탐색하기 위해 수많은 논의를 거듭해 왔다.

주지하다시피 문법교육의 효용성을 주장하는 입장은 '문법의 지식체계 자체가 교육적 효용이 있다'는 견해와 '국어사용 능력 신장에 기여하는 문법만이 교육적 효용이 있다'는 견해로 나누어 볼 수 있다.[1] 전자는 문법이 그 자체만으로도 교육적 가치가 있으며 사고력 훈련에 도움이 된다고 보는 입장인데, 이는 탐구학습모형의 적용에 대한 논의로 이어졌다. 문법 지식의 교수·학습에 탐구학습 모형을 적용하여 발견학습을 통한 탐구력 향상을 꾀하고자 한 것이었다. 이는 나름대로 문법교육에 대한 비판을 극복하고 문법교육의 효용성을 확보하고자 한 노력이었지만, 문법교육이 직면한 문제에 대한 근본적인 해결책은 될 수 없었다.

흔히 통합론이라 일컬어지는 두 번째 견해는 최근 문법교육 연구에 광범위하게 수용되어 있다. 물론 김봉순(2007: 450)에서도 언급한 바와 같이, 대부분의 문법교육 연구자들은 문법교육의 가치로서 체계성과 실용성 두 가지를 모두 인정하는 것이 일반적이다. 하지만 학교문법이 수행성을 갖지 못하고 지식을 위한 지식에만 머물렀던 한계를 극복하고 실제적인 국어사용에 생산적으로 적용될 수 있어야 한다는 생각이 현재 문법교육 연구의 지배적인 담론을 형성하게 되었다.[2] 이러한 입장의 연구들은 종래의 학교문법의 성격을 실용적 문법으로 전환하여 교육문법으로 재구성하고자 하면서, 문법 교육의 내적·외적 정당성을 확보하는 데에 커다란 기여를 해 왔다. 최근 '통합적 문법교육'이나 '담화 차원의 문법교육' 또는 '텍스트 중심 문법교육'이라는 이름으로 논의되는 연구들이 모두 그 연장선 위에 위치한다.

---

1  김광해(1997: 25~34)에서는 이를 독자적 입장과 통합적 입장으로 설명하고 있으며, 이 둘을 통합한 것을 포괄적 입장이라 언급한 바 있다. 또한 김봉순(2007: 450)에서는 이를 '체계로서의 효용'과 '사용으로서의 효용'의 두 가지 관점으로 설명하고 있다.
2  주세형(2005ㄴ, 2005ㄷ)에서는 통합적 문법을 언어활동의 전 과정에서 의미와 경험을 구성하는 생산적 도구로서의 문법지식을 의미하는 것으로 설명하고 있다.

이 글에서는 최근 문법교육 연구의 지배적 담론인 '통합적 문법교육' 또는 '텍스트 중심 문법교육'과 관련된 최근 연구들을 중심으로 연구 경향을 몇 가지로 나누어 살펴보고 그 의미와 한계를 점검해 봄으로써 우리 문법교육 연구의 현주소를 명확히 짚어보는 동시에 바람직한 발전 방향을 가늠해 보는 계기로 삼고자 한다.

## 2. 문법교육의 최근 연구 동향

최근 문법교육 연구의 핵심 담론은 한 마디로 '통합적 문법교육' 또는 '텍스트 중심 문법교육'이라 할 수 있다. 학교문법은 국어교육 분야의 내적인 변화와 외적인 요구에 대면하여 필연적으로 개혁과 조정의 길을 걷게 되었다. 때마침 언어 형식과 구조의 규칙성에 관심을 두었던 언어학 연구의 방향도 사회적 기능이나 맥락으로 옮겨지면서 담화 또는 텍스트 차원의 언어를 분석 대상으로 삼는 텍스트 언어학, 담화분석, 대화분석, 화용론, 사회언어학 등의 연구성과가 풍부하게 축적되어, 담화·텍스트 차원으로 확장된 문법 교육의 내용을 채울 외적 여건도 확보되었다.

남가영(2007ㄱ: 344~350)은 문법이 가지는 '지식 구조'의 중층적 특성에 대해 언급하였는데, 문법의 '지식의 구조'를 세 층위로 나누어, 층위1은 문법지식의 본유적 경험구조로서 추상적이고 이론적인 차원, 층위2는 층위1이 내용적·실체적으로 구체화되고 범주화된 활동, 층위3은 층위2가 탐구의 과정적 절차로서 구현된 활동이라고 하였다. 이어 문법의 '지식의 구조'를 체계화하기 위해서는 문법의 본유적 경험 구조에 대한 탐색이 우선시되어야 한다고 했는데, 이는 문법교육의 본질과 성격에 대해 철학적·이론적으로 천착하는 거시적인 시각의 연구와 관련된다. 문법교육의 당위성과 효용성을 탐색하던 지난 기간의 연구들이 대부분 이러한 역할을 수행해 왔다. 문법교육의 본질과 가치에 대해 어느 정도 합의된 현재 시점에서는 그것을 토대로 구체적인 세부 교육 내용항목들을 구축하고 체계화하는 작업이 진행되고 있다.

한편 학교문법을 국어사용 능력의 신장에 기여하는 실용적이고 생산적인 문법으로 확장하고 개선하려는 연구의 흐름은 자연스럽게 여러 차원의 '통합'에 대한 논의로 이어졌다. 의사소통 능력에 직접적으로 작용하는 방법적 지식으로서의 문법은 필연적으로 읽기, 쓰기 등 기능영역과의 연계나 통합으로 이어질 수밖에 없다. 이와는 별도로 매우 극소수이기는 하나 문법교육에 대해 경험적인 접근을 시도한 실증적 연구에 대해서도 거론할 필요가 있다.

따라서 이 글에서는 문법교육에 대한 거시적 연구, 문법교육의 세부 내용항목에 대한 연구, 문법과 관련한 통합에 대한 연구, 문법교육에 대한 실증적 연구의 네 유형으로 나누어 문법교육의 최근 연구 동향을 살펴보도록 하겠다.[3]

## 가. 문법교육에 대한 거시적 연구

문법교육 연구의 첫 번째 유형은 철학적 차원의 거시적 논의를 통해 문법교육이나 문법지식의 본질과 가치에 대해 고찰한 연구들이다.[4] 제7차 교육과정기까지만 하더라도 국어과의 문법교육은 실질적으로는 독자적 입장쪽으로 기울어져 있었다고 볼 수 있다. 그것이 문법교육의 역사적 특수성에 기인했건, 특정한 언어교육관에 기인했건 간에, 이미 1990년대에 문법교육

---

3  물론 다른 분류 기준에 따른 여러 가지 연구 유형이 있을 수 있고 이들 유형에 포함되지 않은 문법교육 관련 논의들이 있지만, 이 네 유형만으로도 최근 문법교육 연구의 주된 흐름을 대략은 포착할 수 있다고 보아, 이를 중심으로 문법교육 연구의 최근 동향을 살펴보기로 한다.

4  실제로 대다수의 논의들은 특정 문법범주나 문법요소에 대해 구체적으로 고찰한 경우에도 문법교육에 대한 거시적 탐색으로 시작하는 경우가 많다. 전제가 되는 기본 철학과 관점부터 먼저 정립해야 그것을 토대로 구체적이고 세부적인 고찰이 가능하기 때문이다. 이 절에서 언급하는 첫 번째 연구 유형은 문법에서 다루는 특정 문법범주나 문법요소에 대한 고찰, 또는 교과서나 교수·학습에 대한 세부적인 고찰에 초점을 두기보다는 문법교육의 본질과 성격을 거시적인 시각으로 고찰하는 것에 초점을 둔 것들이다.

에 대한 통합론이 논의되었고 교육과정에 통합론의 기조가 많이 반영되었음에도 불구하고 교과서나 실제 교수·학습에서는 독자론이 우세했다. 그러다가 2000년대 이후 통합론에 대한 논의가 다시 제기되었다고 볼 수 있다.[5]

주세형(2005ㄱ, 2005ㄴ, 2005ㄷ)은 통합적 문법교육 담론의 대표적인 논의들이다. 주세형(2005ㄱ: 464)은 '문법교육관', '지식관', '의사소통에 대한 관점'을 통해 문법교육 내용의 정체성을 탐색하고 문법영역은 '내용' 영역일 뿐 아니라 '방법' 영역으로서의 위상도 갖는다고 하면서, 문법교육의 목표를 국어교육의 전체 목표와의 관련에서 재설정하여 통합적 입장에 대한 진지하고도 새로운 논의가 필요하다고 역설하였다. 주세형(2005ㄴ)에서도 역시 문법교육의 내용을 통합적 입장에서 구성하여야 함을 강조하면서, 의미소통에 직접적으로 간여하는 문법 지식을 문법영역의 교육 내용으로 설계하는 기준을 찾고자 하였다.

이러한 견해에 대해 신명선(2006)은 통합적 문법교육 담론의 주요 특징으로 "기능중심성, 서구중심성, 활동중심성, 활용중심성"을 추출하고 현재의 통합적 문법교육 담론은 언어기능과의 관련성에만 중점을 둔다는 점에서 문제가 있다고 비판하였다. 그는 교육적 중요성에 대한 판단은 교육 본래의 가치에서 도출되어야 하므로 문법교육도 문법 지식의 본래적인 가치에서 찾아야 함을 피력하였는데, 이러한 입장은 신독자론으로 불리기도 하였다.

하지만 남가영(2007ㄴ)은 문법교육 분야의 이러한 인식론적, 가치론적 논쟁에 대해, 신독자론과 통합적 문법교육 담론이 표면적으로는 대립하는 것으로 보일 수 있지만 본질적으로는 '대상으로서의 언어'와 '언어 주체'의 통섭을 강조한다는 점에서 그 토대와 지향을 공유하고 있다고 보았다. 다만, "언어에 대한 앎과 그 인식 활동을 교육적으로 의미화하는 과정에서 '인식

---

5 문법교육을 바라보는 관점에 대한 1990년대 논의는 권재일(1995), 이성영(1995), 최영환(1995), 김광해(1995, 1997)를 참조하고, 이후 2000년대 중반에 다시 거론된 2차적인 문법교육 담론에 대해서는 주세형(2005ㄱ, 2005ㄴ, 2005ㄷ, 2006), 신명선(2006), 남가영(2007ㄴ) 등을 참조할 것.

활동 자체의 의미화에 초점을 두는가, 아니면 인식 활동의 대상이 되는 언어의 의미화에 초점을 두는가"에 그 차이가 있다고 하였다(남가영 2007ㄴ: 499). 결국 이 두 입장은 문법교육의 가치와 위상을 정립해 나가는 과정에서 순차적으로 거쳐 가야 하는 두 지점이고, 문제의식과 목표가 동일하다는 점에서 합의점을 도출해 내고 있다.[6]

문법교육의 본질과 가치에 대한 연구 외에 문법교육의 내용과 텍스트에 초점을 두고 이론적으로 고찰한 논의들도 있다. 우선 문법교육의 내용에 대한 논의로 남가영(2007ㄱ)을 들 수 있다. 문법영역은 문법이라는 '지식'의 본유적 경험 구조를 이론적으로 탐색하여 규정한 후에 이러한 경험 구조를 담고 있는 활동들을 내용적, 실체적으로 범주화하여 문법영역의 교육 내용으로 선정하고 체계화하여야 하며, 그 체계화를 위해서는 문법지식의 경험 구조를 채워나갈 내용적 차원을 유형별, 절차별, 수준별로 구체화하도록 시도해야 함을 논의하였다. 이러한 연구는 문법교육의 내용을 실질적으로 구성하고 체계화하는 데 있어서 철학적 기반과 방향을 제시해 준다는 점에서 의의를 가진다.

한편 2007년 개정 교육과정을 기점으로 국어교육에서 텍스트의 위상과 역할이 중핵적인 요소로 부각됨에 따라, 문법교육 분야에서도 텍스트에 대한 인식과 활용이 그 어느 때보다도 중요한 논제가 되었다. 이 시기부터 문법교육에서 텍스트가 가지는 위상과 가치에 대해 논하고 방향을 제시하는 논문들이 발표되었다. 이에는 김은성(2008), 김규훈(2010), 남가영(2011), 이관희(2012) 등이 있다.

김은성(2008)은 국어 문법교육의 관점과 목표, 성격 등 기초 토대가 변화

---

6 남가영(2007ㄴ)에서는 문법교육 담론들을 정밀하게 분석하여 2000년대에 다시 제기된 통합적 문법교육이나 신독자론과 같은 담론들이 이전의 통합론이나 독자론과는 다른 것이라고 분석하였다. 즉 학습자에 대한 고려나 교육적 의미화에 주력했다는 점에서 신독자론은 기존의 독자론과는 차별화되는 것이며, 통합적 문법교육 담론 역시 문법교육을 외재적으로 정당화하는 것이 아니라는 점에서 기존의 통합론과는 다른 것이라 하였다.

함으로 해서 텍스트라는 개념이 문법교육 전체의 메타적 점검과 조정의 핵심적 수단의 하나가 되었다고 하면서, 그간 문법교육에서 이루어진 텍스트 관련 논의의 흐름과 구체적인 내용을 체계화하였다. 그는 문법교육에서 텍스트는 단순히 문장보다 큰 언어 단위가 아니라, 언어단위의 실현을 가능하게 하는 배경이면서 국어에 대한 메타적 이해를 가능하게 하는 분석 단위로서 설정되어야 함을 주장하였다. 남가영(2011)은 교육과정 설계, 교과서 개발, 교수·학습 및 평가의 측면 모두에서 나타나는 텍스트 관련 문제들을 분석하고 문법교육용 텍스트의 개념화를 시도하였다. 우선 문법교육용 텍스트의 범주를 핵심 범주와 주변 범주로 구분하고 각각의 표상 방식, 표상 내용에 따라 텍스트를 분류하여 구조화하였다. 김규훈(2010)은 텍스트를 다양한 문법 요소를 내포하고 있는 분석 대상으로 보고 통합적 언어활동을 통해서 문법적 의미를 기저로 하여 텍스트의 의미를 정확히 파악할 수 있다고 하였다.[7] 이 역시 텍스트를 문법 교수·학습의 중심에 놓고 분석과 학습의 단위로 간주한 입장이다.

그런데 문법교육 연구에서 거론된 텍스트의 개념은 논의마다 다소 차이가 있다. 이에 대해 남가영(2011: 146)은 텍스트와 관련하여 "'언어 자료'로서의 텍스트를 바탕으로 '언어 단위'에 대한 학습이 이루어져야 한다는 관점"과 "장르의 언어적 실현태인 텍스트를 분석, 설명하고 이를 토대로 텍스트를 생성할 수 있는 문법교육이 이루어져야 한다는 관점"의 두 가지 의미로 소통되는데 현재 문법교육에서는 전자의 관점이 주를 이룬다고 하였다. 이관희(2012)에서도 텍스트를 보는 시각을, '텍스트를 통한 문법의 확인 활동과 텍스트를 통한 국어 활동이 병렬된 유형'과 '텍스트 이해 활동의 일부 혹은 핵심으로서 문법을 통한 텍스트의 의미 해석을 추구하는 유형'으로 구분하고, 문법교육은 후자의 텍스트를 지향해야 한다고 하였다. 이러한 논의

---

7  김규훈(2010: 37)은 "텍스트 중심 문법교육은 수준을 고려한 완결된 텍스트를 중심으로 문법적 의미를 소통하고 통합적 국어 활동을 수행할 수 있는 국어교육의 기저로서, 이를 통해 학습자는 적확한 의사소통 능력을 신장할 수 있다"고 정리하였다.

들은 텍스트의 장르성까지 포함한 개념이어서 2007년 개정 이후의 국어과 교육과정에서 텍스트를 바라보는 입장과도 합치된 것이다. 그러나 여전히 문법교육에서 다루는 텍스트에 대한 입장은 명료하게 합의되지 못한 상태이고, 더욱이 구체적인 세부 논의나 교과서 구성 등의 실질적인 차원에서는 기존의 문법기술과 제시 방식을 그대로 답습하고 있거나 형태·통사 중심의 문법규칙을 설명하기 위한 부분적인 언어자료로 활용하는 경우가 대부분이어서 이에 대한 후속 연구가 필요한 것으로 보인다.

이제까지의 고찰을 통해, 최근 문법교육에 대한 거시적 연구는 문법교육과 문법지식의 본질과 가치에 대한 철저하고 근본적인 탐색을 통해 내적 외적으로 교육의 당위성과 효용성을 정립해 왔으며, 비판적이고 효과적인 의사소통을 수행하는 데에 문법이 중핵적인 역할을 담당할 수 있도록 그 토대를 다져왔음을 알 수 있었다. 더불어 이러한 유형의 문법교육 연구는 '텍스트 중심 문법교육' 또는 '통합적 문법교육'이라는 최근의 지배적 담론을 형성하여 교육 내용 구축, 교과서 단원 구성, 교수·학습 방안 등의 다양한 논의들이 생산되고 전개될 수 있는 동력이 되어 왔다.

## 나. 문법교육의 세부 내용항목에 대한 연구

문법교육의 당위성이나 정체성 정립이 최우선적인 문제로 대두되었을 당시는 문법교육에 대한 인식론과 가치론 차원의 거시적 논의가 연구의 흐름을 주도해 왔지만, 어느 정도 합의지점에 이른 지금은 그것에 터한 구체적이고 실질적인 교육 내용을 가시화하고 체계화하는 작업이 시급하다. 남가영(2007)에서도 지식의 구조를 체계화할 때 문법지식의 본유적 경험 구조를 내용적으로 실체적으로 구체화한 활동을 개발하고 축적하는 것이 가장 중요하다고 언급한 바 있다.[8] 문법교육의 본질과 가치에 대해 이론적으로 탐색하여 긍정적인 합의가 도출되었다면 이제는 세부적인 범주별로 그 낱낱의 모습을 구체화하고 가시화하는 작업에 집중하여야 할 것이다. 때마침 최근 몇 년간 문법교육의 구체적인 내용항목들을 채울 수 있는 반가운 연구들이 계속 축적되고 있다.

통합적 문법교육의 담론 안에서 구체적인 교육 내용항목에 대한 고찰이 시작된 모습은 김호정(2006), 김봉순(2007), 전영주·서혁(2007) 등에서 볼 수 있다. 김호정(2006)은 고등학교 문법 과목의 교육과정 설계와 교과서 내용을 분석하여 문법영역에서 도입한 담화 차원의 교육 내용은 지시라든가 생략과 같이 한 문장 안에서 설명할 수 없는 문법현상들을 설명하기 위해 문장 단원에 포함하여 기술하기 시작했고 여러 가지 언어구성 단위를 문장 이상으로 확장한 것에 지나지 않았음을 밝혔다. 또한 조사 '은/는', '이/가'와 조응 표현의 사례를 중심으로 담화·텍스트 차원의 실제적인 언어사용 상황 안에서 음운적 요소, 형태적 요소, 통사적 요소가 연결될 수 있는 교육 내용의 사례를 제시하였다. 김봉순(2007)은 시제범주의 지도 내용과 성격의 고찰을 통해, 국어교육계의 문법 교육에 대한 논의는 실용성을 지향하는 쪽으로 모아지는 추세이지만 여전히 한계가 있음을 지적하면서, "시제는 고정되거나 규칙(규범)을 준수해야 하는 범주가 아니라, 필자의 의지에 따라 선택할 수 있는 범주"로 봐야 하고, 내용별, 장르별로 정확하고 상세하게 시제의 특성을 밝히는 것이 필요하다고 논의하였다(김봉순 2007: 460-464). 전영주·서혁(2007)은 '텍스트 중심의 문법 기술', '방법적 지식의 강조', '언어활동 중심'으로 문법교육의 방향을 설정하고, 문장종결표현을 대상으로 하여 텍스트를 기반으로 한 문법 교수·학습의 구체적인 내용과 활

---

8　남가영(2007: 348-350)에서도, 지식의 구조를 체계화할 때 주목해야할 주된 과제는 내용적 범주화임을 강조하였다. '경험의 내용적 범주화'란 중층적 지식의 구조 중 층위2에 해당하는 것으로서 문법 지식을 경험 구조에 따라 범주화하고 범주별로 구체적인 교육 내용 요소들을 선정하고 체계화하는 작업을 말한다.

동을 상세화하여 제시하였다. 그 과정에서 기존과 같이 형태·구조주의적 접근 방식에 입각한 문법 내용을 교수·학습하는 것은 문장종결표현의 핵심 기능과 의미를 간과하게 되므로 텍스트나 담화의 구조 안에서 문장종결표현이 어떻게 실현되고 어떤 요소들이 관여하는지를 기술하고 교수·학습 내용으로 삼아야 함을 강조하였다.

최근에는 특히 텍스트 중심 문법교육의 관점에서 내용항목의 기본적인 풀을 구성할 수 있는 보다 면밀한 연구들이 발표되고 있다. 언어학적 분석과 장르성을 결합하여 텍스트 분석을 시도한 이관희(2010, 2012), 주세형(2010), 제민경(2011), 신호철(2012) 등의 연구가 이에 해당한다.

이관희(2010)는 신문기사문 텍스트에 나타나는 표현인 '-도록 하-'와 '-게 하-'를 사례로, 텍스트를 비판적으로 읽고 심층적으로 이해할 때 문법지식이 어떻게 작용하는지를 보였다. 텍스트 이면에 존재하는 의미구성자원으로서 문법이 가지는 의의와 도구적 역할을 보임으로써 문법과 독서의 진정한 통합을 가능하게 하고 동시에 텍스트 중심의 국어교육과 문법교육이 지닌 한계를 극복하는 방안으로 삼고자 한 것이다. 이관희(2012)에서는 기사문에 쓰인 '-기로 하-'를 분석대상으로 하여, 형태·구조주의적 분석, 장르성의 분석, 모어 화자의 인식 조사 등을 통해 '-기로 하-'에는 사태의 실현 가능성이 높아 보이게 하는 효과가 있기 때문에 기사문에서는 여러 인용 형식들 중 의도적으로 이를 선택하여 사용한다는 것을 밝힘으로써 문법항목 목록의 구체화에 일조하였다.

주세형(2010)은 국어과의 전문성은 언어와 텍스트에 기반한 활동과 전략이 핵심이라고 하면서, '사실-의견 구별하기'의 학습자 과제 수행 양상을 조사하였다. '사실-의견 구별하기'가 국어과의 전문성을 지닌 성취기준이 되기 위해서는 언어적 근거를 확인하는 활동과 범담화적 활동이 가능해야 하며, 문법교육이 이에 대해 풍부한 자원을 제공해야 함을 논의하였다. 제민경(2011)은 특정 장르 텍스트에서 특정 언어형식의 사용 빈도가 높게 나타나는 것은 그것이 해당 텍스트에서 수행하는 특정한 의미기능이 있기 때문이라고 전제하면서, 텍스트 중심 문법교육의 관점에서 신문 텍스트에 사용되는 '전망이다' 구문을 분석하였다. 그 결과 필자가 '전망이다' 구문을 사용하여 사실을 의견 문장으로, 또는 의견을 사실 문장으로 의도적으로 전달하고 있음을 밝혀내었다.

맥락 중심의 실용적인 문법 내용을 구안한 신호철(2012)도 이러한 부류의 연구에 포함된다. 그는 맥락 의존적인 문법범주 중 하나인 높임 표현을 대상으로 하여 〈독서와 문법〉 교과서를 분석하고 학교문법에 적용할 수 있는 맥락 중심의 높임 표현 교육내용을 기술하였다. 음운, 형태, 통사, 담화의 여러 언어 층위와, 할리데이의 관념적 기능, 대인적 기능, 텍스트적 기능의 메타 기능을 문법지식에 복합적으로 적용하면 단층적으로 분리되어 있는 각 층위를 연결하여 통합적인 언어학습이 가능한 실용적인 문법교육을 할 수 있다는 것이다.

이러한 견해들은 모두 문법지식이 언어활동의 이해와 표현의 힘으로 작용할 수 있어야 한다는 공통적인 문제의식에서 출발한 것들이다. 문법 형태, 문법범주로 접근하는 전통적 문법교육 방식은 국어에 대한 순수 학문적 체계를 보여줄 수는 있지만, 특정 문법형태, 또는 언어형식이 특정 맥락 아래서 어떠한 의미기능을 하는지를 보여주기는 힘들다. 반면 최근 텍스트 중심 문법교육을 표방하고 있는 이러한 유형의 연구들은 특정한 언어장치가 텍스트의 생산과 이해의 과정에서 언어사용자가 특정 의도를 드러내는 방식과 특정 의도를 드러내기 위해 어떤 언어적 장치를 선택하여 사용하는지를 탐구하고자 시도하면서 문법교육의 구체적인 내용항목들을 가시화하고 정교화하는 작업을 주도해 가고 있다.

## 다. 문법과 관련한 통합에 대한 연구

국어과에서 문법의 성격을 국어사용 기능에 기여하는 실용적 문법으로 자리매김하고 주로 문장 단위 이내로 한정되어 있던 문법을 담화·텍스트 차원으로 확장함에 따라 문법영역과 기능영역 간의 통합에 대한 논의가 점차 활발해졌다. 국어사용 능력에 기여하는 문법이란 방법적 지식으로 기능하는 문법을 말한다. 주세형(2005: 262)이 언급한 바와 같이, '방법적 지식'으로서의 문법 지식은 '듣기, 말하기, 읽기, 쓰기'에서의 언어적 지식에 대한 모든 것을 설명해 준다는 점에서 궁극적으로 국어과 영역 간의 통합으로 연결된다.

외적으로는 언어의 총체성을 강조하는 언어교육의 커다란 흐름 속에서, 국어교육 역시 교과 간 통합, 국어과의 하위영역 간 통합, 영역 내 통합, 교재 층위에서 단원의 통합, 교수·학습 차원의 통합 등 여러 차원에서 통합을 시도하게 되었다. 이재승(1992, 2004)은 통합 언어가 국어교육에 주는 시사점을 강조하면서 탈교과적 통합, 교과 간 통합, 기능 간 통합, 기능 내 통합 등 통합의 층위를 구분하고, 이중 국어과의 내적 통합으로서 기능 간 통합과 기능 내 통합이 교수·학습 차원에서 필요함을 논의하였다. 이지호(1998)에서는 통합의 원리로 종합의 원리, 유추의 원리, 인접성의 원리 등을 제시하고 언어기능 영역인 말하기, 듣기, 읽기, 쓰기영역 간의 통합적 교육 방법을 고찰하였다. 신호철(2007)은 국어과 내의 통합적 교육에 대한 논의들을 분석하고 향후 국어교육이 지향해야 할 통합 교육은 상보적 통합이 되어야 함을 주장했다. 이관규(2009)는 2009년 개정 교육과정과 관련하여 과목통합에 있어서 어떤 방식이 가장 합리적일지를 논의하였고, 이영주(2007)에서는 영역 통합적 단원 구성을 강조하며 교재 차원에서의 영역 통합을 고찰하였다.

문법영역을 중심으로 타 영역의 구체적인 통합을 논의한 연구도 다수 있는데, 문법과 작문의 통합 문제를 논의한 이삼형(2010), 문법과 문학의 통합을 논의한 허재영(2011), 문법과 독서의 통합을 논의한 김규훈(2011) 등이 이에 해당한다. 이삼형(2010)에서는 국어과 영역의 재검토의 관점에서, 글쓰기 과정과 작문 교육의 관점에서 문법과 작문의 통합을 논의했으며, 허재영(2011)은 문학작품을 매개로 하여 그 안에 관련된 문법의 내용요소를 중심으로 두 영역의 통합가능성을 고찰하였다. 한편 2009년 개정 교육과정에 의해 고등학교 선택 과목이 재구조화 되면서, '문법'과 '독서'가 통합된 '독서와 문법'이라는 과목이 나타났다. 이에 대해 김규훈(2011)에서는 2011년 개정 교육과정의 '독서와 문법' 과목의 내용체계와 세부 내용을 분석하여, 과목 간 통합의 관점에서 통합 가능한 내용 구성 방안을 제안하였다.

문법은 주로 쓰기(작문)와의 통합이 논의되었는데, 문법과 쓰기의 접합지점으로 특히 문장에 관심을 둔 연구들이 많이 나왔다. 이들은 문장 단위 이내의 형식적 요소에 초점을 두었던 이전의 문장교육 연구와는 차별화된 연구의 경향을 보이고 있다. 통합적 관점에서 이루어진 문장 연구들은 문장의 형식적 요소뿐만 아니라 화제나 초점 등의 내용적 요소에도 연구의 관심을 두었고, 문장에 대한 지식을 형식적 오류를 교정하기 위한 분석적 도구로 제한하지 않고 언어를 이해하고 생산하는 데에 중추적인 역할을 하는 생성적 도구로서, 텍스트 안에서의 문장 기능에 주목하고 있다. 이에는 주세형(2005ㄴ, 2005ㄷ, 2007), 황재웅(2007), 이지수(2010), 오현아(2010) 등이 있다.

문법영역을 포함한 국어과 하위 영역 간의 통합은 뚜렷하고 일관된 통합의 원리를 세우고, 확실한 교육 효과가 있는 통합 방안을 탐색하는 것이 과제로 남아 있다. 두 영역 이상의 교육 내용을 단순히 나열하거나 결합하는 차원에 머무르지 않도록 해야 하며, 타 영역을 배제하거나 종속시키지 않도록 각 영역의 특성을 살려 상호보완적이고 효과적인 통합의 방안을 강구하는 것이 바람직할 것이다. 통합의 결과를 통합하지 않았을 경우와 비교했을 때 더 효율적이고 긍정적인 효과가 확실히 나타나야 통합이 의미가 있다. 국어교육의 대세가 '통합'이라고 해서 통합을 위한 억지 통합은 지양해야 할 것이다.

## 라. 문법교육에 대한 실증적 연구

마지막으로 문법교육 연구의 여러 유형 중 실증적 연구를 거론할 수 있다. 이에는 유혜령·김성숙(2011)과 유혜령(2013) 등이 있다. 이 유형의 연구는 수적으로 얼마 되지는 않지만 경험적 연구가 극히 부족한 우리의 연구

현실에서는 짚어볼 만한 가치가 있다.

유혜령·김성숙(2011)은 고등학교 1학년 학생들의 글에 나타난 문법적 오류를 분석하여 점수화한 것과 쓰기 평가 점수를 비교하여 학생들이 가지고 있는 문법능력이 글쓰기 능력과 어느 정도 상관성을 보이는지 통계적 방법으로 고찰한 연구이다. 유혜령(2013)은 중학생을 대상으로 하여 '텍스트와 장르를 고려한 문장 쓰기' 지도를 실시한 집단과 그렇지 않은 집단의 쓰기 성취도를 실행하고 통계적인 방법으로 고찰하였다. 이 연구들은, 그동안 심증만 있었던 문법능력과 작문 능력 간의 유의한 상관성을 통계적으로 확인할 수 있는 자료를 제공했다는 점에서, 또한 쓰기 교육에서 문장 지도를 포함한 문법지도가 교육적 효용이 있다는 사실을 보다 확실하게 실증적으로 제시하였다는 점에서 의의를 찾을 수 있다.

이러한 부류의 연구들은 연구 방법론적인 측면에서 여러 가지 보완이 필요하지만, 국어교육 이론이 많은 부분 서구의 자국어교육 이론에 기초하여 성립되었을 뿐만 아니라 현재에도 귀납적, 경험적 연구가 극히 부족한 우리의 연구 현실을 생각해 볼 때 나름대로의 의미를 가지고 있다. 구체적인 교육 현실이 반영되지 못한 이론은 허상에 불과할 수 있고, 더욱이 우리와 다른 교육 현장에서 도출된 이론이라면 더더욱 그러하다. 소수의 경험적 연구에 대해 연구 방법론이나 통계 이론에만 집착하여 문제를 삼기보다는 구체적인 실제 교육 사례들을 가능한 한 많이 수용하고 축적하여 귀납적으로 자국어교육 이론을 보완해 가는 것이 우리의 연구 현실에 절대적으로 필요할 것으로 보인다.


## 3. 나가며

이제까지 문법교육에 대한 최근의 논의들을 네 가지 유형으로 나누어 연구 동향을 점검해 보았다. 그간 국어교육의 발전과 더불어 문법교육 분야에서는 근본적인 변화에 직면하여 학문적으로 엄밀한 검토와 다양한 시도가 이루어졌다. 문법교육의 본질과 가치에 대한 철저한 탐색을 통해 교육적 효용과 방법에 대한 진지한 논의가 축적되었고, 그 바탕 위에서 이제는 문법교육 내용의 풀을 채워나갈 구체적인 연구들이 본격적으로 가시화되고 있다. 이러한 연구의 흐름이 더욱 활성화되고 논의가 더욱 정교화 될 것임은 의심치 않는다. 다만 문법교육 연구에 더해졌으면 하는 바람을 몇 가지 추가해 본다.

첫째, 문법교육 내용을 구조화하고 내용 요소를 선정할 때 반드시 학습자의 연령과 인지 수준을 고려해야 할 것이다. 최근 텍스트 중심 문법교육의 관점에서 볼 때 문법은 분명히 텍스트를 정확하고 비판적으로 수용하고 생산하는 데 있어서 중요한 도구를 제공할 수 있으며, 장르성이 표현된 구체적인 텍스트의 의미구성 자원으로서 가치를 가진다. 그러나 이러한 문법의 내용과 기능은 학습자의 언어발달 수준과 나이에 따라 다르게 논의되어야 할 것이다. 나이가 어린 학습자일수록, 학습능력이 부족한 학습자일수록 고차원적인 표현과 이해에 작용하는 문법을 아는 것보다는 기본 문법능력을 자동화하여 정확하게 언어를 사용하는 것이 더 중요할 것이다. 기본적인 문법 능력에 하자가 있을 경우, 고차적인 언어사용을 위한 문법 선택은 무의미한 것이 된다. 결국 문법교육 내용의 선정은 "문법적 지식이 유용한가 아닌가, 지식이 생산적인가 아닌가 하는 문제가 문법 지식 자체에서 판단되는 것이 아니라, 학습자의 수준에서 결정되는 것이다."(김봉순 2007: 464)

둘째, 장르별 관습과 특성에 따른 문법 자질들을 본격적으로 찾아내고 정리하는 작업이 필요하다. 특정 장르에 나타나는 특정 문법요소 또는 특정 언어형식에 대한 연구가 조금씩 나오고 있는 상황이지만, 텍스트에 나타나는 장르적 특성은 다원성을 지니고 있기 때문에 몇 가지 문법요소만 가지고는 설명하기 힘들다. 텍스트 중심, 장르 중심의 국어교육과, 문법교육이 정착되기 위해서는 장르별로 다르게 나타나는 언어적 자질과 특성에 대한 연구가 본격적으로 이루어져야 한다. 이러한 연구는 바이버Biber나 콘래드

Conrad가 활용했던 다차원분석multi dimensional analysis과 같은 텍스트 연구방법론을 취하여 보다 과학적이고 계량적으로 수행되어야 한다. 말뭉치(코퍼스) 언어학과의 학제적 연구와 자료 확보도 필요할 것이다.

셋째, 우리의 교육현장에서 직접 수집된 실증적이고 경험적인 연구가 다양하게 축적되어야 한다. 현장의 구체적인 사례연구를 활성화하기 위해서는 경험적 연구방법을 시도한 연구에 대한 평가에서 인색해서는 안 된다. 수행된 실증적 연구에 대해 기존의 정형화된 틀이나 엄격한 이론의 잣대를 가지고 지나치게 비판적으로 검토하기보다는 유연하고 수용적인 시각을 가지고 이들을 개별적인 사례연구로 받아들여 교육에 적용하고자 하는 인식이 필요하다.

# 참고문헌

김규훈(2010), "텍스트 중심 문법교육의 원리", 『새국어교육』 85, 한국국어교육학회, 27~47쪽.

_____(2011), "국어과 교육과정의 통합적 내용 구성 방안, –2011 교육과정 '독서와 문법' 과목을 대상으로", 『새국어교육』 89, 한국국어교육학회, 29~54쪽.

김봉순(2007), "국어교육에는 어떤 문법이 필요한가?–'시제'를 중심으로", 『한성어문학』 26, 한성어문학회, 447~466쪽.

김은성(2008), "국어 문법교육에서 '텍스트' 처리의 문제", 『국어교육학연구』 33, 국어교육학회, 333~365쪽.

김혜선(2012), "장르의 작문 교육과정 실행 방안", 『작문연구』 14, 한국작문학회, 201~235쪽.

김호정(2006), "담화 차원의 문법 교육 내용 연구", 『텍스트언어학』 21, 한국텍스트언어학회, 145~177쪽.

남가영(2007ㄱ), "문법교육의 '지식의 구조' 체계화 방향", 『국어교육』 123, 한국어교육학회, 341~374쪽.

_____(2007ㄴ), "문법교육론 자기매김의 두 방향 –문법교육 담론의 생산적 읽기를 바탕으로", 『국어교육연구』 19, 국어교육학회, 469~506쪽.

_____(2011), "문법교육용 텍스트의 개념 및 범주", 『국어교육』 136, 한국어교육학회, 139~173쪽.

신명선(2006), "통합적 문법 교육에 관한 담론 분석", 『한국어학』 31, 한국어학회, 245~278쪽.

신호철(2007), "국어교육의 상보적 통합 –문법영역을 중심으로", 『문법교육』 제7집, 한국문법교육학회, 51~74쪽.

_____(2012), "맥락 중심 문법 교육 내용 기술 방안 연구 –높임 표현을 중심으로", 『국어교육학연구』 43, 국어교육학회, 323~348쪽.

오현아(2010), "표현 문법 관점의 문장 초점화 교육에 관한 고찰", 한국문법교육학회 제13차 전국학술대회 발표논문집, 82~116쪽.

유혜령(2010), "문법영역의 성격과 교육 내용에 대한 연구", 『국제어문』 49, 국제어문학회, 165~197쪽.

_____(2013), "'텍스트와 장르를 고려한 문장 쓰기' 지도가 쓰기 성취도에 미치는 영향", 『국제어

문』58, 국제어문학회, 243~282쪽.

유혜령·김성숙(2011), "문법 능력과 작문 능력 간의 상관성 고찰 -고등학교 1학년생의 논술문을
　　　　중심으로", 『청람어문교육』 44, 청람어문교육학회, 611~638쪽.

이관규(2009), "통합적 문법교육의 의의와 방법", 『문법교육』 11, 한국문법교육학회, 259~282쪽.

이관희(2010), "문법으로 텍스트 읽기의 가능성 탐색 -신문 텍스트에 쓰인 '-도록 하-'와 '-게
　　　　하-'를 중심으로", 『국어교육연구』 25, 서울대학교 국어교육연구소, 119~161쪽.

_____(2012), 문법으로 텍스트 읽기의 가능성 탐색 (2) -기사문에 쓰인 '-기로 하-'의 의미기능
　　　　을 중심으로, 『문법교육』 16, 한국문법교육학회, 203~239쪽.

이삼형(2010), "'문법' 영역과 '작문' 영역의 통합 문제", 『문법교육』 12, 한국문법교육학회,
　　　　65~86쪽.

이영주(2007), "통합적 문법 교육의 문제점과 개선 방향 -고등학교 국어 교과서 국어지식 영역을
　　　　중심으로", 『문법교육』 7, 한국문법교육학회, 145~169쪽.

이재승(1992), "통합언어(whole language)의 개념과 국어 교육에의 시사점", 『국어교육』 79, 한
　　　　국국어교육연구회, 73~89쪽.

_____(2004), "언어 기능 통합 지도의 배경과 층위", 『한국초등국어교육』 25, 한국초등국어교육
　　　　학회, 143~166쪽.

이지수(2010), 문장 구성 능력 향상을 위한 교육 내용 연구, 서울대학교 석사학위논문.

이지호(1998), "국어과 통합 교육의 논리: 초등학교를 중심으로", 『국어교육』 98, 한국국어교육
　　　　연구회, 57~74쪽.

전영주·서혁(2007), "텍스트 기반 문장종결 표현 교수·학습 방법", 『교과교육학연구』 11-2, 이화
　　　　여자대학교 교과교육연구소, 583~604쪽.

제민경(2011), "텍스트 중심 문법교육의 방향 탐색 -신문 텍스트의 '전망이다' 구문을 중심으로",
　　　　『국어교육』 134, 한국어교육학회, 155~181쪽.

주세형(2005ㄱ), "'내용'과 '방법'으로서 국어지식 영역의 역할", 『한국초등국어교육』 27, 한국초
　　　　등국어교육학회, 241~269쪽.

_____(2005ㄴ), "통합적 문법 교육 내용 설계 -'의미를 구성하는 문법 지식'을 중심으로", 『이중
　　　　언어학』 27, 이중언어학회, 203~226쪽.

_____(2005ㄷ), "통합적 문법 교육 내용의 원리와 실제", 서울대학교 박사학위논문.

_____(2007), "텍스트 속 문장 쓰기와 문법", 『한국초등국어교육』 34, 한국초등국어교육학회, 409~443쪽.

_____(2010), "'사실과 의견 구별하기'의 국어과 전문성 탐색", 『국어교육학연구』 37, 국어교육학회, 469~497쪽.

황재웅(2007), "쓰기 능력 향상을 위한 문법 교육 방안 연구 –문장 단위를 중심으로", 『청람어문교육』 36, 청람어문교육학회, 329~365쪽.

허재영(2011), "문법과 문학의 통합과 텍스트 활용 양상", 『우리말교육현장연구』 5-1, 우리말교육현장학회, 57~81쪽.

Biber, D.(1988), *Variation across Speech and Writing*. Cambridge, CUP.

Conrad, S. M.(1996), "Investigating Academic Texts with Corpus-based Techniques: An Example from Biology", *Linguistics and Education 8*, 299–326.

Owens, R.E.(6th ed.), 이승복·이희란 역(2006), 언어발달, 시그마프레스.

Peter Knapp & Megan Watkins(2005), *Genre, Text, Grammar, –Technologies for teaching and assessing writing*, UNSW Press. 주세형·김은성·남가영(2007), 장르, 텍스트, 문법: 쓰기 교육을 위한 문법, 박이정.

# 어휘의 양상 관련 내용의
# 교재화 실태 및 개선점 모색

윤천탁(한국교육과정평가원)

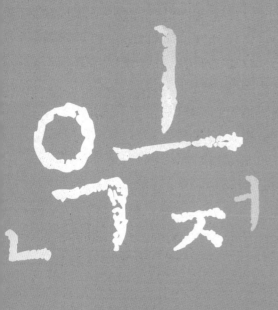

## 1. 시작하며

현재 중학교와 고등학교 국어 시간에 활용되는 교과서는 국정 체제에서 검정 체제로 바뀌면서 다양하고 참신한 내용들이 수업 시간에 다뤄질 수 있도록 하는 데 많은 기여를 하였다. 국어 교과서에 실리는 내용들은, 국어과 교육목표를 달성하기 위해 만들어진 교육과정에서 제시한 내용을 교과서 집필진이 면밀히 검토하여 교육과정의 내용들이 교과서에 충실히 구현되도록 노력한 결과물이라고 할 수 있다. 그런데 특정한 개념에 대해서 교육과정에서 상세히 언급하지 않거나, 언급한 내용이 교육과정 시기별로 달라지거나, 언급한 내용은 같더라도 그것들을 해석하고 적용하는 집필진이 달라짐에 따라서 교과서에 실리는 내용은 많은 차이를 보이게 된다.

이러한 예 중에 '어휘의 양상'에 대한 내용이 교육과정과 교과서에 실려 있는 게 차이가 나는 것을 들 수 있다. 일반적으로 '양상'이라고 하면 사물의 모양을 일컫기도 하지만 현상의 상태를 나타내는 경우가 많아서, 이 말 앞에는 동작성을 어느 정도 지닌 말이 나오는 게 자연스럽다. 예를 들어 '사건의 양상'이란 말보다는 '사건의 전개 양상'이란 표현이 더 자연스럽고 익숙하게 느껴지는 것이다. '어휘의 양상'이란 표현의 경우에도 '어휘의 사용 양상'이나 '어휘의 존재 양상'이란 표현이 더 자연스럽게 느껴진다. 이 글을 쓰기 전에 몇몇 교사들과의 면담을 통해서 '어휘의 양상'이 뭘 뜻한다고 생각하는지, '어휘의 양상'이란 표현이 자연스럽게 느껴지는지, '어휘의 존재 양상이나 사용 양상'이란 표현이 더 자연스럽게 느껴지지 않는지 등을 물었을 때, 필자와 비슷한 생각을 지니고 있는 것을 확인할 수 있었다.

7차 교육과정 시기부터 고등학교 문법 과목에서 본격적으로 다뤄진 '어휘의 양상' 관련 내용이 현재에 이르기까지 교육과정이나 교과서 등에서 계속 다뤄지고 있지만 집필진에 따라서 교과서에 달리 구현되는 모습은 바람직하지 않다는 생각이 이 글을 쓰게 된 계기가 되었다. 이 글에서는 7차 교육과정의 '고등학교 문법' 교과서에 등장한 '어휘의 양상' 관련 교육 내용이 2014학년도 현재 사용되는 2009 개정 교육과정의 '고등학교 국어 I' 교과서에서는 어떻게 구현되고 있는지를 살펴보고 이와 관련된 내용이 앞으로 교재에 실리게 될 때 어떻게 실리는 것이 바람직할지를 생각해 보려고 한다.


## 2. 어휘의 양상 관련 내용의 교재화 실태

어휘의 체계나 양상에 대한 내용이 여러 교육과정 시기별로 국어과 교과서에 실려 있음은 익히 알고 있는 사실이다. 그런데 '어휘의 양상'이란 용어가 직접적으로 교과서에 노출되어 본격적으로 다뤄진 것은 7차 교육과정부터라고 할 수 있다. 여러 교과서를 다 비교하는 것은 한계가 있어서 7차 교육과정의 고등학교 '문법' 교과서와 2014학년도부터 적용된 2009 개정 교육과정의 고등학교 '국어 I' 교과서의 내용과 함께, 이 내용의 기반이 되는 교육과정의 내용을 살펴보고자 한다.

### 가. 7차 교육과정의 고등학교 문법 교과서

#### 1) 교육과정에 제시된 교육 내용

7차 교육과정의 고등학교 문법 과목의 내용 체계 중 '(2) 국어 알기' 영역에 있는 내용 중 '(다) 국어의 어휘'에는 '① 국어 어휘의 존재 양상을 이해한다.'와 '② 국어 어휘의 체계를 이해한다.'는 두 가지 내용이 나온다. 이러한 내용에 대해 해설하고 있는 교육인적자원부(2001: 280~281)에 기술된 내용의 일부를 제시하면 다음과 같다.

> (1) 이 내용은 국어 어휘의 존재 양상을 나누는 기준, 국어 어휘의 존재 양상, 방언, 은어, 속어, 관용 표현 등의 개념과 구체적인 양상을 어휘 체계 속에서 이해하기 등에 대한 학습을 의도하고 있다. …(중략)… 어휘도 그 나름대로의 체계를 가지고 있는 것이며, 그 안에서 다양한 양상으로 존재하고 있음을 주지시켜야 한다. 이에 따라 이 내용은 …(중략)… 어휘의 양상을 살펴보는 기준 알기(어휘의 변이, 어휘의 팽창), 어휘가 체계 속에서 어떤 양상으로 존재하고 있는지를 알기 등이 본 활동으로 계획되며, 어휘의 존재 양상에 비추어 학습자의 언어 생활을 검토해 보는 활동이 마무리 활동으로 이루어지도록 계획된다. 세부적으로는 은어, 유행어, 신어, 관용 표현, 방언 등 기존에 알고 있던 개념을 좀더 구체적으로 알아보면서, 이를 체계적으로 연결하여 정리하는 활동이 필요하다.

위의 해설서에서도 언급하고 있듯이, '국어 어휘의 존재 양상을 이해한다'는 내용은 국민 기본 공통 교육 과정 '국어' 7학년의 '국어 지식'에 있는 '(4) 은어, 전문어, 속어, 비어, 유행어의 개념을 안다.'와 8학년의 '국어 지식'에 있는 '(5) 관용어의 개념을 안다.'를 심화한 내용이다. 중학교 국어 교육과정에서는 은어, 전문어, 속어, 비어, 유행어, 관용어를 개별적으로 직접 노출한 반면, 고등학교 국어의 문법 과목에서는 '어휘의 존재 양상'이라는 큰 틀에서 이상의 것들을 정리하고 있다. 해설서에서는 국어 어휘의 존재 양상을 체계화한 것 중에서 대표적인 것을 세시하고 있는데, 이것은 김광해(1993: 140)에 제시된 내용을 그대로 옮겨 놓은 것이다.[1]

김광해(1993: 139)에서는 다양한 기준에 따라서 어휘를 나눌 수가 있어서 어휘가 다양한 양상으로 존재한다는 점을 밝히고 있는데, 이와 관련된 진술을 제시하면 다음과 같다.

> (2) 어휘는 다양한 기준에 의해서 다시 소규모의 집합들로 나누
> 어 살펴볼 수가 있다. 가령, 사회적 집단, 연령, 직업, 계층, 지
> 역 등에 따라 공통되는 어휘의 집합이 수집될 수 있으며, 또한
> 표현의 의도에 따라서 속된 표현, 완곡한 표현, 높이는 말, 낮
> 추는 말 등의 어휘 집합도 다양한 양상으로 존재한다. 이러한
> 어휘의 다양한 양상은 그 특징에 따라 어휘소가 변이variation
> 된 것으로 처리할 수 있는 것도 있고, 변이로 처리하기가 어려
> 운 것도 있다. 변이로 처리되기가 어려운 집합들은 주로 어휘
> 의 팽창 문제와 관련되는 것이다.

김광해(1993)에서는 (2)의 언급과 함께, 어휘의 양상을 우선 '변이' 여부에

---

1   김광해(1993: 140)에서 정리한 것은 어휘의 양상을 각 기준에 따라 이분하여 그림으로 제시한 것인데 이것이 여러 책에 그대로 인용된 것을 쉽게 찾아볼 수 있다. 아래는 김혜숙(2005: 168)에 실린 것인데, 김광해(1993)에 실린 것과 똑같은 내용을 담고 있되, 그림 대신 표로 제시한 것이라는 차이만 있다.

| 어휘의 양상 | +변이 | +위상적 | +지리적 | | 방언 어휘 |
|---|---|---|---|---|---|
| | | | -지리적 | +隱祕 | 은어(집단 은어) |
| | | | | -隱祕 | 남성어, 여성어, 아동어, 노인어, 청소년어 |
| | | -위상적 (화용적) | +대우 | | 공대어, 하대어 |
| | | | -대우 | | 속어, 완곡어, 관용어(숙어, 속담) |
| | -변이 (팽창) | +집단성 | | | 전문어(직업어, 집단어) |
| | | -집단성 | +항구성 | | 신어 |
| | | | -항구성 | | 유행어 |

따라 나누고 나서 '+변이'의 경우에는 '+위상적 변이'와 '-위상적(화용적) 변이'로 나누고 '+위상적 변이'는 다시 '지리적' 요인에 의한 변이인지 여부에 따라서 둘로 나누고 지리적 요인에 의한 변이가 아닌 경우에는 '은비성 隱秘性'이 있는지 없는지에 따라 둘로 나누었다. 그리고 '-위상적(화용적) 변이'는 '대우' 요소가 있는지에 따라 둘로 나누어 제시하고 있다. 한편, '-변이(팽창)'의 경우에는 일단 '집단성'이 있는지 여부로 나누고 나서 '-집단성'인 경우에는 '항구성'이 있는지에 따라 둘로 나누어 제시하고 있다. 김광해(1993: 142)에서는 '위상적 변이'는 '누가, 어디서 말하는 어휘냐' 하는 점을 중심으로 구별되는 반면, '화용적 변이'는 '동일한 화자가 어떻게 말하는 어휘냐' 하는 점을 중심으로 구별되기 때문에, 전자는 개인의 의지와는 관계가 없이 사회적 약속을 준수하는 변이이며, 후자는 개인을 둘러싸고 있는 상황에 대처하면서 개인적인 의지에 의한 다양한 표현 욕구에 대처하기 위한 변이라고 제시하고 있다. 전자의 예로는 방언, 은어, 남성어, 여성어, 아동어, 노인어, 청소년어를 들고 있고 후자의 예로는 공대어, 하대어, 속어, 완곡어, 관용어(숙어, 속담) 등을 들고 있다.

대체로 여러 책에서 이러한 분류를 그대로 인용하고 있거나 거의 같은 내용을 담고 있는데, 구체적인 분류에서 약간의 차이를 보이는 경우도 있다. 예를 들어 이광호(2008: 31)에서는 어휘의 양상에 대해 다음과 같이 언급하면서 어휘의 양상에 대한 분류를 시도하였다.

> (3) 양상은 현상의 모양이나 상태를 말한다. 따라서 어휘의 양상
>    을 살피는 것은 어휘 현상의 모양이나 상태가 어떻게 나타나
>    느냐를 살펴보는 것이다. 어휘의 양상은 어휘가 실제 언어생
>    활에서 어떤 모습으로 나타나고 사용되느냐를 구분하여 탐구
>    하고자 하는 영역이다.

이광호(2008: 33~39)에서는 '어휘'를 '한 어휘소를 중심으로 특정의 연관

성을 가진 단어들의 집합'이라고 정의했는데, 실제 언어생활에서 사용하는 언어 형태는 기본 어휘소의 변이에 의한 변이어휘들이라고 보았다. 어휘의 양상을 설명하기 위해서는 항상 기본 어휘소의 존재가 설정되어야 한다는 관점에 따라, 방언에 대한 기본 어휘소는 표준어가 되고 방언은 이에 대한 변이어휘라고 설명했다. '변이어휘'를 동일한 의미를 가진 상이한 형태를 지니는 것으로 보고 환경에 따라 달리 실현되는 어휘라고 하면서 '다슬기'라는 어휘소는 방언이라는 환경 아래에서 '올갱이, 고디'라는 변이어휘가 설정된다고 예를 들었다. 어휘를 분류하는 자질로서 [±변이형]과 함께 [±개인형]을 설정하여 [+개인형]은 개인의 의지나 의식 혹은 개인의 이익을 위한 것을 뜻하고 [-개인형]은 집단의식이나 집단의 이익을 위한 표현을 말하는 것으로 분류했다.

김광해(1993)에서는 '유행어'를 [-변이]로 봤으나, 이광호(2008)에서는 유행어의 경우에는 동일한 의미를 전달하는 기본 어휘소와의 관계를 생각할 수 있는 예들이 있을 수 있다는 관점에 입각해서 [+변이형]도 존재한다고 했다. 그런데 이러한 차이는 어휘론의 관점에서 학자들 간의 생각 차이에 의한 것인데 이런 차이가 생기는 것은 자연스러운 현상이라 할 수 있다. 중요한 것은 어휘의 양상에 대해 학습할 때에는, 특정 기준에 따라 어휘를 나눠서 살펴봄으로써 어휘가 어떠한 성격을 지니면서 존재하는지를 이해하고, 각각의 기준에 따라 분류된 세부 유형의 어휘들이 언어생활에서 실제 사용(활용)될 때 어떠한 특징을 지니는지를 함께 살펴야 의미가 있다는 점이다.

### 2) 교과서에 실린 학습 내용 개괄

7차 교육과정에 따른 고등학교 문법 교과서는 국정 교과서 체제에서 편찬되었으므로 오직 한 권만 존재한다. 검정 교과서 체제에서 집필된 것이 아니라서 검정 심사에 통과되어야 한다는 부담이 없었기 때문에 교육과정의 내용을 충실히 반영하는 것에 집중할 수 있는 상황이었고 교육과정 해설서가 존재했기 때문에 교육과정의 내용을 풀이한 것을 충실히 반영한 교과서가 편찬되었을 것으로 추측할 수 있다. 이 교과서에 실린 내용을 간략히 살펴보면 다음과 같다.

서울대학교 국어교육연구소(2002: 114)에서는 '단원의 길잡이'에서 "이 단원에서는 이러한 어휘를 과학적으로 파악하기 위하여, 그 체계와 구성 양상을 살펴보고 각각의 어휘를 구성하고 있는 단어들의 구체적인 모습을 알아볼 것이다."라고 진술하고 있다. 이러한 진술에서 특이한 점은 교육과정에서는 '존재 양상'을 살펴보자고 되어 있는데, 정작 교과서에서는 '구성 양상'이란 용어를 쓰고 있다는 것이다. 또한 사실상 사전적 정의에 의하면 '체계'라는 말이 "일정한 원리에 따라서 낱낱의 부분이 짜임새 있게 조직되어 통일된 전체"라고 한다면 굳이 체계와 구성 양상을 따로 살펴볼 필요가 있을까 하는 의구심을 갖게 된다. 어떤 원리에 따라 체계를 세우고 그러한 체계를 이루는 요소들이 뭔지를 함께 살피는 것이 더 의미가 있을 것이라고 상식적으로 생각해 볼 수 있다. 그런데 '어휘의 체계'에 대한 중단원이 따로 있고 '어휘의 양상'에 대한 중단원이 따로 설정되어서 결과적으로는 이 두 가지가 별로 관련이 없는 것 같은 인상을 주고 있다.

이 교과서에서는 '02. 어휘의 양상'이라는 중단원이 집필되어 있는데, 이 중단원의 학습 목표는 "국어 어휘의 다양한 양상에 대하여 안다."라고 제시되어 있다. 그런데 '어휘의 다양한 양상'이라고만 진술되어 있지, 어떠한 양상을 말하는지에 대해 구체적인 언급이 없는 게 매우 아쉽다. 예를 들어 '존재 양상', '구성 양상', '사용 양상', '활용 양상', '존재 및 사용 양상' 등처럼 어떠한 양상에 대해 안다는 내용이 있고 그에 대한 상세한 내용이 집필되어야 체계적인 학습이 가능할 것으로 생각되는데 그러한 진술은 찾기 어렵다. 중단원에 속한 하위 소단원의 내용을 보면, '1. 방언', '2. 은어, 속어', '3. 금기어, 완곡어', '4. 관용어, 속담', '5. 전문어', '6. 새말' 등의 내용이 기술되어 있는데, 각 소단원에서는 각각의 개념과 각 어휘의 쓰임을 비롯한 여러 특징이 소개되어 있는 것을 보면 어휘의 존재나 구성 양상과 어휘의 활용 양상이 뒤섞여서 진술되어 있다고 할 수 있다.

## 나. 2009 개정 교육과정의 고등학교 국어Ⅰ교과서

### 1) 교육과정에 제시된 교육 내용

2009 개정 국어과 교육과정에서 어휘의 양상에 관한 내용이 직접적으로 언급된 과목은 '국어Ⅰ'이다. 이 과목의 교육 내용 중 '(12) 어휘의 체계와 양상을 이해하고 그것을 상황에 맞게 활용한다.'에 대한 내용이 교육과학기술부(2012: 76)에서는 다음과 같이 제시되어 있다.

> (4) 단어의 집합인 어휘는 체계와 양상이라는 차원으로 이해할 수 있다. 어휘는 고유어, 한자어, 외래어와 같이 어종語種에 따라 체계를 세울 수도 있고, 어휘의 특성이나 의미 관계에 따라서 그 양상을 살펴볼 수도 있다. 지역 방언은 물론이고 세대, 성별, 사회 집단 등에 따라 분화되는 사회 방언을 통해 다양한 어휘의 양상을 이해하고 담화 상황에 맞게 적절한 어휘를 활용하도록 지도한다.

'국어Ⅰ'에 실린 내용은 '중학교 1~3학년군'의 문법 영역의 '(8) 어휘의 유형과 의미 관계를 이해하고 활용한다.'와 관련이 있는데, 교육과학기술부(2012: 57)에 있는 내용의 일부를 제시하면 다음과 같다.

> (5) 국어의 어휘를 다양한 기준에 따라 여러 가지 방식으로 나눠 보게 하고 단어들이 맺는 다양한 관계를 이해시킨다. 그리고 구체적인 의사소통 상황에서 어휘들이 어떻게 사용되고 있는지 각 어휘의 특성과 관련지어 분석해 보게 하고, 마찬가지로 의미 관계를 맺고 있는 단어들이 실제 의사소통 상황에서 사용되는 양상을 분석해 보게 한다.

7차 국어과 교육과정에서는 '문법' 과목에서 어휘의 양상에 대해 다루었는데, 2009 개정 국어과 교육과정에서는 '국어 I' 과목에서 이와 관련된 내용이 언급된 것을 알 수 있다. 아울러 고등학교 '국어 I' 과목의 내용은, 의사소통 상황에서 어휘들이 사용되는 양상을 분석하게 한 중학교 '국어' 과목에서 다뤄졌던 내용과 관련이 있음을 알 수 있다. 2009 개정 국어과 교육과정에 대한 해설서가 따로 존재하지 않으므로 어떤 내용이 국어과 교과서에 실려야 하는지에 대해 상세히 따지기는 어렵지만 교육과정 내용을 살펴보면, 사회 방언은 언급됐지만 나머지 유형의 어휘에 대해서는 언급되지 않아서 금기어, 완곡어, 속담, 관용 표현, 새말 등의 개념과 구체적인 사용(활용) 양상을 어휘의 체계 속에서 이해하는 내용이 꼭 다뤄지지 않아도 된다고 보는 관점에 있음을 알 수 있다. 2009 개정 교육과정의 경우 기존의 교육과정에 비해 교육과정 내용의 양을 대폭 감축하였기 때문에[2] 방언을 제외한 다른 유형의 어휘에 대한 구체적인 학습 내용이 다뤄지지 않았을 것으로 생각할 수 있다. 7차 교육과정기에는 '어휘의 체계'와 '어휘의 양상'에 대한 내용이 별도로 존재했었으나 2009 개정 교육과정기에는 이 두 개가 하나의 교육 내용에 언급되어 있는 것을 봤을 때 학습자의 부담을 줄이고 교육 내용을 정련화하고 적정화하려고 시도한 것으로 짐작할 수 있다.

### 2) 교과서에 실린 학습 내용 유형화 및 개괄

2009 개정 교육과정에 따른 국어 교과서는 검정 교과서 체제에 맞춰서 편찬되었기 때문에 여러 종의 교과서가 존재한다. 2014학년도에 처음 적용된 '국어 I' 교과서는 총 11종인데, 본 연구에서는 11종 교과서에서 교육과정의 내용을 어떻게 구현하고 있는지를 살펴서 크게 세 가지 유형으로 나눠

---

2  최미숙 외(2012: 35~36)에서는 2007 개정 교육과정의 1~10학년의 성취 기준 수가 251개(9학년까지 222개)였던 것이 2009 개정 교육과정에서 9학년까지 성취 기준 수가 151개로 줄어든 것을 언급하면서, 교육 내·외적 현실을 고려하여 불요한 내용을 삭제하고 학습자의 부담을 줄이는 방향으로 교육 내용의 양을 적정화하려고 한 점을 긍정적으로 평가할 만하다고 밝히고 있다.

보고자 한다. 첫째 유형은 교육 과정의 내용인 "어휘의 체계와 양상을 이해하고 그것을 상황에 맞게 활용한다."는 내용에 충실하되 표준어와 방언 위주로 어휘의 양상에 대해 설명한 경우, 둘째 유형은 어휘의 체계, 어휘의 존재나 사용 양상에 대해 어느 정도 언급하면서 금기어, 완곡어, 관용어, 속담 등에 대해서도 다양하게 다루고 있는 경우, 셋째 유형은 어휘의 양상에 대해 변이와 팽창의 개념까지 동원하면서 좀 더 깊이 있게 다루고 있는 경우 등으로 나눠 살펴보겠다.

가) 표준어나 방언 위주로 어휘의 양상에 대해 설명

총 11종 중에 4종의 교과서가 이 유형에 속하는데, 이 유형의 교과서에서는 주로 표준어와 방언을 위주로 하여 교육과정에서 제시한 내용을 교과서에 충실히 반영하고자 노력하고 있다. 다만 기존의 7차 교육과정의 고등학교 문법 교과서처럼 숙어, 관용어, 전문어, 새말 등에 대한 언급이 없다는 특징을 지닌다.

예를 들어, 김종철 외(2014: 266)에서는 소단원 목표에서 "① 단어의 집합인 어휘의 체계와 의미 관계를 이해하고 그 양상을 살필 수 있다. ② 지역 방언과 사회 방언을 정확히 이해하고 상황에 맞게 어휘를 활용할 수 있다." 라고 진술하고 있다. 전체적으로 교과서의 내용을 살펴보면 이러한 목표 진술에 맞게 어휘의 양상에 대한 직접적인 설명이 없고 지역 방언 및 사회 방언에 대한 상세한 설명이 제시되어 있다. 본문 내용에서는 다루고 있지 않지만 학습 활동을 통해 나이와 성별에 따른 언어의 차이와 사회 방언 중 하나인 '전문어'를 언급하고 있다는 점이 특징적이다. 이 교과서는 소단원명 자체가 '어휘와 방언'인 것을 봐도 지역 방언과 사회 방언에 중점을 두고 기술했다는 것을 쉽게 알 수 있다.

박영목 외(2014: 132~133)에서는 '② 어휘의 양상'이라는 소단원의 도입부에서 "어휘는 지역적 요인, 사회적 요인, 의미 관계 등에 따라 다양한 양상을 보인다. 어휘의 양상을 살펴보자."라고 기술되어 있다. 이 교과서에서는 지역적 요인과 사회적 요인과 관련하여 지역 방언과 사회 방언과 관련된 내용을 상세히 다루고 있다. 예를 들어 성별에 따른 차이를 보이는 어휘로 '남성어', '여성어'에 대해 언급하고 있고 세대에 따른 차이를 보이는 어휘 중 하나로 청소년층이 쓰는 '유행어', '은어'에 대해 언급하고 있으며 같은 직업에 종사하는 사람들끼리 쓰는 '전문어'에 대해 언급하고 있다. 이러한 내용을 통해 사회 방언의 차이를 학생들이 인식할 수 있도록 설명하고 있다. 그런데 이 교과서에서도 앞의 교과서와 같이 관용어, 속담 등에 대해서는 다루고 있지 않았다.

신동흔 외(2014: 235)에서는 "어휘는 특성이나 의미 관계에 따라 그 양상을 살펴볼 수 있다. 예를 들어, 어휘의 한 양상인 '방언'은 다시 지리적인 이유로 분화되어 지역에 따라 달리 쓰이는 것과 세대, 성별, 사회 집단 등에 따라 분화하여 특징적으로 쓰이는 말로 나눌 수 있다."라고 제시되어 있다. 이처럼 지역 방언과 사회 방언에 대해서 주로 언급하고 있으며 관용어, 속담 등에 대해서는 언급하지 않고 있다.

한철우 외(2014: 151)에서는 "어휘는 단어들의 특성이나 의미 관계 등에 따라 다양한 양상을 보인다. 이러한 점을 고려하여 우리말 어휘의 양상을 살펴보자."라고 제시하면서 사회 방언에 직업어나 전문어, 은어 등이 속한다고 진술하고 있다. 어휘의 다양한 양상 중 하나로 금기어, 완곡어, 관용어, 속담 등에 대한 언급이 일체 없는 반면[3], '단어들 간의 의미 관계'를 '어휘의 양상'이라는 하위 항목으로 진술하고 있는 것을 확인할 수 있다.

이상에서 살펴본 교과서들의 특징을 살펴보면 교육과정에 기술된 내용인 방언을 중심으로 어휘의 양상을 교과서에 충실히 구현하고자 노력하였다고 분석할 수 있다. 검정 교과서 체제에서는 교육과정 내용을 충실히 반

---

3  한철우 외(2014: 157)에는 "2. 분류 기준을 정하여 '청소년이 사용하는 어휘 양상'을 탐구해 보자."라는 학습 활동이 있는데 이에 딸린 구체적 활동은 다음과 같다.
   - (1) 단어를 분류하기 위한 세부 기준을 마련하고, 구체적인 예를 찾아 정리해 보자.
   - (2) 조사한 단어를 분류하여 어휘로 묶어 보고, 각 어휘의 특징을 발표해 보자.

영하는 한편, 교과서의 내용상 오류가 없어야 검정 심사에 통과하는 데 유리하기 때문에 굳이 교육과정에서 다뤄지지 않은 내용까지 교재화하여 교과서에 오류가 발생할 가능성을 높이지 않으려는 의도도 있다고 볼 수 있다. 또한 교과서에서 다뤄지는 학습 내용이 많다는 지적에 따라 꼭 필요한 학습 내용만을 다루는 교과서를 편찬하고자 하는 의도도 반영된 것으로 볼 수 있다.

나) 어휘의 존재 양상이나 사용 양상 설명 시 방언 이외의 예도 제시

총 11종 중에 6종의 교과서를 이 유형으로 분류할 수 있는데, 이 유형의 교과서에서는 주로 표준어와 방언을 위주로 하여 교육과정에서 제시한 내용을 다루면서 기존의 7차 교육과정의 고등학교 '문법' 교과서처럼 금기어, 완곡어, 관용어, 속담, 새말 등의 내용에 대해서도 어느 정도 언급하고 있다는 특징을 지닌다.

예를 들어, 김중신 외(2014: 255, 262)에서는 "국어 어휘는 지역 방언과 사회 방언, 은어와 속어, 금기어와 완곡어, 관용어와 속담, 새말 등으로 나누어 그 존재 양상을 살펴볼 수 있다."라고 명시하고 있다. 교육과정 내용에 기술된 '어휘의 양상'이 어떠한 것인지를 '존재 양상'이라는 표현으로 밝히면서 방언 이외의 다른 어휘 유형에 대해서도 다루고 있음을 알 수 있다. 이 교과서에서는 "분류 기준을 어떻게 세우느냐에 따라 다르지만, 국어 어휘는 지역 방언과 사회 방언, 은어와 속어, 금기어와 완곡어, 관용어와 속담, 새말 등으로 나누어 그 존재 양상을 살펴볼 수 있다."라고 명시하고 '방언', '전문어', '은어와 속어', '금기어와 완곡어', '관용어와 속담', '새말'이라는 항목을 따로 설정하여 각 항목에 대한 설명을 본문 내용으로 기술하고 있다.

조현설(2014: 102, 103)에서는 "우리는 일상생활을 하면서 수많은 단어를 쓰고 있다. 그러나 이 단어들의 성격과 양상을 제대로 알지 못해 잘못 쓰는 경우가 많다."라고 제시하고 있다. 또한 '어휘의 양상'에 대해 설명하는 부분에서 "국어는 그 말을 사용하는 사람의 출신 지역, 세대, 직업 등에 따라

크고 작은 차이를 보인다."라고 서술하면서 주로 지역 방언과 사회 방언 위주로 본문에서 설명하고 있다. 이에 더해서 '학습 활동'이나 '생각 넓히기' 등에서 표준어, 신조어, 축약어 사용 등에 대해서 다루고 있는 것을 알 수 있다.[4]

한편, 어휘의 '사용(되는) 양상'이란 표현을 사용하면서 여러 유형의 어휘에 대한 설명을 덧붙인 교과서들이 있다. 윤여탁 외(2013: 191, 194)에서는 중단원 '(3) 어휘의 이해와 활용' 시작 전에 '알아 두기'에서 '어휘의 체계와 양상'에 대해 설명하면서 "현대 국어의 어휘는 …(중략)… 사용되는 양상을 중심으로 볼 때 방언, 은어, 속어, 금기어, 완곡어, 전문어, 새말 등으로 나누어 볼 수 있다."라고 제시하고 있다. 이에 더해서 '어휘의 특성에 따른 양상과 활용'이란 제목 하에 '방언', '은어와 속어', '금기어와 완곡어', '전문어', '새말'에 대한 설명을 본문 내용으로 기술하고 있다.

이삼형 외(2014: 269)에서는 "우리말 어휘는 어휘의 특성이나 단어들 사이의 의미 관계를 기준으로 그 사용 양상을 살펴볼 수 있다. 우리말 어휘는 어휘의 특성에 따라 방언, 은어, 전문어, 금기어, 완곡어, 관용어, 속담 등으로 분류하여 파악할 수 있으며, 단어들 사이의 의미 관계에 따라 유의어, 반의어, 상의어와 하의어로 그 사용 양상을 살펴볼 수도 있다."라고 기술하고 있다. 교과서 본문에서 '방언'의 하위 내용으로 은어나 전문어 등을 기술하고 있고 '금기어와 완곡어', '관용 표현' 등도 따로 항목을 뽑아서 본문 내용으로 제시하고 있다. 이 교과서에서는 '사용 양상'이라는 표현을 쓰고 있으며 단어들 사이의 의미 관계 등도 사용 양상의 하나로 간주하여 진술하고 있다는 특징이 있다. 이 교과서는 '단원의 마무리'에서 '어휘의 양상' 차원의 '분류 기준'을 '특성', '의미 관계'로 나눠서 방언, 은어 등과 유의어, 반

---

4  조현설 외(2013: 109)의 '생각 넓히기'에는 '다음 글을 읽고 신조어와 축약어 사용의 문제점에 대해 생각해 보자'는 내용이 제시되어 있는데, 글의 제목이 "나만 안 쓰면 왕따 …… 100퍼센트가 은어 사용"이다. 본문 내용으로 다루고 있지는 않지만 '은어', '신조어', '축약어' 등을 부가해서 다루고 있는 것을 알 수 있다.

의어 등을 모두 어휘의 양상으로 처리하고 있는 것을 알 수 있다.

이숭원 외(2013: 256)에서는 "국어의 어휘를 사용 양상에 따라 방언, 은어와 속어, 금기어와 완곡어, 관용어와 속담, 전문어 등으로 나누기도 한다."라고 기술하고 있다. 이 교과서의 경우도 앞의 두 교과서처럼 '사용 양상'이라는 표현을 사용하면서 해당 내용을 기술하였는데, '방언', '은어와 속어', '금기어와 완곡어', '관용어와 속담', '전문어' 등의 항목을 따로 뽑아서 본문 내용으로 제시하고 있다. 이외에 학습 활동을 통해 구체적인 상황에서 어휘가 사용되는 양상을 살펴보는 활동도 제시하고 있다.[5]

위의 교과서들은 어휘의 양상에 대해 언급하면서 '존재 양상'이나 '사용 양상' 등을 언급하면서 표준어와 방언 이외의 다양한 어휘 유형을 제시하고 있다는 특징이 있었다. 그런데 '어휘의 양상'에 대한 단원을 별도로 설정하지 않고 학습 활동이나 단원을 정리하는 부분에서 '어휘의 양상'에 대해 서술한 교과서도 있다.

문영진 외(2014: 266, 269)에서는 어휘 관련 소단원을 따로 설정하지 않고 소설을 읽고 나서 하는 학습 활동 중 "이 소설에 쓰인 어휘를 바탕으로 어휘의 체계와 양상을 파악해 보자."라고 제시하고 있다. 또한 소설의 예문을 제시하고 "다음과 같은 관용어나 속담을 쓴 효과는 무엇인가?", "다음 비어와 속어를 바른 표현으로 바꾼다면 이 소설의 인물 묘사가 어떻게 달라지겠는가?" 등의 활동을 제시하고 있어서 표준어와 방언 이외에 관용어, 속담 등에 대해서도 다루고 있음을 알 수 있다. 한편 이 교과서에서는 소단원 학습 내용을 정리하면서 '어휘의 양상'에 대해 간략히 정리해 제시하고 있

---

5  이숭원 외(2013: 263)의 학습 활동에는 '④ 다음 상황에 나타난 어휘의 양상에 대해 알아보자.'가 있는데, 아래의 상황과 문제가 제시되어 있다.
   - 아저씨: 소은이 어디 가니?
   - 소은: 아저씨, 안녕하세요? 집에 가는 길이에요.
   - 아저씨: 할아버지께서는 안녕하시지?
   - 소은: 할아버지는 죽었어요. (하략)
   (1) 위의 대화에서 소은이가 사용하고 있는 어휘의 문제점이 무엇인지 말해 보자.
   (2) (1)을 바탕으로 잘못 사용한 어휘를 바르게 고쳐 보자.

는데, 방언을 비롯하여 '은어', '속어', '금기어와 완곡어', '관용어와 속담', '전문어', '새말' 등의 개념과 특성에 대해 간략히 진술하고 있다.

이상에서 언급한 6종의 교과서의 경우에는 교육과정에서 기술하고 있는 내용인 표준어와 지역 방언, 사회 방언에 대한 충실한 설명을 기본으로 하고 7차 교육과정 시 편찬된 고등학교 '문법' 교과서에서 다뤘던 내용인 '금기어', '완곡어', '관용어', '속담' 등을 포함하고 있는 것을 살펴보았다. 어떤 경우에는 본문 내용으로 직접 설명하는 것도 있었고 본문에서 직접 언급하고 있지 않더라도 학습 활동 등을 통해서 해당 내용을 언급하고 있다는 것을 알 수 있었다.

다) 변이 및 팽창 개념까지 활용하여 어휘의 존재 및 사용 양상에 대해 설명

우한용 외(2014: 68)에서는 "우리말 단어들의 특성을 탐구하기 위해서는 일정한 기준을 세우고 그에 따라 어휘를 분류해서 체계를 파악하고, 국어의 어휘가 어떤 양상으로 존재하고 사용되는지를 살펴보는 것이 필요하다."라고 기술하고 있어서 앞에서 살펴본 두 가지 유형의 교과서보다는 어휘의 양상에 대해서 좀 더 폭넓고 깊이 있게 다루고 있음을 알 수 있다. 우한용 외(2014: 70)에서는 "어휘는 일정한 체계를 이루고 있으며, 사용되는 상황에 따라 다양한 양상으로 나타난다. 어휘가 다양한 양상으로 나타나는 이유는 동일한 의미를 가진 단어일지라도 지역이나 집단에 따라 다르게 사용되고, 문명의 발달에 따라 새로운 어휘가 나타나기도 하기 때문이다. 전자를 어휘의 변이 현상이라고 하며, 후자를 어휘의 팽창 현상이라고 한다."라고 설명하고 있다. 이러한 내용은 다른 교과서들에서는 전혀 찾아볼 수 없는 내용인데, 김광해(1993), 이광호(2008) 등의 학술서나 논문, 7차 교육과정의 고등학교 국어과 교육과정 해설서에서나 볼 수 있는 내용이다.

이 교과서에서는 어휘의 양상에 대해서 폭넓게 기술하고 있음을 알 수 있는데, "어휘의 양상을 가장 특징적으로 보여 주는 것은 지역 방언이나 사회 방언과 같은 방언이며, 이 외에도 금기어, 완곡어, 관용어, 속담, 새말, 유행

어 등의 다양한 측면에서 어휘의 양상을 살펴볼 수 있다."라고 제시하고 있다. 우한용 외(2014: 74)에서 "어휘의 양상은 다양하게 나타나는데, 대표적인 것으로 금기어, 완곡어, 관용어, 속담, 새말, 유행어 등이 있다."라고 기술하여 '대표적인 것으로'라고 밝힌 것을 보면 어휘의 양상은 매우 다양한데 그중의 일부를 제시하고 있음을 강조하고 있다는 것을 알 수 있다. 한편 교과서 본문 내용에서 '금기어', '완곡어' '관용어', '속담', '새말', '유행어'의 개념과 특징을 간단히 언급하고 있다. 다른 교과서들과 달리, 이 교과서는 현재 어휘의 양상에 대한 설명에서 변이와 팽창 개념을 도입하고 있으며 어휘는 다양하게 존재하고 사용되고 있음을 강조하면서 설명하고 있다는 것을 확인할 수 있다.

## 3. 어휘의 양상 관련 내용의 교재화 시 고려할 점

2장에서 2009 개정 교육과정에서 다뤄진 내용이 11종의 국어 I 교과서에서 어떻게 구현되었는지를 살펴보았는데, 교과서별로 어느 정도 차이를 보이고 있는 것을 알 수 있었다. 이를 통해 봤을 때 어떤 교과서를 선택했느냐에 따라 학생들이 공부하게 되는 내용이 많이 달라질 수 있음을 알 수 있다. 검정 교과서 체제의 장점을 살리면서도 학생들이 어휘의 양상에 대한 내용을 충실히 학습할 수 있도록 하기 위해 추후 교재화 시 교육과정 및 교과서 측면에서 고려해야 할 점을 살펴보겠다.

### 가. 교육과정 측면에서 고려할 점

7차 교육과정 시기에는 교육과정 해설서가 별도로 존재했었기 때문에 교육과정에 제시된 교육 내용이 상세하지 않더라도 해설서의 내용을 통해 교육과정의 내용과 관련된 것을 자세히 알 수 있었다. 그런데 현행 교육과정과 관련해서는 해설서가 따로 만들어지지 않았으므로 교육과정의 내용이 어떤 의도에서 만들어졌으며 구체적으로 어떤 내용을 교과서에서 다루었으면 하는지에 대한 것을 집필진이 쉽게 파악하기 어려운 실정이다. 그렇기 때문에 교육과정의 내용이 구체적으로 제시되지 않을 경우 교과서 집필진의 자의적인 해석에 따라 교과서에 실리는 내용의 편차가 심해질 수밖에 없다. 이처럼 편차가 생기는 문제는 이미 2009 개정 국어과 교육과정의 고등학교 '국어 I' 과목에 제시된 내용을 교재화한 결과가 11종 교과서별로 다양하게 나타난 것을 살펴보면서 쉽게 확인할 수 있었다.

해설서가 없더라도 교육과정에서 다루고 있는 내용이 교과서에서 어느 정도 일관성 있고 충실하게 다뤄지기 위해서는 어떠한 개념을 교과서에서 학습 내용으로 다루고 어떤 예를 들어 주어야 하는지에 대해서 교육과정에서 명시적으로 소개할 필요가 있다. '어휘의 양상'이라고 표현했을 때 '양상'의 의미가 '사물이나 현상의 모양이나 상태'를 의미하기 때문에 '어휘 자체의 모양'을 말하는 것인지, '어휘가 보이는 어떠한 현상의 상태'를 의미하는지, 이 두 가지를 다 아우르는지 등을 교육과정에서 제대로 밝혀야만 이를 토대로 교재가 집필될 수 있을 것이다. 더 예를 들자면, 어휘의 체계에 대해 알아본다는 내용을 제시한 경우에는 체계를 나누는 기준 중 어떠어떠한 것을 제시하여 체계에 대해 학습할 수 있도록 해야 한다는 내용이 교육과정 기술 내용에 포함되어야 할 것이다. 어휘의 체계와 양상에 대한 기술 시 어떠한 내용까지를 다뤄야 한다는 것을 한정해서 제시할 필요가 있는 이유는 '품사의 체계와 분류'에 대한 내용과 비교하면 쉽게 이해할 수 있을 것이다. 품사의 체계와 분류에 대한 내용의 경우에는 학교 문법에서 인정하는 것이 9품사라는 것이 통용되는 것이므로 굳이 어떤 내용까지를 다루라고 한정하지 않아도 9품사 체계에 맞춰서 설명하는 것이 일반적일 것이다. 그러나 어휘의 체계와 분류의 경우에는 기준을 뭘로 정하느냐에 따라서 다양한 분류가 가능하여 체계를 달리 세울 수 있어서 어휘가 존재하고 구성되는 양상이 매우 다양하게 나타날 수 있으므로 어떠한 내용을 다루어야 하는지를 교육과정 내용에서 분명하고 상세히 제시할 필요가 있다.

교육과정에서 어떠한 내용을 어느 수준으로 다룰지를 명시적으로 기술하는 것과 함께, 중요하게 고려되어야 할 부분은 교육과정 내용 하나에 해당 내용을 모두 담을 것인지, 아니면 두 개로 나눠서 다룰 것인지를 정하는 것이다. 예를 들어 7차 교육과정의 문법 과목처럼 어휘의 체계에 대해 이해하는 것과 어휘의 양상에 대해 이해하는 것을 별도로 제시할 것인지, 아니면 2009 개정 교육과정의 국어 I 과목처럼 어휘의 체계와 양상을 이해하고 활용하는 것까지를 하나로 묶어서 제시할 것인지는 매우 중요한 문제이다. 어떻게 제시하는지에 따라 하위에 기술될 내용이 달라지고 이러한 내용에 따라 교과서에 구현될 결과물이 달라진다는 것은 자명하기 때문이다.

현재 문·이과 통합 교육과정이 개발 중인데 이 교육과정에서는 학생들에게 꼭 필요한 내용을 선별하여 핵심적인 것을 주로 다루게 될 것으로 보인다. 이러한 관점에 따라 교육과정 내용이 지금보다 축소되어 꼭 필요한 것만을 다룬다고 하면, 어휘의 체계와 양상에 대한 교육과정 내용은 하나로 통합되어 제시될 확률이 높아 보인다. 이처럼 하나로 제시되더라도 담아야 할 내용을 모두 다 잘 담을 수 있게 하는 게 매우 중요하다. 연구자가 생각하는 바람직한 내용은 어휘의 체계와 어휘의 존재(또는 구성) 양상을 함께 연관성 있게 다루고 어휘의 사용(또는 활용) 양상은 어휘의 다양한 유형별 개념 및 특성, 실례 등을 함께 제시하는 것이다. 그리고 하나의 어휘 표현이 다양하게 쓰일 수 있다는 것을 교육과정 내용에 포함해서 다루는 것이다. 이러한 내용을 교과서에서 실제 구현할 때 고려할 점은 다음 절에서 살펴보겠다.

## 나. 교과서 측면에서 고려할 점

### 1) '어휘의 체계와 유형'과 '어휘의 존재(구성) 양상'을 통합하여 기술

기존의 교과서들을 보면 '어휘의 체계'에 대한 내용을 기술할 때에는 '어종'에 따른 분류 기준을 적용하여 '고유어', '한자어', '외래어', '혼종어' 등에 대해 기술하는 것이 대부분이었다. 그러면서 방언과 금기어, 완곡어, 관용어, 속담 등은 어휘의 양상과 관련된 내용으로 기술하였다. 그런데 어휘를 단어들의 집합이라고 할 때, 어떤 기준을 적용하느냐에 따라서 어휘라는 집합에 포함될 낱낱의 요소인 원소들이 달라질 수 있으므로 어휘의 체계와 유형은 다양하게 정리될 수 있을 것이다. 이러한 관점에서 봤을 때 방언과 금기어, 완곡어, 관용어, 속담 등도 어휘에 포함될 수 있는 낱낱의 요소이므로 이들을 어휘의 체계와 유형과 결부시켜 설명하고 이러한 부분을 어휘의 존재(구성) 양상이라는 내용과 통합해서 기술할 필요가 있을 것이다.

　어휘의 갈래나 유형에 대해 진술하면서 어종에 따른 분류 이외에 방언, 금기어, 완곡어 등을 포함시키는 견해는 쉽게 찾아볼 수 있다. 문법 교육의 내용을 선정한 이춘근(2002: 138~139)에서는 어휘의 갈래에 대한 지식도 어휘 능력의 중요한 요소라면서 어휘의 갈래에서 가장 중요한 것은 숙어, 단어, 토의 구분이라고 했다. 이에 더해서 어휘의 갈래와 관련해서 '고유어/한자어/외래어' 분류나 '표준어/방언', '비어/은어/속어' 등에 대한 지식도 어휘의 갈래에 대한 지식으로 선정할 필요가 있다고 보았다. 또한 최형기 외(2013: 158)에서는 '어휘의 유형'에 대해 기술하면서 '어종에 따른 분류'의 예로 고유어, 한자어, 외래어를 제시하는 한편, '어휘소의 성격에 따른 어휘의 분류'의 예로 방언, 은어, 속어, 대우 표현어, 금기어, 완곡어, 관용 표현, 전문어, 새말新語 등을 제시하고 있다. 한편 신현숙(2014: 113~122)에서는 '한국어 어휘 범주'를 특정 기준에 따라 나눈 것을 제시하고 있는데, '어종에 따른 범주'의 예로 고유어, 한자어, 외래어를 제시하고 있다. 이는 한국어 어휘가 어떤 언어를 기반으로 구성되느냐에 따라 나눈 것이다. 한편 '기능 및 목적에 따른 범주'의 예를 들고 있는데, 표준어로 인정하느냐 그렇지 않느냐를 기준으로 표준어와 방언으로 나누고 있으며 어떤 계층이나 집단에 속하는 사람들이 자신들만의 의사소통을 하거나 비밀을 유지하기 위하여 특별하게 사용하는 어휘 범주로 은어를 제시하였다. 이외에 속어, 금기어, 관용구, 속담, 전문어, 새말 등을 더 제시하고 있다.

## 2) '어휘의 사용(활용) 양상[6]'에서 어휘의 세부 유형별 특성 등을 기술

앞에서 살펴본 어휘의 존재(구성) 양상이 어떠한지를 살펴보면 그 결과로서 어휘의 세부 유형이 다양하게 정리될 수 있다. 7차 교육과정의 고등학교 문법 교과서의 사례를 보면, '1. 방언', '2. 은어, 속어', '3. 금기어, 완곡어', '4. 관용어, 속담', '5. 전문어', '6. 새말' 등의 내용을 제시하고 있는데 이러한 유형의 어휘들이 실제 언어생활에서 어떻게 사용되고 활용되는지를 알게 하는 내용이 교과서에 기술될 필요가 있다. 그런데 여기서 주의할 점은 앞에서 어휘의 존재(구성) 양상에서 살펴본 내용과 연동되어 기술돼야 한다는 점과, 학생들의 언어생활을 살펴봤을 때 좀 더 추가할 유형의 어휘가 없는지를 따져봐야 한다는 점이다. 전자와 관련하여 예를 들면 '방언' 중 '사회 방언'에 대해 어떻게 기술했는지에 따라서 '은어', '속어', '전문어' 등에 대한 기술이 달라질 수 있다. 2009 개정 교육과정에 따라 집필된 고등학교 국어 I 교과서 중에서 어휘의 양상을 사회 방언을 위주로 하여 기술한 책들에서는 '은어'나 '속어'를 연령에 따른 사회 방언의 일종으로 기술하고 '전문어'를 직업에 따른 사회 방언의 일종으로 기술하고 있다. 이런 것을 따져본다면 '사회 방언'이라는 어휘 유형의 하위 유형으로 '은어', '속어', '전문어' 등을 기술하는 것이 일관성을 유지하면서 체계적으로 기술하는 방안이 될 수 있을 것이다. 한편 앞에서 언급한 주의할 점의 후자와 관련하여 학생들의 언어생활을 고려해 보면, 어휘의 세부 유형으로 축약어, 유행어 등을 포함시킬 필요가 있다.[7] 학생들이 효과적인 의사소통을 위해 빈번히 사용하는 '축약어'는 일상생활에서 청소년이나 어른이나 가리지 않고 많이 쓰고

---

6  참고로 '현대 국어 어휘 사용 양상'에 대해 연구한, 강신항(1991)에서는 'II. 현대국어 어휘의 사용'이라는 장에서 '1. 고유어의 사용 / 2. 신어 / 3. 유행어 / 4. 속어 / 5. 은어 / 6. 속어와 은어의 조어법 / 7. 차용어 / 8. 외국어의 차용어(외래어)화 과정 / 9. 전문어(직업어)' 등을 하위 항목으로 나누고 각 항에 대해 기술하고 있다.

7  참고로 심재기 외(2011)에서는 '5장. 어휘와 사회'에서 '어휘적 대우', '남성어와 여성어', '은어', '비속어', '금기어와 완곡어', '신어와 유행어', '통신 어휘', '순화어' 등을 각각의 절로 삼아서 관련 내용을 기술하고 있다. 여기서 제시된 '통신 어휘'는 본 연구에서 제시한 '축약어'와 관련이 많은 유형이다.

있으므로 어휘의 사용 양상에서 다룰 필요가 있다. 또한 다양한 대중 매체를 통해 많은 유행어를 접하고 이를 언어생활에서 효과적으로 사용하는 학생들을 고려했을 때 유행어가 어떻게 사용되고 있는지에 대해 알려 주는 게 바람직할 것이다. 그리고 학생들에게 높임 표현에 대한 이해를 돕고 일상생활에서 효율적으로 높임 표현을 사용하기를 독려하는 차원에서 '높임말(존대어)'과 '낮춤말(하대어)' 등도 다뤄 주면 좋을 것이고 좀 더 욕심을 낸다면 많은 외래어와 비속어를 대체하는 순화어 등의 사용(활용) 양상도 다뤄 주면 학생들의 인성 교육에 기여할 부분이 많을 것이다.

### 3) 동일한 표현이 여러 어휘 유형으로 분류되고 활용되는 내용을 기술

기존의 교과서에서 어휘의 양상에 대해 기술하고 있는 부분의 문제점 중 하나는 특정한 언어 표현이 하나의 어휘 유형에만 속한다고 오해할 수 있게 집필됐다는 점이다. 예를 들어 은어와 속어에 대해 기술하면서 각각의 개념, 특성, 실례 등을 제시하는 게 일반적이어서 특정한 예는 특정한 유형으로 분류되고 그러한 유형으로만 사용되는 것으로 잘못 알게 되는 경우가 있다. 예를 들어 어떤 언어 표현이 속어인데 이를 집단의 비밀 유지의 목적으로 사용하게 되면, 속어이면서도 은어가 되기도 한다는 것을 생각하기에 쉽지 않게 기술되어 있다. 이러한 문제점을 해결하기 위해서, 특정 방언에서 쓰이는 표현이 속된 표현이면서 비밀 유지의 목적으로 쓰이게 되면 방언이면서 속어이면서 은어에 속할 수 있다는 것 등을 일상생활에서의 쓰임을 통해 제시함으로써 어휘가 다양하게 사용된다는 것을 학생들이 이해하기 쉽게 기술할 필요가 있다. 여러 유형으로 분류될 수 있는 표현은 일상생활에서 쉽게 찾아볼 수 있다. 예를 들어 '의사'라는 직업을 가진 사람들이 쓰는 '전문어'가 환자에게는 비밀을 유지하는 용도로도 쓰이는 게 사실이므로 '직업어'이자 '전문어'이자 '은어'로 분류될 수 있는 것이다.

정리하면, 특정한 세부 유형의 어휘가 사용되는 양상을 기술할 때에는 그 어휘가 사용될 때 보이는 가장 특징적인 것을 기술하여 기본적인 이해를 도

모하는 게 필요할 텐데, 이에 더해 언어생활에서 어떤 유형으로 분류되는 어휘가 특정한 상황에서 매우 다양하게 사용(활용)되므로 이런저런 다른 유형으로도 분류될 수 있다는 것을 기술해 주면 어휘의 다양한 사용 양상을 좀 더 입체적이고 정확하게 이해하는 데 도움을 줄 수 있을 것이다.

### 4) 의미 관계 등의 내용을 포함하여 어휘의 사용 양상을 기술

어휘가 국어과 교육과정 내에서 본격적으로 다뤄지기 시작한 7차 교육과정 이후부터 한동안 교과서에서 다뤄진 내용들을 보면 어휘의 체계나 존재 (구성) 양상에 대해 기술할 때 어휘의 의미 관계에 따라 형성되는 유의어, 반의어, 상위어, 하위어 등이 포함된 적은 없었다. 이러한 내용은 문법 과목에서 '의미'에 대해 다루는 부분에서 언급된 적은 있지만 어휘와 관련된 부분에서 언급되지는 않았던 것이다. 그런데 최근 2009 개정 교육과정에서는 어휘의 사용(활용) 양상에 대해 구체적으로 다루면서 의미 관계에 따라 어휘가 다양하게 사용되는 양상을 기술하고 있다.[8] 이러한 내용은 앞에서 살펴본 것처럼 중학교와 고등학교 국어 과목에서 해당 내용을 찾아볼 수 있다. 의미 관계에 대해 배우는 이유가 이러한 관계를 이루는 다양한 어휘에 대해 평상시 정확히 이해하고 여러 가지 상황에서 적절히 사용하기 위해서라면 어휘의 사용(활용) 양상에서 이러한 어휘들을 상황에 맞게 구사하는 예들을 다양하게 제시할 필요가 있을 것이다. 그런데 꼭 짚고 넘어가야 할 부분은 어휘의 사용(활용) 양상에 대한 내용을 어휘의 존재(구성) 양상과 별도로 기술할 때에만 의미 관계 등을 포함하여 어휘 사용 양상을 기술하는 것이 의미가 있다는 점이다.

---

8  사실 어휘와 관련된 이론서에서 '어휘 의미'와 '어휘 의미 간의 관계' 등에 대해 다루고 있는 것은 쉽게 찾아볼 수 있다. 예를 들어, 김종택(1993)에서는 '8. 어휘 의미론'이라는 장에서 '어휘와 어휘관계'라는 절을 설정하여 '동의어', '유의어', '상대어', '반의어', '다의어', '동음어' 등에 대해 설명하고 있다.

# 4. 끝맺으며

7차 교육과정 시기부터 고등학교 문법 과목에서 어휘에 대한 내용이 본격적으로 다뤄지면서 이후 중학교나 고등학교의 국어 과목에서 어휘 관련 내용이 많이 다뤄지고 있다. 그중 많이 다뤄지는 내용이 어휘의 체계, 어휘의 양상, 어휘의 세부 유형별 특징 등이다. 그런데 이 중에 어휘의 양상이 뭘 의미하는지를 교육과정에서 명확히 밝히지 않음으로써 교과서 집필진에게 많은 혼란을 주었다고 생각한다. 어떤 교과서에서는 어휘의 존재(구성) 양상으로 보아서 어휘의 체계나 유형과 유사하게 기술하고 있었고 어떤 교과서에서는 어휘의 사용(활용) 양상까지를 포함하는 것으로 생각하여 좀 더 많은 유형의 어휘에 대해 제시하고는 있지만 일상생활에서 어휘가 다양하게 쓰이는 측면에 대해 자세히 다루고 있지 못한 한계가 있음을 살펴봤다.

이러한 한계를 극복하기 위해서는 교육과정에서 어휘의 양상이 의미하는 것이 무엇인지를 확실히 밝히고 어휘의 어떠한 양상에 대해 어느 정도의 수준으로 교과서에서 다뤄야 한다는 점을 분명히 밝힐 필요가 있을 것이다. 또한 교과서는 교육과정의 내용을 바탕으로 하여 일상생활에서 어휘가 다양하게 사용되는 양상을 살펴볼 수 있게 집필되어야 할 것이다. 이 글에서는 어휘의 양상 관련 내용이 교재에 구현된 것의 문제점과, 앞으로 그러한 문제점을 해결할 때 고려해야 할 점을 소략히 제시하는 데 그쳤다는 한계가 있다. 다른 지면을 통해 어휘의 체계, 어휘의 구성(존재) 양상, 어휘의 사용(활용) 양상에 대한 내용의 구체적인 교재화를 시도함으로써 실질적으로 학습자에게 도움을 줄 수 있는 교수·학습 자료를 제시할 것을 다짐한다.

# 참고 문헌

강신항(1991), 『현대 국어 어휘사용의 양상』. 태학사.

교육과학기술부(2012), 『국어과 교육과정 교육과학기술부 고시 제2012-14호[별책 5]』. 교육과
　　　학기술부.

교육인적자원부(2001), 『고등 학교 교육 과정 해설-② 국어-』, 대한교과서주식회사.

김광해(1993), 『국어 어휘론 개설』, 집문당.

김종철·이명찬·양정호·김종욱·황혜진·신중진·조하연·주재우·임호원·박혜영·이진용, 『고등학교
　　　국어 I』, ㈜천재교육.

김종택(1993), 『국어 어휘론』, 탑출판사.

김중신·김성룡·김동환·장윤희·박건호·이목윤·박윤경(2014), 『고등학교 국어 I』, ㈜교학사.

김혜숙(2005), 『우리 말글 교육의 모습과 쓰임』, 도서출판 월인.

문영진·김동준·김잔디·김현양·박수연·서형국·신두원·엄성신·이정훈(2014), 『고등학교 국어 I』,
　　　㈜창비.

박영목·정호웅·천경록·양기식·이은경·나윤·전은주·박형라·박의용·서우종·남영민·이혜진·하고
　　　운(2014), 『고등학교 국어 I』, ㈜천재교육.

서울대학교 국어교육연구소(2002) 『고등학교 문법』, ㈜두산.

신동흔·박수자·나희덕·나은진·전경원·신유식·이필규·정미선·김영찬·전여경·윤인희·최희윤·호
　　　지은·유성호·조남현·이나경(2014), 『고등학교 국어 I』, 두산동아㈜.

신현숙(2014), 『문법과 문법 교육』, 푸른사상.

심재기·조항범·문금현·조남호·노명희·이선영(2011), 『국어 어휘론 개설』, 도서출판 지식과 교양.

우한용·최병우·이은희·김혜영·이승철·박찬용·윤정한·김향연(2014), 『고등학교 국어 I』, ㈜비상
　　　교육.

윤여탁·김정우·박종훈·박재승·오현아·송지언·최영환·유갑천·조성범·김수학·박양숙·이동민·이
　　　호종·주상돈·한상진·정지민·이민희·고은정(2014), 『고등학교 국어 I』, ㈜미래엔.

이광호(2008), "어휘의 양상 분류", 『언어과학연구』 45, 23~41쪽.

이삼형·김창원·정재찬·권순각·류수열·김현·하동원(2014), 『고등학교 국어 I』, ㈜지학사.

이숭원·이대욱·이문규·홍근희·서태진·박재현·서명희·문영선·이지은(2013), 『고등학교 국어 I』,

㈜좋은책신사고.

이춘근(2002), 『문법교육론』, 이회문화사.

조현설·노철·정승철·김은형·유동걸·김진황·김윤아·임영환·김태철·이만주·김현주·김영자·남승림·김태희·유미·한성찬·권택경·장소연·박기려·박영수·박현진·이찬교·오금희·안병만·강정한·이석중·김중수·정호식·손규상·나종입·이호순(2014), 『고등학교 국어 I』, ㈜해냄에듀.

최미숙·원진숙·정혜승·김봉순·이경화·전은주·정현선·주세형(2012), 『(개정 2판) 국어 교육의 이해』, ㈜사회평론.

최형기·조창규(2013), 『예비 교사를 위한 국어 문법 교육 강의』, 태학사.

한철우·박영민·박형우·권태현·김기열·문민정·박경진·박경희·이영진·장은주·조성만, 『고등학교 국어 I』, ㈜비상교육.

# 독서 교육을 위한 학교와 공공 도서관의 역할과 과제

이재형(동아대학교)

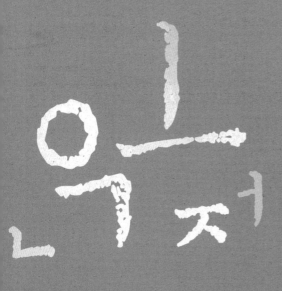

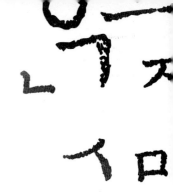

# 1. 들어가며

　연구자가 공공 도서관을 처음 가보게 된 것은 초등학교 2학년 때였다. 5학년이었던 동네 형을 따라 버스로 몇 정거장을 간 뒤 도착한 곳은 서울 우이동에 있는 도봉도서관이었다. 미리 준비해 간 증명사진을 도서관 회원증(대출증)에 붙이고 처음으로 책을 대출받았을 때의 그 신기함과 기쁨은 아직도 생생하다. 물론 학교의 교실 뒤에도 '학급문고'라는 것이 있었지만, 대부분 집에서 안 보는 책이나 낙서가 잔뜩 되어 '폐품 수거일'에 학교에 갖다 주기 직전의 책들을 담임선생님께 제출한 것이 모여있던 곳이라, 그리 큰 흥미를 주지 못했다. 그래서 연구자는 매주 2~3일은 꼭 도서관에 가서 책을 빌려보고 저녁 무렵 도서관 식당에서 300원짜리 우동을 시켜먹고 집에 돌아갔던 기억이 난다. 그런데 돌이켜 생각해보면, 연구자는 책을 반납할 때 더 묘한 희열을 가졌던 것 같다. 책을 반납할 때 사서 선생님이 찍어주는 반납 확인 도장이 늘어날 때마다, 그리고 도서 대출증의 기입란이 점점 줄어들 때마다 왠지 모를 뿌듯함에 젖곤 했다.

　중학교에 올라가보니 학교 도서관이 있었다. 비록 폐가식 도서관이었지만 학교에 도서부도 있어서 가끔 도서부 친구에게 부탁하여 새로 들어온 책들을 먼저 살펴보기도 했던 기억이 난다. 그런데 기대가 컸던 만큼 실망도 크다고 했던가. 교실 한 개 크기의 그 도서관은 책을 빌려보는 장소라기보다는 공부를 하는 장소의 기능을 주로 하였다. 유리창 너머에 있는 서가는 불이 꺼져 있기 일쑤였고, 도서관의 대부분을 차지하는 열람실 책상에는 조용히 공부만 하는 학생들이 몇 있을 뿐이었다.

고등학교는 더욱 심각했다. 학교에는 꽤 넓은 크기의 도서관이 있었으나, 책과 서가는 자물쇠가 달린 유리창 저편에 마치 수족관 안의 물고기처럼 진열되어 있을 뿐이었다. 책에는 시커먼 먼지만 쌓여 있었던 고등학교의 학교 도서관은 오로지 숨죽여 공부만 하는 곳이었다. 도서관에는 사서교사가 아닌, 회초리를 든 감독교사만 있을 뿐이었다.

지금 생각해보면 당시의 연구자는 국어공부를 꽤 좋아했던 것 같다. 학기 초에 교과서를 받으면 맨 먼저 국어교과서를 펴고 한 학기동안 무슨 글을 읽을지 살펴보았고, 몇 편의 글을 제외한 거의 모든 글을 교과서를 받은 지 몇 주 안에 모두 읽었다. 그래서 그런지, 다른 과목은 몰라도 국어 성적은 좋은 편이었다.

그런데 재미있는 것은, 연구자가 좋아하는 과목이 국어이고, 그래서 왜인지는 몰라도 늘 국어시간이 기다려졌고, 또 존경하는 선생님이 주로 국어 선생님이었음에도 불구하고, 연구자는 학교에서 국어 시간에 '읽기' 또는 '독서'교육을 받았다고 생각한 적이 거의 없었다는 점이다.[1] 학교 국어시간에 기억나는 것은 열심히 선생님의 작품 분석을 교과서에 옮겨 적거나 문법 규칙을 암기하고 논술문을 쓰는 것이었다. 오히려 연구자는 공공 도서관에서 행복을 느꼈다. 조용한 서가에서 사서의 도움을 받아 책을 고를 때, 책을

---

1  연구자는 본 연구에서 '읽기'와 '독서'라는 용어를 함께 사용하고 있다. "일상적 언어 용법에서 '독서'는 문자 그대로 책을 읽는 것을 가리킬 때 잘 쓰이고, '읽기'는 걷기, 먹기, 보기, 듣기, 쓰기 등과 마찬가지로 동작이 수반되는 행위 자체를 가리킬 때 사용되는 경향"(김명순, 2012: 64)이 있다. 하지만 일상적으로는 '읽기'와 '독서'가 거의 구분되지 않고 자연스레 함께 사용되고 있는 것 또한 사실이다. 연구자는 독서교육의 목표는 '거시적인 독서교육(한철우, 2011)'을 통해서 실현 가능하리라 보는 입장에서, 이 연구에서는 주로 '독서'라는 용어를 사용하되, 미시적인 기능 또는 인지적 전략과 관련해서는 부분적으로 '읽기'라는 용어를 함께 사용하기로 하겠다.

휘리릭 넘기며 인쇄된 책 냄새를 맡을 때에는 무엇인지 모를 설렘에 가슴이 두근거렸다. 특히 오돌도돌한 인쇄면(요즘 출판되는 책들은 그렇지 않다.)을 손으로 만질 때에는 마치 자신이 책의 필자와 대화를 하는 것 같은 착각이 들었고, 맨 뒷장 도서대출카드에 적힌, 나보다 이 책을 먼저 읽은 사람들의 이름을 볼 때면 마치 가상의 독자들과 대화를 나누는 것 같은 기분이 들기도 하였다.

그렇다고 해서 연구자가 무슨 대단한 독서가였다는 것은 절대로 아니다. 고등학교 때부터는 누구나처럼 거의 입시준비에 매달려 공공 도서관은 1년에 한 두 번 갈까 말까였고, 독서량도 요즈음 '독서인증'을 받는 중고등학생에 비하면 그 절반에도 미치지 못했을 것이다. 그럼에도 불구하고, 독서의 즐거움은 아마도 어렸을 때부터 느꼈던 것이 아닌가 한다. 고기도 먹어본 사람이 그 맛을 안다고, 아마 그 어린 시절의 즐거움이 지금도 책을 놓지 못하게 하는 이유인 것 같기도 하다.

다소 장황하게 연구자의 독서 경험을 진술하였다. 그런데 여기에서 연구자가 간과해서는 안 될 부분이 있다.

만약 아무리 자신이 책을 좋아한다고 해도 기본적으로 독서를 하는 방법을 몰랐다면, 독서의 원리를 몰랐다면, 가령 모르는 단어가 나왔을 때 어떻게 처리를 해야 하는지, 특정한 장면에서 어떤 추론을 해야 하는지, 필자의 의도를 어떻게 짐작하거나 또는 비판적으로 인식해야 하는지 등을 몰랐다면 내가 책을 성공적으로 읽어낼 수 있었을까? 성공적인 독서 경험을 하지 못했다면 내가 도서관에서 책을 빌리는 즐거움을 과연 가질 수 있었을까?

물론 그렇지 않다. 그렇다면 더욱 신기한 일이다. 전술한 내용은 결코 공공 도서관에서 가르치지 않는 내용이다. 가르칠만한 전문가가 없고 프로그램이 없다. 그럼 결국 연구자는 그러한 기능이나 전략들을 학교에서 배웠다는 것일 텐데, 연구자에겐 그러한 뚜렷한 기억이 없다. 수학 시간에 구구단을 외고 인수분해를 공부했던 것은 기억이 나고 영어 시간에 1형식 문장이니 2형식 문장이니 하는 것을 공부했던 것은 기억이 나는데, 국어시간에 독서를 공부했던 것은 기억이 나지 않는다.

그럼 연구자는 어디에서 독서교육을 받았던 것일까? 무엇이 현재의 나를 만들어 온 것일까? 어쩌면 이 짧은 글은 이에 대한 연구자 자신의 답을 발견하기 위한 방법일지도 모른다.

현재 공적인 독서교육을 수행하는 기관에는 대표적으로 학교와 공공 도서관이 있다. 물론 이 외에도 각종 사회교육기관 및 사교육기관 등에서도 독서교육 또는 운동을 하고 있기는 하나, 전문성과 체계성 등에서 학교나 공공 도서관을 뛰어넘지는 못한다.

그런데, 같은 독서교육(또는 정책의 수행)을 위해 존재하는 두 기관들이 독서 및 독서교육을 바라보는 것에는 비슷하지만 다르고, 또한 다르지만 유사한 지점이 대단히 많다. 그러다보니 독서교육의 수요자 입장에서는 두 기관의 위상과 역할에 대해 의아해지는 것도 사실이다. 그렇다면 이 두 기관에서 수행하는 독서교육의 목표와 내용은 어떠한 차이가 있으며, 그 문제점은 무엇일까? 그리고 이 두 기관이 어떻게 의미있는 관계를 함께 맺어야 전 사회가 풍부한 독서문화를 향유하게 될 수 있을까? 이 글에서는 이에 대하여 건조하게나마 살펴보고자 한다.


## 2. 학교 독서교육의 내용과 문제점

학교에서의 독서교육은 일반적으로 초·중학교의 국어과교육에서 행해지는 읽기 및 고등학교 선택과목으로서의 독서(와 문법)교육을 의미한다고 할 수 있다.[2] 이런 의미에서, 학교 독서교육의 가장 큰 특징은 국가수준의 교육

---

2   학교도서관을 중심으로 행해지는 독서교육 역시 중요하다. 그러나 후술하겠지만, 현재의 학교도서관의 전문인력이 매우 부족하거나 대부분 비정규직, 심지어 시간제 인력 형태로 운영되고 있는 것을 고려할 때, 일단 이 연구에서 학교 독서교육은 별도로 언급하지 않는 한 국어과교육에서의 독서교육을 의미하기로 한다.

과정을 기반으로 행해진다는 점이다.

　현재 국어과 국가수준교육과정 중 중학교 1~3학년군 읽기 영역 성취기준은 '다양한 유형의 글을 읽기 목적과 상황에 따라 적절한 읽기 전략을 사용하여 비판적으로 읽고, 능동적으로 글을 읽는 태도를 지닌다.'로 진술되고 있다. 또한 고등학교 선택과목인 '독서와 문법' 중 '독서'영역과 관련한 목표를 추려보면 아래와 같다.[3]

> 가. 독서와 언어의 본질을 사회 문화적 소통 차원에서 체계적이
>     고 전문적으로 이해한다.
> 다. 다양한 관점의 글을 비판적으로 읽고 논리적으로 의미를 재
>     구성하며 사회적 공동체의 독서 활동에 능동적으로 참여한다.
> 라. 독서와 문법을 통하여 개인의 삶과 사회 현상을 성찰하며 국
>     어 문화를 창의적으로 발전시키는 태도를 기른다.

　교육과정 목표에 따른 내용체계는 중학교 1~3학년군의 경우 그 내용요소를 '실제, 지식, 기능, 태도'로 구분하여 진술하고 있으며, '독서와 문법'의 경우는 아래와 같다.

〈표 1〉 '독서와 문법' 내용체계

| 독서와 언어의 본질 | • 독서의 본질<br>• 언어의 본질 |
| --- | --- |
| 국어 구조의 이해 | • 음운<br>• 단어<br>• 문장<br>• 담화 |

---

3　물론 '독서와 문법'과목은 통합 과목이나, 목표, 내용 체계 및 성취기준에 있어 '독서'영역과 '문법'영역이 구분되어 진술되고 있는 측면이 많아 연구자가 임의로 추출하였다. 이후 본 연구에서 '독서'과목이라 하면, '독서와 문법'과목 중 '독서'의 분야를 지칭하는 것으로 한다.

| 글의 구조와 독서의 방법 | • 글의 구성 원리<br>• 독서의 방법 |
|---|---|
| 독서의 실제와 국어 자료의 탐구 | • 독서와 국어 생활<br>• 국어 자료의 탐구<br>• 독서의 가치와 성찰 |

위와 같은 문서상의 교육과정 목표와는 달리 우리가 경험적으로 알 수 있 듯이, 학교에서의 독서교육은 초·중·고등학교를 막론하고 주로 국어과교육 의 연장선상에서 독해 전략 중심의 미시적 독서지도를 전제하고 있다. 더 나아가 고급독자로서의 발달과정에 도달한 고등학교에 있어 독서지도는, 정작 '책읽기'로서의 독서교육보다는 오히려 입시교육 위주의 문제풀이식 독서지도[4]에 더욱 가까이 가 있는 듯하다. 물론 미시적인 독서지도가 독서 능력 향상에 기여하는 바가 없는 것은 아니지만, 한철우(2011: 14~15)에 따 르면 이러한 미시적인 독서지도는 학생들이나 교사의 눈앞의 불안감을 해 소시킬 수 있을지는 모르지만 근본적인 불안감을 해소시킬 수 있는 독서능 력을 신장시키지 못하고 더 나아가 독서 학습 효과가 없다고 한다.

이러한 현실은 실제로 독서교육에 대한 학생과 국어교사의 인식차이를 가져오게 한다.

학생과 교사의 독서 지도에 대한 인식 양상에 대한 한 연구(김명순, 2010) 의 독서 문제점에 대한 중·고등학생들의 가장 많은 반응은 '독서량 부 족'(22%)과 '독서 시간 부족'(16.2%)였다. 이와 달리 교사의 가장 많은 반응 (26%)은 학생들의 '독서 의욕이 부족'하다는 것이었다. 또한 독서 지도 부진 이유에 대한 교사의 대부분의 반응(42.3%)은 '시간이 부족'하다는 것이었 다. 이 지점에서 연구자는 오히려 교사보다 학생의 반응에 더 관심이 간다. '독서 시간'이 없는데 어떻게 독서량이 많아질 수 있겠는가? 학생들이 현실

---

4 연구자는 '입시'를 위해서라도 문제풀이식 독서지도는 지양해야 한다고 본다. 수능시험의 읽기 관련 문항은 오랜 기간동안 실제로 많은 글을 읽어낸 숙련된 독자의 독서수행 가능 여부를 묻는 문항들로 구성되어 있다고 보기 때문이다.

적으로 하루 중 가장 많은 시간을 보내는 학교에서 충분한 독서 시간을 확보하지 않고 독서량이 개선되기를 바라는 것은 적절치 않다. 이러한 상황에서 독서 문제점을 '학생들의 독서 의욕'문제로 보는 것은, 어쩌면 독서교육에 대한 책임을 학생들에게 떠넘기는 것과도 유사할 수 있다. 특히 1주일에 최소한 너다섯 시간이 국어 관련 수업시간이라는 점을 고려한다면, 시간이 부족하여 독서지도가 부진하다는 반응은 쉽게 납득하기가 어렵다. 이는 아마도 교사들에게 있어 독서지도란 별도로 시간을 내어야 가능한 개인 차원의 일에 그치고 있음을 보이는 것(김명순, 2010: 70)으로 보인다.

이는 다른 연구에서도 역시 마찬가지다. 문식성 환경과 관련한 한 연구(한철우, 2011: 219~222)에 따르면, 학생들을 대상으로 한 국어 교사를 대상으로 한 설문에서 '국어 선생님께서는 책을 읽는 것을 중요하게 생각하신다.' '국어 선생님께서는 읽기에 대해 자주 강조하신다.'에는 각각 70%, 50% 이상의 학생들이 '대체로 그렇다', '매우 그렇다'로 반응하였으나, 동시에 '국어 선생님께서는 항상 책을 보시고 계시는 편이다.', '국어 선생님께서는 책을 읽는 아이들을 격려하고 칭찬하는 경우가 많다.'라는 문항에는 각각 30%, 17% 정도의 학생들만이 '대체로 그렇다' 또는 '매우 그렇다'라고 반응하였다. 이는 국어 교사들이 시험 및 입시 성적에 직접적인 영향을 주는 독해지도에 치중하고 실제로 책을 읽도록 하는 지도는 하지 않는 것으로 분석(한철우, 2011: 221)될 수 있다.[5]

물론 국어교육적 측면에서 '독서'는 학습의 대상이고, 그 학습의 내용은 교육과정 목표에 따라 선정되어 효율적으로 배열된 성취기준에 따를 수밖에 없다. 연구자가 비록 거시적인 독서지도의 필요성을 강조한다고는 하나, 독해 전략 위주의 미시적인 독서지도 역시 국어과 중심의 학교 독서교육에

---

5  실제로 연구자가 몇 개월 전 한 교육청의 주최로 독서동아리 담당 교사 및 학부모를 대상으로 한 강
   연을 하였을 때, "이렇게 좋은 프로그램을 왜 국어시간에는 하지 못하시는가?"라고 질문하자 대부분
   의 교사가 "아이들이 따라오지 못한다.", "교과서 진도를 나가야 한다." "책을 읽히기에는 시간이 부
   족하다."등으로 반응한 바 있다.

서 반드시 필요한 고유의 교육 내용과 방법인 것은 분명한 사실이다. 국어과에서 충분한 독해 전략을 학습하지 못하여 최소한의 기능적 문식성을 획득하지 못한 독자가 거시적인 독서를 통해 의미 구성을 할 수 있게 될 것을 기대하기는 어렵다. 하지만 '독서교육에서 노출되는 많은 문제는 독서라는 행위가 교육이라는 방법에 지나치게 압도당함으로써 빚어지는 것'(김종성, 2005: 37; 이연옥, 2006: 23에서 재인용.)이라는 지적은 여전히 타당하다. 독서가 학습되어야 하는 것은 분명하지만, 독서교육은 궁극적으로 학습을 넘어선 독서까지 지향하여야 할 것이다.

다시 말해 '다양한 관점의 글을 비판적으로 읽고 논리적으로 의미를 재구성하며 사회적 공동체의 독서 활동에 능동적으로 참여'하는 것은, 그리고 '독서를 통하여 개인의 삶과 사회 현상을 성찰하며 국어 문화를 창의적으로 발전시키는 태도'를 기르는 것은 미시적으로 분절된 독해 기능을 가르친다고 하여 가능한 것이 아니다. 교사가 텍스트를 열심히 분석해 주기만 하고 실제로 텍스트를 읽는 것은 숙제로 내어준다고 해서 가능한 것도 아니다. 적절한 사례일지는 모르겠으나, 우리가 운전학원에서 운전을 배우는 이유는, 열심히 운전하는 기능을 습득하여 운전면허를 딴 후, 자동차를 가지고 운전학원 내의 연습 코스를 더 빠르고 재미있게 돌아보려는 것이 결코 아니다. 우리가 운전학원에서 운전을 배우는 진짜 이유는, 운전하는 기능을 습득해서 운전면허를 취득한 다음, 운전학원을 벗어나 내 자동차를 가지고 우리나라 곳곳을 드라이브를 하며 행복한 삶을 영위하기 위해서이다. 그래서 운전학원에서는 결코 운전과 관련한 교통 법규나 지식(특히 명제적 지식)만을 가르치지 않는다. 오히려 그런 지식은 문제지를 한 권 주고 풀어보라고 권할 뿐이며, 정말 정성들여 가르치는 것은 실제 자동차를 운전하며 신장되는 운전 기술이다.

독서 역시 마찬가지이다. 학교에서 독서를 강조하고 또 독서하는 방법을 가르치는 궁극적인 이유는 학교 안에서, 또는 국어시간에만 읽기를 잘 하도록 하기 위함이 결코 아닐 것이다. 학교에서 독서를 가르치는 목적은 학교 안에서는 물론 오히려 학교 밖에서 청소년들이 자신의 삶의 목적과 맥락에 맞도록 독서를 즐겨 하고 독서를 통해 행복과 즐거움을 갖도록 함일 것이다. 그렇기 때문에 독서 활동은 방과 후의 과제로서가 아니라 학교에서 직접 독서를 하는 유의미한 경험, 독서의 행복과 즐거움을 갖도록 하는 것이 필요할 것이다. 이러한 측면에서, 학교에서의 독서교육은 실제의 독서 활동을 중시하는 거시적인 독서지도를 강조하는 방향으로 선회하여야 마땅하다.

## 3. 공공 도서관 독서교육의 내용과 문제점

현행 도서관법 제1장 2조에서 정의하고 있는 '도서관'이란 '도서관자료를 수집·정리·분석·보존하여 공중에게 제공함으로써 정보이용·조사·연구·학습·교양·평생교육 등에 이바지하는 시설'을 말한다.[6] 도서관은 공공 도서관, 대학도서관, 학교도서관, 전문도서관 등으로 다시 구분되는데, 여기에서 공공 도서관은 다시 공립 공공 도서관, 사립 공공 도서관, 작은도서관, 장애인도서관, 병영도서관, 병원도서관, 교도소도서관, 어린이도서관 등을 포함하는 개념이다. 다만, 일반적으로는 공공 도서관을 보통 '공중의 정보이용·문화활동·독서활동 및 평생교육을 위하여 국가 또는 지방자치단체가 설립·운영하는 도서관'을 칭하는 공립 공공 도서관을 의미하는 경우가 많다.

공공 도서관은 위의 목적을 달성하기 위한 '지식정보센터로서의 기능, 평생교육센터로서의 기능, 사회문화센터로서의 기능, 레크리에이션 센터로서의 기능, 생활편의센터로서의 기능'(이진영, 2004: 53~75)등을 수행하고 있는데, 특히 1995년에 개정된 유네스코 공공 도서관 선언문에서는 기존의 교육, 문화, 독서 등에 추가하여 역사의 계승, 준 문맹자의 퇴치 등을 부

---

6 법령검색사이트 '로앤비(http://www.lawnb.com)'에서 '도서관법'으로 검색. 원래는 '도서관 및 독서진흥법'이었으나 2006년에 '도서관법'으로 법제명이 변경되었다.

각하고 있다. 가령 유네스코에서 열거한 공공 도서관의 기능은 아래와 같다.(이진영, 2004: 49)

〈표 2〉 공공도서관의 기능(유네스코)

| 항목 | 내용 |
|------|------|
| 1. 독서의 습관화 | 유아기부터의 독서습관을 부여하고 이를 강화한다. |
| 2. 교육의 지속화 | 자율적인 평생교육을 지원한다. |
| 3. 창조력의 증진 | 국민 각자에게 창조력을 개발시킨다.<br>특히 청소년의 창조력, 상상력을 증진시킨다. |
| 4. 문화의 진흥 | 문화예술, 과학의 발전을 인식시킨다.<br>공연예술 등 문화적 표현과 친밀해진다.<br>다 국간 문화의 융합을 촉진시킨다. |
| 5. 역사의 계승 | 구전되는 역사의 보존. |
| 6. 정보의 배포 | 지역 정보의 충족은 필수적이다.<br>지역의 산업, 단체 등에 정보 봉사.<br>컴퓨터 기술을 적용한 정보시스템을 확립한다. |
| 7. 준문맹자의 퇴치 | 독해력 증진으로 이해력을 확산한다. |

위의 표에서도 알 수 있다시피, 공공 도서관의 중요한 역할 중의 하나가 '독서교육'이라는 점은 두말할 나위가 없다. 물론 공공 도서관은 독서교육만을 위해 존재하는 기관은 결코 아니다. 앞서 진술하였듯이 여러 자료를 수집·정리·보존하는 일과 도서관정책 수립 및 시행, 정보 및 평생학습기관으로서의 역할 등 다양한 업무를 담당하고 있는 기관이다. 그럼에도 불구하고 그 중심에는 '독서'가 있는 것은 부인할 수 없다. 그리고 그 '독서'는 독서교육을 통해 현실화된다.

실제로 많은 공공 도서관에서 각종 독서프로그램 및 독서운동을 운영하며 비형식적 독서교육을 뜻있게 추진하고 있다. 특히 도서관에서 실시하는 독서교육 프로그램은 주제 중심, 체험 중심, 학년 중심, 문화예술 중심, 독서캠프 중심 등(황금숙·김수경, 2012) 학생의 구체적이고 현실적인 삶에 기반한 실질적인 독서 및 독후활동을 중심으로 하고 있다는 측면에서 거시적인 독서교육을 구현하고 있는 것으로 보인다.

그런데 공공 도서관계에서 말하는 '독서교육'과 학교교육에서 말하는 '독서교육'은 그 의미에 약간의 차이가 있다. 공공 도서관계에서 말하는 독서교육은 아래와 같다.

> (1) 독서에 의한 인간형성, 즉 독서자료를 매체로 자기의 생활을 충실히 하고 사회적 적응을 위한 독서인격의 형성을 계획적으로 원조하는 교육.(한국도서관협회, 2010:105)
>
> (2) 독서교육은 도서관 이용자들에게 책 읽는 방법, 효과적인 독서법, 책 읽는 자세, 독서 예절, 독서 시간과 장소, 독서위생, 독서계획 세우기, 속독요령, 독서감상문 쓰기, 원고지 쓰는 방법, 책의 선택 방법, 독서 행사, 독서회 운영, 도서관 이용법 등을 지도하는 것이다.
>
> (3) 독서교육은 독서를 통하여 인격을 형성하는 인간교육이며, 독서하는 태도, 지식, 능력, 흥미, 기술, 습관 등의 형성과 그 개발을 지도하는 것이다. 또한 독서의 중요성을 인식시키고, 독서 방법을 가르쳐 생활화할 수 있도록 지도하는 것이다.
>
> (이만수, 2002: 304, 번호는 연구자)

(1)의 정의는 가장 포괄적인 개념으로 '독서를 통해 인간을 형성'하는 것을 독서교육이라 말하며, 텍스트를 바탕으로 개인적 생활을 영위하며 사회적 적응을 하는 '독서인격'의 형성을 '계획적'으로 원조하는 교육이라 칭하고 있다. '독서인격'이 무엇인지는 확실하지 않아도, 독서를 통해 개인적 삶을 영위하고 사회의 적응을 기대하고 있다는 측면에서 기능적 문식성의 습득에 잇닿아 있다고 보인다. 여기에서 독서인격의 형성을 '계획적으로 원

조'한다는 진술이 인상적이다. (2)의 경우는 독서교육의 정의라기보다는 독서교육의 다양한 방법과 활동을 나열하고 있는 것으로 보인다. (3)의 정의는 독서와 관련한 지식과 기능, 태도의 교육을 통해 독서의 생활화를 지향하고 있다는 점에서 학교 독서교육, 특히 국어교육에서의 독서교육의 목표와 매우 근접해 있다고 파악된다.

위의 다양한 정의를 종합해볼 때 도서관계에서 말하는 독서교육은 학교(국어과) 독서교육과 유사한 측면이 있기는 하나 아직 그 명확한 정의와 목표 및 내용을 일관된 언어로 정리하고 있지는 못한 것으로 보인다. 실제로 도서관계에서 출판된 독서교육 관련 서적을 참고해 보아도, 독서지도와 독서교육이 다르다고는 언급하면서도 각각의 용어를 정의하지 않고 넘어가거나(한윤옥, 2008), 책의 제목은 '독서교육론'인데 그 내용에서는 독서교육을 한 장으로만 언급하고 있는 경우(이만수, 2008)[7]가 대부분이었다.

현실적으로 무엇보다 심각한 것은 독서교육의 '계획성'을 강조하고 있으면서도, 실제 도서관에서 이 전문적인 업무를 담당할 전문 인력이 크게 부족하다는 점이다. 한 통계(대통령 소속 도서관 정보정책위원회, 2014: 24)에 따르면, 현재 공공 도서관 사서 1인당 봉사대상 인구는 14,716명으로 국제도서관협회연맹IFLA에서 권고하는 2,500명에 비해 그 대상 인구의 수가 너무나 많다. 특히 2008년~2012년 사이 신축 도서관 1관당 사서 증원 수는 0.77명에 그치고 있다.[8] 이러하다보니 도서관에서 행해지는 수많은 독서교육 프로그램을 학부에서 독서교육 또는 독서지도 관련 과목[9]을 수강한 사서가 직접 담당하지 못하고 대부분 외부의 민간 강사에 위촉하여 비교적 단기

---

7  1장은 '독서론', 2장은 '독서교육론', 3장은 '독서운동론', 4장은 '도서관교육론'이었다.

8  학교도서관의 사정은 더욱 심각하여, 전국의 학교 도서관 11,506관의 전담인력 확보율은 불과 0.42명, 그나마 이중 86%는 비정규직이다.

9  대부분의 문헌정보관련학과(사범대학 소속 제외)에서 독서교육 또는 독서지도과목은 선택과목으로 분류되어 있다.

간의 행사 위주로 실행하고 있는 형편이다.[10]

뿐만 아니라 공공 도서관의 유효봉사반경이 도보로 10~20분임을 감안했을 때, 우리나라의 공공 도서관 숫자 역시 매우 부족한 편이다.(정동열, 2002: 52) 이는 공공 도서관 이용자의 숫자 역시 적게 만들고 있다. 2013년 한국출판연구소의 연구에 따르면, 우리나라 국민의 연평균 독서율이 73%임에 비해 공공 도서관 이용률은 불과 32%인 것으로 보고되고 있다. 통상 도서관을 이용하는 사람(특히 학부모와 학생)은 부모가 조성해준 가정의 문식성 환경이 높은 편에 속하여 평소에도 자주 도서관을 이용하는 사람이라고 보았을 때, 실제 도서관 이용률은 이에 훨씬 미치지 못한다고도 할 수 있다.(이재형, 2014ㄱ: 38) 결국 도서관에서 추진하는 독서운동이 이용계층의 한계성을 극복하고 있지 못하고 있는 것(김경자, 2014: 24)이 사실이고, 한 책 한 도시 운동 등 몇 개를 제외하고는 성과 중심의 한시적인 이벤트 또는 캠페인으로 실행되고 있는 것을 고려한다면, 도서관 중심의 독서교육 역시 개선의 여지가 커 보인다.

다시 말해, 도서관 중심의 독서교육은 그 개념의 구체성과 체계성의 미흡함에도 불구하고 지역 주민의 독서생활의 변화를 위한 거시적 독서교육을 지향하고 있는 것이 사실이나, 전문 인력의 부족과 성과 중심의 정책 등으로 인해 보다 장기적이고 내실있는 프로그램 운영에 제한을 받고 있는 것으로 보인다.

## 4. 나오며: 독서교육을 위한 학교와 공공 도서관의 관계 맺음

지금까지 살펴본 바와 같이, 학교와 도서관이라는 기관의 설립 목적 자체

---

10 도서관 중심의 독서교육 및 독서진흥운동이 주로 양적으로 평가되기 때문에 그 프로그램의 수는 많으나 지속적인 독서로 이어지지 않는 일회성, 이벤트성 사업에 그치고 있다는 지적은 도서관계에서도 지속적으로 나오고 있다.(윤소영, 2010: 3;김수경, 2012: 23)

가 동일하지 않음으로 인한 약간의 차이는 있지만, 독서교육이란 측면에서만 놓고 볼 때 학교와 공공 도서관의 독서교육은 궁극적으로 독서와 관련한 지식과 기능을 습득시키고 독서를 생활화하여 개인과 사회 문화의 발전을 의도하고 있다는 측면에서는 그 목표를 함께 하고 있다고 여겨진다.

그럼에도 불구하고, 학교의 국어과 중심의 독서교육은 현실적으로 분절된 기능 습득 중심의 미시적인 독서교육에 치중하고 있다는 문제점을 가지고 있으며[11] 공공 도서관 중심의 독서교육은 전문 인력의 부족으로 인한 체계적인 독서교육 방법의 부재라는 미흡함을 가지고 있는 것으로 보인다.

그렇다면 이러한 차이를 극복하고 전 사회적인 독서문화의 발전을 통해 이 사회 구성원들의 삶을 질적으로 향상시키기 위한 학교와 공공 도서관의 관계맺음은 어떠해야 할까?

가장 중요한 것으로, 학교(및 학교 도서관), 공공 도서관 및 지역 주민을 포괄하는 지역 독서교육네트워크를 구성하고 활성화시킬 필요가 있다. 학교는 체계적이고 구체적인 독서교수학습프로그램 및 평가방법에 대한 노하우를 가지고 있으며, 공공 도서관은 보다 거시적인 독서문화발전을 위한 프로그램 및 제도(정책)적 자원을 가지고 있다. 또한 학교는 학령기 아동 및 청소년을 대상으로 한 독서교육의 축적된 경험을 가지고 있으며, 공공 도서관은 평생교육적 측면에서 보다 많은 주민을 대상으로 한 독서프로그램 및 독서운동의 실천 경험을 가지고 있다. 이러한 여러 기관과 지역주민이 함께 범지역적이고 장기적인 독서교육발전을 위한 계획을 수립하고 실천해나갈 필요가 있다. 이와 함께 각 기관의 독서교육인력이 정기적으로 교류하고 특히 학교와 공공 도서관간의 도서자료와 시설, 장비 등 자원의 상호협력과

---

11 이 글에서는 학교 독서교육이 지닌 미시적 지도 방법에 대한 문제점들을 주로 이야기하였다. 하지만 모든 학교 독서교육이 그렇다고 보기는 어렵다. 각 시·도교육청 또는 각급 학교에서 아침독서운동, 독서동아리 등 다양한 독서운동을 전개하고 있는 것 또한 사실이다. 그러나 김명순(2012)은 이러한 학교 독서운동의 전반적인 문제점으로 '양 위주 접근, 독서와 독후활동의 주객전도, 독서의 수단화, 독서의 과외활동화, 외국 독서운동 모방 일변도' 등을 지적하고 있다.

교수학습프로그램의 교류를 통해 두 기관이 가진 장점을 증폭시킬 필요도 있다. 이러한 과정을 통해 이 네트워크가 지역 독서문화를 실천적·정책적으로 견인하는 중요한 역할을 할 것을 기대할 수 있으리라 본다.

그런데 이러한 네트워크를 위해 반드시 필요한 것이 그 지역의 독서교육 관련 담론을 담아내고 독서교육에 대한 인적 전문성을 신장시킬 수 있는 고등 교육기관이다. 물론 사범대 국어교육과 및 문헌정보학 관련 학과를 주축으로 한 교육대학원 또는 일반대학원 과정이 개설되어 있기는 하나, 앞서 말한 미시적·거시적 독서교육 담론을 한 자리에서 담아낼 수 있는 교육기관은 많지 않다. 가령 독서교육전공으로 석사학위과정이 개설된 교육대학원은 현재 가톨릭대, 서원대, 동아대 등 열 손가락 안에 드는 것에 불과하다. 따라서 앞으로는 지역의 독서교육 전문가를 양성하고 독서교육에 관심이 있는 지역의 다양한 인적 자원이 함께 고민하고 실천함으로써, 더 나아가 범지역 독서운동을 견인할 수 있도록 하기 위해 독서교육을 전문으로 하는 고등교육기관이 보다 확대될 필요가 있다.[12]

이제 서론에서 언급한 연구자의 경험으로 돌아갈 때가 되었다. 성근 고민 속에서, 연구자는 인식하였든 그렇지 않았든 간에 유·무형의 미시적·거시적 독서교육을 받아온 것 같다. 그러한 소중한 자산들이 모여 독서교육에 관심을 가진 한 사람이 될 수 있었지 않았나 한다. 그러나 그러한 경험이 한 명의 경험이 아닌 다수의 경험이 되기 위해, 그리고 보다 체계적이고 효율적인 경험이 되기 위해서는 학교의 독서교육과 공공 도서관의 독서교육이 유기적으로 역량을 모아야 한다고 보았다.

그럼에도 불구하고 이 글은 학교와 공공 도서관이 가질 수 있는 협력적 관계의 지향점을 제시하는 데에 그치고 있다는 사실을 언급하지 않을 수 없다. 당위성은 분명히 존재하나 이 기관들이 유기적으로 결합하기 위해서는

---

12 예를 들어 2014년 신설된 동아대 교육대학원 독서교육전공의 경우, 석사과정 신입생들이 교사, 사서, 원 북 원 부산운동 운영위원, 준사서 자격을 보유한 일반인, 독서교육에 관심을 갖고 학부에 바로 진학한 대학원생 등 다양하게 구성되어 있다.

보다 구체적인 목표와 방법론, 환경의 조성이 필요할 것이다. 아쉬움을 뒤로 하고, 이에 대해서는 연구자가 보다 깊이 연구할 과제로 남겨놓으며 이 글을 맺고자 한다.

# 참고문헌

교육과학기술부(2012), 『국어과 교육과정』(고시 2012-14호, 별책 5).

권은경(2000), "독서지도를 위한 공공 도서관과 학교도서관의 협력방안", 제38회 전국도서관대회 주제발표논문집, 한국도서관협회.

김경자(2014), "공공 도서관 독서운동의 실제", 동아대학교 교육대학원 학술포럼 자료집.

김명순(2008), "학교 독서 문화의 진단과 이해", 연합학술발표대회 자료집, 청람어문교육학회·국어교육학회.

_____(2010), "중등학교 학생과 교사의 독서 지도에 대한 인식 양상", 『새국어교육』86, 한국국어교육학회, 62~64쪽, 70쪽,

_____(2012), "학교 독서운동과 독서교육", 『독서연구』27, 한국독서학회, 64쪽, 73~80쪽.

김수경(2012), 도서관과 독서진흥활동, 『도서관문화』53-7, 한국도서관협회, 22~24쪽.

김양희(2010), 독서교육 정책의 방향, 학교도서관 활용 원격연수자료, 부산광역시 교육청.

대통령 소속 도서관정보정책위원회(2014), 『제2차 도서관 발전 종합 계획』.

유현미(2012), "지속가능한 독서를 위한 공공 도서관의 활동", 『도서관문화』53-7, 한국도서관협회, 25~27쪽.

윤소영(2010), "지역의 독서문화운동과 도서관의 역할", 『도서관문화』51-9, 한국도서관협회, 2~3쪽.

이만수(2002), "공공 도서관에서의 독서운동", 제40회 전국도서관대회 주제발표논문집, 한국도서관협회.

_____(2008), 『독서교육론』, 한국학술정보.

이연옥(2006), "학교 독서교육 정책에 대한 비판적 고찰", 『한국도서관·정보학회지』37-3, 한국도서관정보학회, 231쪽.

이재형(2013), "고전(古傳)독서 방법의 읽기 교육적 재조명", 『우리말글』57, 우리말글학회, 140~141쪽.

_____(2014ㄱ), "'공공 도서관 독서운동의 실제'에 대한 토론문", 동아대학교 교육대학원 학술포럼 자료집.

_____(2014ㄴ), "청소년-세계와 소통하는 끈 독서", 부산학생독서동아리 체험활동자료집, 부산

광역시교육청.

이제환(2002), "지식혁명, 독서교육, 그리고 학교도서관", 『도서관문화』 43-6, 한국도서관협회, 539~541쪽.

이진영(2004), 『공공 도서관 운영론』, 아세아문화사.

정동열(2002), "공공 도서관과 학교도서관의 협력방안", 『한국비블리아 발표논집』 7, 한국비블리아학회, 52쪽.

정현태(2002), 『공공 도서관의 지적자유』, 한국도서관협회.

한국도서관협회(2010), 『문헌정보학용어사전』, 한국도서관협회.

한국어문교육연구소·국어과교수학습연구소(2006), 『독서교육사전』, 교학사.

한윤옥(2005), "공공 도서관에서의 독서진흥활동 방안에 관한 연구", 『경기대학교 인문논총』 13, 경기대학교 인문과학연구소, 214~217쪽.

_____(2008), 『독서교육과 자료의 활용』, 한국도서관협회.

한철우(2011), 『거시적 독서 지도』, 역락.

황금숙(2000), "공공 도서관 독서교실 프로그램 평가 및 개선방향", 제38회 전국도서관대회 주제발표논문집, 한국도서관협회.

황금숙·김수경(2012), 『독서프로그램 운영 실제』, 조은글터.

# 인성 교육 실현을 위한 국어과 활동 중심 교수 학습 방안

최숙기(한국교원대학교)

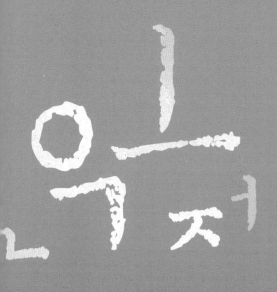

# 1. 들어가며

최근 들어 국어 교육을 통한 인성 교육 실현 방안에 대한 사회적 요구가 거세지면서 국어 교육에서 다루어야 할 인성 교육의 내용과 지도 방안에 대한 논의가 구체화되기 시작하였다. 이러한 논의는 국어 교육이 본래적으로 인성 교육적 요소를 내재하지 않았기 때문에 새로이 인성 교육의 요소를 마련해야 한다는 데 있기보다 기존에 국어 교육 속에 내재한 인성 교육의 내용 요소를 명확히 밝히고 이를 지도하기 위한 교수 학습적 방안을 구체화하고자 하는 데 있다. 그렇기 때문에 국어 교육 내의 인성 교육의 요소는 무엇이며 이를 위한 지도하기 위한 방안을 도출하는 것이 최근의 국어 교육 차원에서 이루어지는 인성 교육 방안 탐색의 방향이다.

국어 교육은 인성 교육을 실현하는 주요 교과이다. 인간이 사고를 구체화하고 행동을 실현하는 데 영향을 미치는 가장 주요한 요인은 바로 언어이기 때문이다. 언어는 사고를 형성하고, 체계화하며 이를 외부와 소통하고 공유하도록 하는 기제이다. 또한 언어에 매개한 사고를 통해 인간은 행동할 뿐 아니라 타인의 행동에도 영향을 미치는 기제이기도 하다. 개인 내 의사소통은 사고를 형성하고 타인과의 언어적 의사소통을 통해 관계 기반을 구축한다. 이러한 관계 기반은 가장 기본적 인간관계로부터 출발하여 보다 넓은 조직 구조인 학교, 회사, 지역, 사회, 국가로까지 이어진다. 개인 내적인 사고로부터 인간의 개인적 자아가 형성되며 대인간의 언어적 소통 관계를 통해 사회적 자아가 형성된다. 개인적 자아와 사회적 자아는 인간의 본래적 가치를 지향하는 인성으로 연결되는 데 이러한 인성이 다시 발현되는 것은 다시 인간의 언어 수행의 양상으로부터 이루어진다. 결국 인간의 인격을 형성하는 과정이나 그 인성이 생활 속에 발현되는 결과 모두에서 언어는 주요한 기제로 작동하므로 언어를 다루는 교과인 국어 교과는 인성 교육의 본령에 해당된다.

이러한 관점에서 볼 때, 국어 교육 내에서 인성 교육은 개인 내적인 성찰 경험을 제공하여 주고, 다양한 의사소통의 맥락에 참여하며 구성원들을 이해하고, 배려하고 공감하는 경험을 제공하여 주는 과정에서 실현될 수 있다. 인성 교육은 나와 다른 타자와의 생각과 반응을 충분히 교류하고 자신의 생각과 타인의 생각을 통합하고 새로운 생각들로 확장하는 경험을 통해 실현될 수 있다. 국어 교육 내에서 학습자의 바람직한 인성 형성을 위해서는 학생들이 개인의 내적인 성찰 경험을 통해 올바른 자아 정체성을 형성하도록 이끌고, 대인간 의사소통의 폭넓은 경험을 통해 대인간 공감력과 배려심을 기르며, 사회적 문제 상황에 직면하고 해결할 수 있도록 하는 문제해결력, 사회 정의감, 책임 의식을 기를 수 있도록 이끌어야 한다.

현재 국어 교육을 위한 교수 학습 방식은 매우 다양하지만 주도적인 것은 교사가 주도한 수업 상황에 학생들이 보조적인 구성원으로 참여하는 교사 중심의 강의식, 전달식의 수업 방식이다. 물론 학교급이나 수업의 상황별로 이러한 수업 방식이 변별적으로 나타나겠지만, 입시 부담이 높아지거나 학력 향상에 대한 외적 요구도가 높아질수록 교사 중심의 수업 방식이 더욱 일반적으로 선택하고 실제 이루어지는 경향도 높다. 활동 중심의 국어 수업은 교사가 주체가 아닌 학생들이 수업 상황과 지식 구성에서의 주체가 되는 수업 방식을 의미한다. 이는 강의식, 전달식의 수업 방식과는 대별되는 수업 방법으로 학생들이 스스로 문제를 해결하거나 혹은 교사와 대등하게 수업 상황에 참여하는 수업 방법이다. 대표적으로는 프로젝트식 수업, 토의, 토론식 수업, 탐구 기반 수업 등이 이에 해당된다.

활동 중심 국어 수업은 일방적으로 수업의 내용 요소를 전달하고 지시하는 교사와 이를 수동적으로 받아들이는 학생들로 이루어진 수업과는 분명 다른 수업 방식이다. 학생들은 스스로 문제를 해결하기 위해 참여하고 개인적인 학습 활동보다 타인과 협력하는 학습 활동에 참여한다. 혹은 개인적 학습 활동이 존재할 수 있지만 개인의 개별적 사고와 반응 이후에는 타자와의 공유나 협의를 통해 이를 비교, 분석, 평가, 종합, 정교화하는 과정을 거친다. 이러한 활동 중심 국어 수업 자체가 인성 교육의 내용이 될 수 있고 또한 방법이 될 수 있다. 이에 활동 중심 국어 수업을 통한 인성 교육의 실현 방안을 모색하기에 이른 것이다.

여기서는 국어 교육과 인성 교육의 본래적 관계를 탐색하고, 인성 교육의 실현과 국어 교육의 성취와의 관계성을 고찰하며 인성 교육 기반의 국어 교육 실현을 위한 실제 방안에 대해 단계적으로 모색하여 보고자 한다. 이를 통해 국어 교육을 통한 인성 교육의 실현 가능성과 그 방향성을 현시적으로 제시하여 볼 것이다.


## 2. 인성 교육과 국어과 활동 중심 수업의 관계

### 가. 국어과 인성 교육의 내용 요소

인성人性이란 사람의 성품을 의미하면서 '각 개인이 지닌 사고와 태도 및 행동 특성'을 설명하는 개념이다. 그러나 인성 교육에서 추구하는 인성의 개념은 '인간이 지닌 성격性格, personality'이라는 가치중립적 의미를 넘어서서 바람직한 삶을 영위하는 개인의 특성 혹은 전인성, 바람직한 인격이라는 의미의 도덕적 자질로서의 의미를 내포한 개념이다(최숙기, 2013). 교육이 지향하는 주요 목표 가운데는 바람직한 인격 형성 혹은 인성 계발의 요소가 포함되어 있으며, 우리나라 교육의 경우에는 추구하는 인간상의 특성을 설명하면서 전인적 성장, 문화적 소양과 다원적 가치에 대한 이해, 배려와 나눔의 정신과 공동체 의식 함양 등에 관한 인성 요소를 제시하고 있다. 이와 같은 교육 전반의 목표는 각 교과 교육의 내용과 방법에 영향을 미치는데 국어과의 인성 교육의 목표 역시 이를 반영한 것이다. 그러나 이러한 교과 내 인성 교육은 교과 일반론을 넘어서지 못하였다.

국어 교과 차원의 인성 교육의 목표와 내용을 설정하게 된 계기는 이명박 정부의 '학교 폭력근절 종합대책'(관계부처합동, 12. 2. 6.)에 따른 교과교육을 통한 프로젝트형 인성 교육의 도모를 위한 국어 교과의 교육과정을 개정 고시하는 데서 찾을 수 있다. 『국어과 교육과정(교육과학기술부 고시 제2012-14호)』는 국어 교과의 인성 교육의 내용을 추가하고 이를 위한 교수 학습 방법, 평가를 제시하였다. 이후 2013년 이후 박근혜 정부의 '학교교육 정상화 추진(국정과제 140번)'과 관련하여 인성 교육 중심 수업 강화를 위해 인성 덕목 생활화 교육 실시, 학생 참여와 협력 학습 강화, 인성 중심 학교 문화 조성을 우이한 주요 추진 계획을 실현하면서 국어 교과 기반의 인성 교육의 적용이 구체화되기 시작하였다.

2012년 국어과 인성 교육과정은 〈표 1〉의 이미숙 외(2012)가 제시한 인성 핵심 역량을 활용하여 〈표 2〉와 같은 국어과 가치 덕목 및 인성 역량을 구체화하여 반영하였다. 국어과 교육과정에서는 이미숙 외(2012)의 국어과 인성 핵심 역량 가운데 자기 존중과 타인 존중을 통합하여 존중 역량을 규정하고, 존중 역량과 변별된 배려 역량을 추가하였다. 동시에 참여 의식 역량을 구체화한 갈등해결능력과 책임감 역량을 변별하여 정의 역량을 구체화하였다. 양정실 외(2013)에 따르면, 국어과 가치 덕목과 인성 역량에 '성찰'을 추가하였다고 하는데 이는 추가로 보기 어렵고 기존 인성 역량인 '자기 성찰'을 재진술하였다는 것이 더욱 타당할 것으로 보인다.

<표 1> 국어과 인성 핵심 역량(이미숙 외, 2012)

| 차원 | 인성핵심역량 | 인성 핵심 역량의 의미 | |
|------|------------|--------------------|---|
| | | 사전적 의미 | 국어교육에의 적용 |
| 개인적 차원 | 자기 존중 | 자기 자신을 높이어 귀중하게 대함 | 국어 활동을 통해 긍정적 자아 정체성을 형성하고 자신감 있게 자신을 표현함 |
| | 자기 통제 | 자신의 사고와 행동에 대해 제약을 가하고 욕구를 조절함 | 화가 나거나 짜증이 나는 상황에서도 자신을 통제하여 절제된 말이나 행동을 함 |
| | 자기 성찰 | 자신의 마음을 반성하고 살핌 | 자신의 국어 생활과 삶을 객관화하여 되돌아보고 더 나은 삶과 수준 높은 국어 생활을 지향함 |
| 대인 관계 차원 | 타인존중 | 다른 사람을 높이어 귀중히 대함 | 겸손한 태도를 지니고 타인을 배려하는 언어를 적절하게 사용함 |
| | 공감 | 다른 사람의 감정이나 의견을 자신도 그렇다고 느낌 | 타인의 생각과 감정을 민감하게 받아들이고, 타인의 상황에서 문제를 생각해 보는 태도를 지님 |
| | 소통 | 의견이 다른 사람과 뜻이 통하여 오해가 없음 | 타인의 의견에 대해 개방적이고 수용적인 태도를 취하며 의견 교환을 통해 뜻의 차이로 야기되는 갈등을 해결하고자 함. |
| 공동체/사회 생활 차원 | 책임 | 사회의 일과 결과에 대해 의무와 부담을 짐. | 사회 구성원으로서 책임감을 인식하며 사회의 규범을 준수하고 공동체의 가치를 존중하는 국어 생활을 함 |
| | 참여 의식 | 사회 구성원으로서 사회에서 필요한 역할을 담당함 | 사회 구성원으로서 의사 결정 상황에 참여하여 자신의 의사를 피력하고 다른 사회 구성원과의 협력, 협동하며 조화를 이룸. |

| 가치덕목·인성역량 | 의미 |
|---|---|
| 존중 | · 자기 존중: 국어 활동을 통해 긍정적인 자아 정체성과 자신감 형성하기<br>· 타인 존중: 타인의 문화와 의사를 인정하며 겸손한 태도의 언어 사용하기 |
| 배려 | · 타인의 상황과 처지를 고려하며 예절을 지키는 국어 생활하기 |
| 책임 | · 사회 구성원으로서 책임을 인식하고 자신의 국어 활동의 결과에 대해 책임지기 |
| 참여와 협동 | · 의사결정 상황에 참여하여 자신의 의사를 피력하고 다른 이와 협력·협동하는 국어 생활하기 |
| 공감 | · 타인의 생각과 감정을 민감하게 받아들이고 입장 바꾸어 생각하고 표현하기 |
| 대화와 소통능력 | · 대화와 소통을 통해 관계 형성·유지·개선하기 |
| 갈등해결 능력 | · 갈등의 원인을 파악하고 언어를 통해 갈등 해결하기 |
| 정의 | · 규칙과 표현 윤리를 준수하고 내용의 공정성 숙고하기 |
| 성찰 | · 자신의 국어 생활과 삶에 대해 객관화하고 반성하기 |

| 영역 | 인성 교육 주요 내용 |
|---|---|
| 듣기·말하기 | · 고운 말, 바른말 사용<br>· 바른 화법을 통한 인간관계 형성<br>· 공동체에 대한 관심과 참여의식<br>· 언어폭력 방지 |
| 읽기 | · 독서를 통한 성찰 및 자기 존중 |
| 쓰기 | · 쓰기를 통한 성찰<br>· 독자를 고려하는 타인 존중 역량 |
| 문법 | · 국어 활동 성찰을 통한 언어 표현의 개선 |
| 문학 | · 공감과 소통을 통한 타인 이해<br>· 문학 경험을 통한 자기 존중과 성찰 |

〈표 2〉에서 확인할 수 있는 바와 같이, 국어 교과의 인성 요소는 1) 존중, 2) 배려, 3) 책임, 4) 참여와 협동, 5) 공감, 6) 대화와 소통능력, 7) 갈등해결 능력, 8) 정의, 9) 성찰의 9개 요인이며, 이들 9개 요인은 5개의 국어과 내용 영역별로 폭넓게 인성 교육 차원으로 실현할 수 있다.[1] 듣기·말하기 영

---

1  이들 요인은 국어과의 각 내용 영역별로 실현된다. 물론 1) 존중과 2) 배려의 분리 필요성, 3) 책임과 8) 정의의 변별 가능성, 6) 대화와 소통 능력에서 상위 소통으로 대화는 포괄되는 문제, 7) 갈등해결 능력이 다른 인성 요소 실현을 통해 이루어지는 층위가 다른 역량이라는 문제 등에 대한 국어과 인성 역량 설정의 타당화 문제는 이후 구체적으로 논의할 필요가 있다.

역의 경우 고운말과 바른말을 사용하고, 언어 폭력을 방지하며 목적과 상대에 맞는 바른 화법을 통한 바람직한 인간관계 형성에 기여하는 내용을 포함한다. 또한 대인관계 지향적 의사소통 실현을 통해 공동체에 대한 관심과 참여 의식을 신장하는 인성 교육 내용을 포함한다. 읽기와 쓰기 영역은 읽고 쓰는 행위 가운데 자신에 대한 성찰을 실현하고, 자기 존중이나 타인 존중을 보다 더 실현하는 데 기여한다. 문법 영역은 화법과 유사한 바른 언어 사용에 대한 언어 생활의 성찰, 언어 표현 개선에 관한 내용을, 문학 영역은 공감과 소통을 통한 타인 이해 및 자기 존중과 성찰에 대한 내용을 포함하여 인성 교육을 실현할 수 있다. 이러한 국어 교과의 영역별 인성 교육의 실현은 주제별 텍스트 학습이나 학습 활동의 전개 과정 속에서 유기적으로 실현 가능한다. 위의 인성 요소를 잘 반영한 주제별 텍스트를 학습하는 가운데 내면화될 수 있고, 관련 인성 요소에 대한 국어 학습 활동을 수행하는 가운데 실현 가능하다.

〈표 3〉 중학교 국어과 교육과정의 영역별 인성 교육의 주요 내용 및 성취기준 예시(양정실 외, 2013)

| 영역 | 인성 교육 주요 내용 | 성취기준 예시 |
|---|---|---|
| 듣기·말하기 | · 고운 말, 바른말 사용<br>· 바른 화법을 통한 인간관계 형성<br>· 공동체에 대한 관심과 참여의식<br>· 언어폭력 방지 | (7) 대화의 상황과 맥락을 이해하고 상대의 이야기에 공감하며 듣고 말한다.<br>(10) 화법의 다양성을 이해하고 서로 다른 집단 간의 소통의 중요성을 안다.<br>(11) 협상의 중요성을 이해하고, 의견과 주장이 다른 상대와 협상을 통해 문제를 해결한다.<br>(12) 폭력적인 언어 사용의 문제를 인식하고, 바람직한 언어 표현으로 순화하여 말한다. |
| 읽기 | · 독서를 통한 성찰 및 자기 존중 | (9) 자신의 삶과 관련지으며 글의 의미를 해석하고 독자의 정체성을 형성한다. |
| 쓰기 | · 쓰기를 통한 성찰<br>· 독자를 고려하는 타인 존중 역량 | (7) 자신의 삶을 성찰하고 계획하는 글을 쓴다. |
| 문법 | · 국어 활동 성찰을 통한 언어 표현의 개선 | (10) 담화의 개념과 특성을 이해하고 담화 상황에 적합한 국어 생활을 한다. |
| 문학 | · 공감과 소통을 통한 타인 이해<br>· 문학 경험을 통한 자기 존중과 성찰 | (8) 자신의 주체적인 관점에서 작품을 평가한다. |

## 나. 국어과 활동 중심 수업을 통한 인성 교육의 실현

국어 교육에서의 인성 교육 내용 요소 선정 및 내용 영역별 성취기준 단위의 실현 방안에 대한 논의는 교수 학습 방안에 대한 논의와 연계되어 진행되었다. 국어 교육의 인성 교육 실현을 위한 주요 교수 학습의 방안은 1) 학생들의 국어 학습 활동의 적극적 참여, 2) 다른 학습자와의 공감과 소통, 3) 협력 학습에 중점을 두고 있다. 타인과의 소통과 공감, 협력, 성찰에 관한 국어 교육에서 설정된 여러 인성 요소를 실현하기 위해서 교육과정 차원에서 국어 교과는 개별화된 국어 학습이 아닌 협력적이고 문제해결적 국어 학습의 상황에서 인성 교육을 실현하기 위한 방안을 모색하였다.

> 5. 교수·학습 방법
> 나. 교수·학습 운용
> (3) 학습자의 **인성 발달을 위한 교수·학습**\*을 효율적으로 운용하
> 기 위해서는 다음 사항에 유의한다.
> (가) 수업 시간 중에 이루어지는 다양한 학습 활동에 학습자가 **자
> 신의 언어활동을 성찰**\*하면서 **참여**\*할 수 있도록 교수·학습
> 을 전개한다.
> (나) **다른 학습자의 사고와 의견을 존중**\*하고, **다른 학습자의 의
> 견에 공감하며 소통**\*할 수 있도록 다양한 학습 자료와 학습
> 과제를 제시하면서 교수·학습을 전개한다.
> (다) 학습자가 **다양한 모둠 학습 과제에 협력적으로 참여**\*하여
> 의미 있는 학습 결과물을 도출할 수 있도록 지도한다.
> (『국어과 교육과정(교육과학기술부 고시 제2012-14호)』67쪽)
>                    \*에 해당하는 부분은 필자 개별 표시

> 6. 평가
> 나. 평가 운용-

(나) 교사의 학생 평가 외에 학생의 **자기 평가, 학생과 학생 간의 상호 평가**\*를 적극적으로 활용함으로써 평가를 유의미한 교수·학습 방법의 일환으로 활용한다. 자기 평가에서는 **반성적 성찰을 통해 자신의 언어활동의 개선 방향을 스스로 깨닫는 데 초점**\*을 두고, **상호 평가에서는 문제 제기와 비판보다는 서로 조언하고 상호 발전을 지원하는 데 초점**\*을 둔다.

『국어과 교육과정(교육과학기술부 고시 제2012-14호)』 69쪽)

\*에 해당하는 부분은 필자 개별 표시

위에서 제시하고 있는 국어과 인성 교수 학습 방법의 양상은 전통적이거나 혹은 일반적인 강의식 수업과는 변별된다. 국어과 인성 교육을 위한 교수 학습 방법은 국어 교사가 동일한 수업 내용을 교재를 중심으로 하여 일방향적으로 전개하고 지식을 전수하는 형태의 강의식 수업과는 뚜렷한 차이를 보인다. 학생들은 수동적으로 전달되는 강의 내용을 수용하는 대상이 아니라 함께 강의 내용을 구성하는 상호작용적 구성원으로서의 역할을 수행한다. 전달되는 지식에 대한 습득과 축적에 한정되지 않고, 적극적으로 참여하고 지식에 대해 구성적으로 반응하기 위해 학생들은 학습자 간의 생산적인 토의, 토론 활동과 문제해결 활동에 적극적으로 참여하며 자신의 이해를 보다 더 확장해 나가는 것이다.

1) 성찰적 언어 생활과 2) 공감과 소통에 근간을 둔 협력적 상호작용, 3) 바람직한 가치에 대한 이해와 실천이라는 인성 교육을 위한 국어 교수 학습 방안의 실현태를 모색한 교수 학습 모형을 살펴보면 다음과 같다.

<표 4> 중학교 국어과 인성교육 중심 교수 학습 모형(박영민 외, 2013 재구성)

| 영역 | 인성 교수 학습 모형 | 개요 및 절차 |
|---|---|---|
| 듣기· 말하기 | 역할 소통 모형 | • 내용 전달뿐만 아니라 태도 및 가치의 지도가 용이하고, 언어 사용의 실제성 및 사회성을 높여준다는 역할 놀이 모형의 장점을 바탕으로 하여 학생들이 실제 경험했던 언어 사용 장면을 상황(극)으로 설정함.<br>• 상황별 역할을 수행하며 폭력적인 언어를 사용하는 과정에서 느낀 감정을 소통하면서 언어 습관을 개선하려는 실천 의지를 갖도록 하는 데 중점을 둠.<br><br>문제 발견하기 ▸ 상황 구상하기 ▸ 상황극 창작하기 ▸ 공연하기 ▸ 반성적 재창작 하기 |
| 읽기 | 가치 성찰 모형 | • '가치 탐구 학습' 모형을 바탕으로 인물의 삶이 잘 드러난 '글(읽기 자료)'을 읽으면서 인물의 가치관, 신념, 삶의 모습 등을 살펴보고, 인물과 비교하여 자신의 삶을 성찰함으로써, 중요한 삶의 가치를 찾도록 하는 데 중점을 둠.<br>• 인물의 삶을 통해 가치를 발견하고, 이를 자신의 삶과 관련짓는 과정에서 학습자는 자기 성찰의 기회를 마련하는 한편, 긍정적인 자아 개념을 형성하게 하는 데 목적을 둠.<br><br>자료 분석하기 ▸ 가치 확인하기 ▸ 가치 적용하기 ▸ 가치 내면화 하기 |
| 쓰기 | 경험 공유 모형 | • 쓰기 워크숍 모형을 바탕으로 하여 경험의 '소통'과 '공유'의 맥락을 담아 구안 각자의 경험을 공유하고 소통하게 함으로써 그 가치와 의미를 발견하게 함.<br>• 쓰기 공동체(교사, 동료 학습자)의 도움을 받아 글을 쓰는 과정에서 경험 및 가치를 내면화함.<br>• 공유된 결과물을 생산하는 과정에서 쓰기에 대한 흥미와 성취감을 느끼고, 쓰기 능력을 신장시킬 수 있도록 하는 데 중점을 둠.<br><br>경험 떠올리기 ▸ 경험 소통하기 ▸ 글로 표현하기 ▸ 작품 공유하기 ▸ 책으로 엮기 |
| 문법 | 담화 이해 모형 | • 탐구 학습 모형을 바탕으로 하여 국어 문화에 대한 이해를 심화하고, 비판적이고 창의적인 사고 활동을 촉진하기 위해 구안<br>• 지역, 세대, 성별, 문화 등 사회·문화적 맥락이 다른 집단 간 의사소통 상황을 통해 담화의 의미를 파악하고, 사회·문화적 맥락에 따른 다양한 언어 변이 현상을 이해하는 것이 목적<br><br>문제 확인하기 ▸ 자료 분석하기 ▸ 조사하기 ▸ 사전 만들기 |

| 영역 | 인성 교수 학습 모형 | 개요 및 절차 |
|---|---|---|
| 문학 | 정서 치유 모형 | • 정서 치유 모형은 인간 사회의 다양한 모습을 통해 위로와 희망, 용기, 깨달음 등 다양한 정서적 울림을 얻을 수 있는 '문학'이라는 매개를 통해 치료하는 문학 치료 모형을 바탕<br>• 문제가 있는 대상을 고친다는 의미가 강한 '치료'의 개념을 '치유'라는 개념으로 다듬어, 문학 작품 속 정서에 공감하고, 내면을 표출하는 과정에서 마음속에 있던 어려움이 치유되는 경험을 할 수 있도록 구안<br><br>작품 감상하기 ➡ 정서 공감하기 ➡ 자기 적용하기 ➡ 내면 표현하기 |

박영민 외(2014)에서 중학교 국어 수업에서 인성 교육 실현을 위하여 개발한 5개의 국어과 교수 학습 모형은 인성에 관한 국어과 교수 학습의 핵심 원리인 1) 공감과 소통에 근간을 둔 협력적 상호작용과 2) 성찰적 언어 생활, 3) 바람직한 가치에 대한 이해와 실천을 구체적으로 반영한 모형을 제시하였다. 화자와 청자, 필자와 독자 간의 상호작용성이 강하게 작용하는 듣기 말하기 영역과 쓰기 영역에서 제시한 '역할 소통 모형'과 '경험 공유 모형'은 각각 1) 공감과 소통에 근간을 둔 협력적 상호작용의 원리를 보다 잘 반영하고 있다. 읽기와 문학 영역에서 제시한 '가치 성찰'과 '정서 치유'는 문어적 텍스트를 읽는 가운데 텍스트가 전달하는 인성 가치에 대한 성찰, 독자 자신과 타인의 삶에 대한 성찰, 타인과 사회적 삶에 대한 이해와 공감 등에 대하 삶에 대한 성찰을 수행한다. 이는 2)와 3)의 원리가 잘 반영된 것이다. 마지막으로 문법의 '담화 이해 모형'은 2) 언어 생활을 수행하는 자신과 이를 둘러싼 구성원간의 의사소통 과정 속에서 언어 생활을 성찰할 수 있도록 하는 원리가 잘 반영된 것이다.

인성 중심의 국어과 교수 학습 활동은 학생들의 협력적 상호작용과 능동적인 문제해결 과정에 대한 참여를 통해 실현될 수 있다. 단지 교사와 학생들의 일방향적 교수 상황에서는 타인과의 교류, 교류를 통한 이해 확장, 여러 가치의 존재 가능성과 공유 가능성, 자신과 타인에 관한 성찰이라는 인성 중심 교수 학습의 원리가 실현되기 어렵다. 결국 인성 중심의 국어과 교수 학습 활동의 실현은 1) 학생들의 협력적 상호작용을 촉진하고, 2) 이해와 감상, 반응, 사고, 가치의 교류 혹은 공유 활동을 촉진하며, 3) 문제 해결혹은 여러 가치 갈등에 대한 문제해결 과정에 적극적으로 참여하도록 하는 활동 중심의 국어 교수 학습 활동을 통해 실현 가능할 것이다.

이를 위해 학생들이 실제 자신의 생각을 구성하고, 구성한 생각이나 느낌을 나누고 내면화하며 스스로 가치 문제나 실생활 문제를 자기주도적으로 해결할 수 있도록 하는 토의 토론 수업, 발표 수업, 문제해결식 프로젝트 수업, 가치 성찰에 관한 수업 등의 국어과 교수 학습 방법으로의 교수적 전환이 이루어질 필요가 있다. 인성 중심의 국어과 교수 학습은 교사 중심에서 학생 중심으로의 교수적 전환을 통해 실현되는 것이며 지식 구성의 주체 혹은 수업의 중심에 학생들이 놓여 있게 된다는 점에 있다. 이러한 교수적 전환이 가능해지기 위해서는 강의식 수업이 활동 중심 수업으로 전환되어야 하며, 국어 수업의 주체가 교사에서 학생으로 이동해야 한다는 점에 있다.


## 3. 활동 중심 국어 수업과 국어 학업 성취 향상과의 관계 분석

국어과 인성 교육 실현을 위한 국어 수업은 지식 전달 중심에서 활동 중심의 국어 수업으로의 전환에서 출발하며, 교사 중심이 아닌 학생 중심의 국어 수업으로의 변화를 통해 실현될 수 있다. 그러나 전통적인 국어 수업이 학업 성취의 효과성을 대변하는 교수 학습 방법이라는 인식 속에서 활동 중심의 국어 수업으로의 전환은 그리 쉬운 과제는 아니다. 활동 중심의 국어 수업이 인성 교육에 효과적인 교수 학습 방법이라 할 수 있지만, 국어 교과의 학업 성취에도 긍정적으로 기여할 수 있을 것 인지에 대한 의문은 여전히 남아있다. 여전히 일반적인 인식 속에 학생들은 지식 전수의 대상이지

지식을 구성하거나 혹은 생산하는 주체로 여겨지기에는 여러 한계를 지니고 있기 때문이다. 활동 중심 국어 수업에 대한 긍정적 효과를 경험한 교사들에게도 이러한 수업으로의 전환은 많은 고민이 따를 수 있다. 활동 중심 국어 수업은 과연 국어 학업 성취에 어떠한 영향을 미치는 것일까? 이에 대해 우리나라에서 실시하고 있는 대표적인 표준화 검사이자 대단위 평가인 국제학업성취도 평가와 국가수준 학업성취도 평가의 결과를 통해 살펴보고자 한다.

## 가. 대단위 학업성취도 평가 결과에 기반한 관계 분석

### 1) 국제 학업성취도 평가 결과를 토대로 한 관계 분석

PISA(Program for International Student Assessment)는 경제협력개발기구인 OECD가 산출한 교육지표체제 중 일부인 교육 산출지표의 조사를 위하여 만 15세 학생들의 읽기, 수학, 과학적 소양 수준 파악 및 소양 수준에 영향을 주는 배경 변인과의 관계 분석을 통해 각국의 교육 정책 수립을 위한 기초 자료를 제공하여 주는 국제학업성취도 평가이다(김경희 외, 2010). PISA는 학업 성취의 국제 수준을 비교 분석하기 위한 국제 학업성취도 평가로 우리나라 학생들의 학업 성취 수준이나 특성에 관한 교육적 정보를 수집하는 데 유용한 대단위 평가의 한 범주이다. PISA의 읽기 소양 reading literacy 점수는 국어 교과와 가장 밀접한 영역이며, PISA의 결과 보고서는 학생들의 읽기 소양 점수에 영향을 미치는 교육적 변인에 대한 주요한 정보를 제공하여 준다.

특히, PISA의 읽기 소양 점수와 관련하여 2000년 평가 시행 이래 최상위권을 유지하는 7개 국가인 대한민국, 상하이-중국, 핀란드, 싱가포르, 뉴질랜드, 일본, 호주의 교육 특성 분석에 관한 연구(조지민 외, 2011)에 따르면, 국어 관련 활동과 관련해서는 토론 동아리 또는 토론 활동이 세 국가(상하이-중국, 싱가포르, 호주)에서 읽기 소양 성취도를 정적으로 예측하고 있는 것으로 나타났다. 실제 상하이-중국의 경우에 OECD(2010d) 보고서에 따르면, 학생들의 적극적인 학습 참여를 언급하고 있으며, 상하이의 일반적인 교실에서 수업에 적극적으로 참여하지 않고 있는 학생은 용인되기 힘들다고 첨언하고 있다.

〈표 5〉 PISA 2009의 결과 학생 토론 참여 활동이 읽기 성취에 미치는 효과

| 상위권 국가 | 상하이 | 대한민국 | 핀란드 | 싱가포르 | 뉴질랜드 | 일본 | 호주 |
|---|---|---|---|---|---|---|---|
| 토론 동아리<br>또는 토론 활동 | 12.28* | 7.90 | -8.11* | 13.21** | 2.42 | 7.95 | 11.01** |

## 2) 국내 학업성취도 평가 결과를 토대로 한 관계 분석

국내의 대표적인 학업성취도 평가는 국가수준 학업성취도 평가National Assessment of Educational Achievement이다. 2009년부터 일부 학생 대상의 표집 평가에서 전국의 학생 전체를 대상으로 한 전수 평가로 전환된 이래 2010년에 국가수준 학업성취도 평가의 대상 학년이 기존의 고1에서 고2로 전환되어 평가 시행 상의 변화가 발생하였다. 다시 2013년 이후 전수 평가 정책의 축소로 인하여 2013년도 이후 초등학교 6학년 학생들은 평가 대상에서 제외되었고, 중3, 고2 학생들만을 대상으로 하여 국어, 수학, 영어 과목을 전수로 사회, 과학은 표집 학교 학생들을 대상으로 실시하였다. 국어 교과의 경우에, 말하기 영역을 제외하고 듣기, 읽기, 쓰기, 문법, 문학에 관한 5개 영역의 국가수준의 국어 성취기준 달성 정도를 평가하고자 하였다.

김경희 외(2013)는 학생들의 국어 학업 성취도에 영향을 미치는 변인에 관한 연구를 실시하여 2009~2012년 전수평가 결과 자료 및 설문 조사 자료를 토대로 한 분석 결과, 교사의 수업 열의(에 대한 학생 인식), 학생의 학습열의, 수업태도, 학업적 효능감, 교과 태도는 학력 향상을 위한 주요 요인

으로 분석하였다.[2] 이와 같은 학생 특성 변인들은 특히 국어 영역에서 국어 학업 성취도의 점수가 점차 향상되는 정적 향상되는 집단과 점수가 점차 감소하는 부적 향상을 보이는 집단 간에 뚜렷하게 나타났다. 이를 통해 국어 학업의 학력 향상과 성취격차 해소를 위해서는 각 교과별로 수업에 적극적으로 참여하도록 하고 학생들의 흥미를 유발하며, 해당 교과에 대한 효능감과 가치 인식을 긍정적으로 형성할 수 있는 차별화된 지도방안이 마련될 필요가 있음을 확인할 수 있다.

〈그림 1〉 학교생활 즐거움을 예측하는 학교 및 학생 수준 변인 간 관계 분석 모형(김경희 외, 2013; 85p)

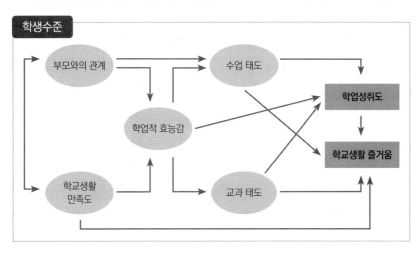

특히, 국어 수업에 적극적으로 참여하는지에 대한 변인인 수업 태도 변인에서 국어 성취도에 미치는 영향을 확인할 수 있다. 수업 태도 변인은 1) 국

---

2 김경희 외(2013)는 동일 학생들을 대상으로 한 종단 연구를 실시하였는데 2009년 초6인 학생은 2012년 중3으로 학업성취도 평가에 참여하였고, 2010년 중3인 학생은 2012년 고2로 학업성취도 평가에 참여하였다. 학교급간 학업성취도 향상에 영향을 미치는 수업 변인에 대한 효과를 종단적으로 확인할 수 있다는 점에서 주목할 만하다. 그간 연도별 횡단적 연구에 제한적으로 학업성취도 영향 변인에 관한 연구들이 실시한데 반해, 이 연구는 종단적 국어 학업성취도 발달에 관한 정보를 제공하여 주기 때문이다.

어 수업 중에 질문 활동에 적극적으로 참여한 여부와 2) 국어 활동 수업에 적극적으로 참여하였는지의 여부에 대한 두 문항으로 살펴볼 수 있다. 이 두 문항에 대한 분석 결과, 수업 중 질문 참여와 토의 토론, 프로젝트, 발표 등의 수업 활동에 적극적으로 참여한 학생들의 국어 성취수준은 높은 것으로 나타났다. 구체적인 결과를 살펴보면 다음과 같다.

먼저 2009년에 국어 수업 중 질문 활동에 적극적으로 참여하지 않는다고 부정적으로 응답하였던 초등학교 6학년 학생이 2012년(중3)에도 부정적으로 응답한 경우에, 긍정적으로 응답한 학생에 비해 우수학력은 낮고 보통학력 이하의 비율은 높게 나타났다. 2012년도에 수업활동에 적극적으로 참여하지 않는다고 응답한 부정 집단과 적극적으로 참여한다고 응답한 긍정 집단 간의 우수 학력 비율 차이는 국어(16.4%p) 교과가 타 교과에 비해 가장 크게 나타났다. 또한 2010년에 국어 수업 중 질문 활동에 적극적으로 참여하지 않는다고 부정적으로 응답하였던 중학교 3학년 학생이 2012년(고2)에도 부정 응답을 한 경우, 긍정 응답을 한 경우에 비해 우수학력 비율은 낮고 보통학력 이하의 비율은 낮게 나타났다.

〈표 6〉 학생들의 국어 질문 활동 참여에 대한 국어 성취수준 비율 변화(김경희 외, 2013; 113~115p)

[표 Ⅲ-2-19] 수업내용 질문에 대한 '09(초6) 부정응답 학생의 '12(중3) 부정·긍정응답별 성취수준 비율 변화

| 나는 수업시간 중이나 전후에 수업내용 관련 질문을 한다 | 국어 | | |
|---|---|---|---|
| | '12 부정응답 (64.1) | ⇐ '09 ⇒ | '12 긍정응답 (35.4) |
| 우수학력 | 22.3 | 32.8 | 38.7 |
| 보통학력 | 56.4 | 45.8 | 50.3 |
| 기초학력 | 19.9 | 19.0 | 10.5 |
| 기초학력미달 | 1.3 | 2.4 | 0.5 |

[표 Ⅲ-2-20] 수업내용 질문에 대한 '10(중3) 부정응답 학생의 '12(고2) 부정·긍정응답별 성취수준 비율 변화

| 나는 수업시간 중이나 전후에 수업내용 관련 질문을 한다 | 국어 | | |
|---|---|---|---|
| | '12 부정응답 (65.5) | ⇐ '10 ⇒ | '12 긍정응답 (34.2) |
| 우수학력 | 19.5 | 23.7 | 34.1 |
| 보통학력 | 58.4 | 55.3 | 53.9 |
| 기초학력 | 19.4 | 19.2 | 10.7 |
| 기초학력미달 | 2.8 | 1.8 | 1.2 |

다음으로 학생들의 국어 수업 중 활동 참여도는 국어 성취수준에 유의미한 영향을 미친다는 사실을 확인할 수 있다. 〈표 7〉에 따르면, 2009년에 수업활동에 적극적으로 참여하지 않는다고 부정적으로 응답하였던 초등학교 6학년 학생이 2012(중3)에도 부정적으로 응답한 경우에, 긍정적으로 응답한 학생에 비해 우수학력과 보통학력 비율은 낮고 기초학력 이하의 비율은 매우 높게 나타났다. 2012년도에 수업활동에 적극적으로 참여하지 않는다고 응답한 부정 집단과 적극적으로 참여한다고 응답한 긍정 집단 간의 우수 학력 비율 차이는 국어(10.5%p) 교과가 타 교과에 비해 가장 크게 나타났다. 또한 2010년에 수업활동에 적극적으로 참여하지 않는다고 부정적으로 응답하였던 중학교 3학년 학생이 2012년(고2)에도 부정 응답을 한 경우, 긍정 응답을 한 경우에 비해 전반적으로 우수학력과 보통학력 비율은 낮고 기초학력 이하의 비율은 높게 나타났다.

이를 통해 수업 시간에 실험 및 실습, 토론, 모둠 활동에 적극적으로 참여하는 학생들의 국어 성취도 효과는 긍정적으로 나타나는데 비해, 적극적으로 참여하지 않는 학생들의 국어 성취도는 부정적으로 나타남을 확인할 수 있었다. 이는 국어 성취수준 비율의 변화 양상에 근거하여 살펴볼 때 학생들의 국어 수업 중 활동에 대한 적극적 참여가 실제적인 국어 성취도 향상에 긍정적으로 기여한다는 사실을 뒷받침해주는 것이다.

김경희 외(2013)의 연구에서는 2011년과 2012년의 일반 고등학교 향상도 지표에 기반하여, 향상도 추이 유형에 따라 향상도가 정적으로 유지되거나 향상된 정적 향상 집단의 학생들의 학업 성취 특성을 분석한 결과 학교 향상도에 긍정적인 영향을 미치는 변인에 대한 분석을 실시하였다. 고등학교 학교 향상도의 정적 유지 집단에 속한 학교의 경우 학생들은 교과에 대한 흥미, 유용성, 가치를 높게 인식한 국어 교과에 긍정적으로 동기화된 학습자이며, 스스로 학습 과정을 조절하고 통제할 수 있는 능력, 수업 시간에 실험, 실습, 토론, 모둠 활동에 적극적으로 참여하는 수업 참여도가 매우 높게 나타났다.

〈표 7〉 학생들의 국어 수업 활동 참여에 대한 국어 성취수준 비율 변화(김경희 외, 2013; 116~117p)

[표 Ⅲ-2-21] 수업활동 참여에 대한 '09(초6) 부정응답 학생의 '12(중3) 부정·긍정응답별 성취수준 비율 변화

| 수업시간에 실험·실습, 토론, 모둠활동에 적극적으로 참여한다 | 국어 | | |
|---|---|---|---|
| | '12 부정응답 (43.1) | ⇐ '10 ⇒ | '12 긍정응답 (56.4) |
| 우수학력 | 15.5 | 25.0 | 26.0 |
| 보통학력 | 53.1 | 45.6 | 55.6 |
| 기초학력 | 28.7 | 25.2 | 17.6 |
| 기초학력미달 | 2.7 | 4.2 | 0.9 |

[표 Ⅲ-2-22] 수업활동 참여에 대한 '10(중3) 부정응답 학생의 '12(고2) 부정·긍정응답별 성취수준 비율 변화

| 수업시간에 실험·실습, 토론, 모둠활동에 적극적으로 참여한다 | 국어 | | |
|---|---|---|---|
| | '12 부정응답 (46.44) | ⇐ '10 ⇒ | '12 긍정응답 (53.2) |
| 우수학력 | 16.3 | 19.7 | 24.6 |
| 보통학력 | 54.5 | 53.7 | 57.6 |
| 기초학력 | 24.5 | 23.7 | 15.9 |
| 기초학력미달 | 4.7 | 3.0 | 1.8 |

앞서 인성 교육 실현을 위한 활동 중심 국어 수업이 지닌 국어 성취 효과에 대하여 살펴보았다. 비록 이 연구들에서 가정하는 활동 중심 국어 수업이라는 정의역이 저마다 다를 수 있고, 활동에 대한 참여 정도와 더불어 학습자의 동기 요인이나 인지적 특성이 상호작용하는 등의 다른 영향 요인이 학업 성취 향상에 미치는 효과가 있을 수 있으므로 이러한 결과들을 단정적으로 받아들이기에는 제한적일 수 있다. 또한 실제 일반적으로 실현된 수업의 상황이나 활동 중심 수업의 구성 실태를 확인하는 데는 한계가 있으므로 이러한 결과를 활동 중심 국어 수업의 효과성으로 온전히 수렴하는 데는 제한적일 수 있다. 그러나 학생들이 국어 수업 속에서 지식 전수의 대상이기보다 지식 구성 혹은 생산 주체로서 활동 수업에 적극적으로 참여한 경우에 학업 성취에 긍정적인 효과를 가져 올 수 있다는 사실은 국제와 국내 대단위 학업 성취도 평가의 결과에 기반할 때 동일하게 추정된다는 사실은 매우

고무적인 결과로 볼 수 있다. 그렇다면 활동 중심 국어 수업으로의 전환을 통해 국어 성취도를 신장시킬 수 있는 교수 학습의 방안에는 어떠한 것들이 있는지 탐색할 필요가 있겠다.

## 4. 인성 교육 실현을 위한 활동 중심 국어 교수 학습 방안 탐색

인성 교육 실현을 위한 국어과 교수 학습 방법은 1) 인성 교육적 가치를 담은 언어 자료(텍스트 자료나 담화 자료)를 활용하여 주제 중심의 국어 수업을 전개하는 과정을 통해 실현되는 것과 2) 협력적 상호작용과 성찰에 기반한 학습 활동을 전개하는 과정을 통해 실현하는 것으로 구체화될 수 있다. 전자는 기존의 인성 교육 실현을 위해 인성 가치인 효孝, 우정, 배려, 타인에 대한 이해, 공동체 의식 등을 내재한 자료 자체를 읽는 가운데 인성 가치를 이해하고 내면화하는 방식으로 진행된다. 후자는 인성 가치를 담고 있는 국어과 성취기준을 중심으로 대인간의 소통과 협력적 상호작용, 성찰의 과정을 활동 차원에서 실현함으로써 국어과에서 인성 교육과 유관한 성취기준을 달성하는 방식으로 진행된다.

인성 교육 실현을 위한 국어과 교수 학습 방법의 분류는 주제 중심과 활동 중심으로 대별될 수 있지만 이 두 교수법의 실현은 실제 소집단 모둠 학습을 기반으로 한 토의, 토론 학습이나 문제해결형의 프로젝트 학습 방법으로 구체화될 수 있다. 결국 인성 교육 실현을 위한 국어과 교수 학습 방법이 효과적으로 시행되기 위해서는 학생 활동 중심의 국어과 교수 학습의 성공 요인을 우선적으로 탐색할 필요가 있다.

### 가. 국어 교육과 인성 교육 실현에 대한 균형 잡힌 교수적 관점을 형성하라

인성 교육이 강조되면서 인성 교육과정과 인성 핵심 역량이 2009 개정 교육과정에 추가적으로 반영되어 2012년에 인성 교육과정이 재개정되었다

(교육과학기술부 제2012-14호). 그러나 기존의 국어과 교육과정 내 인성 교육의 내용 요소가 포함되지 않은 것은 아니다. 이미 국어 교육 내에서는 대인간 의사소통에서 협력적으로 의사소통을 수행하는 화자, 청자, 독자, 필자의 역할을 학습할 수 있도록 이와 관련된 성취기준을 내재하고 있다(〈그림 2〉 참조). 인성 교육과정은 국어 교육에서 다루는 내용 요소 자체가 이미 인성 교육의 요소를 명시화한 것이다.

인성 교육과정이 국어 교육 내 인성 교육 요소를 명시화한 방식은 1) 인성 교육에 관한 내용 영역별 성취기준을 구체화하는 방향과 2) 협력적 상호작용과 성찰 과정이 반영한 학습 활동을 적용하여 국어 일반의 학습 활동을 수행하는 방향의 두 축으로 전개된다. 1)에 따르면, 국어 교사는 중학교 급에서는 타인과 공감, 소통하는 능력, 배려하는 마음, 민주 시민으로의 자질과 태도 형성하는 데 교육적 중점을 두고, 고등학교급에서는 국가 공동체의 발전을 위해 노력 더불어 살아가며 협동하는 세계 시민으로서의 자질과 태도 형성에 교육적 중점을 둘 필요가 있다.[3]

〈그림 2〉 국어 교육과 인성 교육 간 관계

---

3  중학교급과 고등학교급의 인성 교육의 목표 분류는 2012년에 인성 교육과정이 반영된 '2009 개정 국어과 교육과정(교육과학기술부 제2012-14호)'의 2-나. 중학교 교육목표-(4) 항(4쪽)과 2. 고등학교 교육목표-(라)(71쪽)에 근거한 것임.

국어 교사는 국어 교육의 내용 성취기준 수준에서 명세화된 인성 교육 요소에 대해 잘 이해하고 있어야 할 뿐 아니라, 그 외의 국어 교육의 내용 요소(〈그림 2〉의 A-B의 영역)를 지도할 경우에도 교수 학습 활동을 전개하는 데 있어 학생들의 인성들의 교류적 신념을 형성하고, 다양한 해석과 감상을 공유하고 타인에 대하여 이해하는 활동, 문제 해결 중심의 과제 제시를 구조화하여 제시할 수 있도록 해야 한다. 국어 교육과 인성 교육 실현에 대한 균형 잡힌 교수적 관점을 형성하는 것이 우선적으로 필요하다. 이를 위해 국어 교사가 고려해야 할 사항은 다음과 같다.

[국어 교사의 고려 사항]

1. 인성 교육 실현을 위해 적절한 국어과 교수 학습 방법
① 연극 활동(역할극)
② 독서 클럽 및 토론·토의 수업
③ 협동학습
④ 프로젝트 수업
⑤ 자기 서사 활동(자서전 쓰기, 생애 일기 등)
⑥ 문학 작품 창작(시, 소설, 수필 등) 및 문학치료
⑦ 어휘 순화 활동
⑧ 스토리텔링
⑨ 미디어 활용 수업(다큐멘터리 및 영화 시청)

양정실 외(2013)에 따르면, 국어과 인성교육을 위해 적합한 교수·학습 방법을 묻는 교사 설문(3가지 중복 선택) 결과에서 극화(역할놀이), 토의·토론 학습, 협동학습이 높은 순위를 차지하였다. 이 교수·학습 방법들은 공통적으로 학생 간의 협력적인 상호작용을 권장하는 방법들로서 국어과의 대표적인 인성교육 교수·학습 방법이라고 할 수 있다. 국어 교사는 인성 교육

실현을 위해 ①부터 ⑨에 이르는 국어과 교수 학습 방법의 절차나 방법에 대해 이해하고, 각 국어 수업의 목표에 적합한 교수 학습 방법을 적용할 수 있어야 한다.

### 2. 인성 교육 실현을 위해 적절한 국어과 교수 학습 환경

① 효과적인 모둠 학습 구성원 조직(동질 집단 VS 이질 집단, 4인 이상 집단)

② 모둠 활동 규칙(말차례, 사회자, 발표자, 토론자, 기록자 역할 배정, 모둠 활동 절차 규칙)

③ 즉시적 혹은 지속적 상호작용을 위한 온라인 모둠 구성(까페, 블로그, 홈페이지, 밴드, 클래스팅 등)

④ 발표를 위한 교실 매체 환경 구성(전자 칠판, 무선 인터넷 환경, 컴퓨터 등)

⑤ 포트폴리오 및 과제 발표 및 전시를 위한 환경

⑥ 인성 교육에 유의미한 주제를 다룬 여러 학습 자료 개발 및 배치

(시나 소설 등의 문학 제재, 신문 기사나 논평 등의 비문학 제재, 각종 인터넷 자료 및 영상물)

인성 교육 실현을 위한 학생 활동 중심 수업이 성공적으로 수행되기 위해서는 적절한 국어과 교수 학습 환경이 구성되어야 한다. 실제로 학생 활동 중심 수업과 관련한 여러 장애 요소들이 있는데 이러한 장애 요소로 인해 활동 중심 수업의 효과성에 대한 문제들이 제기되기도 한다. 활동 중심 수업의 가장 큰 문제는 비효율성이다. 강의식 수업 대비 활동 수업은 모둠을 구조화하고 모둠 활동 이후 공유 활동을 하는 데 많은 시간이 소비되므로 효율성을 향상할 수 있는 여러 방안을 모색할 필요가 있다. 이때 고려해야 할 요소는 ①과 ②와 같이 활동을 위한 사전 규칙을 학생과 교사가 내면

화하고 이를 일관되게 적용하는 것이다. 만약 오프라인 상의 발표 시간이나 모둠 학습 활동의 시간을 절약하고 싶다면 혹은 학습 활동의 준비 시간을 수업 전에 효과적으로 활용하고 싶다면 ③ 즉시적 혹은 지속적 상호작용을 위한 온라인 모둠 구성(카페, 블로그, 홈페이지, 밴드, 클래스팅 등)을 통해 사전과 사후 학습 활동을 교사가 학생들과 함께 실시할 수도 있다.

학습 활동 중심 수업의 비효율성 문제와 더불어 해결해야 할 장애 요소는 학습 활동의 일회성에 있다.활동 중심 국어 수업은 지식 전달 중심의 강의식 수업에 비해 국어 학습 내용을 능동적으로 구성하고 깊이 내면화하여 자신만의 지식 혹은 반응으로 수용한다는 장점이 있다. 그러나 오히려 활동 중심의 결과물을 일회적으로 활용함으로써 역할극을 발표하거나 내면화의 단계를 거치지 못하고 급하게 마무리 짓는 경우가 많아 그러한 장점을 살리지 못하는 경우가 많다. 이러한 경우에 학습 활동 과정이나 결과물(글쓰기 자료, 광고 제작 자료, 역할극 촬영 자료)등을 오프라인과 온라인 환경을 모두 활용하여 전시하고 공유할 수 있도록 하는 환경을 조성할 경우에 더욱 효과적일 수 있다.

활동의 결과는 반드시 확인하여야 하고 공유할 수 있도록 ④ 발표를 위한 교실 매체 환경 구성(전자 칠판, 무선 인터넷 환경, 컴퓨터 등)과 ⑤ 포트폴리오 및 과제 발표 및 전시를 위한 환경을 반드시 구축할 필요가 있다. 특히 발표와 전시 활동은 학습 활동 과정 상에서의 공유와 소통을 증진시킬 수 있지만 국어 수업의 이후에도 이러한 결과물을 통해 상호 소통할 수 있는 기회를 제공하여 주기 때문에 반드시 이를 고려할 필요가 있다.

국어 교사는 학생들에게 국어 수업 중 인성 교육에 유의미한 자료를 지속적으로 탐색하고 개발하고 배치할 필요가 있다. 교사가 개별적으로 이러한 학습 자료를 개발하고 탐색할 수 있지만, 교사 연구회 혹은 교육청이나 교육부에서 개발한 여러 자료를 탐색하고 개발 배치할 필요가 있다. 학교 도서관과 연계하여 시나 소설 등의 문학 제재, 고전 자료, 신문 기사나 논평 등의 비문학 제재 가운데 인성 교육에 유의미한 자료를 개발 보급하고 특별

공간에 배치하여 학생들이 국어 수업 중 인성 교육에 관한 성취기준을 학습할 때 이를 적극적으로 활용할 수 있도록 할 필요가 있다.

## 나. 활동 주체로서의 국어 학습자의 교류 신념과 긍정적인 내적 동기를 형성하라

앞서 살펴본 활동 중심의 국어 수업의 성공 요인은 교사를 중심으로 한 사항이었다면 여기서는 국어 학습자인 학생을 중심으로 한 성공 요인을 살펴보고자 한다. 활동 중심 국어 수업의 성공적 실현이 국어 교사에 달려있는 것 같지만, 본질적으로는 학생 요인이 더욱 크다고 할 수 있다. 가장 부정적인 국어 수업은 학생 참여도가 낮은 활동 중심 국어 수업이다. 강의식 수업의 효율성도 획득하지 못하고, 학생과 교사의 국어 수업 만족도도 낮으며 실제 국어 성취 효과도 낮기 때문이다. 이 때문에 활동 중심 국어 수업을 성공적으로 수행하기 위해서는 학생들의 활동 참여 수준을 높여야 한다.

학생들의 활동 참여 수준을 높이는 방안은 인성 교육 실현을 위해 국어 학습자의 학습 활동의 참여도를 제고하는 방법에 있다. 이를 위해 학생들로 하여금 ① 활동 중심 국어 수업의 중요성과 효과성 인식을 통한 내적 동기화를 실현해야 한다. 국어 교사는 학생들에게 국어 교과에 대한 흥미와 관심을 촉진하고 국어 교과 혹은 활동 중심 국어 수업의 중요성이나 유의미성을 인식하도록 이끌어 주어야 한다. 이를 위해 학생들은 학습 활동에 대한 참여가 자신에게 긍정적인 학습 경험을 제공하며 이러한 과정을 수행하는 것을 통해 학업 성취 효과가 보다 더 높아진다고 인식해야 한다.

3. 인성 교육 실현을 위해 국어 학습자의 참여도 제고
① 활동 중심 국어 수업의 중요성과 효과성 인식을 통한 내적 동기화
② 자율성과 자기 효능감을 고려한 교사-학생의 협력적인 과제 구성 및 평가 계획 수립

### ③ 능동적이고 상호작용적이며 배려하는 국어 수업 풍토

다음으로는 활동 중심 수업에서 수업을 구성하고 이끌어 가는 주체가 교사가 아닌 학생이라는 인식을 형성하도록 해야 한다. 학생들이 학습 활동의 주체로 거듭나기 위해서는 교사만이 수업의 주도권을 가지고 수업을 계획하고 실현하는 대상이 아니라 학생들과 협력적으로 국어 학습 활동의 과제를 구성하고 평가 계획을 수립할 필요가 있다. 국어 교사와 학생이 수업의 주도권을 공유하게 됨으로써 학생들이 활동의 주체로 설 수 있게 하는 맥락이 제공될 수 있다. 협상과 관련한 듣기 말하기 성취기준을 실현할 때 협상의 주요 소재를 학생들이 직접 설정하고 협상의 과정과 결과를 평가하는 맥락에서 학생들이 함께 평가 계획과 준거를 마련하여 내면화하도록 함으로써 적극적으로 활동 과정에 포함할 수 있도록 하는 것이 필요하다. 즉, ② 자율성과 자기 효능감을 고려한 교사-학생의 협력적인 과제 구성 및 평가 계획 수립을 고려할 필요가 있는 것이다.

마지막으로 ③ 능동적이고 상호작용적이며 배려하는 국어 수업 풍토에 대한 고려이다. 활동 중심 수업에서 학생들의 능동적이고 상호작용적으로 참여하기 위해서는 학생들 스스로 국어 수업에 대한 교류 신념을 내재할 필요가 있다. 교류 신념이란 전달 신념과 대별되는 개념으로 지식은 확정적이거나 고정 불변의 것이 아니라 구성되는 것이며 지식을 축적하고 정확하게 암기하고 전달되는 메시지를 복원하는 것에 중점을 두기보다 새롭게 구성하고 확장하는 것으로 인식하는 신념이다. 교류 신념을 가진 학생들은 교사가 전달하는 지식에 회의적으로 능동적으로 구성하고자 노력한다. 반면 전달 신념을 가진 학생들은 이와 반대의 성향을 보인다. 학생들이 지식의 권위를 교사 혹은 지식을 전달하는 대상에 부여하는 순간 본인은 수동적인 관점으로 지식을 수용하려고 노력한다.

이러한 신념은 누구나 다양한 생각을 할 수 있지만 결국 활동의 과정이나 결과보다는 교사가 가지고 있는 답을 찾는 것이 국어 수업의 목표라고 학생들이 여기는 것으로 드러난다. 답은 정해져 있고 학생들 자신이 하는 활동은 결국 정해진 답을 찾는 부수적 활동이라 여기는 것이 바로 이러한 신념에서 비롯된 것이며 교류 신념이 부재한 국어 학습자는 학습 활동에 대해 부정적이고 소극적일 수밖에 없다. 교사들도 사실 활동 중심의 국어 수업에 대해 회의적인 이유는 활동 중심 수업의 순 기능도 경험하지 못할 뿐 아니라 활동에는 소극적인 반면, 교사의 활동에 대한 정리 마무리 과정에 집중하는 학생들을 경험하게 되기 때문이다.

활동 중심 국어 수업의 본질은 국어 학습자의 교류 신념의 변화를 통해 실현 가능하다. 이를 통해 구성원의 다양한 생각과 반응이 지닌 가치를 보다 더 유의미하게 받아들일 수 있고, 활동의 과정이 새로운 지식의 생산 과정으로 인식될 수 있다. 저마다의 생각과 반응이 모두 가치롭고 유의미하다는 인식도 여기에서 출발할 수 있기 때문에 상호 배려하는 의식이 함께 나타나게 된다.

# 참고문헌

교육과학기술부(2012), 『국어과 교육과정』, 교육과학기술부 고시 제2012-14호.

김경희 외(2013), 『2012년 국가수준 학업성취도 평가 결과: 학교교육의 성과와 변화』, 한국교육과정평가원 연구보고 RRE 2013-2-4.

박영민 외(2014), 『인성 교육 중심 수업 강화를 위한 국어 교수·학습 자료 개발(중학교 국어)』, 교육부.

양정실 외(2013), 『교과교육을 통한 인성교육 구현 방안』, 한국교육과정평가원 연구보고 RRC 2013-6.

이미숙 외(2012), 『프로젝트형 인성 교육 실현을 위한 교육과정 개정 시안 개발 연구』, 한국교육과정평가원 연구보고 CRC 2012-21.

조지민 외(2011), "PISA 2009 인쇄 및 디지털 읽기 소양 성취와 교육맥락변인의 영향에 대한 상위국가 간 비교", 『제11회 KICE 교육과정 평가정책 포럼 자료집』(연구자료 ORM 2011-30), 3~67쪽.

최숙기(2013), "인성 교육을 위한 독서 지도 방안", 『청람어문교육』47, 청람어문교육학회. 205~232쪽.

_____(2014), "중학생의 텍스트 의미 구성에 관한 독자 신념 양상 연구", 『제124차 한국국어교육학회 전국학술대회 표 자료집』(2014. 10. 18).

지은이 소개

성낙수 한국교원대학교     김슬옹 한글학회 연구위원     김흥범 한남대학교
안주호 남서울대학교     양정석 연세대학교     이정택 서울여자대학교
이창덕 경인교육대학교     한    길 강원대학교     박영민 한국교원대학교
박종임 한국교육과정평가원     박형우 한국교원대학교     유혜령 서울여자대학교
윤천탁 한국교육과정평가원     이재형 동아대학교     최숙기 한국교원대학교

# 국어학과 국어교육학

**1판 1쇄 펴낸날** 2015년 02월 13일

**지은이** 성낙수 김슬옹 김흥범 안주호 양정석
      이정택 이창덕 한   길 박영민 박종임
      박형우 유혜령 윤천탁 이재형 최숙기

**펴낸이** 서채윤
**펴낸곳** 채륜
**책만듦이** 김미정
**책꾸밈이** 이현진

**등록** 2007년 6월 25일(제25100-2007-000025호)
**주소** 서울 광진구 능동로23길 26
**대표전화** 02-465-4650 | **팩스** 02-6080-0707
**E-mail** book@chaeryun.com
**Homepage** www.chaeryun.com

책값은 뒤표지에 있습니다.
ISBN 979-11-86096-05-5 93710

이 도서의 국립중앙도서관 출판예정도서목록(CIP)은 서지정보유통지원시스템 홈페이지 (http://seoji.nl.go.kr)와 국가자료공동목록시스템(http://www.nl.go.kr/kolisnet)에서 이용하실 수 있습니다. (CIP제어번호 : CIP2015002497)